PREPARACIÓN Y EVALUACIÓN DE PROYECTOS
DE PROYECTOS
Tercera edición

PREPARACIÓN Y EVALUACIÓN DE PROYECTOS

Tercera edición

NASSIR SAPAG CHAIN
REINALDO SAPAG CHAIN
Facultad de ciencias
económicas y administrativas
Departamento de Administración
Universidad de Chile

Revisión técnica
HECTOR A. RUIZ R., M. D. U.
Profesor de posgrado
Especialización en gerencia de proyectos
Universidad Piloto de Colombia

McGRAW-HILL
Santafé de Bogotá • Buenos Aires • Caracas • Guatemala • Lisboa • Madrid
México • Nueva York • Panamá • San Juan • Santiago de Chile • Sao Paulo
Auckland • Hamburgo • Londres • Milán • Montreal • Nueva Delhi • París
San Francisco • San Luis • Sidney • Singapur • Tokio • Toronto

DERECHOS RESERVADOS. Copyright © 1988, 1995, por Nassir Sapag Chain y Reinaldo Sapag Chain.
Copyright © 1988, 1995, por McGraw-Hill Interamericana, S. A.
Avenida de las Americas No. 46-41, Santafé de Bogotá, D. C., Colombia

Editora: Martha Edna Suárez R.

3124567890   9012346785

ISBN: 958-600-338-8

Impreso en Colombia   Printed en Colombia

Se imprimieron 9.500 ejemplares en el mes de diciembre de 1997
Impreso por Panamericana Formas e Impresos S.A.
Impreso en Colombia   -   Printed in Colombia

A nuestras esposas, Cristina y Silvia, y a nuestros hijos, Alvaro, Andrea, Carolina, Claudio, José y Verónica, quienes aceptaron sacrificar tantas horas que les pertenecían, y que les fueron sustraídas en la absorbente tarea de preparación de este proyecto.

A nuestro padre, Chucri, un inmigrante llegado desde muy lejos, que dedicó hasta el último minuto de su vida a la realización de proyectos. De él aprendimos que el empuje, la dedicación y la imaginación son tanto o más necesarios que el conocimiento teórico para el éxito de los proyectos.

A nuestra madre, Amelia, símbolo de abnegación y apoyo incondicional, sin cuya ayuda ningún proyecto hubiera sido posible de concretar.

A nuestro hermano Manir, que no alcanzó a ver realizados sus proyectos y sus sueños.

Contenido

Capítulo 11: Antecedentes económicos del estudio legal   217

Capítulo 12: Las inversiones del proyecto   225

Capítulo 13: Beneficios del proyecto   245

Capítulo 14: Flujo de caja proyectado   259

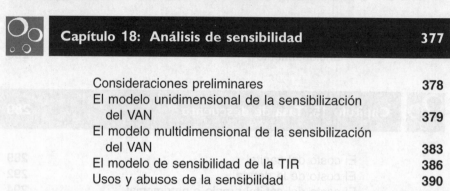

Prefacio

A LA TERCERA EDICIÓN

La primera edición de este libro fue realizada con el patrocinio de la Universidad de Chile en 1983. Dos años después, McGraw-Hill Interamericana S. A., la edita para toda Latinoamérica. En su prefacio indicábamos que no pretendíamos "haber agotado el tema, ya que ello habría significado creer con arrogancia que el desarrollo científico y tecnológico podría detenerse, lo que obviamente sería una insensatez".

Algunos años después, al publicar la segunda edición, también por McGraw-Hill, reiterábamos que "todavía nos queda mucho por estudiar, investigar y proponer".

Hoy, al presentar esta tercera edición, sentimos que la brecha entre el texto y el agotamiento del tema es mayor de lo que habíamos percibido nunca, a pesar de que los cambios incorporados superaron en mucho a las mejores estimaciones iniciales. La interacción con los ejecutivos de las empresas donde efectuamos nuestras asesorías, con los alumnos que asistían a nuestras clases y con los académicos de casi todos los países latinoamericanos donde debimos exponer sobre la materia, contribuyeron significativamente a buscar soluciones a problemas no incluidos en las ediciones anteriores. Seguramente en algunos años más debamos modificar esta versión para responder a nuevas inquietudes de los usuarios de la obra que aquí presentamos.

La totalidad de los capítulos ha sido revisado, procurando enriquecer el contenido, actualizar los modelos e instrumentos de trabajo y perfeccionar el aspecto didáctico, agregando un gran número de ejemplos aclaratorios así como múltiples preguntas y problemas al final de los capítulos, para facilitar el estudio de las diferentes materias.

Para agilizar la comprensión y estudio del texto se redujeron materias que, a pesar de ser interesantes, hacían correr el riesgo de desviar la atención del tema central. Ello obligó a reorganizar capítulos para que todo el contenido otorgue valor agregado al lector.

Para facilitar la conceptualización de los temas se introdujeron análisis de uso y aplicación de cada uno de los instrumentos propuestos. Se agregó un capítulo completo para analizar los costos del proyecto y otro para tratar los beneficios.

Se hicieron cambios de fondo particulares en todos los capítulos, con excepción del de tamaño, donde se reformuló en su totalidad el tratamiento del tema.

Los capítulos acerca del cálculo de la tasa de descuento, de la construcción del flujo de caja y de la sensibilidad se reformularon para hacerlos más asequibles al lector, evitando el excesivo formulismo de las ediciones anteriores y pretendiendo la simplificación que pudiera ser más operativo el instrumental proporcionado.

"Deseamos expresar nuestros agradecimientos a la Facultad de Ciencias Económicas y Administrativas de la Universidad de Chile por el apoyo a la realización de esta obra.

Un reconocimiento destacado debo a las señoras Alejandra Ortega y Gloria Oñate por el prolijo y eficiente trabajo de mecanografiar y corregir los originales del texto.

También para Hans Werner y Alvaro Brantes, de McGraw-Hill en Santiago, y Martha Edna Suárez, de McGraw-Hill en Colombia, por su permanente y decisivo apoyo en la materialización de esta edición.

Agradecimientos especiales merecen Cristina, Andrea y Alvaro, por las largas horas invertidas, con cariño y dedicación, en "armar" los manuscritos más difíciles de una obra al fin terminada"

Los autores

El estudio de proyectos

L a preparación y evaluación de proyectos se ha transformado en un instrumento de uso prioritario entre los agentes económicos que participan en cualquiera de las etapas de la asignación de recursos para implementar iniciativas de inversión.

El objetivo de este capítulo es introducir los conceptos básicos de una técnica que busca recopilar, crear y analizar en forma sistemática un conjunto de antecedentes económicos que permitan juzgar cualitativa y cuantitativamente las ventajas y desventajas de asignar recursos a una determinada iniciativa. Los alcances de la ciencia económica y el de las distintas técnicas que se han ido desarrollando para la adecuada medición de esas ventajas y desventajas constituyen los elementos básicos de análisis a lo largo de todo este texto.

Para muchos, la preparación y evaluación de un proyecto es un instrumento de decisión que determina que si el proyecto se muestra rentable debe implementarse pero que si no resulta rentable debe abandonarse. Nuestra opción es que la técnica no debe ser tomada como decisional, sino sólo como una posibilidad de proporcionar más información a quien debe decidir. Así será posible rechazar un proyecto rentable y aceptar uno no rentable.

 ## Preparación y evaluación de proyectos

Un proyecto no es ni más ni menos que la búsqueda de una solución inteligente al planteamiento de un problema que tiende a resolver, entre tantas, una necesidad humana. Cualquiera que sea la idea que se pretende implementar, la inversión, la metodología o la tecnología por

aplicar, ella conlleva necesariamente la búsqueda de proposiciones coherentes destinadas a resolver las necesidades de la persona humana.

El proyecto surge como respuesta a una "idea" que busca ya sea la solución de un problema (remplazo de tecnología obsoleta, abandono de una línea de productos) o la forma para aprovechar una oportunidad de negocio, que por lo general corresponde a la solución de un problema de terceros (demanda insatisfecha de algún producto, sustitución de importaciones de productos que se encarecen por el flete y la distribución en el país).

Si se desea evaluar un proyecto de creación de un nuevo negocio, ampliar las instalaciones de una industria, o bien a remplazar tecnología, cubrir un vacío en el mercado, sustituir importaciones, lanzar un nuevo producto, proveer servicios, crear polos de desarrollo, aprovechar los recursos naturales, sustituir producción artesanal por fabril o por razones de Estado y seguridad nacional, tal proyecto debe evaluarse en términos de conveniencia, de tal forma que se asegure que habrá de resolver una necesidad humana en forma eficiente, segura y rentable. En otras palabras, se pretende dar la mejor solución al "problema económico" que se ha planteado, y así conseguir que se disponga de los antecedentes y la información necesarios que permitan asignar en forma racional los recursos escasos a la alternativa de solución más eficiente y viable frente a una necesidad humana percibida.

La optimación de la solución, sin embargo, se inicia incluso antes de preparar y evaluar un proyecto. En efecto, al identificar un problema que se va a solucionar con el proyecto o una oportunidad de negocios que se va a aprovechar con él, deberá, prioritariamente, buscarse todas las opciones que conduzcan al objetivo. Cada opción será un proyecto.

En una primera etapa se preparará el proyecto, es decir, se determinará la magnitud de sus inversiones, costos y beneficios. En una segunda etapa se evaluará el proyecto, o sea, se medirá la rentabilidad de la inversión. Ambas etapas constituyen lo que se conoce como la preinversión.

Múltiples factores influyen en el éxito o fracaso de un proyecto. En general, podemos señalar que si el bien o servicio producido es rechazado por la comunidad, esto significa que la asignación de recursos adoleció de defectos de diagnóstico o de análisis, que lo hicieron inadecuado para las expectativas de satisfacción de las necesidades del conglomerado humano.

Las causas del fracaso o del éxito pueden ser múltiples y de diversa naturaleza. Un cambio tecnológico importante puede transformar un proyecto rentable en un proyecto fallido. Mientras más acentuado sea el cambio que se produzca, en mayor forma va a afectar al proyecto.

Los cambios en el contexto político también pueden generar profundas transformaciones cualitativas y cuantitativas en los proyectos en marcha. La concepción de un proyecto azucarero con capitales norteamericanos en Cuba, en la época de Batista, dejó de tener cualquier viabilidad con Castro. De menor nitidez, pero no menos importantes, pueden ser los cambios de gobierno o las variaciones de política económica en un país determinado. Asi mismo, cualquier cambio en la concepción del poder político en otras naciones puede afectar en forma directa a algunos proyectos o tener repercusión indirecta en otros.

También son importantes los cambios en las relaciones comerciales internacionales, donde restricciones no previstas que pudiera implementar un país para la importación de productos como los que elabora la empresa creada con el estudio de un proyecto, podrían hacer que ésta se transforme en un gran fracaso.

La inestabilidad de la naturaleza, el entorno institucional, la normativa legal y muchos otros factores hacen que la predicción perfecta sea un imposible.

Lo anterior no debe servir de excusa para no evaluar proyectos. Por el contrario, con la preparación y evaluación será posible la reducción de la incertidumbre inicial respecto de la conveniencia de llevar a cabo una inversión. La decisión que se tome con más información siempre será mejor, salvo el azar, que aquella que se tome con poca información.

Los aspectos indicados señalan que no es posible calificar de malo un proyecto por el solo hecho de no haber tenido éxito práctico. Tampoco puede ser calificado de bueno un proyecto que, teniendo éxito, ha estado sostenido mediante expedientes casuísticos. Los subsidios, en cualquiera de sus múltiples formas, pueden hacer viables proyectos que no debieran serlo al eliminarse los factores de subsidiariedad que los apoyaban.

Así, por ejemplo, en un país con barreras arancelarias, muchos proyectos resultan rentables por el hecho de existir trabas impositivas a la posible competencia externa. Al eliminarse estas barreras, el proyecto se transforma en inconveniente por este único hecho.

¿Cuándo el proyecto puede ser calificado de bueno o malo? ¿Antes o después de eliminarse el subsidio implícito? Lo anterior lleva a determinar que un proyecto está asociado a una multiplicidad de circunstancias que lo afectan, las cuales, al variar, producen lógicamente cambios en su concepción y, por tanto, en su rentabilidad esperada.

La toma de decisiones asociadas a un proyecto

Existen diversos mecanismos operacionales por los cuales un empresario decide invertir recursos económicos en un determinado proyecto.

Los niveles decisorios son múltiples y variados, puesto que en el mundo moderno cada vez es menor la posibilidad de tomar decisiones en forma unipersonal. Por lo regular, los proyectos están asociados interdisciplinariamente y requieren diversas instancias de apoyo técnico antes de ser sometidos a la aprobación del nivel decisorio que corresponda.

No existe una concepción rígida definida en términos de establecer mecanismos precisos en la toma de decisiones asociadas a un proyecto. No obstante, resulta obvio señalar que la adopción de decisiones exige disponer de un sinnúmero de antecedentes que permitan que ésta se efectúe inteligentemente. Para ello se requiere la aplicación de técnicas asociadas a la idea que da origen a un proyecto y lo conceptualicen mediante un raciocinio lógico que implique considerar toda la gama de factores que participan en el proceso de concreción y puesta en marcha de éste.

Toda toma de decisión implica un riesgo. Obviamente, existen decisiones con un menor grado de incertidumbre y otras que son altamente riesgosas. Resulta lógico pensar que frente a decisiones de mayor riesgo, exista como consecuencia una opción de mayor rentabilidad. Sin embargo, lo fundamental en la toma de decisiones es que se encuentre cimentada en antecedentes básicos concretos que hagan que las decisiones se adopten concienzudamente y con el más pleno conocimiento de las distintas variables que entran en juego, las cuales, una vez valoradas, permitirán en última instancia adoptar en forma consciente las mejores decisiones posibles.

En el complejo mundo moderno donde los cambios de toda índole se producen a una velocidad vertiginosa, resulta imperiosamente necesario disponer de un conjunto de antecedentes justificatorios que aseguren una acertada toma de decisiones y hagan posible disminuir el riesgo de errar al decidir la ejecución de un determinado proyecto.

A ese conjunto de antecedentes justificatorios en donde se establecen las ventajas y desventajas que significa la asignación de recursos a una determinada idea o a un objetivo determinado se denomina "evaluación de proyectos".

La evaluación de proyectos

Si se encarga la evaluación de un mismo proyecto a dos especialistas diferentes, seguramente el resultado de ambas será diverso, por el hecho de que la evaluación se basa en estimaciones de lo que se espera sean en el futuro los beneficios y costos que se asocian a un proyecto. Más aún, el que evalúa el proyecto toma un horizonte de tiempo, normalmente diez años, sin conocer la fecha en que el inversionista pueda desear y estar en condiciones de llevarlo a cabo, y "adivina" qué puede pasar en ese periodo: comportamiento de los precios, dispo-

nibilidad de insumos, avance tecnológico, evolución de la demanda, evolución y comportamiento de la competencia, cambios en las políticas económicas y otras variables del entorno, etc. Difícilmente dos especialistas coincidirán en esta apreciación del futuro. Pero aun si así fuera, todavía tienen que decidir qué forma tendrá el proyecto: elaborarán o comprarán sus insumos, arrendarán o comprarán los espacios físicos, usarán una tecnología intensiva en capital o en mano de obra, harán el transporte en medios propios o ajenos, se instalarán en una o más localizaciones, implantarán sistemas computacionales o manuales, trabajarán a un turno con más capacidad instalada o a dos turnos con menos inversión fija, determinarán cuál será el momento óptimo de la inversión y el abandono, venderán a crédito o sólo al contado, aprovecharán los descuentos por volumen y pronto pago o no, etc.

La evaluación de proyectos pretende medir objetivamente ciertas magnitudes cuantitativas que resultan del estudio del proyecto, y dan origen a operaciones matemáticas que permiten obtener diferentes coeficientes de evaluación. Lo anterior no significa desconocer la posibilidad de que puedan existir criterios diferentes de evaluación para un mismo proyecto. Lo realmente decisivo es poder plantear premisas y supuestos válidos que hayan sido sometidos a convalidación a través de distintos mecanismos y técnicas de comprobación. Las premisas y supuestos deben nacer de la realidad misma en la que el proyecto estará inserto y en el que deberá rendir sus beneficios. La correcta valoración de los beneficios esperados permitirá definir en forma satisfactoria el criterio de evaluación que sea más adecuado.

Por otra parte, la clara definición de cuál es el objetivo que se persigue con la evaluación constituye un elemento clave para tener en cuenta en la correcta selección del criterio evaluativo. Así, por ejemplo, pueden existir especialistas que afirman que la evaluación se inserta dentro del esquema del interés privado, y que la suma de estos intereses reflejados a través de las preferencias de los consumidores (como consecuencia de los precios de mercado) da origen al interés social. Por su parte, otros especialistas podrán sostener que los precios de mercado reflejan en forma imperfecta las preferencias del público o el valor intrínseco de los factores.

La diferente apreciación que un proyecto puede tener desde los puntos de vista privado y social puede demostrarse por el hecho de que no existen en el mundo experiencias en torno a la construcción de un ferrocarril metropolitano de propiedad privada, pues no resulta lucrativo desde un punto de vista financiero. No ocurre lo mismo desde una perspectiva social, conforme a la cual la colectividad se ve compensada directa e indirectamente por la asignación de recursos efectuada mediante un criterio de asignación que respete prioridades sociales de inversión.

El marco de la realidad económica e institucional vigente en un país será lo que defina en mayor o menor grado el criterio imperante en un momento determinado para la evaluación de un proyecto. Sin embargo, cualquiera que sea el marco en que el proyecto esté inserto, siempre será posible medir los costos de las distintas alternativas de asignación de recursos a través de un criterio económico que permita, en definitiva, conocer las ventajas y desventajas cualitativas y cuantitativas que implica la asignación de los recursos escasos a un determinado proyecto de inversión.

 ## Evaluación social de proyectos

La evaluación social de proyectos compara los beneficios y costos que una determinada inversión pueda tener para la comunidad de un país en su conjunto. No siempre un proyecto que es rentable para un particular es también rentable para la comunidad y viceversa.

Tanto la evaluación social como la privada usan criterios similares para estudiar la viabilidad en un proyecto, aunque difieren en la valoración de las variables determinantes de los costos y beneficios que se le asocien. A este respecto, la evaluación privada trabaja con el criterio de precios de mercado, mientras que la evaluación social lo hace con precios sombra o sociales. Estos últimos, con el objeto de medir el efecto de implementar un proyecto sobre la comunidad, deben tener en cuenta los efectos indirectos o externalidades que los proyectos generan sobre el bienestar de la comunidad, como por ejemplo, la redistribución de los ingresos o la disminución de la contaminación ambiental.

De igual forma, hay otras variables que la evaluación privada incluye y que pueden ser descartadas en la evaluación social, como el efecto directo de los impuestos, subsidios u otros que, en relación con la comunidad, sólo corresponden a transferencias de recursos entre sus miembros.

Los precios privados de los factores se pueden corregir a precios sociales, ya sea por algún criterio particular a cada proyecto o aplicando los factores de corrección que varios países definen para su evaluación social. Sin embargo, siempre se encontrará que los proyectos sociales requieren del evaluador la definición de correcciones de los valores privados a valores sociales; para ello, el estudio de proyectos sociales considera los costos y beneficios directos, indirectos e intangibles y, además, las externalidades que producen.

Los beneficios directos se miden por el aumento que el proyecto provocará en el ingreso nacional mediante la cuantificación de la venta monetaria de sus productos, donde el precio social considerado corresponde al precio de mercado ajustado por algún factor que refleje

las distorsiones existentes en el mercado del producto. De igual forma, los costos directos corresponden a las compras de insumos, donde el precio se corrige también por un factor que incorpore las distorsiones de los mercados de bienes y servicios demandados.

Los costos y beneficios sociales indirectos corresponden a los cambios que provoca la ejecución del proyecto en la producción y consumo de bienes y servicios relacionados con éste. Por ejemplo, los efectos sobre la producción de los insumos que demande o de los productos sobre los que podría servir de insumo –lo cual puede generar beneficios o costos sociales– dependen de la distorsión que exista en los mercados de los productos afectados por el proyecto.

Los beneficios y costos sociales intangibles, si bien no se pueden cuantificar monetariamente, deben considerarse cualitativamente en la evaluación, en consideración a los efectos que la implementación del proyecto que se estudia puede tener sobre el bienestar de la comunidad. Por ejemplo, la conservación de lugares históricos o los efectos sobre la distribución geográfica de la población, geopolíticos o de movilidad social, entre otros.

Son externalidades de un proyecto los efectos positivos y negativos que sobrepasan a la institución inversora, tales como la contaminación ambiental que puede generar el proyecto o aquellos efectos redistributivos del ingreso que pudiera tener.

 ## Los proyectos en la planificación del desarrollo

La planificación constituye un proceso mediador entre el futuro y el presente. Se ha señalado que el futuro es incierto puesto que lo que ocurrirá mañana no es sólo una consecuencia de muchas variables cambiantes, sino que fundamentalmente dependerá de la actitud que adopten los hombres en el presente, pues ellos son, en definitiva, los que crean esas variables.

El futuro, construido por todos nosotros, incidirá en cada agente económico ahora, en el momento en que debemos efectuar el proceso de evaluar un proyecto cuyos efectos esperamos para mañana. Ese mañana nos afecta hoy, que es cuando podemos hacer algo para estar en condiciones de aprovechar las oportunidades del futuro. Por tanto, como lo señala el profesor Carlos Matus, "el primer argumento que hace necesaria la planificación reside en que un criterio para decidir qué debo hacer hoy se refiere a si esa acción de hoy será eficaz mañana para mí"[1].

---

[1] C. Matus, *Adiós, Señor Presidente*. Editorial Pomaire, 1987, p. 24.

Siguiendo este raciocinio puede concluirse que explorar e indagar sobre el futuro ayuda a decidir anticipadamente en forma más eficaz. Si no se efectúa esa indagación y no se prevén las posibilidades del mañana, se corre el riesgo evidente de actuar en forma tardía ante problemas ya creados u oportunidades que fueron desaprovechadas por no haberlas previsto con la suficiente antelación.

En cualquier proyecto debe decidirse antes cuánto será el monto de la inversión que debe hacerse para su puesta en marcha. Sin embargo, esa decisión estará sustentada en proyecciones de mercado, crecimiento de la población, del ingreso, de la demanda, de las características propias del bien o servicio que se desea producir, etc. Sobre la base de esa exploración del futuro, se adopta hoy una decisión, la que en definitiva será más o menos acertada, según sea la calidad y acuciosidad de la investigación y de sus proyecciones.

De esta forma, el mañana incierto depende, en su momento, de una multiplicidad de factores que se debe intentar proyectar. Por ejemplo, quizá no resulte muy complicado prever cuál podrá ser, dentro de cinco años, el nivel de ingreso de la población y su distribución. Sin embargo, resultará mucho más difícil anticipar cuál será la actitud y las decisiones que adoptarán las personas dentro de cinco años con sus mismos ingresos. De lo anterior se desprende que la planificación no debe tan sólo prever cuantitativamente los resultados posibles del desarrollo global o sectorial, sino, además, el comportamiento de los distintos componentes de la sociedad.

En esa perspectiva, el raciocinio del profesor Carlos Matus adquiere de nuevo plena validez cuando señala: "Los procesos sociales, como procesos humanos ricos y complejos, están muy lejos de poder ser precisados y explicados con variables numéricas. La calidad y la cantidad se combinan para dar precisión a nuestras explicaciones y diseños. En la jerarquía de las precisiones está primero la calidad y después la cantidad como una condición a veces necesaria de la precisión, pero nunca como una condición suficiente. No podemos, por consiguiente, eliminar lo cualitativo de nuestros planes y disociarlo de lo cuantitativo con el pretexto de que lo no medible no influye"[2].

Planificar el desarrollo significa determinar los objetivos y las metas dentro de un sistema económico, para una forma de organización social y para una determinada estructura política en un horizonte de tiempo determinado. De esta forma, la planificación, y dentro de ella la preparación y evaluación de proyectos, tiene un carácter neutral y puramente técnico, ya que no puede considerársele como característica de un determinado sistema político, económico o social. Sin perjui-

[2] *Op. Cít.*, p. 48.

cio de lo anterior, debe reconocerse que algunos modelos de desarrollo económico ofrecen una gama más amplia de instrumentos susceptibles de aplicarse en la planificación.

La característica de neutralidad que asume el planificador requiere que a través de las técnicas de la planificación no se establezca ningún fin último implícito. Puede planificarse para la libertad o el sometimiento, para un sistema de libre mercado o para la centralización de las decisiones económicas. De esto se concluye que planificación e intervención estatal no son sinónimos.

La planificación del desarrollo obliga a concebir los objetivos de tal manera que pueda demostrarse que ellos son realistas y viables, que los medios son los óptimos y están disponibles para lograr los objetivos trazados, y que éstos son compatibles con aquéllos.

Los enfoques más modernos del desarrollo asignan a la cantidad y a la calidad de las inversiones un papel fundamental en el crecimiento de los países. Reconocen que éste se logra tanto ampliando la inversión como incrementando la rentabilidad de los proyectos. De aquí la necesidad de utilizar la técnica de la evaluación de proyectos como un instrumento para reasignar recursos desde inversiones menos rentables a otras de mayor rentabilidad.

Todas estas herramientas pretenden conseguir que la asignación de recursos se efectúe con criterios de racionalidad, de previsión de hechos, de fijación de metas coherentes y coordinadas. La preparación y evaluación de proyectos surge de la necesidad de valerse de un método racional que permita cuantificar las ventajas y desventajas que implica asignar recursos escasos y de uso optativo a una determinada iniciativa, la cual necesariamente deberá estar al servicio de la sociedad y el hombre que en ella vive.

Resumen

La evaluación de proyectos pretende abordar el problema de la asignación de recursos en forma explícita, recomendando a través de distintas técnicas que una determinada iniciativa se lleve adelante por sobre otras alternativas de proyectos. Este hecho lleva implícita una responsabilidad social de hondas repercusiones que afecta de una manera u otra a todo el conglomerado social, lo que obliga a que se utilicen adecuadamente patrones y normas técnicas que permitan demostrar que el destino que se pretende dar a los recursos es el óptimo.

Los proyectos surgen de las necesidades individuales y colectivas de la persona. Es ella la que

importa, son sus necesidades las que deben satisfacerse a través de una adecuada asignación de los recursos, teniendo en cuenta la realidad social, cultural y política en la que el proyecto pretende desarrollarse.

Socialmente, la técnica busca medir el impacto que una determinada inversión tendrá sobre el bienestar de la comunidad. A través de la evaluación social se intenta cuantificar los costos y beneficios sociales directos, indirectos e intangibles, además de las externalidades que el proyecto pueda generar.

La planificación constituye un proceso mediador entre el futuro y el presente. El mañana nos afecta hoy, porque es hoy cuando podemos decidir hacer algo para estar en condiciones de aprovechar las oportunidades del mañana. Es por ello que en todo proyecto debe planificarse el futuro para así poder determinar tanto las variables susceptibles de ser medidas numéricamente, como aquéllas de carácter cualitativo de indudable incidencia en el comportamiento del proyecto en el tiempo.

La puesta en marcha de los programas que se definen se realiza mediante la elaboración de proyectos, los cuales deberán prepararse y evaluarse para ulteriormente aprobarse o rechazarse en función de su viabilidad económica y el cumplimiento de los objetivos establecidos en el programa.

El proyecto no puede entenderse como un objetivo en sí mismo. Por el contrario, sólo será un medio para alcanzar los objetivos generales sobre los cuales se elaboró el plan de desarrollo y los problemas sectoriales.

El preparador y evaluador de proyectos tiene que trabajar con neutralidad respecto de las políticas de contexto que se dan en un momento determinado, independientemente de cuál sea su posición frente a ellas.

Preguntas y problemas

1. Defina la problemática de la evaluación de proyectos y la importancia que puede asignársele a su preparación y evaluación como técnica de análisis.

2. Señale la utilidad que revisten los proyectos en la sociedad.

3. De acuerdo con la lectura de este capítulo, explique las limitaciones que le sugieren la técnica de evaluación.

4. ¿Por qué se dice que dos expertos, al estudiar un mismo proyecto en forma independiente, obtienen resultados distintos? A su juicio, ¿resta esto valor a la técnica de preparación y evaluación de proyectos?

5. ¿Qué es la evaluación social de proyectos y en qué difiere de la evaluación privada?

6. Explique el significado y alcance de los beneficios y costos sociales directos, indirectos e intangibles y de las externalidades.

7. Relacione la preparación y evaluación de proyectos con la planificación del desarrollo.

Bibliografía

ACEC, *Metas y objetivos municipales; políticas, programas y proyectos*. Sociedad de Profesionales ACEC. Multicopiado, 1981.

Ahumada, Jorge, *La planificación del desarrollo* (colección Universidad y Estudio). Santiago: Universidad Católica de Chile, 1972.

Fontaine, Ernesto, *Evaluación social de proyectos*. Santiago: Universidad Católica de Chile: Instituto de Economía, 1989.

Ilpes, *Guía para la presentación de proyectos*. Santiago: Siglo Veintiuno-Editorial Universitaria, 1977.

Keynes, J. Maynard, *Teoría general de la ocupación, el interés y el dinero*. México: Fondo de Cultura Económica, 1971.

Martner, Gonzalo, *Planificación y presupuestos por programas*. México: Siglo Veintiuno, 1967.

Matus, Carlos, *Adiós, Señor Presidente*. Editorial Pomaire, 1987.

Mideplan, *Inversión pública, eficiencia y equidad*. Santiago, 1992.

Naciones Unidas, *Manual de proyectos de desarrollo económico* (publicación 5.58.11.G.5.). México, 1958.

Sapag, Nassir, *Criterios de evaluación de proyectos: Cómo medir la rentabilidad de las inversiones*. Madrid: McGraw-Hill, 1993.

Smith, Adam, *La riqueza de las naciones*. Madrid: Aguilar, 1961.

Wonnacott, Paul y R., *Economía*. Bogotá: McGraw-Hill, 1981.

2

El proceso de preparación y evaluación de proyectos

E l objetivo de este capítulo es presentar, como un proceso, al esquema global de la preparación y evaluación de un proyecto individual. Aunque no existen probablemente dos proyectos de inversión iguales, el estudio de su viabilidad puede enmarcarse en una cierta rutina metodológica que, en general, puede adaptarse casi a cualquier proyecto.

El estudio del proyecto pretende contestar el interrogante de si es o no conveniente realizar una determinada inversión. Esta recomendación sólo será posible si se dispone de todos los elementos de juicio necesarios para tomar la decisión.

Con este objeto, el estudio de viabilidad debe intentar simular con el máximo de precisión lo que le sucedería al proyecto si fuese implementado, aunque difícilmente pueda determinarse con exactitud el resultado que se logrará en su puesta en marcha. De esta forma, se estimarán los beneficios y costos que probablemente ocasionaría y, por tanto, que pueden evaluarse.

En los acápites siguientes se analiza el proceso global y las interrelaciones entre las etapas de un estudio de viabilidad. Cada uno de los elementos aquí tratados se exponen individualmente y con mayor detalle en los restantes capítulos de este libro.

 Alcances del estudio de proyectos

Si bien toda decisión de inversión debe responder a un estudio previo de las ventajas y desventajas asociadas a su implementación, la profundidad con que se realice dependerá de lo que aconseje cada proyecto en particular.

En términos generales, cinco son los estudios particulares que deben realizarse para evaluar el proyecto: los de la viabilidad comercial, técnica, legal, de gestión y financiera, si se trata de un inversionista privado, o económica, si se trata de evaluar el impacto en la estructura económica del país. Cualquiera de ellos que llegue a una conclusión negativa determinará que el proyecto no se lleve a cabo, aunque razones estratégicas, humanitarias u otras de índole subjetiva podrían hacer recomendable una opción que no sea viable financiera o económicamente.

Por lo regular, el estudio de una inversión se centra en la viabilidad económica o financiera, y toma al resto de las variables únicamente como referencia. Sin embargo, cada uno de los cinco elementos señalados puede, de una u otra forma, determinar que un proyecto no se concrete en la realidad.

El estudio de la viabilidad comercial indicará si el mercado es o no sensible al bien o servicio producido por el proyecto y la aceptabilidad que tendría en su consumo o uso, permitiendo, de esta forma, determinar la postergación o rechazo de un proyecto, sin tener que asumir los costos que implica un estudio económico completo. En muchos casos, la viabilidad comercial se incorpora como parte del estudio de mercado en la viabilidad financiera.

El estudio de viabilidad técnica estudia las posibilidades materiales, físicas y químicas de producir el bien o servicio que desea generarse con el proyecto. Muchos proyectos nuevos requieren ser probados técnicamente para garantizar la capacidad de su producción, incluso antes de determinar si son o no convenientes desde el punto de vista de su rentabilidad económica; por ejemplo, si las propiedades de la materia prima nacional permiten la elaboración de un determinado producto, si el agua tiene la calidad requerida para la operación de una fábrica de cervezas o si existen las condiciones geográficas para la instalación de un puerto.

Un proyecto puede ser viable tanto por tener un mercado asegurado como por ser técnicamente factible. Sin embargo, podrían existir algunas restricciones de carácter legal que impedirían su funcionamiento en los términos que se pudiera haber previsto, no haciendo recomendable su ejecución; por ejemplo, limitaciones en cuanto a su localización o el uso del producto.

El estudio de la viabilidad de gestión es el que normalmente recibe menos atención, a pesar de que muchos proyectos fracasan por falta de capacidad administrativa para emprenderlo. El objetivo de este estudio es, principalmente, definir si existen las condiciones mínimas necesarias para garantizar la viabilidad de la implementación, tanto en lo estructural como en lo funcional. La importancia de este aspecto hace que se revise la presentación de un estudio de viabilidad finan-

ciera con un doble objetivo: estimar la rentabilidad de la inversión y verificar si existen incongruencias que permitan apreciar la falta de capacidad de gestión. Los que actúan así plantean que si durante la etapa de definición de la conveniencia de un negocio se detectan inconsistencias, probablemente el inversionista podría actuar con la misma liviandad una vez que el proyecto está en marcha.

El estudio de la viabilidad financiera de un proyecto determina, en último término, su aprobación o rechazo. Éste mide la rentabilidad que retorna a la inversión, todo medido en bases monetarias.

La profundidad con que se analice cada uno de estos cinco elementos dependerá, como se señaló, de las características de cada proyecto. Obviamente, la mayor parte requerirá más estudios económicos o técnicos. Sin embargo, ninguno de los tres restantes debe descartarse en el estudio de factibilidad de un proyecto.

Este libro se preocupa fundamentalmente del estudio de factibilidad financiera. Aunque no se analizan las factibilidades comercial, técnica, legal y organizacional, se tratan sus respectivos estudios con el objeto de definir con la mayor exactitud posible sus consecuencias económicas; es decir, se efectuarán estudios de mercados, técnicos, legales y organizacionales, no con el objeto de verificar su viabilidad respectiva, sino para extraer los elementos monetarios que permitirán evaluar el aspecto financiero del proyecto.

El estudio del proyecto como proceso

El proceso de un proyecto reconoce, para efectos de este texto, cuatro grandes etapas: idea, preinversión, inversión y operación.

La etapa de idea puede enfrentarse sistemáticamente desde una modalidad de gerencia de beneficios; es decir, donde la organización está estructurada operacionalmente con un esquema de búsqueda permanente de nuevas ideas de proyecto. Para ello, busca en forma ordenada identificar problemas que puedan resolverse y oportunidades de negocio que puedan aprovecharse. Las diferentes formas de solucionar un problema o aprovechar una oportunidad constituirán las ideas de proyecto. Por ejemplo, frente a un problema de fallas frecuentes de la maquinaria, surgen los proyectos de remplazo de maquinaria, de cierre de esa planta para subcontratar el servicio e, incluso, de seguir con la situación actual si fuese mejor que las otras. De igual forma, podrán aprovecharse oportunidades de negocio vendiendo materiales de desecho que podrían estar botándose, o también procesándolos para darles algún valor agregado y poder venderlos. De aquí que podamos afirmar que la idea de un proyecto, más que una ocurrencia afortunada de un inversionista, generalmente representa la realización de un diagnóstico que identifica distintas vías de solución.

En la etapa de preinversión se realizan los distintos estudios de viabilidad. Como ya se señaló, en el resto de este texto se analizará sólo la viabilidad financiera, y por ello la explicación de esta etapa se concentrará exclusivamente en estos aspectos.

El nivel de estudio inicial es el denominado "perfil", el cual se elabora a partir de la información existente, del juicio común y de la opinión que da la experiencia. En términos monetarios sólo presenta estimaciones muy globales de las inversiones, costos o ingresos, sin entrar en investigaciones de terreno.

En este análisis es fundamental efectuar algunas consideraciones previas acerca de la situación "sin proyecto"; es decir, intentar proyectar qué pasará en el futuro si no se pone en marcha el proyecto, antes de decidir si conviene o no su implementación. Por ejemplo, podría ser muy atractiva la idea de construir un edificio de locales comerciales si en un momento dado se detecta una gran demanda por ellos. Sin embargo, es posible que, al investigar los permisos de construcción otorgados, se descubra que la competencia que enfrentará el proyecto al terminarse la edificación será tan alta que más vale abandonar la idea antes de iniciar su construcción.

En el estudio de perfil, más que calcular la rentabilidad del proyecto, se busca determinar si existe alguna razón que justifique el abandono de una idea antes de que se destinen recursos, a veces de magnitudes importantes, para calcular la rentabilidad en niveles más acabados de estudio, como la prefactibilidad y la factibilidad. En este nivel frecuentemente se seleccionan, por otra parte, aquellas opciones de proyectos que se muestran más atractivas para la solución de un problema o el aprovechamiento de una oportunidad.

Otro nivel de estudio es el llamado de "prefactibilidad". Este estudio profundiza la investigación, y se basa principalmente en información de fuentes secundarias para definir, con cierta aproximación, las variables principales referidas al mercado, a las alternativas técnicas de producción y a la capacidad financiera de los inversionistas. En términos generales, se estiman las inversiones probables, los costos de operación y los ingresos que demandará y generará el proyecto.

Fundamentalmente, esta etapa se caracteriza por descartar soluciones con mayores elementos de juicio. Para ello se profundizan los aspectos señalados preliminarmente como críticos por el estudio de perfil, aunque sigue siendo una investigación basada en información secundaria, no demostrativa. Así, por ejemplo, el cálculo de las inversiones en obra física puede efectuarse con costos promedios de construcción del metro cuadrado, o la determinación de la demanda de pasajes aéreos, en función de la tasa de crecimiento de la población. Ambas, sin embargo, no representan la mejor forma de medición de las variables que se desea cuantificar. De todas maneras se da un proceso de selección de alternativas.

La aproximación de las cifras hace recomendable la sensibilización de los resultados obtenidos.

Como resultado de este estudio, surge la recomendación de su aprobación, su continuación a niveles más profundos de estudios, su abandono o su postergación hasta que se cumplan determinadas condiciones mínimas que deberán explicarse.

El estudio más acabado, denominado de "factibilidad", se elabora sobre la base de antecedentes precisos obtenidos mayoritariamente a través de fuentes primarias de información. Las variables cualitativas son mínimas comparadas con los estudios anteriores. El cálculo de las variables financieras y económicas debe ser lo suficientemente demostrativo para justificar la valoración de los distintos ítemes.

Esta etapa constituye el paso final del estudio preinversional. Por tal motivo, entre las responsabilidades del evaluador, más allá del simple estudio de viabilidad, está la de velar por la optimización de todos aquellos aspectos que dependen de una decisión de tipo económico como, por ejemplo, el tamaño, la tecnología o la localización del proyecto, entre otros.

El estudio de proyectos, cualquiera que sea la profundidad con que se realice, distingue dos grandes etapas: la de formulación y preparación y la de evaluación. La primera tiene por objeto definir todas las características que tengan algún grado de efecto en el flujo de ingresos y egresos monetarios del proyecto y calcular su magnitud. La segunda etapa, con metodologías muy definidas, busca determinar la rentabilidad de la inversión en el proyecto.

En muchos casos será necesario efectuar evaluaciones durante la etapa de formulación del proyecto. Por ejemplo, para decidir si se compran o fabrican los envases, si se construyen o arriendan las oficinas o si se hace una o más plantas, entre muchas otras decisiones. Lo más común es realizar estudios en nivel de perfil para seleccionar la combinación de factores que dé la configuración definitiva al proyecto, aun cuando en algunos casos se haga más recomendable un estudio en profundidad para una o más de los interrogantes que deberán resolverse durante la formulación de un proyecto.

En la etapa de formulación y preparación se reconocen, a su vez, dos subetapas: una que se caracteriza por recopilar información (o crear la no existente), y otra que se encarga de sistematizar, en términos monetarios, la información disponible. Esta sistematización se traduce en la construcción de un flujo de caja proyectado, que servirá de base para la evaluación del proyecto.

Si bien comúnmente se habla de "el flujo de caja", es posible distinguir tres tipos distintos en función del objeto de la evaluación. De esta manera, habrá un flujo de caja para medir la rentabilidad de toda la inversión, independientemente de sus fuentes de financiamiento,

otro para medir sólo la rentabilidad de los recursos aportados por el inversionista y otro para medir la capacidad de pago, es decir, si independientemente de la rentabilidad que pudiera tener el proyecto, puede cumplir con las obligaciones impuestas por las condiciones del endeudamiento.

Por otra parte, en la etapa de evaluación es posible distinguir tres subetapas: la medición de la rentabilidad del proyecto, el análisis de las variables cualitativas y la sensibilización del proyecto.

Cuando se calcula la rentabilidad, se hace sobre la base de un flujo de caja que se proyecta sobre una serie de supuestos. El análisis cualitativo complementa a la evaluación realizada con todos aquellos elementos no cuantificables que podrían incidir en la decisión de realizar o no el proyecto. Principal dedicación habrá de darse a la identificación de los aspectos más débiles del proyecto evaluado; de esta forma, la última subetapa podrá abocarse a sensibilizar sólo aquellos aspectos que podrían, al tener mayores posibilidades de un comportamiento distinto al previsto, determinar cambios importantes en la rentabilidad calculada.

El análisis completo de un proyecto requiere, por lo menos, la realización de cuatro estudios complementarios: de mercado, técnico, organizacional administrativo y financiero. Mientras los tres primeros fundamentalmente proporcionan información económica de costos y beneficios, el último, además de generar información, construye los flujos de caja y evalúa el proyecto. El cuadro 2.1 esquematiza lo señalado.

Cuadro 2.1

Estudio de viabilidad económica			
Formulación y preparación			Evaluación
Obtención de información	Construcción flujo de caja		Rentabilidad Análisis cualitativo Sensibilización
Estudio de mercadeo	Estudio técnico	Estudio de la organización	Estudio financiero

 El estudio técnico del proyecto

En el estudio de la viabilidad financiera de un proyecto, el estudio técnico tiene por objeto proveer información para cuantificar el monto de las inversiones y de los costos de operación pertinentes a esta área.

Técnicamente pueden existir diversos procesos productivos opcionales, cuya jerarquización puede diferir de lo que pudiera realizarse en función de su grado de perfección financiera. Por lo general, se estima que deben aplicarse los procedimientos y tecnologías más modernos, solución que puede ser óptima técnicamente, pero no serlo financieramente.

Uno de los resultados de este estudio será definir la función de producción que optimice la utilización de los recursos disponibles en la producción del bien o servicio del proyecto. De aquí podrá obtenerse la información de las necesidades de capital, mano de obra y recursos materiales, tanto para la puesta en marcha como para la posterior operación del proyecto.

En particular, del estudio técnico deberán determinarse los requerimientos de equipos de fábrica para la operación y el monto de la inversión correspondiente. Del análisis de las características y especificaciones técnicas de las máquinas podrá precisarse su disposición en planta, la que a su vez permitirá dimensionar las necesidades de espacio físico para su normal operación, en consideración de las normas y principios de la administración de la producción.

El análisis de estos mismos antecedentes hará posible cuantificar las necesidades de mano de obra por nivel de especialización y asignarles un nivel de remuneración para el cálculo de los costos de operación. De igual manera, deberán deducirse los costos de mantenimiento y reparaciones, así como el de reposición de los equipos.

La descripción del proceso productivo hará posible, además, conocer las materias primas y los restantes insumos que demandará el proceso. Como ya se mencionó, el proceso productivo se elige a través del análisis tanto técnico como económico de las alternativas existentes.

La definición del tamaño del proyecto es fundamental para la determinación de las inversiones y costos que se derivan del estudio técnico. Para un mismo volumen de producción se obtienen resultados económicos muy diferentes si el tamaño considera la operación de dos plantas a un solo turno cada una o de una planta a dos turnos. Normalmente, durante esta etapa del estudio puede optarse por una alternativa de tamaño y proceso específicos, para el proyecto. Sin embargo, cuando existen dudas entre dos o más posibilidades, parece conveniente no tomar una decisión en una etapa tan preliminar. En ese caso, deberán desarrollarse los estudios de las distintas posibilidades técni-

cas de alternativa, postergando, si fuera preciso, la decisión hasta la última etapa de su evaluación.

Esto parece más obvio cuando se consideran otras variables de efectos interrelacionados con los anteriores; por ejemplo, la localización. Cuando ésta no se encuentra predeterminada, debe elegirse mediante un proceso integral de análisis que permita su compatibilización, entre otros factores, con el tamaño. Los efectos de la disyuntiva de tener una o dos plantas sobre la decisión de localización, son más complejos de lo que parece, puesto que incorporan restricciones técnicas a un análisis económico ya influido fuertemente por los costos del transporte, la cercanía de las fuentes de materias primas y del mercado consumidor, la disponibilidad y precio relativo de los insumos, las expectativas de variaciones futuras en la situación vigente y otros. Todo esto debe analizarse en forma combinada con los factores determinantes del tamaño, como por ejemplo, la demanda actual y esperada, la capacidad financiera, las restricciones del proceso tecnológico, etc.

Las interrelaciones entre decisiones de carácter técnico se complican al tener que combinarse con decisiones derivadas de los restantes estudios particulares del proyecto. Por ejemplo, al describirse la perecibilidad de la materia prima o del producto terminado, no sólo se proporciona información interna al estudio técnico, sino que se condicionan algunas decisiones de mercado o financieras, como las relativas a distribución del producto final, adquisición de la materia prima o inversión en existencias.

 ## El estudio del mercado

Uno de los factores más críticos en el estudio de proyectos es la determinación de su mercado, tanto por el hecho de que aquí se define la cuantía de su demanda e ingresos de operación, como por los costos e inversiones implícitos.

El estudio de mercado es más que el análisis y determinación de la oferta y demanda o de los precios del proyecto. Muchos costos de operación pueden preverse simulando la situación futura y especificando las políticas y procedimientos que se utilizarán como estrategia comercial. Pocos proyectos son los que explican, por ejemplo, la estrategia publicitaria, la cual tiene en muchos casos una fuerte repercusión, tanto en la inversión inicial, cuando la estrategia de promoción se ejecuta antes de la puesta en marcha del proyecto, como en los costos de operación, cuando se define como un plan concreto de acción.

El mismo análisis puede realizarse para explicar la política de distribución del producto final. La cantidad y calidad de los canales que se seleccionan afectarán al calendario de desembolsos del proyecto. La

importancia de este factor se manifiesta al considerar su efecto sobre la relación oferta-demanda del proyecto. Basta agregar un canal adicional a la distribución del producto para que el precio final se incremente en el margen que recibe este canal. Con ello, la demanda puede verse disminuida con respecto a los estudios previos. Optativamente, podrá bajarse el precio de entrega al distribuidor, para que el producto llegue al consumidor al precio previsto, con lo cual los ingresos del proyecto se verían también disminuidos.

Ninguno de estos elementos, que a veces pueden ser considerados secundarios, puede dejar de ser estudiado. Decisiones como el precio de introducción, inversiones para fortalecer una imagen, acondicionamiento de los locales de venta en función de los requerimientos observados en el estudio de los clientes potenciales, políticas de crédito recomendadas por el mismo estudio, entre otros, pueden constituirse en variables pertinentes para el resultado de la evaluación. Metodológicamente, son cuatro los aspectos que deben estudiarse:

a) El consumidor y las demandas del mercado y del proyecto, actuales y proyectadas.
b) La competencia y las ofertas del mercado y del proyecto, actuales y proyectadas.
c) Comercialización del producto del proyecto.
d) Los proveedores y la disponibilidad y precio de los insumos, actuales y proyectados.

El análisis del consumidor tiene por objeto caracterizar a los consumidores actuales y potenciales, identificando sus preferencias, hábitos de consumo, motivaciones, etc., para obtener un perfil sobre el cual pueda basarse la estrategia comercial. El análisis de la demanda pretende cuantificar el volumen de bienes o servicios que el consumidor podría adquirir de la producción del proyecto. La demanda se asocia a distintos niveles de precio y condiciones de venta, entre otros factores, y se proyecta en el tiempo, independizando claramente la demanda deseada de la esperada.

La principal dificultad de esto radica en definir la proyección de la demanda global y aquella parte que podrá captar el proyecto; sin embargo, existen diversas técnicas y procedimientos que permiten obtener una aproximación, la mayoría de las veces, confiable.

El estudio de la competencia es fundamental por varias razones. Por ejemplo, la estrategia comercial que se defina para el proyecto no puede ser indiferente a ella. Es preciso conocer las estrategias que sigue la competencia, para aprovechar sus ventajas y evitar sus desventajas; al mismo tiempo, se constituye en una buena fuente de información para calcular

las posibilidades de captarle mercado y también para el cálculo de los costos probables involucrados.

La determinación de la oferta suele ser compleja, por cuanto no siempre es posible visualizar todas las alternativas de sustitución del producto del proyecto, la potencialidad real de la ampliación de la oferta al desconocer la capacidad instalada ociosa de la competencia, sus planes de expansión o los nuevos proyectos en curso.

El análisis de la comercialización del proyecto es quizás uno de los factores más difíciles de precisar, por cuanto la simulación de sus estrategias se enfrenta al problema de estimar reacciones y variaciones del medio durante la operación del proyecto.

Son muchas las decisiones que deben adoptarse respecto de la estrategia comercial del proyecto, las cuales deben basarse en los resultados obtenidos en los análisis señalados en los párrafos anteriores. Las decisiones aquí adoptadas tendrán repercusión directa en la rentabilidad del proyecto por las consecuencias económicas que se manifiestan en sus ingresos y egresos.

Una de estas decisiones es la política de venta, que no sólo implica la generación de ingresos al contado o a plazos, sino que también determina la captación de un mayor o menor volumen de ventas. Junto a esto debe estudiarse la política de plazos del crédito, intereses, monto del pie, etc. Las combinaciones posibles son múltiples y cada una determinará una composición diferente de los flujos de caja del proyecto. Tan importantes como ésta son las decisiones sobre precio, canales de distribución, marca, estrategia publicitaria, inversiones en creación de imagen, calidad del producto, servicios complementarios, estilos de venta, características exigidas y capacitación de la fuerza de venta.

Cada una de estas decisiones originará una inversión, un costo o un ingreso de operación que hace necesario su estudio para alcanzar las aproximaciones más cercanas a lo que sucederá cuando el proyecto sea implementado.

El mercado de los proveedores puede llegar a ser determinante en el éxito o fracaso de un proyecto. De ahí la necesidad de estudiar si existe disponibilidad de los insumos requeridos y cuál es el precio que deberá pagarse para garantizar su abastecimiento. Como se verá más adelante, la información que se obtenga de los proveedores podrá influir en la selección de la localización del proyecto.

El estudio organizacional y administrativo

Uno de los aspectos que menos se tiene en cuenta en el estudio de proyectos es aquel que se refiere a los factores propios de la actividad

ejecutiva de su administración: organización, procedimientos administrativos y aspectos legales.

Para cada proyecto es posible definir una estructura organizativa que más se adapte a los requerimientos de su posterior operación. Conocer esta estructura es fundamental para definir las necesidades de personal calificado para la gestión y, por tanto, estimar con mayor precisión los costos indirectos de la mano de obra ejecutiva.

Al igual que en los estudios anteriores, es preciso simular el proyecto en operación. Para ello deberán definirse, con el detalle que sea necesario, los procedimientos administrativos que podrían implementarse junto con el proyecto. Pueden existir diferencias sustanciales entre los costos de llevar registros normales *versus* computacionales, y mientras en unos proyectos convenga la primera modalidad, en otros puede ser más adecuada la segunda.

La decisión de desarrollar en forma interna actividades que pudieran subcontratarse, influye directamente en los costos por la mayor cantidad de personal que pudiera necesitarse, la mayor inversión en oficinas y equipamiento, el mayor costo en materiales y otros insumos. Como puede apreciarse, una decisión que pareciera ser secundaria lleva asociadas una serie de inversiones y costos que ningún estudio de proyectos podría desconocer.

Bastaría un análisis muy simple para dejar de manifiesto la influencia de los procedimientos administrativos sobre la cuantía de las inversiones y costos del proyecto. Los sistemas y procedimientos contable-financieros, de información, de planificación y presupuesto, de personal, adquisiciones, crédito, cobranzas y muchos más, van asociados a costos específicos de operación.

Los sistemas y procedimientos que definen a cada proyecto en particular determinan también la inversión en estructura física. La simulación de su funcionamiento permitirá precisar las necesidades de espacio físico para oficinas, pasillos, estacionamiento, jardines, vías de acceso, etcétera.

Ninguna de estas consideraciones puede dejarse al azar. De su propio análisis se derivarán otros elementos de costos que, en suma, podrían hacer no rentable un proyecto que, según estimaciones preliminares, haya parecido conveniente de implementar.

Casos típicos de esto son los mecanismos de comunicación interna, el equipamiento de implementos de prevención (incendios y riesgos en general) o la inclusión de la variable de retiro y recontratación de personal, por nombrar sólo algunos.

Tan importante como los aspectos anteriores, es el estudio legal. Aunque no responde a decisiones internas del proyecto, como la organización y procedimientos administrativos, influye en forma indirecta sobre ellos y, en consecuencia, sobre la cuantificación de sus desembolsos.

Los aspectos legales pueden restringir la localización y obligar a mayores costos de transporte, o bien pueden otorgar franquicias para incentivar el desarrollo de determinadas zonas geográficas donde el beneficio que obtendría el proyecto superaría los mayores costos de transporte.

El efecto más directo de los factores legales y reglamentarios se refiere a los aspectos tributarios. Normalmente existen disposiciones que afectan en forma diferente a los proyectos, dependiendo del bien o servicio que produzcan. Esto se manifiesta en el otorgamiento de permisos y patentes, en las tasas arancelarias diferenciadas para tipos distintos de materias primas o productos terminados, o incluso en la constitución de la empresa que llevará a cabo el proyecto, la cual tiene exigencias impositivas diferentes según cuál sea el tipo de organización que se seleccione.

 ## El estudio financiero

La última etapa del análisis de la viabilidad financiera de un proyecto es el estudio financiero. Los objetivos de esta etapa son ordenar y sistematizar la información de carácter monetario que proporcionaron las etapas anteriores, elaborar los cuadros analíticos y antecedentes adicionales para la evaluación del proyecto, evaluar los antecedentes para determinar su rentabilidad.

La sistematización de la información financiera consiste en identificar y ordenar todos los ítemes de inversiones, costos e ingresos que puedan deducirse de los estudios previos. Sin embargo, y debido a que no se ha proporcionado toda la información necesaria para la evaluación, en esta etapa deben definirse todos aquellos elementos que debe suministrar el propio estudio financiero. El caso clásico es el cálculo del monto que debe invertirse en capital de trabajo o el valor de desecho del proyecto.

Las inversiones del proyecto pueden clasificarse, según corresponda, en terrenos, obras físicas, equipamiento de fábrica y oficinas, capital de trabajo, puesta en marcha y otros. Puesto que durante la vida de operación del proyecto puede ser necesario incurrir en inversiones para ampliaciones de las edificaciones, reposición del equipamiento o adiciones de capital de trabajo, será preciso presentar un calendario de inversiones y reinversiones que puede elaborarse en dos informes separados, correspondientes a la etapa previa a la puesta en marcha y durante la operación. También se deberá proporcionar información sobre el valor residual de las inversiones.

Los ingresos de operación se deducen de la información de precios y demanda proyectada, calculados en el estudio de mercado, de las condiciones de venta, de las estimaciones de venta de residuos y del

cálculo de ingresos por venta de equipos cuyo remplazo está previsto durante el periodo de evaluación del proyecto, según antecedentes que pudieran derivarse de los estudios técnicos (para el equipo de fábrica), organizacional (para el equipo de oficinas) y de mercado (para el equipo de ventas).

Los costos de operación se calculan por información de prácticamente todos los estudios anteriores. Existe, sin embargo, un ítem de costo que debe calcularse en esta etapa: el impuesto a las ganancias, porque este desembolso es consecuencia directa de los resultados contables de la empresa, que pueden ser diferentes de los resultados efectivos obtenidos de la proyección de los estados contables de la empresa responsable del proyecto.

La evaluación del proyecto se realiza sobre la estimación del flujo de caja de los costos y beneficios. La existencia de algunas diferencias en ciertas posiciones conceptuales en cuanto a que la rentabilidad del proyecto *per se* puede ser distinta de la rentabilidad para el inversionista, por la incidencia del financiamiento, hace que se dedique un análisis especial al tema más adelante.

El resultado de la evaluación se mide a través de distintos criterios que, más que optativos, son complementarios entre sí. La improbabilidad de tener certeza de la ocurrencia de los acontecimientos considerados en la preparación del proyecto hace necesario considerar el riesgo de invertir en él. Se han desarrollado muchos métodos para incluir el riesgo e incertidumbre de la ocurrencia de los beneficios que se esperan del proyecto. Algunos incorporan directamente el efecto del riesgo en los datos del proyecto, mientras que otros determinan la variabilidad máxima que podrían experimentar algunas de las variables para que el proyecto siga siendo rentable. Este último criterio corresponde al análisis de sensibilidad.

Evaluar un proyecto a un plazo fijo puede llevar a conclusiones erradas respecto al mismo. Muchas veces se adopta como norma que un proyecto debe evaluarse a diez años. Sin embargo, es posible que la rentabilidad de un proyecto sea mayor si su puesta en marcha se posterga algunos periodos. No todos los proyectos rentables deben ponerse en marcha de inmediato, aun cuando existan los recursos necesarios, si se maximiza su rentabilidad postergando su iniciación.

Siguiendo el mismo raciocinio anterior, puede concluirse que un proyecto es más rentable si se abandona antes de la fecha prevista en la evaluación. Es decir, al igual que debe analizarse la postergación de la puesta en marcha, así también debe considerarse el abandono antes de la finalización prevista. Incluso, aun cuando el proyecto haya sido evaluado, aprobado e implantado, es posible que surja alguna alternativa de inversión que haga recomendable el abandono de la inversión en marcha.

Resumen

En este capítulo se sintetiza el proceso de la preparación y evaluación de un proyecto de inversión. El resto del libro se dedica a analizar en detalle cada uno de los factores que influyen en la medición de la rentabilidad del proyecto.

Muchas son las variables que se pueden y se deben cuantificar en la preparación del proyecto. Sólo la simulación precisa de cómo operaría el proyecto una vez puesto en marcha permitirá determinar las consecuencias económicas que de ella se deriven.

Son cuatro los estudios particulares que deberán realizarse para disponer de toda la información relevante para la evaluación: técnico, de mercado, administrativo y financiero.

El objetivo de cada uno de ellos es proveer información para la determinación de la viabilidad financiera de la inversión. No se pretende realizar estudios de viabilidad técnica, comercial, administrativa, legal u otra, si bien, cuando en cada una de estas áreas exista más de una alternativa razonablemente viable, sí se deberá evaluar cuál de ellas es la óptima desde el punto de vista de la racionalidad económica.

Muchas veces podrá suceder que subsistan dudas acerca de los méritos financieros de más de una alternativa, sea técnica, comercial o administrativa. En estos casos, no debe optarse por una de ellas, sino que las más relevantes deben desarrollarse en toda su magnitud, para elegir la mejor en la evaluación financiera misma del proyecto. Abandonar una alternativa tecnológica en el estudio técnico, basándose para ello en aproximaciones económicas, puede llevar a desechar una alternativa que, combinada con las proyecciones organizativas, comerciales, legales, administrativas y financieras, pueda llevar a una rentabilidad mayor.

El estudio de factibilidad financiera no sólo consiste en determinar si el proyecto es o no rentable: debe servir para discernir entre alternativas de acción para poder estar en condiciones de recomendar la aprobación o rechazo del proyecto en virtud de una operación en el grado óptimo de su potencialidad real.

Preguntas y problemas

1. ¿En qué se diferencian el estudio de la viabilidad técnica y el estudio técnico de la viabilidad financiera?

2. Describa la información que deberá proporcionar el estudio técnico para la evaluación financiera del proyecto.

3. Defina un proyecto no productivo y explique en qué consistiría su estudio técnico.

4. Describa algunos ítemes de inversiones que podrían derivarse del estudio del mercado del proyecto.

5. ¿Cómo podría el análisis de la competencia del proyecto inducir algunos costos de operación?

6. Explique cómo la estructura organizativa de un proyecto y el diseño de los procedimientos administrativos pueden afectar la composición de los costos de operación del proyecto y de las inversiones previas a la puesta en marcha y durante la ejecución del proyecto.

7. El estudio financiero del proyecto debe preparar información para su evaluación. Identifique las principales decisiones que deben tomarse al respecto.

8. "Un proyecto que al evaluarse muestra una rentabilidad positiva debe implantarse inmediatamente si existen los recursos suficientes para ello". Comente.

9. Explique qué diferencia a los estudios en nivel de perfil, prefactibilidad y factibilidad.

Bibliografía

Baum, Warren C., "El ciclo de los proyectos", en *Finanzas y desarrollo* 7 (2), 1970.

Deslandes, H., "Las ocho etapas de un estudio de factibilidad", en *Administración de empresas* 6 (61), 1975.

Duvigneau Ch., and R. Prasad, "Guidelines for calculating financial and economic rates of return for DFC projects", en *World Bank Technical Paper* No. 33. Washington D. C., 1984.

Fontaine, Ernesto, "El proyecto y su ciclo de gestación", en *Preparación de Proyectos* (*Curso Interamericano de Preparación y Evaluación de Proyectos:* Lecturas Seleccionadas, vol. VI). Santiago, Chile. Odeplan-Universidad Católica de Chile, 1985.

Guadagni, A. A., "El problema de la optimización del proyecto de inversión: consideración de sus diversas variantes", en BID-Odeplan, *Programa de adiestramiento en preparación y evaluación de proyectos*, vol. V. Santiago, 1976.

Ilpes, *Guía para la presentación de proyectos*. Santiago: Siglo Veintiuno-Editorial Universitaria, 1977.

Naciones Unidas, *Manual de proyectos de desarrollo económico* (publicación 5.58.11.G.5.). México, 1958.

Mideplan, *Inversión pública, eficiencia y equidad*. Santiago, 1992.

OECD, *Manual of Industrial Project Analysis in Developing Countries*. Paris: Development Centre of the Organization for Economic Cooperation and Development, 1972.

Parro, Nereo, "El proyecto de la fábrica como base de la productividad", en *Administración de empresas* 2(22) y 2(23), 1972.

Sapag, Nassir, *Criterios de evaluación de proyectos: cómo medir la rentabilidad de las inversiones*. Madrid: McGraw-Hill, 1993.

Squire, Lyn y H. G., Van Der Tak, *Economic Analysis of Projects* (World Bank Research Publication). Baltimore: The Johns Hopkins University Press, 1976.

CAPÍTULO 3

Estructura económica del mercado

El comportamiento futuro de los factores económicos de un proyecto es afectado fuertemente por la estructura actual y esperada del mercado. El mercado lo conforman la totalidad de los compradores y vendedores potenciales del producto o servicio que se vaya a elaborar con el proyecto; la estructura del mercado, el tipo de ambiente competitivo donde operan los oferentes y compradores de un producto.

El propósito de este capítulo es descubrir las características generales del mercado que deben ser conocidas y medidas para evaluar el proyecto. Es en el mercado donde las personas reflejan sus intereses, deseos y necesidades. Allí el ser humano pone de presente la jerarquización de sus necesidades y establece su propia identidad en relación con los bienes que desea poseer o adquirir.

El conocimiento del mecanismo del mercado resultará imperiosamente necesario al evaluador de proyectos para realizar el proceso a través del cual podrá recomendar o rechazar la asignación de los recursos escasos a una determinada iniciativa.

Estructura de mercado

El ambiente competitivo en que se desenvolverá el proyecto, en caso de ser implementado, puede adquirir una de las siguientes cuatro formas generales: competencia perfecta, monopolio, competencia monopólica y oligopolio.

La competencia perfecta se caracteriza porque existen muchos compradores y vendedores de un producto que, por su tamaño, no

puede influir en su precio, el producto es idéntico y homogéneo, existe movilidad perfecta de los recursos y los agentes económicos están perfectamente informados de las condiciones del mercado.

Existe monopolio cuando un solo proveedor vende un producto para el cual no hay sustitutos perfectos y las dificultades para ingresar a esa industria son grandes.

La competencia monopolística se caracteriza porque existen numerosos vendedores de un producto diferenciado y porque, en el largo plazo, no hay dificultades para entrar o salir de esa industria.

Una estructura de mercado ologopólica existe cuando hay pocos vendedores de un producto homogéneo o diferenciado y el ingreso o salida de la industria es posible, aunque con dificultades.

La demanda de un producto

El análisis de la demanda constituye uno de los aspectos centrales del estudio de proyectos, por la incidencia de ella en los resultados del negocio que se implementará con la aceptación del proyecto.

De acuerdo con la teoría de la demanda del consumidor, la cantidad demandada de un producto o servicio depende del precio que se le asigne, del ingreso de los consumidores, del precio de los bienes sustitutos o complementarios y de las preferencias del consumidor.

La cantidad demandada de un bien aumenta al bajar el precio del producto, al aumentar el precio de los bienes sustitutos o reducirse el de los complementarios, al aumentar el ingreso del consumidor y al aumentar las preferencias del consumidor por ese producto.

En el estudio de la viabilidad de un proyecto es vital la definición adecuada de la naturaleza de la demanda del bien que se producirá, así como de las variables que la modifican y de la magnitud de la reacción ante cambios en ciertos parámetros que se consideren apropiados

La teoría económica indica que la relación funcional entre precio y cantidad demandada es inversa, es decir, al subir el precio disminuye la cantidad demandada. Los estudios económicos han sido determinantes en señalar la evidencia de esta relación para la gran mayoría de bienes llamados "normales". Con otro tipo de bienes, la relación puede ser directa, como es el caso de los bienes de lujo.

En todo proyecto es de vital importancia conocer la magnitud de la reacción de la cantidad demandada ante un cambio en el precio; esto se conoce como la elasticidad de la demanda o elasticidad-precio, que se define como el porcentaje en que varía la cantidad demandada como consecuencia de los cambios porcentuales que se producen en el precio, manteniéndose constantes los valores de todas las demás variables de la función de demanda.

La determinación de la elasticidad de la demanda o elasticidad-precio de la demanda permitirá cuantificar el cambio relativo en las cantidades vendidas ante una variación en los precios y se mide como el cambio porcentual en la cantidad demandada dividido por el cambio porcentual en el precio. Esto es:

$$Ep = \frac{\Delta Q / Q}{\Delta P / P} = \frac{\Delta Q}{\Delta P} \cdot \frac{P}{Q} \qquad (3.1)$$

donde ΔQ y ΔP se refieren a los cambios en la cantidad y en el precio, respectivamente. El valor $\Delta Q / \Delta P$ es negativo porque el precio y la cantidad se mueven en direcciones contrarias: al subir el precio baja la cantidad demandada y viceversa.

La cantidad demandada se ilustra con una curva de demanda como la que se muestra en el siguiente gráfico:

Gráfico 3.1

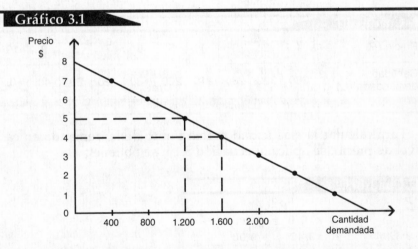

En el gráfico se aprecia que a un precio de $5, la cantidad demandada esperada es de 1.200 unidades, pero si baja a $4, la cantidad demandada aumenta a 1.600 unidades. El aumento se explica porque el consumidor sustituye este bien, que en términos relativos es más barato, por otros que consumía antes. Esto se conoce como *efecto sustitución*. Por otra parte, al bajar el precio del producto, el consumidor puede, con el mismo ingreso, comprar más de él. Esto se denomina *efecto ingreso*. El cambio dentro de una curva de demanda ocasionada por una variación en el precio se conoce como *cambio en la cantidad demandada*. El desplazamiento de toda la curva de demanda, motivada por cambios en otros factores distintos al precio, se denomina *cambio en la demanda*.

La ecuación 3.1 permite determinar la elasticidad en un punto determinado de la curva de demanda, por lo que se conoce como elasticidad precio punto de la demanda. Sin embargo, lo más frecuente es medir la elasticidad entre dos puntos de la curva de demanda. Esto se conoce como *elasticidad arco precio de la demanda* y se calcula corrigiendo la ecuación 3.1, incorporando la media de los dos precios y la media de las cantidades para evitar obtener diferentes resultados dependiendo de cómo varíe el precio:

$$Ep = \frac{\Delta Q}{\Delta P} \cdot \frac{(P_2+P_1)/2}{(Q_2+Q_1)/2} = \frac{Q_2-Q_1}{P_2-P_1} \cdot \frac{P_2+P_1}{Q_2+Q_1} \qquad (3.2)$$

Por ejemplo, si la función de demanda de un producto fuese $Q = 400 - 40P$, se tendrían los siguientes resultados de cantidad demandada por precio:

Cuadro 3.1

Precio (P)	1	2	3	4	5	6	7	8	9	10
Cantidad demandada (Q)	360	320	280	240	200	160	120	80	40	0

Para calcular la elasticidad precio punto de la demanda en cada nivel de precio, se aplica la ecuación 3.1 y se obtiene[1]:

Cuadro 3.2

P	E_p
10	-40 x10/0 = - ∞
9	-40 x9/40 = - 9,00
8	-40 x8/80 = - 4,00
7	-40 x7/120= - 2,33
6	-40 x6/160= - 1,50
5	-40 x5/200= - 1,00
4	-40 x4/240= - 0,67
3	-40 x3/280= - 0,43
2	-40 x2/320= - 0,25
1	-40 x1/360= - 0,11

[1] En todos los puntos $\Delta Q/\Delta P = -40$. Luego, $Ep = -40 \, P/Q$.

Con la aplicación de la ecuación 3.2 se calcula la elasticidad arco de la demanda para, por ejemplo, los puntos donde el precio es 3 y 4, de la siguiente forma:

$$Ep= -40 \frac{(4 + 3)}{(240 + 280)} = -0,54$$

Al disminuir el precio, el ingreso total aumenta si la demanda es elástica, permanece constante si la demanda es unitaria y disminuye si la demanda es inelástica. La demanda es elástica cuando el valor absoluto de la elasticidad precio ($|Ep|$) es mayor que uno. Es unitaria si $|Ep|$ es igual que uno y es inelástica si $|Ep|$ es menor que uno.

El mismo instrumento sirve para analizar el efecto de un cambio en los precios sobre el ingreso total. Dado que el ingreso total es igual al producto del precio por la cantidad vendida, una baja en los precios no necesariamente llevará a una disminución del ingreso total. Si, por ejemplo, el precio baja en un 1% y la elasticidad-precio es igual a 1, la cantidad demandada aumentará en un 1%, dejando sin variación al ingreso total. Sin embargo, si la elasticidad-precio fuese menor que 1, la cantidad demandada aumentará menos que 1% si el precio baja un 1%. En este caso, el ingreso total que se deriva de un aumento en la cantidad no alcanza a compensar la rebaja en el que ocasiona la reducción del precio, haciendo que el ingreso total baje. Por otra parte, si el precio baja un 1% y la elasticidad-precio fuese mayor que 1, el aumento en la cantidad demandada será mayor que 1%, haciendo que el ingreso total suba.

En una curva de demanda inelástica, un aumento proporcional de 1 en el precio provocará un cambio menor a 1 en las cantidades demandadas, de tal forma que el gasto total de los consumidores en el bien aumenta para mantener la misma cantidad demandada.

En una curva de demanda elástica, la reacción de la cantidad demandada será mayor que 1 ante un aumento de una unidad en el precio, así que el gasto total en el bien por parte de los consumidores disminuirá, porque la reducción en la cantidad demandada es proporcionalmente mayor al aumento del precio.

Si la empresa está operando en condiciones de competencia perfecta, es decir, existen muchas empresas que producen el mismo bien o éste es importado (de manera que el precio del bien está determinado exógenamente), se estima que la elasticidad-precio de la demanda relevante para la empresa es infinita, es decir, si la empresa sube el precio, los consumidores no demandarán nada.

A la inversa, si la empresa constituye un monopolio, la elasticidad-precio de la curva de demanda relevante para la empresa será la curva de demanda del mercado respecto a ese bien.

El ingreso marginal se determina por la siguiente expresión:

$$IM_g = P \left(1 + \frac{1}{E_p} \right) \tag{3.3}$$

Con la información del ejemplo anterior se puede deducir el siguiente ingreso marginal por cada peso que se reduzca el precio:

Cuadro 3.3

P	Q	Ep	IT = P x Q	IMg = $\dfrac{\Delta IT}{\Delta Q}$
10	0	- ∞	0	-
9	40	- 9,00	360	9
8	80	- 4,00	640	7
7	120	- 2,33	840	5
6	160	- 1,50	960	3
5	200	- 1,00	1.000	1
4	240	- 0,67	960	-1
3	280	- 0,43	840	-3
2	320	- 0,25	640	-5
1	360	- 0,11	360	-7

Mientras la demanda es elástica, al bajar el precio aumenta el ingreso total; cuando la demanda es unitaria el ingreso total se hace máximo, y cuando la demanda es inelástica el ingreso total disminuye. El ingreso marginal calculado mide la variación en el ingreso total por cada unidad adicional vendida. Al calcular el ingreso marginal por la ecuación 3.3 resulta, para cualquier precio, un resultado de -2. La diferencia se explica porque con esta ecuación se mide el cambio en el ingreso total entre diferentes niveles de producción.

De acuerdo con lo que se señaló anteriormente, la curva de demanda se obtiene suponiendo constantes una serie de parámetros. El analista debe intentar predeterminar los posibles cambios seculares en los gustos de los consumidores del bien que ofrece y la estabilidad de la demanda del bien.

Un cambio en los gustos de los consumidores producirá un desplazamiento de la curva de demanda. En efecto, si aumenta la preferencia por el bien, la curva de demanda se desplazará de tal manera que al mismo precio los consumidores estarán dispuestos a comprar una cantidad mayor del bien. Si disminuye la preferencia por el bien, la curva de demanda se desplaza de tal forma que, a un precio dado, las cantidades que los consumidores están dispuestos a comprar son menores.

Por otra parte, existen bienes que se caracterizan por tener una demanda pasajera; en un periodo están "de moda", pero posteriormente, al cambiar los gustos, dejan de ser demandados. En otros casos se produce un efecto similar por una alta rotación, derivada del avance tecnológico que genera bienes sustitutos de mejor calidad. El evaluador del proyecto debe ser capaz de prever la longitud temporal de la demanda que está utilizando para evaluar el proyecto.

Adicionalmente, existen cambios seculares en los gustos, que pueden desplazar levemente pero en forma continua la curva de demanda. En este punto es importante que el producto tenga un cierto margen de ductibilidad que le permita adaptarse a los cambios en las preferencias de los consumidores, de manera que evite esa tendencia.

En un país en crecimiento, el nivel de ingreso de los consumidores aumenta y, dentro de esta tendencia los ingresos relativos de los distintos individuos sufren modificaciones. La forma en que se distribuye este ingreso tendrá también influencias en la demanda. Por esta razón, el analista del proyecto debe examinar la tendencia esperada en el nivel de ingreso de los consumidores potenciales del bien.

Cualquier cambio en el nivel de ingreso también desplazará la curva de demanda. Sin embargo, este análisis debe considerar los diferentes tipos de bienes: los *bienes normales*, que se definen como aquéllos cuya cantidad consumida aumenta junto con el nivel de ingreso del consumidor (el efecto ingreso es positivo) y los *bienes inferiores*, que se definen como aquéllos cuya cantidad demandada disminuye al aumentar el nivel de ingreso del consumidor.

La magnitud de la reacción de la cantidad demandada ante un cambio en el ingreso puede medirse a través de la elasticidad-ingreso de la curva de demanda. Este cambio es mensurable dividiendo el cambio porcentual en la demanda por el cambio porcentual en los ingresos, manteniéndose constantes todos los otros parámetros. Si el valor de esta operación resulta positivo, el bien queda incluido en el grupo de los bienes normales. Si, por el contrario, el resultado de la división fuera negativo, el bien será considerado inferior.

Sobra señalar que la cuantificación de este fenómeno permitirá predecir con mayor precisión la evolución de la demanda.

Es preciso tener en cuenta que la evolución de los precios de otros bienes distintos a los del proyecto puede tener una gran influencia sobre la demanda del bien objeto de la evaluación. De esta forma, se distinguen tres tipos de bienes, según se expone a continuación:

a) *Bienes sustitutos.* Son aquellos bienes que satisfacen una necesidad similar, y por tanto el consumidor podrá optar por el consumo de ellos en lugar del bien del proyecto, si éste subiera de precio.

Un ejemplo de la situación anterior se aprecia entre el bien mantequilla y el bien margarina. Un pote de mantequilla es diferente de un pote de margarina, y así lo entienden los consumidores que optan por uno u otro bien, pero si la mantequilla sube de precio, un sector de los consumidores preferirá cambiar de bien y adquirir margarina. Este movimiento puede graficarse como un desplazamiento de la curva de demanda de margarina, provocado por un cambio en el precio de un bien distinto. Así, al mismo precio, la cantidad vendida de margarina aumenta, porque se han incorporado a su mercado nuevos consumidores.

El analista del proyecto debe analizar la estructura de demanda de bienes sustitutos del bien que existe en el mercado. Si el bien no tiene sustitutos de ningún tipo, la empresa podrá fijar el precio del bien y modificarlo según le convenga con mucha más libertad. El efecto de ello estará determinado exclusivamente por la elasticidad-precio de la demanda. Si el bien, en cambio, tiene sustitutos cercanos, un cambio en el precio tendrá efectos mayores.

La elasticidad permite analizar también la relación de sustitución entre productos. Por ejemplo, si se desea investigar la competencia entre tres productos P_a, P_b y P_c, podría hacerse un experimento de prueba en un grupo de establecimientos que ofrezcan los tres productos y permitan efectuar cambios en sus precios para ver el efecto en la cantidad demandada durante un periodo determinado de tiempo. Supóngase que el resultado de esta investigación permitió concluir las relaciones de demanda que aparecen en el cuadro 3.4.

Cuadro 3.4

Cambio de 1% en el precio de	Cambio porcentual en las ventas		
	P_a	P_b	P_c
P_a	- 4,01	+ 2,48	+ 0,03
P_b	+ 2,17	- 3,12	+ 0,12
P_c	+ 0,31	+ 0,10	- 2,26

La elasticidad-precio aparece en la diagonal del cuadro 3.4; los números restantes corresponden a las elasticidades cruzadas de los productos. En el ejemplo, las elasticidades-precio de los tres productos son muy altas, aunque el producto P_c manifiesta una respuesta de su demanda inferior a las de P_a y P_b ante las fluctuaciones de precio. Las elasticidades cruzadas entre P_a y P_c son positivas y significativas; reflejar que los consumidores opinan que ambos productos son sustitutos semejantes y que ante un cambio en el precio de uno de ellos trasladan su consumo al otro. Sin embargo, las elasticidades cruzadas con P_c son muy pequeñas, y muestran que los consumidores no las consideran sustitutos semejantes.

b) *Bienes complementarios*. Son aquellos que se consumen en forma conjunta, y, por tanto, si aumenta la cantidad consumida de uno de ellos, necesariamente aumenta la cantidad consumida de otro y viceversa.

Un ejemplo de la situación anterior lo constituye el caso de los autos y la gasolina. Si baja el precio de los autos, los consumidores comprarán más autos. Esto desplaza la curva de demanda de gasolina. Es decir, al mismo precio los consumidores demandarán una cantidad mayor de gasolina, porque han aumentado los requerimientos de gasolina en la economía.

Se aprecia entonces que es necesario proyectar la evolución de las cantidades consumidas de los bienes complementarios al definir la evolución de la curva de demanda del proyecto.

Obviamente, la existencia de bienes sustitutos y complementarios afecta tanto al movimiento de las curvas como a la elasticidad.

c) *Bienes independientes*. Son aquellos que no tienen ninguna relación entre sí, de tal forma que un cambio en el precio de un bien independiente no afectará a la demanda del otro bien.

El análisis que se ha efectuado hasta el momento muestra el comportamiento que tradicionalmente se les atribuye a los consumidores de acuerdo con la teoría económica. Existen, sin embargo, una serie de reacciones adicionales como consecuencia de la interacción social de los distintos individuos que conforman el conglomerado social. Por ello deberán estudiarse todos aquellos factores que necesariamente debe tener en cuenta el analista del proyecto, quien debe definir el comportamiento del mercado del bien para el cual se está efectuando la evaluación.

Así, considerar únicamente la conducta actual de los individuos es un error que se comete con frecuencia. Para solucionar este problema deben tomarse en consideración las tendencias de las personas al comprar, consumir o usar bienes o servicios, tal como lo hace el resto, y

las tendencias de algunos consumidores a ser exclusivos en lo que compran, consumen o usan[2].

En todo proceso de evaluación de proyectos es muy importante poder desarrollar el estudio analítico de la demanda. En muchos as-

---

[2]   La teoría económica sistematiza el problema en tres "efectos" principales, denominados *band wagon, snob* y *Veblen*.

El *efecto band wagon* consiste en que la demanda de un bien aumenta porque otros están consumiendo el mismo bien.

El análisis teórico para esta situación parte del supuesto de que la cantidad demandada por un consumidor es función del precio del bien y de la demanda total del mercado, *céteris páribus*. (*Céteris*, voz del latín, significa literalmente "otras cosas" y *páribus*, también latín, significa "igual" o "inalterado". La expresión *céteris páribus*, entonces, denota la condición de que no haya cambio en el resto de las circunstancias).

El efecto precio ordinario (es decir, si se supone que los individuos no se afectan entre sí al consumir) sería de un aumento de la cantidad consumida. Pero el *efecto band wagon* hace que un número adicional de consumidores se incorpore al mercado. Este último efecto señalaría un aumento de consumo del bien.

El *efecto snob* consiste en que la demanda de un bien de consumo disminuye porque otros están consumiendo o incrementando el consumo del mismo bien. Es decir, hay individuos que requieren de la exclusividad (al menos en cierta medida) del consumo del bien en cuestión.

Para efectos de análisis se supone que la demanda individual está negativamente relacionada con la demanda del mercado.

Si baja el precio de un bien, la cantidad demandada debería aumentar. Pero los *snobs*, al ver que la cantidad demandada aumenta, reaccionan abandonando el mercado. Por tanto, el *efecto snob* hace que la cantidad demandada disminuya en alguna proporción ante la baja de precios.

El *efecto Veblen* se produce cuando la demanda de un bien aumenta porque tiene un precio más alto que bajo.

Para fines de análisis se definen los conceptos de "precio real", que representa el precio efectivamente pagado por el consumidor, y "precio conspicuo", que representa el precio que el consumidor piensa que otras personas creen que él pagó.

Las demandas se construyen sobre la base de distintas alternativas de precio que los consumidores creen que son los precios conspicuos.

En otras palabras, es posible determinar las cantidades demandadas a precios de alternativa si todos los consumidores creen que el precio conspicuo es un precio determinado. A distintos precios se producirán distintas demandas, existiendo para cada alternativa de precio una determinada demanda y llegándose a establecer distintos puntos de equilibrio para cada alternativa.

Las curvas de demanda construidas a través del *efecto Veblen* permiten visualizar que la cantidad demandada disminuye frente a bajas en el precio. Dicho de otra manera, el *efecto Veblen* se produce por el hecho de que, al bajar el precio de un bien, hay personas que dejan de consumirlo porque éste se ha hecho "demasiado popular".

La demanda del bien sujeto a este efecto puede tener magnitudes diversas, dependiendo de la actitud de los consumidores frente a los precios conspicuos y las características del bien.

pectos el factor más importante para determinar la rentabilidad de un proyecto estará dado por la demanda de los bienes y servicios que se desea producir. La proyección de la demanda de un bien constituye un elemento clave en la planificación de mediano y largo plazo, y por ello, el conocimiento conceptual del comportamiento de la demanda constituye un caudal teórico necesario que debe comprender el evaluador.

La oferta

El término oferta puede definirse como el número de unidades de un determinado bien o servicio que los vendedores están dispuestos a vender a determinados precios. Obviamente, el comportamiento de los oferentes es distinto al de los compradores. Un alto precio les significa un incentivo para producir y vender más de ese bien. A mayor incremento en el precio, mayor será la cantidad ofrecida.

El término oferta se aplica tanto a la curva como a la tabla de oferta. Lo mismo ocurre en la demanda. La conjunción de ambas curvas determina el precio de equilibrio y la cantidad de equilibrio. De esta forma, el punto de conjunción o punto de equilibrio es aquel en que a un precio determinado se igualan las cantidades ofrecidas y demandadas (todos los que quieren comprar o vender lo pueden hacer a ese precio). Ante un aumento en el precio, la cantidad ofrecida aumenta y la cantidad demandada disminuye. Al ocurrir lo anterior, la competencia entre los vendedores hará que el precio caiga hasta llegar a un nuevo equilibrio. Del mismo modo, ante una baja en el precio, la cantidad ofrecida disminuye y la cantidad demandada se incrementa por la presión de los compradores, lo que hace posible un aumento en el precio hasta llegar a un nuevo equilibrio.

La teoría de la oferta es similar a la teoría de la demanda. Como se pretende mostrar los efectos que tendrán los precios exclusivamente sobre la cantidad ofrecida, el supuesto *céteris páribus* se utiliza también en este caso.

Al igual que en la demanda, existen algunos factores que pueden producir cambios en la oferta, a saber: el valor de los insumos, el desarrollo de la tecnología, las variaciones climáticas y el valor de los bienes relacionados o sustitutos.

Resulta obvio concluir que si el precio de los insumos aumenta, los productores de un determinado bien que requiera esos insumos no querrán seguir produciendo el bien al mismo precio que lo ofrecían antes del alza en el precio de los insumos, y por tanto, se producirá un incremento en el precio del bien como consecuencia de este hecho.

Por otra parte, el desarrollo de la tecnología puede significar una disminución en los costos de producción. A diferencia del caso ante-

rior, los productores estarán dispuestos a entregar una mayor cantidad del bien al mismo precio que les ofrecían antes del cambio tecnológico que les permitió bajar su costo productivo.

Para el caso de la oferta de productos agrícolas, la situación se complica por el hecho de que una vez efectuadas las plantaciones y obtenida la cosecha, la oferta tiende a ser inelástica, afectando asimismo a la oferta para periodos posteriores. De esta forma, se produce un efecto intertemporal que sólo podrá corregirse en periodos futuros de plantación.

Las condiciones climáticas, especialmente adversas en el sector agrícola, llevan aparejada una disminución en la cantidad ofrecida del bien que se vio afectado por el fenómeno climático. Una sequía, inundaciones o heladas significan la disminución de la oferta de los productos que se han visto afectados por los fenómenos climáticos.

Del mismo modo, la existencia de bienes complementarios o sustitutos en la producción puede significar una disminución en la cantidad ofrecida de uno con respecto a otro. Si, por ejemplo, el precio de un bien sustituto aumenta, los productores del otro bien relacionado, que no subió de precio, tenderán a cambiar su producción por el sustituto que varió de precio. Lo anterior es especialmente válido en el caso de cultivos agrícolas en donde el precio de un bien sustituto varía en el mercado. Existe un sentido similar cuando el avance tecnológico genera bienes sustitutos de mejor calidad.

La unidad básica de producción es la empresa, allí los productores transforman los insumos y los factores productivos en bienes y servicios destinados a satisfacer las necesidades y la demanda de ellos. Los productores suministran diferentes bienes a distintos costos de producción. Por tanto, la oferta refleja los costos y la curva de oferta refleja el costo marginal que es el incremento que se produce en el costo total causado por la producción de la unidad adicional[3].

Los costos totales de la empresa crecen a medida que su producción aumenta. El costo total de producción es la suma de los costos fijos, que se definen como aquellos que no varían, cualquiera que sea la cantidad producida, y los costos variables, que son aquellos que varían según la cantidad producida.

La curva de oferta de corto plazo de una empresa está dada por su curva de costo marginal de corto plazo, siempre y cuando el precio sea de un nivel tal que le permita cubrir sus costos variables de corto plazo.

El costo marginal no siempre determina la cantidad ofrecida, puesto que una empresa no puede producir una cantidad ilimitada.

---

[3] Este planteamiento es sustentado en Wonnacott, Paul y Ronald. *Economía*, Bogotá: McGraw-Hill, 1981.

Para producir en forma eficiente, la unidad de producción debe combinar sus factores de una manera determinada. Por una parte, el mayor uso de cada factor implicará un aumento en la producción; por otra, el uso de cantidades adicionales de factores producirá un aumento en el costo total de producción. La empresa estará utilizando una combinación óptima de factores cuando el aumento en la producción, generado por cada peso gastado en contratar factores adicionales, sea igual para todos ellos.

La cantidad óptima de producción será aquella que eleve al máximo el ingreso neto de la empresa; esto se producirá en el punto en que el ingreso recibido por la venta de la última unidad productiva sea igual al costo adicional de esa última unidad.

Las ganancias empresariales, con la exclusión del pago al capital, estarán determinadas por la diferencia entre el costo de producción y el ingreso percibido por las ventas de ella.

Para medir los costos en una empresa es necesario incluir todos los costos que afecten al negocio. Dentro de ellos se encuentran los costos implícitos o costos de oportunidad, que corresponden a la rentabilidad alternativa en el uso de los recursos. El costo de oportunidad también indica en forma aproximada cuánto debe pagarse por un insumo para · mantenerlo en su empleo actual. De esta forma, los costos de una empresa pueden diferenciarse entre explícitos e implícitos; dentro de estos últimos puede señalarse el beneficio normal sobre el capital invertido en la empresa.

Después que los costos implícitos o de oportunidad hayan sido cubiertos por el proyecto, cualquier beneficio remanente indicará la ganancia adicional que esta actividad significa con respecto a otras alternativas. De esta forma se define el beneficio económico como aquel beneficio extraordinario que resulta cuando se tienen en cuenta los costos de oportunidad.

Cuando esto ocurra, otras empresas se interesarán por incorporarse al área de influencia del proyecto. Así, en el largo plazo, definido como el tiempo suficiente para que puedan instalarse y comenzar a operar otras empresas competitivas, la oferta del bien en el mercado se incrementará, lo cual hará bajar el precio, y con ello disminuirán los beneficios económicos o extraordinarios.

El analista de un proyecto que espera obtener beneficios extraordinarios debe evaluar el tiempo que podrá operar en las condiciones que le son favorables, antes de que otras empresas se incorporen al mercado.

El conocimiento de la oferta y su comportamiento en relación con el bien o servicio que el proyecto desea producir constituyen elementos de análisis imperativos en el proceso de evaluación de proyectos de inversión.

Resumen

En el proceso de especialización de la producción se plantean tres interrogantes fundamentales: qué, cómo y cuánto producir.

Existen distintos mecanismos de respuesta a los interrogantes planteados.

Fundamentalmente, existen dos grandes modelos de concepción de la economía que responden a las preguntas básicas. Por una parte, se conoce la economía liberal de mercado y, por otra, el modelo de planificación central. Sin embargo, estos dos grandes modelos no constituyen las únicas opciones. Cada vez más, y a pesar de las diferentes concepciones políticas que se encuentran involucradas, la mezcla de decisiones del mercado y del gobierno central dan también respuestas compartidas.

Al evaluar un proyecto de inversión deberá tenerse en cuenta la estructura de funcionamiento del mercado, sus condiciones, sus limitaciones y sus proyecciones, a fin de poder entregar oportuna y correctamente los antecedentes que se requieren para la construcción de las proyecciones de demanda.

Es importante definir en forma adecuada la naturaleza de la demanda del bien que el proyecto producirá, así como las variables que la modifican.

La teoría económica indica que la relación funcional entre precio y cantidad demandada es inversa. Además, el preparador y evaluador de proyectos deberá intentar predeterminar los posibles cambios seculares en los gustos de los consumidores del bien que ofrecerá el proyecto y la estabilidad de la demanda respectiva.

Es preciso estudiar los bienes sustitutos, complementarios e independientes, cuya evaluación puede tener una gran influencia sobre la demanda del bien objeto de la evaluación del proyecto.

También resulta necesario que se estudie la oferta de los bienes, para poder comprobar los efectos que podrían tener los precios sobre la cantidad ofrecida. El valor de los insumos, el desarrollo de la tecnología, las variaciones climáticas y el valor de los bienes relacionados pueden producir cambios en la oferta de los bienes y servicios.

El análisis de los costos es también un instrumento que el evaluador debe tener presente al efectuar el estudio del mercado, de la demanda y de la oferta. Después que los gastos implícitos hayan sido cubiertos por el proyecto, cualquier beneficio remanente indicará la ganancia adicional que esta actividad significa con respecto a otras alternativas.

Preguntas y problemas

1. ¿Qué entiende por mercado?

2. Al estudiar el mercado basta con analizar el mercado del bien final, ya que de éste dependen los ingresos que generará el proyecto. Comente.

3. ¿De qué modo los diferentes sistemas económicos resuelven los interrogantes de qué, cómo y para quién producir?

4. ¿Cuál es, a su juicio, la importancia de conocer las distintas elasticidades del bien que se pretende producir?

5. ¿De qué modo condicionan los diferentes sistemas económicos la viabilidad de un proyecto de inversión?

6. ¿Qué variables intervienen en la determinación de la demanda de un bien?

7. El alza general de los ingresos de las personas de un país implica necesariamente que la demanda de todos y cada uno de los bienes aumenta. Comente la afirmación.

8. La demanda del bien que produce una empresa determinada no sufrirá variaciones al cambiar el precio de otros bienes, cualesquiera que éstos sean. Comente.

9. Explique: a) *efecto band wagon*, b) *efecto snob*, c) *efecto Veblen*.

10. Analice los posibles efectos sobre el mercado de los insumos que tendrá la puesta en marcha de un proyecto determinado. Suponga diversas situaciones en cuanto a oferta actual y futura de los insumos.

11. Explique los factores que determinan cambios en la oferta.

12. Desde el punto de vista económico, ¿en qué punto se logra el máximo ingreso neto para la empresa?

13. Si la elasticidad-precio de las bebidas gaseosas fuese igual a 0,8, un alza en sus precios hará que se gaste más dinero en gaseosas. Comente.

14. En 1962, la Comisión de Cítricos de Florida del Departamento de Agricultura de Estados Unidos, en conjunto con la Universidad de Florida, realizaron un experimento de mercado en Grand Rapids, Michigan, para examinar la competencia entre las naranjas Valencia de California y Florida. Durante 31 días se registró

las cantidades que se vendían de cada variedad en nueve supermercados, ante variaciones diarias en los precios, que cubrían una
gama de 0,32 dólares la docena (±0,16 dólares sobre el precio al
inicio del estudio). Durante el mes se vendieron más de 9.250
docenas de naranjas que permitieron concluir lo siguiente:

Cambio de 1%	Porcentaje de cambio en las ventas de		
en el precio	"Indian River"	Interior	California
de	Florida	Florida	
"Indian River"			
Florida	- 3,07	+ 1,56	+ 0,01
Interior Florida	+ 1,16	- 3,01	+ 0,14
California	+ 0,18	+ 0,09	- 2,76

Analice e interprete los resultados y explique su uso en las actividades de planificación.

15. En el estudio de un proyecto se ha estimado la siguiente ecuación
de regresión para la demanda:

$$Q_X = 60.000 - 150P + 12N + 100I - 1.500P_i + 5P_u$$

donde:

Q : cantidad demandada del producto X por año

P : precio del producto X

N : población del país en millones

I : ingreso disponible per cápita

P_i : precio del insumo que hace funcionar al producto X

P_u : gasto en publicidad del producto X por año

Con la información anterior determine:

a) ¿Cómo cambia la cantidad del producto X comprado cada año
ante un cambio en una unidad (la población en millones) de
cada variable de la función de Q?

b) ¿Cuál será el valor de Q si N = 10 millones, I = \$3.000, P_i =
\$80 y P_u = \$300.000?

c) Para la función de demanda obtenida en b) calcule la elasticidad precio de la demanda si P = \$10.000 y Q = \$800.000.

d) Para la función de demanda obtenida en b) calcule la elasticidad arco de la demanda si se sabe, además, que:

P	10.000	8.000	6.000
Q	800.000	1.000.000	1.200.000

16. Si la demanda de un bien X es 1.000 unidades anuales para un ingreso promedio individual de $8.000 y 1.200 unidades para un ingreso de $12.000, ¿cuál es la elasticidad ingreso de la demanda para un aumento en el ingreso de $8.000 a $12.000 y para una reducción del ingreso de $12.000 a $8.000?

17. Para la función de demanda del ejercicio 15, determine la elasticidad ingreso de la demanda si I = $10.000 y Q = 1.000.000.

18. Para la función de demanda del ejercicio 15 determine la elasticidad en las ventas en relación con cada variable si P = 9.000, N = 15 millones, I = $5.000, P_i = $100 y P_u = $250.000. ¿Cuáles serían las ventas de X si el precio aumenta en un 20%, N en un 3%, I en 5%, P_i en un 2% y P_u en un 10%?

Bibliografía

Ackley, Gardner, *Teoría macroeconómica*. México: Uteha, 1965.

Ahumada, Jorge, *En vez de la miseria*. Santiago: Editorial del Pacífico, 1958.

Blair, R. y L. Kenny, *Microeconomía con aplicaciones en las empresas*. España: McGraw-Hill, 1983.

Boulding, Kenneth, *Principios de política económica*. Madrid: Aguilar, 1963.

Brigham, E. y J. Pappas, *Economía y administración*. México: Nueva Editorial Interamericana, S.A de C.U., 1978.

Fischer, S. y R. Dornbush, *Economía*. México: McGraw-Hill, 1985.

Keynes, J. Maynard, *Teoría general de la ocupación, el interés y el dinero*. México: Fondo de Cultura Económica, 1971.

Salvatore, Dominick, *Economía y empresa*. México: McGraw-Hill, 1993.

Samuelson, Paul, *Economía*. México: McGraw-Hill, 1983.

Stonier, A. y D. Hague, *Manual de teoría económica*. Madrid: Aguilar, 1963.

Wonnacott, Paul y Ronald, *Economía*. Bogotá: McGraw-Hill, 1984.

CAPÍTULO 4

El estudio de mercado

En el capítulo anterior se analizaron las variables económicas que explican el comportamiento del mercado en términos generales. En este capítulo se investiga el mercadeo desde la perspectiva del preparador de proyectos; es decir, más que el análisis de los conceptos y las técnicas generales de la comercialización, se estudiarán los aspectos económicos específicos que repercuten, de una u otra forma, en la composición del flujo de caja del proyecto.

Por lo general el concepto de estudio de mercado se identifica con la definición del precio y la demanda a que los consumidores están dispuestos a comprar. En este capítulo se aplica el concepto a las variables que condicionan el comportamiento de los distintos agentes económicos cuya actuación afectará al desempeño financiero de la empresa que podría generarse con el proyecto.

Obviamente, la proyección de las variables futuras del mercado, tanto del entorno como del propio proyecto, pasa a tener un papel preponderante en los resultados de la evaluación. La importancia de este tema es la razón por la cual el mismo se excluye de este capítulo, para ser tratado en forma particular y detallada en el siguiente.

El mercado del proyecto

Al estudiar el mercado de un proyecto es preciso reconocer todos y cada uno de los agentes que, con su actuación, tendrán algún grado de influencia sobre las decisiones que se tomarán al definir su estrategia comercial. Son cinco, en este sentido, los submercados que se re-

conocerán al realizar un estudio de factibilidad: proveedor, competidor, distribuidor, consumidor y externo. Este último puede descartarse y sus variables incluirse, según corresponda, en cada uno de los cuatro anteriores.

El mercado proveedor constituye muchas veces un factor tanto o más crítico que el mercado consumidor. Muchos proyectos tienen una dependencia extrema de la calidad, cantidad, oportunidad de la recepción y costo de los materiales. No son pocos los proyectos que basan su viabilidad en este mercado. Es el caso, por ejemplo, de un proyecto de fabricación de pectinas[1] que usaba como materia prima la cáscara de limón que resulta como residuo de la fabricación de aceites esenciales derivados del limón fresco. En este proyecto, la disponibilidad de materias primas, que tenían un costo de casi cero (sólo de recolección), dependía principalmente del nivel de operación de la planta de aceites esenciales, ya que éste determinaba el nivel de los residuos que requería el proyecto. Esto obligó a estudiar el mercado de los aceites esenciales, detectándose que no habría problema alguno en la venta del producto, por la existencia de una demanda altamente insatisfecha, pero que sí podrían presentarse en su propio mercado proveedor, es decir, el de los limones frescos. Esto hizo necesario estudiar el mercado de los limones frescos, donde se detectó que frente a las heladas y altos calores que azotaron ese año a los Estados Unidos y México, el precio del limón fresco tenía altas probabilidades de alza, ya que el precio internacional tendría que subir y el agricultor nacional se enfrentaba a la opción de vender en el mercado internacional. Afortunadamente para el proyecto de las pectinas, los márgenes de utilidad de sus proveedores, las fábricas de aceites esenciales, eran tan elevados que podían fácilmente absorber el aumento que se proyectó en los precios del limón.

Hay situaciones en las cuales el estudio del mercado proveedor es más complejo y, por tanto, más difícil de estudiar. Es el caso de un proyecto realizado en Lima por Induperú para elaborar papel periódico a partir de la cáscara (bagazo) de la caña de azúcar. Para realizar este proyecto se diseñó toda una tecnología que permitía producir un papel liviano (que abarataba el costo de transporte), resistente y más blanco que el papel tradicional. Sin embargo, el alza del precio del petróleo hizo que este último se remplazase en muchas industrias por la energía que se generaba mediante la quema del bagazo de la caña de azúcar, lo cual determinó que los productores de caña le pusieran un precio que hizo no rentable el proyecto (que incluso ya se había implementado), con lo cual se obligó a su abandono.

---

[1] Nassir Sapag y otros, *Estudio de factibilidad de la elaboración de pectinas*. Lima: ESAN-Ministerio de Industrias del Perú, 1981.

No son pocos los proyectos que, por su dependencia de otros, hacen que se estudie primero un proyecto no solicitado. Cuando se realizó el estudio para determinar la viabilidad de la reapertura del aeropuerto de Chamonate[2], en Copiapó, fue necesario estudiar previamente la rentabilidad que tendría para una línea aérea operar con ese aeropuerto, ya que la reapertura sólo sería posible si una o más líneas aéreas iniciaban vuelos desde y hacia esa ciudad.

El estudio del mercado proveedor es más complejo de lo que puede parecer, incluso conocidos estos ejemplos, ya que deberán estudiarse todas las alternativas de obtención de materias primas, sus costos, condiciones de compra, sustitutos, perecibilidad, necesidad de infraestructura especial para su bodegaje, oportunidad y demoras en la recepción, disponibilidad, seguridad en la recepción, etcétera.

Para definir lo anterior es necesario, más que un estudio vigente o histórico del mercado proveedor, conocer sus proyecciones a futuro. Como en el caso de las pectinas, la disponibilidad de materias primas vigente al momento del estudio dejó de ser pertinente ante la duda de la disponibilidad futura que se derivaba de los cambios proyectados en los precios internacionales del limón.

En la edición de un boletín informativo diario, por ejemplo, el hecho de que los proveedores otorgaban un plazo de 60 días para pagar su impresión fue fundamental en la determinación de su viabilidad. De no haberse detectado este crédito de proveedores, se habría estimado el pago de contado, lo que habría determinado una inversión de tal importancia en capital de trabajo que incluso podría haber mostrado un resultado negativo.

La disponibilidad de insumos será fundamental para la determinación del procedimiento de cálculo del costo de abastecerse. Como se verá en el capítulo 9, si hay disponibilidad de recursos, se podrá trabajar con el costo medio, pero si no la hay, deberá considerarse el costo marginal.

El precio también será importante en la definición tanto de los costos como de la inversión en capital de trabajo. Por ello, al estudiar el precio de los insumos se tendrá que incluir su concepto amplio, es decir, agregar las condiciones de pago que establece el proveedor, sus políticas de crédito y las de descuento.

De igual forma, los alcances del mercado competidor transcienden más allá de la simple competencia por la colocación del producto. Si bien esto es primordial, muchos proyectos dependen sobremanera de la competencia con otros productos; por ejemplo, una fábrica de man-

[2] ACEC, *Estudio de factibilidad económica de la reapertura del aeropuerto Chamonate*. Copiapó: Secretaría Regional de Planificación de la Región de Atacama, 1979.

tequilla en una zona no industrializada depende en gran parte del servicio de arrendamiento de bodegas de refrigeración de que puede disponer. Sin embargo, podría tener que competir con pescadores que deseen congelar y almacenar mariscos en esa misma bodega, o con los agricultores que también necesitan congelar y guardar, por ejemplo, frutillas. Cuando las materias primas no son suficientes se tendrá que competir por ellas en el mercado proveedor y, en otros casos, cuando los medios de transporte sean escasos, la competencia por ellos será prioritaria.

El mercado competidor directo, entendiendo por ello las empresas que elaboran y venden productos similares a los del proyecto, tiene también otras connotaciones importantes que se tienen en cuenta en la preparación y evaluación. Será imprescindible conocer la estrategia comercial que desarrolle, para enfrentar en mejor forma su competencia frente al mercado consumidor. Cada antecedente que se conozca de ella se utilizará en la definición de la propia estrategia comercial del proyecto. Así, por ejemplo, conocer los precios a que vende, las condiciones, plazos y costos de los créditos que ofrece, los descuentos por volúmenes y pronto pago, el sistema promocional, la publicidad, los canales de distribución que emplea para colocar sus productos, la situación financiera de corto y largo plazo, entre otros aspectos, facilitará la determinación de estas variables para el proyecto.

La viabilidad de un proyecto, en muchos casos, dependerá de la capacidad de aprovechar algunas oportunidades que ofrece el mercado. Por ello es importante reconocer que el producto o servicio que venderá el proyecto no siempre corresponde a lo que compra el consumidor. Por ejemplo, al evaluarse la construcción del puerto de Calderilla para el embarque de la fruta de exportación que empezó a producirse en la zona, se debía competir con los puertos de Coquimbo y Valparaíso. Sin embargo, se reconoció la posibilidad de cobrar tarifas superiores a la de éstos, ya que si bien el proyecto vendía el servicio portuario, el cliente comparaba este costo con el ahorro en los fletes hacia los puertos alternativos; es decir, mientras el proyecto ofrecía el servicio portuario, el cliente compraba éste más un menor flete.

De igual manera, es posible apreciar que muchos competidores potenciales del proyecto han tenido una mayor demanda derivada de algún complemento promocional al producto como, por ejemplo, un envase que permite un uso posterior, un regalo por la compra de un producto o muchos tamaños opcionales para un mismo bien. Si se observa una situación como ésta, el proyecto probablemente deba considerar desembolsos especiales para ofrecer un producto competitivo con los disponibles en el mercado.

El mercado distribuidor es, quizás, el que requiere el estudio de un menor número de variables, aunque no por ello deja de ser importante.

En efecto, la disponibilidad de un sistema que garantice la entrega oportuna de los productos al consumidor toma, en muchos proyectos, un papel definitivo. Es el caso de productos perecederos, donde el retraso más mínimo puede ocasionar pérdidas enormes a la empresa. No sucede así con los productos no perecederos y cuya distribución puede programarse con holgura sin afectar la rentabilidad del negocio. Los costos de distribución son, en todos los casos, factores importantes de considerar, ya que son determinantes en el precio a que llegará el producto al consumidor y, por tanto, en la demanda que deberá enfrentar el proyecto.

El mercado consumidor es probablemente el que más tiempo requiere para su estudio. La complejidad del consumidor hace que se tornen imprescindibles varios estudios específicos sobre él, ya que así podrán definirse diversos efectos sobre la composición del flujo de caja del proyecto. Los hábitos y motivaciones de compra serán determinantes al definir al consumidor real (el que toma la decisión de compra) y la estrategia comercial que deberá diseñarse para enfrentarlo en su papel de consumidor frente a la posible multiplicidad de alternativas en su decisión de compra. Este punto será analizado con más detalle en las páginas siguientes.

Hay un quinto mercado, el externo, que por sus características puede ser estudiado separadamente o inserto en los estudios anteriores. Recurrir a fuentes externas de abastecimiento de materias primas obliga a consideraciones y estudios especiales que se diferencian del abastecimiento en el mercado local. Por ejemplo, la demora en la recepción de la materia prima puede no compensar algunos ahorros de costo que se obtienen importándola; la calidad puede compensar menores precios internos; se puede esperar que el tipo de cambio y la política arancelaria suban y dejen de hacer más conveniente la importación, etc. De igual forma, hay variables en los mercados competidor, distribuidor y consumidor externos que deben estudiarse por su efecto esperado sobre las variables del proyecto.

Ninguno de estos mercados puede analizarse exclusivamente sobre la base de lo que ya existe. Siempre podrá haber proveedores que la competencia directa no haya tenido en cuenta, o competidores potenciales que hoy no lo son[3], o nuevos sistemas de distribución no utilizados, e incluso mercados consumidores no cubiertos hasta el momento.

---

[3] En el proyecto de las pectinas, lo más probable sería que los fabricantes de aceites esenciales se instalen con la fábrica de pectina, ya que ellos tendrían el monopolio de la materia prima (y gratis), y obligarían a cualquier competidor a adquirir el limón fresco como sustituto, sin ninguna opción para competir por la diferencia de costos que se produciría.

Por ejemplo, es el caso de la fabricación chilena de redes de pesca industriales, importadas hasta la fecha de Corea. Si bien la red nacional iba a tener un costo mayor, éste se compensaba con la posibilidad que daba a las compañías pesqueras de tener un menor inventario, gracias a la cercanía de la fuente proveedora; con esto lograba reducir su inversión en capital de trabajo.

 ## Objetivos del estudio de mercado

Las variables que se señalaron en el apartado anterior para cada uno de los mercados definidos adquieren mucha más importancia cuando lo que se busca es la implantación del proyecto. Sin embargo, para fines de la preparación del proyecto, el estudio de cada una de esas variables va dirigido principalmente a la recopilación de la información de carácter económico que repercuta en la composición del flujo de caja del proyecto.

Así es como, por ejemplo, muchas veces el estudio de la promoción que podría resultar del proyecto que deberá realizar la empresa se puede reducir a calcular el costo de una inversión razonable en ella, más que la determinación exacta del sistema promocional. Una forma usual de obtener esta información es mediante la solicitud de una cotización a una empresa publicitaria especializada. En este caso el procedimiento se justifica, ya que el objetivo es cuantificar el monto de la inversión inicial de este ítem para poder incluirlo en el flujo de caja. Distinto habría sido si el objetivo fuera la implementación, ya que para fines operativos se necesitaría conocer el programa promocional. Obviamente, en muchos casos será imprescindible diseñar la estrategia promocional para cuantificar su costo. Sin embargo, esto se hará con el fin de determinar el monto de la inversión y no porque se desee conocer la estrategia por sí misma.

Planteando el objetivo del estudio de mercado como la reunión de antecedentes para determinar la cuantía del flujo de caja, cada actividad del mismo deberá justificarse por proveer información para calcular algún ítem de inversión, de costo de operación o de ingreso.

Como se verá con detalle en el capítulo 12, todos los desembolsos que se realicen previamente a la puesta en marcha del proyecto serán considerados como inversión inicial. En este sentido, la promoción constituye uno de los más claros ejemplos de un ítem de inversión que el estudio de mercado debe definir. Otros casos usuales en los que a este estudio le cabe un papel preponderante en la cuantificación de las inversiones es la determinación del número de locales de venta al público, su mobiliario, letreros y todo tipo de equipamiento o embellecimiento y terminaciones que condicionen la imagen corporativa de la empresa. Igual efecto deberá tener respecto de las oficinas de atención

al público, vehículos de reparto y cualquier otra variable que involucre la imagen tanto del producto como de la empresa.

La publicidad, que a diferencia de la promoción tiene un carácter más permanente y de tipo recordatorio de un mensaje, no constituye una inversión sino un gasto de operación. También para esto se puede recurrir a la cotización de una empresa de publicidad, que entregue información respecto al costo de la campaña, más que a sus características. Otros antecedentes de costos de operación que debe proveer el estudio de mercado son los de las materias primas y sus condiciones de pago, de la distribución de los productos, de las comisiones a los vendedores y cualquier otro que se relacione con alguno de los mercados.

Quizás es en los ingresos donde este estudio tiene mayor importancia. La viabilidad o no de un proyecto reside principalmente en el mercado consumidor, que será quien decida la adquisición del producto que genere la empresa creada por el proyecto. En este sentido, el estudio del consumidor requiere que se le destine el máximo esfuerzo para determinar la existencia de una demanda real para el producto en términos de su precio, volumen y periodicidad, en un lugar y tiempo determinados.

La necesidad de estimar el momento exacto en que se producen los ingresos y desembolsos proyectados obliga, además, a investigar las condiciones crediticias en que el consumidor está dispuesto a comprar.

Al existir, como en todo orden de cosas, opciones entre las cuales elegir, el estudio de mercado deberá también analizar el entorno en el cual se mueve cada uno de los mercados para definir la estrategia comercial más próxima a la realidad en donde deberá situarse el proyecto una vez implementado.

Etapas del estudio de mercado

Aunque hay diversas formas de definir el proceso de estudio del mercado, la más simple es aquella que está en función del carácter cronológico de la información que se analiza. De acuerdo con esto, se definirán tres etapas: a) un análisis histórico del mercado, b) un análisis de la situación vigente y c) un análisis de la situación proyectada.

Teniendo presente el objetivo que se señaló para el estudio de mercado, el análisis de la situación proyectada es el que tiene realmente interés para el preparador y evaluador del proyecto. Sin embargo, cualquier pronóstico tiene que partir de una situación dada; para ello se estudia la situación vigente, la cual, a su vez, es el resultado de una serie de hechos pasados.

En este sentido, el análisis histórico pretende lograr dos objetivos específicos. Primero, reunir información de carácter estadístico que

pueda servir, mediante el uso de alguna de las técnicas que se tratan en el capítulo siguiente, para proyectar esa situación a futuro, ya se trate de crecimiento de la demanda, oferta o precio de algún factor o cualquier otra variable que se considere valioso conocer a futuro. El segundo objetivo del análisis histórico es evaluar el resultado de algunas decisiones tomadas por otros agentes del mercado, para identificar los efectos positivos o negativos que se lograron. La importancia de reconocer una relación de causa efecto en los resultados de la gestión comercial reside en que la experiencia de otros puede evitar cometer los mismos errores que ellos cometieron y repetir o imitar las acciones que les produjeron beneficios.

Cuando muchas empresas se han introducido en el negocio que se está evaluando y muchos han sido los fracasos y quiebras, se hace imprescindible la determinación de las causas de esta situación. De igual forma, la medición del efecto de ciertas medidas gubernamentales sobre el sector, las estrategias comerciales y los resultados logrados por las actuales empresas potencialmente competidoras del proyecto, la lealtad intransable de los consumidores o las variables que indujeron cambios en sus motivaciones y hábitos de consumo son, entre muchos otros, los factores que explican el pasado y que probablemente explicarán el futuro en gran parte. Normalmente, serán estos antecedentes los que, unidos a una proyección basada en datos estadísticos del pasado, permitirán la estimación más adecuada –que de ninguna manera garantiza su realismo y exactitud– de la variable que se desea pronosticar.

En este estudio será de suma importancia conocer la participación que han tenido las empresas en el mercado, las características y evolución de la oferta de productos similares y sustitutos del que se elaborará con el proyecto, la composición y evolución de la demanda, etc. Para cada uno de estos aspectos, llegar a explicar la relación de causa efecto que determinó las variaciones en el pasado debe ser un objetivo prioritario, aunque difícil de lograr.

El estudio de la situación vigente es importante, porque es la base de cualquier predicción. Sin embargo, su importancia relativa es baja, ya que difícilmente permitirá usar la información para algo más que eso. Esto se debe a que al ser permanente la evolución del mercado, cualquier estudio de la situación actual puede tener cambios sustanciales cuando el proyecto se esté implementando. En muchos estudios a nivel de perfil o prefactibilidad se opta por usar la información cuantitativa vigente como constante a futuro, en consideración de que el costo de depurar una cifra proyectada normalmente no es compensado por los beneficios que brinda la calidad de la información.

De acuerdo con lo señalado, el estudio de la situación futura es el más importante para evaluar el proyecto. Pero también aquí es preciso

señalar una salvedad: la información histórica y vigente analizada permite proyectar una situación suponiendo el mantenimiento de un orden de cosas que con la sola implementación del proyecto se debería modificar. Esto obliga, entonces, a que en la situación proyectada se diferencie la situación futura sin el proyecto y luego con la participación de él, para concluir con la definición del mercado para el mismo.

Por ejemplo, al estudiar la viabilidad de la construcción y operación de un hotel en una zona determinada, se puede fácilmente recopilar y estudiar la información histórica y vigente para proyectar la demanda futura de habitaciones de hotel. En este caso, se proyecta la situación sin el proyecto. No obstante, la estrategia comercial diseñada para el proyecto puede no estar dirigida a quitar consumidores a los otros hoteles de la zona (con lo que la demanda total se mantendría constante), sino a incentivar el turismo y, por esta vía, incrementar la demanda total. En tal circunstancia, la proyección de demanda con el proyecto difiere de la proyección hecha sin el proyecto. Sin embargo, aún no se calcula qué parte de este mercado total puede absorber el proyecto. Su determinación constituye el objetivo de definir el mercado consumidor para el proyecto.

Otro caso lo dio un proyecto para construir un gran centro comercial en una zona donde la demanda actual superaba a la oferta. Si bien el proyecto era muy atractivo en esas condiciones, se desistió de ponerlo en práctica al detectarse que, aun cuando no se iniciaba la construcción, se habían otorgado tantos permisos municipales, que hacían que el proyecto dejara de ser atractivo si se tenían en cuenta las condiciones potenciales de competencia que estarían vigentes cuando estuviera listo para su venta.

Las tres etapas analizadas deben realizarse para identificar y proyectar todos los mercados. Obviamente, la participación que pueda lograr el proyecto estará determinada en gran parte por la reacción del consumidor frente al proyecto y por la propia estrategia comercial que siga la empresa que se cree con el proyecto. Los dos apartados siguientes analizan estos aspectos.

El consumidor

La estrategia comercial que se define tendrá repercusión directa en los ingresos y egresos del proyecto y será influida principalmente por las características del consumidor y, secundariamente, del competidor.

La imposibilidad de conocer los gustos, deseos y necesidades de cada individuo que potencialmente puede transformarse en un demandante para el proyecto hace necesaria la agrupación de éstos de acuerdo con algún criterio lógico. Los criterios de agrupación dependerán, a su vez, del tipo de consumidor que se estudie. Al respecto,

hay dos grandes agrupaciones: a) la del consumidor institucional, que se caracteriza por decisiones generalmente muy racionales basadas en las variables técnicas del producto, en su calidad, precio, oportunidad en la entrega y disponibilidad de repuestos, entre otros factores; y b) la del consumidor individual, que toma decisiones de compra basado en consideraciones de carácter más bien emocionales, como por ejemplo, la moda, la exclusividad del producto, el prestigio de la marca, etc.

En el caso de un consumidor institucional, las posibilidades de determinar y justificar su demanda se simplifica al considerar que ésta depende de factores económicos. En este sentido, basta con definir las ventajas que ofrece el proyecto sobre las otras opciones para cuantificar la demanda en función de quienes se verían favorecidos por ellas. Por ejemplo, en el caso del puerto de Calderilla, toda la producción exportable en un radio tal que el costo del flete más el costo del servicio portuario sean a lo sumo iguales a los que se tendrían con el de las otras alternativas. Algo similar sucedería con la demanda nacional de redes para la pesca industrial u otro proyecto que ofrezca alguna ventaja, ya sea de costo, condiciones de crédito, calidad, oportunidad en la entrega, tamaño, etc.

La agrupación de consumidores de acuerdo con algún comportamiento similar en el acto de compra se denomina segmentación, la cual reconoce que el mercado consumidor está compuesto por individuos con ingresos diferentes, residencia en lugares distintos y con diversos niveles de educación, edad, sexo y clase social, lo que los hace tener necesidades y deseos también distintos.

La segmentación del mercado institucional responde, por lo regular, a variables tales como rubro de actividad, región geográfica, tamaño y volumen, medio de consumo, entre otras.

La segmentación del mercado de los consumidores individuales también se realiza generalmente en función de variables geográficas, aunque tanto o más importante que éstas son las variables demográficas, que clasifican al consumidor según su edad, sexo, tamaño del grupo familiar, nivel ocupacional, profesión, religión, etc. No menos importante es la clasificación por nivel de ingreso (y su distribución), complementado por los patrones de gasto[4].

Una última clasificación es aquella que segmenta por variables psicosociológicas, como el grado de autonomía en la decisión de compra, el conservadurismo y la clase social.

---

[4] Por ejemplo, se ha demostrado empíricamente que cuando el ingreso del grupo familiar aumenta, el gasto porcentual destinado a alimentación baja, pero la demanda de atención médica aumenta.

Muchas veces será más importante estudiar el número de hogares constituidos que la población total del mercado, ya que variados productos tienen como unidad de medida el hogar y no el individuo. Cuando el producto que se elaborará es de uso personal, como el vestuario y los comestibles, pueden ser más importantes las proyecciones del mercado en función del nivel total de la población; sin embargo, en bienes como los muebles o las viviendas, la proyección debería basarse en un índice de hogares constituidos.

Cuando el producto del proyecto está dirigido a un mercado personal, la subjetividad implícita en sus actos de compra torna más difícil la definición de la estrategia comercial y, por tanto, la determinación de la cuantía de la demanda que puede esperarse. Una forma de aproximarse a una respuesta es caracterizando al consumidor. Para ello, una definición es la que identifica como tal a quien toma la decisión de compra y no al que consume el producto o servicio adquirido. Así, por ejemplo, el consumidor de ropa de niños será usualmente uno de los padres y el consumidor de sopas envasadas será, en muchos casos, la sirvienta del hogar.

Como esto no puede conocerse *a priori*, es necesario investigar quién compra. Para ello deberán estudiarse los hábitos de compra de la población, los que a su vez permitirán conocer cómo compra (por ejemplo, si es al contado o a crédito, diario o mensual, en tamaños individual o familiar, etc.). Además, deberá conocerse por qué compra, es decir, las motivaciones que inducen a optar por una determinada marca, envase o producto sustituto.

Si el producto ha de entrar a competir con otros ya establecidos, se deberán realizar estudios para determinar el grado de lealtad a una marca o lugar de venta, los efectos de las promociones y publicidad de la competencia sobre el consumidor y la sensibilidad de la demanda, tanto al precio como a las condiciones de crédito, entre otros aspectos.

Estrategia comercial

La estrategia comercial que se defina para el proyecto deberá basarse en cuatro decisiones fundamentales que influyen individual y globalmente en la composición del flujo de caja del proyecto. Tales decisiones se refieren al producto, el precio, la promoción y la distribución. Cada uno de estos elementos estará condicionado, en parte, por los tres restantes. Así, por ejemplo, el precio que se defina, la promoción elegida y los canales de distribución seleccionados dependerán directamente de las características del producto.

A diferencia del estudio técnico, el estudio de mercado debe abarcar no sólo las especificaciones técnicas de un producto, sino todos los

atributos del mismo: su tamaño, marca, tipo de envase y otros a los que se hará referencia más adelante.

Al evaluar un proyecto, el comportamiento esperado de las ventas pasa a constituirse en una de las variables más importantes en la composición del flujo de caja. Al estudiar el producto, dentro de la estrategia comercial, el concepto de su ciclo de vida ayuda a identificar parte de ese comportamiento esperado. Pocos son los productos que recién lanzados al mercado tienen un nivel constante de ventas, sea porque el producto es nuevo o, si es un producto existente, porque la marca es nueva. En la mayoría de los casos se reconoce un comportamiento variable que responde aproximadamente a un proceso de cuatro etapas: introducción, crecimiento, madurez y declinación. El gráfico 4.1, ilustra este proceso.

Gráfico 4.1

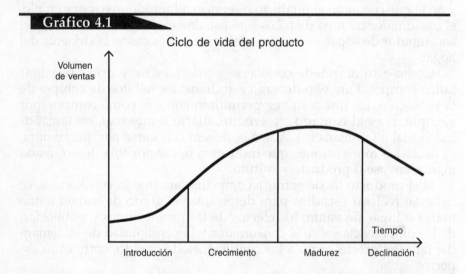

En la etapa de introducción, las ventas se incrementan levemente, mientras el producto se hace conocido, la marca prestigiada o la moda impuesta. Si el producto es aceptado, se produce un crecimiento rápido de las ventas, las cuales, en su etapa de madurez, se estabilizan para llegar a una etapa de declinación en la cual las ventas disminuyen rápidamente. El tiempo que demore el proceso y la forma que adopte la curva dependerán de cada producto y de la estrategia global que se siga en cada proyecto particular. La importancia de intentar determinar el ciclo de vida de un producto se manifiesta al considerar que el nivel de ventas afectará en forma directa al momento de recepción de los ingresos y en forma indirecta a los desembolsos, ya que el programa de producción deberá responder a las posibilidades reales de vender el producto.

Si bien la determinación del ciclo de vida de un producto es una tarea compleja y con resultados no siempre confiables, es posible intentar una aproximación basándose en la evolución de las ventas de otros productos de la industria o de artículos similares en otras regiones o países.

Aun cuando el concepto del ciclo de vida de un producto puede fácilmente criticarse en función de que la heterogeneidad de los productos y entornos en que se sitúan es muy grande, es un elemento útil en la preparación de proyectos, para los efectos de que, incluso en los términos más rudimentarios, se castigue la estimación inicial de las ventas, reconociendo la lentitud de la etapa introductoria, para no sobrevaluar los resultados esperados del proyecto. En el próximo capítulo se hace referencia a distintos mecanismos de pronóstico del mercado.

El resto de los atributos del producto requiere muchas veces un estudio bastante mayor, justificado por cierto, que el del ciclo de vida. La marca, por ejemplo, que además de un nombre es un signo, logotipo o cualquier forma de identificación, puede llegar a ser determinante en la aceptación del producto, ya que una marca difícil de pronunciar o que no represente una cualidad del producto, entre otras variables, puede hacer que no sea fácil de identificar y recordar y, por tanto, que no sea utilizada por el consumidor potencial. Para el evaluador de proyectos, más que llegar a determinar la marca, interesa el precio que una empresa especializada cobrará por el diseño de ella, su logotipo y presentación en todos los medios de difusión y comunicación empleados por la empresa que pudiera crear el proyecto, por ejemplo, carteles, membretes en papel carta, sobres de correo, etc. De igual forma, será posible obtener a través de cotizaciones el costo de una campaña de introducción de la marca y su fijación en el medio, lo que más bien corresponde a una decisión relacionada con la promoción.

Para el preparador del proyecto, más importante que la marca es definir el envase, dadas las inferencias económicas que tiene. Es fácil apreciar que el envase, además del papel original de protección al producto, tiene hoy día un cometido principalmente promocional, que busca que se diferencie de otros productos, sea a través de su forma, color, texto del mensaje, tamaño o uso.

Cada día son más los productos que se promocionan, no tanto por sus especificaciones propias, como por el uso que se le puede dar a su envase una vez consumido el contenido. De igual forma, la variación de tamaños, como en el caso de las gaseosas, se hace imprescindible para abarcar los distintos segmentos de mercado.

Cada uno de ellos deberá costearse especialmente para determinar la conveniencia de introducirlos o no.

El precio es quizás el elemento más importante de la estrategia comercial en la determinación de la rentabilidad del proyecto, ya que él será el que defina en último término el nivel de los ingresos. El precio, al igual que en el caso del producto, requiere consideraciones mayores de lo que se desprende del simple significado de la palabra. En este caso, las condiciones de venta son fundamentales en la forma que adquiera el flujo de ingresos. Por ejemplo, deberán definirse las condiciones de crédito, el porcentaje de cobro al contado, el plazo del crédito, el monto de las cuotas, la tasa de interés implícita en las cuotas, los descuentos por pronto pago, los descuentos por volumen, etc. Tan importantes son estas variables que sólo una de ellas, como la tasa de interés implícita, puede hacer rentable un proyecto. Por ejemplo, si se determina que el segmento del mercado al que se quiere llegar está en condiciones de comprar si las cuotas son bajas y no es sensible a la tasa de interés que se cobra por el crédito, la rentabilidad podría residir en el negocio financiero del crédito, más que en el negocio comercial de la venta. Sin entrar a calificar esta posibilidad, lo más probable es que en ella se llegue incluso a desincentivar el pago al contado.

La definición del precio de venta debe conciliar diversas variables que influyen sobre el comportamiento del mercado. En primer lugar, está la demanda asociada a distintos niveles de precio, luego los precios de la competencia para productos iguales y sustitutos y, por último, los costos.

La forma más simple de calcular un precio es adicionando un porcentaje a los costos unitarios totales. Para ello, se calcula un margen, ya sea sobre los precios o sobre los costos. En el primer caso, se calcula un porcentaje sobre el precio de venta, desconocido, de la siguiente forma:

$$Pv = j\,Pv + Cu \qquad (4.1)$$

donde Pv es el precio de venta, j el margen sobre el precio y Cu el costo unitario. Como el precio de venta se desconoce y tanto j como Cu son conocidos, la ecuación 4.1 puede simplificarse de la siguiente manera:

$$Pv = \frac{Cu}{(1-j)} \qquad (4.2)$$

Para calcular un margen sobre los costos se utiliza la expresión:

$$Pv = Cu + Cu\,h \qquad (4.3)$$

donde h es el margen sobre los costos, expresión que puede simplificarse como

$$Pv = Cu \ (1 + h) \qquad (4.4)$$

Un modelo teórico que simplifica en exceso el problema de la determinación de precios se basa en los supuestos de que la firma busca maximizar sus utilidades y conoce las funciones de la demanda y costos de su producto. La función de demanda especifica la relación entre la cantidad demandada en el periodo (Q) y todas las variables que determinan esa demanda. Una función típica de la demanda puede expresarse como

$$Q = \ a_1 P + a_2 Y + a_3 Pb + a_4 Pu \qquad (4.5)$$

donde $\overset{\bullet}{a}_1$, a_2 ... a_n se denominan parámetros de la función de demanda, P es el precio, Y representa los ingresos promedios disponibles per cápita, Pb la población y Pu el gasto en publicidad. Si

$$Q = - \ 1.000P + 50Y + 0,03Pb + 0,03Pu$$

ello indicaría que por cada peso que aumente el precio, la demanda bajaría en 1.000 unidades; por cada peso adicional en el ingreso per cápita, la demanda aumentaría en 50 unidades, y que se incrementaría en 0,03 unidades por cada persona adicional de la población o por cada peso que se gaste en publicidad.

Dado que Y, Pb y Pu deberían conocerse o posiblemente determinarse, la ecuación anterior podría quedar supuestamente como

$$Q = 160.000 - 1.000P$$

Por otra parte, la función de costos expresa el nivel esperado de costos totales (C) de las diversas cantidades que pueden producirse en cada periodo (Q). La forma simple de presentar esta función es

$$C = cv \ Q + CF \qquad (4.6)$$

donde cv son los costos unitarios variables y CF los costos fijos. Supóngase una función de costos como la siguiente:

$$C = 50\,Q + 1.500.000$$

Dado que el ingreso total (R) es igual al precio (P) multiplicado por la cantidad (Q), y las utilidades (U) son la diferencia entre los ingresos totales y los costos totales, se tienen además las siguientes expresiones:

$$R = PQ \qquad\qquad (4.7)$$

y

$$U = R - C \qquad\qquad (4.8)$$

Definidas las cuatro ecuaciones anteriores, el precio se obtiene de la solución de las ecuaciones para determinar qué precio maximiza las utilidades. Para ello se procede como sigue:

$$U = R - C$$
$$U = PQ - C$$
$$U = PQ - (50\,Q + 1.500.000)$$
$$U = P\,(160.000 - 1.000\,P) - 50\,(160.000 - 1.000\,P) - 1.500.000$$
$$U = 160.000\,P - 1.000\,P^2 - 8.000.000 + 50.000\,P - 1.500.000$$
$$U = -9.500.000 + 210.000\,P - 1.000\,P^2$$

El precio que maximiza esta función se obtiene de derivar la función de utilidad y luego ajustar la derivada igualándola a cero. O sea:

$$U = -9.500.000 + 210.000\,P - 1.000\,P^2$$
$$\frac{dU}{dP} = 210.000 - 2.000\,P$$
$$210.000 - 2.000\,P = 0$$
$$210.000 = 2.000\,P$$
$$P = 105$$

Luego, el precio óptimo es \$105.

El modelo teórico señalado supone que todas las variables se mantienen en el mismo nivel mientras se estudia el efecto de los precios sobre las ventas, dejando de lado, entre otras cosas, el problema de cómo puede lograrse un grado óptimo respecto a la publicidad, venta personal u otra variable comercial. A esto hay que agregar las dificultades de tipo estadístico en la determinación de las funciones de demanda y costos.

Un modelo de determinación de precios basado exclusivamente en los costos se deduce del análisis que se hace en el capítulo 7. En ella se propondrá incluir todos los costos, sumando el del costo del capital del inversionista y la recuperación de la inversión.

El estudio de los canales de distribución tiene también importancia al definir la estrategia comercial, quizá no tanto por el efecto directo en los flujos de caja, como por los efectos indirectos que tiene sobre ellos. Muchas veces se estudia la relación entre precio y demanda sin incluir el efecto (sobre el precio al que recibe el producto el consumidor) que tienen los márgenes que cada intermediario agrega al precio para cubrir los costos de la intermediación y la utilidad que percibirá por ella. El problema de esta variable consiste en que cada canal de distribución tiene asociados costos y volúmenes de venta normalmente distintos.

Para determinar los costos por este concepto y los niveles de ventas que tendrá el proyecto es preciso efectuar una selección estimativa de los intermediarios que se utilizarían en la eventualidad de que el proyecto se implementase.

Además de seleccionar, a través de un análisis costo-beneficio, el canal más adecuado, es importante confirmar la posibilidad real de contar con él.

La administración del canal de distribución para que funcione en forma eficiente será una tarea que toda empresa debe desarrollar. Los costos que involucre esta gestión, tanto en remuneración de personal como en insumos administrativos varios, más las inversiones necesarias en obra física y equipamiento asociados al canal seleccionado deberán tenerse en cuenta para incluirlos en la composición de los flujos de caja del proyecto.

El sistema de promoción requiere también de un estudio complejo que, para los fines que persigue el preparador y evaluador de proyectos, muchas veces se obvia con una cotización solicitada a una empresa especialista. En otros casos, el estudio de la promoción debe realizarlo el responsable del estudio de mercado. Si así fuese, no debe olvidarse que el objetivo es más cuantificar su costo que la definición del sistema en sí.

Al igual que con la distribución, cada alternativa de promoción lleva asociados, costos y beneficios diferentes que deben, en todos los casos, compararse para elegir la mejor de las alternativas.

La determinación del costo en publicidad es relativamente menos compleja que calcular el monto de la inversión en promoción. Ello se debe a que existen ciertos indicadores de gastos por industrias que pueden utilizarse principalmente en los estudios en nivel de prefactibilidad. Uno de los métodos más usados es el de definir un porcentaje sobre las ventas esperadas.

Cuando se estudia la competencia es básico conocer su estrategia comercial, pero aún más importante es determinar la efectividad de la misma. En su análisis se revisarán las mismas variables que se definieron en este punto. Conocer su posición actual y los resultados de experiencias pasadas constituye una valiosa información para definir la propia estrategia comercial.

 ## Análisis del medio

La definición de cualquier estrategia comercial requiere dos análisis complementarios: uno, de los distintos mercados del proyecto y, otro, de las variables externas que influyen sobre el comportamiento de esos mercados.

Al estudiar las variables externas, que son, en la generalidad de los casos, incontrolables por una empresa, deben reconocerse cuatro factores que, si se evalúan bien, permitirán detectar las amenazas, oportunidades y aliados del medio. Estos son los factores económicos, socioculturales, tecnológicos y políticos-legales.

El comportamiento que los distintos agentes económicos del mercado sigan en un momento dado dependerá de la composición de estos factores. La evolución independiente de cada uno de ellos hace muy compleja la tarea de pronosticar su comportamiento y sus efectos sobre una determinada estrategia del proyecto, de los competidores, consumidores, proveedores e intermediarios.

Cualquier decisión respecto a la estrategia comercial del proyecto se verá influida directamente por las decisiones gubernamentales sobre una determinada política económica. Así por ejemplo, una política de tipo de cambio bajo podrá abaratar los costos de las materias primas y bienes de capital importados, pero también incentivará la importación de productos competitivos similares, al mismo tiempo que desincentivará la exportación. De igual forma, un alza en los aranceles permite que empresas no rentables puedan serlo al subir los precios competitivos de productos similares en el mercado nacional. Sin embargo, si éstos no son objeto de discriminación, también subirá el costo de los insumos importados.

Los efectos de la política económica sobre el empleo, niveles de ingreso, sectores prioritarios del desarrollo, incentivos a la producción de determinados bienes, fijación de precios para determinados productos, comercio exterior y otros, así como el efecto de éstos sobre la demanda, son claramente identificables. El problema para el preparador se centra en el pronóstico de los efectos, ya que las decisiones sobre política económica son, como su nombre lo indica, decisiones de estrategia política que siguen una dirección determinada por la autoridad. Esto último, sin embargo, no exime al preparador de proyectos

de la obligación de considerarla, ya que, como se analizó en el capítulo anterior, una política económica determinada caracteriza al entorno de mediano plazo en donde debe desarrollarse un proyecto.

Tan importante como lo señalado es el factor sociocultural. La cultura, como señala Kotler[5], "abarca la manera en que hacemos, vemos, usamos y juzgamos las cosas, todo lo cual varía de una sociedad a otra". Los cambios culturales de una sociedad, que se producen rápidamente con el desarrollo de los medios de comunicación, hacen en este contexto imprescindible su análisis, para señalar los efectos que una estrategia comercial dada tendrá sobre el mercado.

Los hábitos de consumo y las motivaciones de compra están determinados en gran parte por el nivel cultural. De igual forma, la receptividad a una campaña promocional y publicitaria tiene que estar acorde con el nivel cultural del segmento del mercado al que se quiere llegar, para que sea realmente efectiva.

La composición de clases sociales en un país y el estilo de vida que las caracteriza serán fundamentales en la definición del producto, así como en su promoción y precio.

El cambio tecnológico a una velocidad creciente puede convertirse en un factor de apoyo a un proyecto que pueda usufructuar de él, o en una amenaza, si aquél no está al alcance del proyecto. Muchas decisiones sobre productos quedan condicionadas al avance tecnológico, que puede dejar técnicamente obsoleto a uno de ellos si se logra el desarrollo de un sustituto de mejor calidad, menor costo o mayor rendimiento.

Las dificultades de predecir el comportamiento de este factor, a diferencia de los anteriores, reside en la rigurosa confidencialidad con que se realiza la investigación tecnológica, así como en el celo en guardar la información resultante para beneficio propio, dadas las grandes ventajas competitivas que permite el poseer un producto resultante del avance tecnológico.

El medio político y legal condiciona el comportamiento de todo un sistema, que abarca desde lo económico hasta lo social y que tiene relación con la opinión, confianza y formación de expectativas en grado diferente para cada agente del mercado.

Normalmente ocurre que ante situaciones de expectativas de cambio en la conducción política de un país, los procesos de inversiones decaen en forma sustancial. La generación del proyecto de inversión tiende a decaer hasta conocerse el resultado del cambio político y las directrices que el nuevo esquema puede determinar para la condición económica del país, como también en los campos sociales, culturales, etc.

---

[5]   Philip Kotler, *Dirección de mercadotecnia*. México: Diana, 1978, p. 117.

Cabe señalar que en aquellos países donde el cambio político que se produce es de envergadura, mayor será el grado de incertidumbre de los agentes económicos. A diferencia de esta situación, puede señalarse que en economías desarrolladas (de gran estabilidad política), el cambio de partido en el gobierno del país no tendrá repercusiones sustanciales en los procesos de inversión y elaboración de proyectos.

Conocer el efecto que estos cuatro factores tienen sobre el mercado y sobre la propia estrategia comercial que se defina es imprescindible para que el preparador del proyecto evalúe las amenazas, oportunidades y aliados que le determine el medio.

Las amenazas del medio son todas aquellas variables y características significativas del medio externo al proyecto que pudieran tener algún efecto negativo; por ejemplo, las situaciones recesivas, el crecimiento de la competencia, un grado creciente de apertura al comercio exterior que permita vislumbrar la entrada masiva de productos competitivos a bajos precios, incertidumbre política, etc.

Las oportunidades constituyen todos los elementos favorables al proyecto; por ejemplo, una política económica de desarrollo hacia adentro, la existencia de demanda insatisfecha, incentivos gubernamentales a la actividad del proyecto, ventajas comparativas con el resto de la industria, experiencia en la gestión de proyectos similares, etc.

Los aliados del medio externo son los agentes económicos que podrían estar interesados en el desarrollo del proyecto debido a las ventajas indirectas que éste tendría para sus actividades; los mercados proveedores y distribuidores, que verían incrementadas sus posibilidades comerciales, y las autoridades municipales, que se interesarían en el desarrollo comunal que permitiría el proyecto, entre otros casos.

 ## La demanda

Los consumidores logran una utilidad o satisfacción a través del consumo de bienes o servicios. Algunos bienes otorgan más satisfacción que otros a un mismo consumidor, y su demanda refleja las preferencias que tenga éste sobre las alternativas que le ofrece el mercado, todo esto en el marco de las restricciones presupuestarias que le imponen un consumo limitado.

Lo anterior obliga al consumidor a definir una combinación de bienes o servicios que ha de consumir y que maximice su satisfacción. Una variación en los precios o en el ingreso del consumidor, modificará sus preferencias por una determinada combinación, porque al subir el precio de un bien, aumenta, el costo de consumir ese bien respecto al costo de otros bienes haciendo que los consumidores desplacen su demanda hacia otros bienes que ahora son relativamente menos caros.

Cada consumidor compra innumerables bienes diferentes durante su vida. Una correcta especificación de una función de demanda indicaría la cantidad demandada de un bien como una función de los precios de los bienes consumidos y de la renta del consumidor.

Los principales métodos para estimar funciones de demanda son cuatro. El primero es la realización de una encuesta en la cual se pregunte a los consumidores potenciales qué cantidad de un producto están dispuestos a comprar a diferentes precios. No siempre las respuestas son confiables y pueden inducir a error en la estimación. Un segundo método consiste en seleccionar mercados representativos del mercado nacional, fijando precios diferentes en cada uno de ellos y estimando una curva de demanda ajustando una recta de regresión a los puntos observados de relación de precio y cantidad. Para que este método funcione, la empresa debe tener algún grado de control sobre la fijación de precios. El tercer método se basa en la información obtenida de diferentes individuos, familias, ciudades, regiones, etc., en un momento dado del tiempo, mediante la comparación de niveles de consumo. La dificultad del método radica en los patrones de comparación no homologables en algunos casos. El cuarto método es el más empleado y se fundamenta en el uso de datos de series temporales, que mediante análisis regresionales multivariables busca definir la función de demanda más adecuada al proyecto. Si el evaluador sabe que la demanda depende de la renta real y de los precios relativos, predecir su comportamiento futuro le permitirá pronosticar la demanda. En el capítulo siguiente se tratará el tema con mayor profundidad.

Resumen

El estudio del mercado de un proyecto es uno de los más importantes y complejos de todos los que debe enfrentar el preparador del proyecto. Más que el estudio del consumidor para determinar el precio del producto y la cantidad que demandará, para calcular los ingresos tendrá que analizar los mercados proveedor, competidor, distribuidor y consumidor. En algunos casos, por su particular importancia, deberá realizarse un estudio del mercado externo.

El estudio de mercado, al igual que el resto de los estudios que se señalan en el texto, más que describir y proyectar los mercados relevantes para el proyecto, deberá proveer la información de ingresos y egresos que de él se deriven. El preparador de proyectos no deberá profundizar más allá de lo que este objetivo plantea. Si puede obviarse alguna investigación que obtenga una cotización para determinar, por ejemplo, el monto de la inver-

sión en promoción, no tendrá sentido hacerla, ya que la información obtenida por este medio es generalmente de alta confiabilidad.

Aunque cada proyecto requerirá un estudio de mercado diferente, es posible generalizar un proceso que considere un estudio histórico tendiente a determinar una relación de causa efecto entre las experiencias de otros y los resultados logrados, un estudio de la situación vigente que permita definirla y un estudio proyectado, que tenga en cuenta la situación sin y con el proyecto, para concluir con el mercado particular que tendría la empresa que pudiera crear el proyecto y con la determinación de su estrategia comercial, ya que ésta será en definitiva la que indique la composición de los costos.

Para esto será fundamental el estudio del consumidor, de sus hábitos y motivaciones de compra, de su nivel de ingreso y composición del gasto.

En la estrategia comercial deberán estudiarse cuatro variables principales: producto, precio, canales de distribución y promoción. El preparador de proyectos podrá obviar algunas decisiones sobre estas variables recurriendo a cotizaciones. Sin embargo, la participación de este estudio en la determinación del precio es preponderante, ya que al ser el mercado el que determine en último término la validez del proyecto deberá analizarse el precio al cual estará dispuesto a comprar el consumidor, los precios que ofrece la competencia por productos similares o sustitutos y los márgenes que exigen los distintos agentes del mercado distribuidor.

Preguntas y problemas

1. Analice el concepto de mercado de un proyecto y explique las interrelaciones entre sus componentes.

2. Describa los alcances del estudio del mercado competidor.

3. Explique los objetivos del estudio de mercado y la forma en que debe abordarse. Dé ejemplos de la repercusión en la composición del flujo de caja del proyecto.

4. Describa y analice las etapas de un estudio de proyectos.

5. ¿Qué variables deben considerarse, a su juicio, al estudiar el mercado consumidor de viviendas?

6. Explique los alcances del producto en el estudio de mercado.

7. Explique el concepto de ciclo de vida de un producto y dé ejemplos de productos cuyo ciclo sea notoriamente diferente.

8. Si el costo unitario (Cu) de un producto es \$100, ¿cuál sería el precio de venta si el criterio es calcular un margen sobre los costos de 25%? ¿A cuánto equivale este margen si se desea expresarlo en términos de precio?

9. Si la función de demanda de un producto es $Q = 1.200 - 80P$ y la función de costos es $C = 10Q + 10.000$, ¿cuál es el precio que maximiza las utilidades?

10. Identifique las principales variables de ingreso y egreso que se derivan del estudio de los canales de distribución.

11. Explique las principales limitantes que tiene el preparador del proyecto para determinar la alternativa de promoción y publicidad más adecuada, y los efectos de ambas sobre la composición del flujo de caja.

12. "No necesito contratar el estudio de mercado para evaluar correctamente mi proyecto de fabricación de envases de aluminio para conservas de alimentos, ya que toda la producción la usaré en mi propia empresa conservera". Comente la afirmación.

13. "En estudios a nivel de perfil es posible recurrir a métodos subjetivos de proyección de la demanda, pero mientras más acabado sea el nivel exigido, más deberá optarse por métodos estadístico-matemáticos para hacer la proyección". Comente.

14. "Aunque hay varios aspectos que investigar en el estudio de mercado de un proyecto, el factor que debe estudiarse con más profundidad es la demanda esperada". Comente.

15. Señale las principales variables que consideraría para estudiar el mercado de un proyecto de harina de papas para remplazar, en parte, a la harina de trigo en la fabricación de pan.

16. "No se puede llevar a cabo el estudio de mercado de un proyecto que se investiga a nivel de prefactibilidad si no puede visitarse el lugar donde se supone que existe la demanda para el producto que se elaboraría". Comente.

17. "No es viable comercialmente un proyecto que enfrenta un mercado dominado por un productor que ofrece un precio menor al que puede ofrecerse con el proyecto". Comente

18. ¿Es posible que un proyecto pueda plantear justificadamente que su producto, con calidades inferiores a los de la competencia, tenga mayor demanda?

19. "Si la demanda del producto que elaborará el proyecto está garantizada, entonces no existe el problema de tener que investigar al mercado competidor". Comente.

CASO: EL SUPERMERCADITO

"El supermercadito" es una empresa creada en 1970, en la ciudad de San Benito, 700 kilómetros al sur de San Tito, la capital de San Luco.

San Benito es una ciudad de un millón de habitantes y la tercera en importancia en el país. La economía regional se sustenta básicamente en la agricultura y la industria forestal. A partir de la década de 1970 tuvo un fuerte crecimiento, basado en la inauguración de plantas de celulosa y papel en la zona y en el desarrollo del propio sector forestal.

Estas nuevas industrias tuvieron un efecto multiplicador sobre el empleo y el ingreso, permitiendo una gran mejoría en los niveles de vida de sus habitantes.

"El supermercadito" se creó a partir de una pequeña tienda de abarrotes, que don Juan Brito hizo prosperar con mucho esfuerzo y lentamente, desde 1959. Este esfuerzo permitió, en 1962, inaugurar otro almacén similar en un populoso barrio de San Benito.

En 1970 con la ayuda de sus hijos Diego y Miguel inauguró un pequeño autoservicio en el centro de la ciudad, llamado "El supermercadito"; dicho local tenía originalmente una sala de venta de 300 metros cuadrados, la cual tuvo que ampliar al doble de su capacidad dos años después. Las ventas anuales en 1972 alcanzaban ya los 70 millones de pesos[6].

El éxito alcanzado a esa fecha lo llevó a ampliar su negocio hasta completar un total de ocho locales adicionales en noviembre de 1982, pudiendo considerarse ya una cadena de supermercados.

"El supermercadito" era una empresa líder en San Benito, con una participación de mercado del 90% dentro de los autoservicios (dato obtenido de una encuesta realizada por la empresa especializada Gappul, en noviembre de 1982), con un nivel de ventas anuales, acumulado para la cadena, de 2.200 millones de pesos.

[6] Cifras expresadas en moneda de julio de 1983.

La empresa tenía por política un margen del 28% sobre sus precios netos de compra, lo que determinaba una rentabilidad, después de impuestos, de un 4% sobre las ventas. Todo lo anterior le permitió a la familia Brito llegar a poseer una pequeña fortuna, la que no podían destinar a incrementar su número de locales, como lo habían hecho en años anteriores, ya que el mercado había sido copado.

Esto último motivaba la idea de ampliar la cadena a la ciudad de San Tito, que tenía 4 millones de habitantes, con un ingreso promedio inferior en casi un 20%, al existente en San Benito.

Tal situación ha motivado que don Juan Brito y sus hijos se reúnan con su contador, José Macaña, para determinar y evaluar la conveniencia de expandirse a la ciudad de San Tito.

"Es indudable", señala Juan, "que al expandir nuestra cadena a San Tito lograremos aumentar nuestro nivel de utilidades, ya que nuestra experiencia, sobre todo en el trato con los proveedores, nos permitiría crecer casi tan rápidamente como lo hemos hecho en San Benito".

"Mira, papá", dijo Diego, "es cierto que hemos sabido manejar muy bien a nuestros proveedores, pero en San Tito las cosas son diferentes. No seremos los únicos, ni muchos menos los líderes que somos acá. Tienes que pensar que en San Tito los proveedores tienen otras alternativas para colocar sus productos".

"Tú siempre complicándote, Diego; tú sabes que, sin importar nuestras negociaciones con los proveedores, lo básico es recargar nuestro margen acostumbrado, el que nos ha permitido obtener las utilidades de los últimos años", le interrumpió Miguel.

"Claro que tienes razón, Miguel", dijo Juan, "nuestro negocio lo debemos entender como lo hemos hecho siempre: comprando productos de buena calidad, con buenos plazos de parte de los proveedores, con un margen parejo y todas las ventas al contado".

"Sí, don Juan, pero en San Tito existen cuatro cadenas de autoservicio más, y todas ellas realizan constantemente grandes esfuerzos publicitarios para ganarse el segmento del mercado que más le interesa a cada una, y por eso existen supermercados con precios realmente bajos y con una calidad aceptable", intervino José Macaña.

"No, don José", replicó Miguel, "usted está temeroso de irse a San Tito. Basta con que utilicemos una estrategia comercial igual a la aplicada en San Benito, es decir, una aparición en prensa

semanal y todos los días cinco menciones en la radio local. Además, la competencia no debe preocuparnos, ya que somos una cadena conocida por la buena calidad de nuestros productos".

"Yo creo que ustedes están ciegos", dijo Diego. "San Tito no es San Benito. La gente tiene otro nivel de ingresos, más alternativas donde comprar, desconocemos cuáles serán sus hábitos de compra, y es un hecho que la mayor parte de sus compras las realiza con tarjetas de crédito. Además de todo esto, los proveedores pueden ofrecer sus productos en un sinnúmero de locales, lo que nos impediría lograr tan buenas negociaciones de plazos y precios como aquí. En definitiva, si ustedes insisten en irse, sin realizar un estudio más acabado de dicho mercado y de cómo atacarlo, yo me retiro de esta sociedad".

"Calmémonos, hijos", intervino Juan, "la solución de todo esto no la lograremos separándonos. Si bien Diego tiene razón en algunas cosas, creo que es mucho más útil y sano pedirle la opinión a alguien que conozca más el mercado de San Tito".

"De acuerdo, papá", dijo Miguel, "yo conozco a la persona adecuada, un profesional que posee estudios en administración de negocios y tiene gran experiencia con los autoservicios de San Tito, ya que ha asesorado a las dos más grandes cadenas en los últimos cinco años".

La reunión terminó con el acuerdo de que Miguel se comunicaría con la persona apropiada para pedirle un informe preliminar sobre las variables que deberían estudiarse a fondo, en el que especificarían los agentes que se analizarían y las investigaciones que se deberían realizar. Dependiendo de la complejidad de este informe, se tomarían después las decisiones sobre los pasos que deben seguir.

Bibliografía

ACEC, *Estudio de factibilidad económica de la reapertura del aeropuerto Chamonate*. Copiapó: Secretaría Regional de Planificación de la Región de Atacama, 1979.

Blair, R. y L. Kenny, *Microeconomía con aplicaciones a la empresa*. Madrid: McGraw-Hill, 1983.

Brigham, E. y J. Pappas, *Economía y administración*, México: Nueva Interamericana, 1978.

Elias, José y Jorge, Awad, *Elementos primarios en el estudio de comercialización*. Santiago: Cladem, 1968.

Grande, Idelfonso, *Dirección de Marketing*. Madrid: McGraw-Hill, 1992.

Kotler, Phillips, *Dirección de mercadotecnia*. México: Diana, 1978.

Levitt, Theodore, *Innovaciones en marketing*. México: McGraw-Hill,

Méndez, José Silvestre, *Económia y la empresa*. México: McGraw-Hill, 1988.

Sapag, Nassir y otros, *Estudio de factibilidad de la elaboración de pectinas*. Lima: ESAN-Ministerio de Industrias del Perú, 1981.

Shaw, R., R. Semenik y R. Williams, *Marketing: An Integrated Approach*. Cincinnati, Ohio: South Western, 1981.

Taylor, W., R. Shaw y E. López-Ballori, *Fundamentos de mercadeo*. Cincinatti, Ohio: South Western, 1977.

CAPÍTULO 5

Técnicas de proyección del mercado

En el capítulo anterior se analizaron los principales componentes del estudio del mercado de un proyecto. La estimación del comportamiento futuro de algunas de estas variables puede realizarse utilizando diversas técnicas de pronóstico, cuyo estudio constituye el objetivo de este capítulo.

Cada una de las técnicas de proyección tiene una aplicación de carácter especial que hace de su selección un problema decisional influido por diversos factores, como por ejemplo, la validez y disponibilidad de los datos históricos, la precisión deseada del pronóstico, el costo del procedimiento, los beneficios del resultado, los periodos futuros que se desee pronosticar y el tiempo disponible para hacer el estudio, entre otros. Tan importante como éstos es la etapa del ciclo de vida en que se encuentre el producto cuyo comportamiento se desea pronosticar.

Obviamente, en una situación estable la importancia de los pronósticos es menor. Pero a medida que ésta crece en dinamismo y complejidad, más necesaria se torna la proyección de las variables del mercado.

La dificultad mayor de pronosticar comportamientos radica en la posibilidad de eventos que no hayan ocurrido anteriormente, como el desarrollo de nuevas tecnologías, la incorporación de competidores con sistemas comerciales no tradicionales, variaciones en las políticas económicas gubernamentales, etc. Los antecedentes históricos serán, por tanto, variables referenciales para el analista del proyecto, quien debería usar los métodos de proyección como técnicas complementarias antes que como alternativas estimativas certeras.

El capítulo que aquí se inicia se concentra en la presentación y análisis de las técnicas más importantes para la proyección del mercado, así como en sus alcances y aplicabilidad.

El ámbito de la proyección

La multiplicidad de alternativas metodológicas existentes para estimar el comportamiento futuro de alguna de las variables del proyecto obliga al analista a tomar en consideración un conjunto de elementos de cada método, para poder seleccionar y aplicar correctamente aquel que sea más adecuado para cada situación particular.

Para que el producto resultante de la proyección permita su uso óptimo, la información deberá expresarse en la forma que sea más valiosa para el preparador del proyecto; por ejemplo, en algunos casos la información deberá expresarse desglosada por zona geográfica o en función de algún atributo de los clientes, como sexo o edad.

La validez de los resultados de la proyección está íntimamente relacionada con la calidad de los datos de entrada que sirvieron de base para el pronóstico. Las fuentes de información de uso más frecuente son las series históricas oficiales de organismos públicos y privados, las opiniones de expertos y el resultado de encuestas especiales, entre otras.

La elección del método correcto dependerá principalmente de la cantidad y calidad de los antecedentes disponibles, así como de los resultados esperados. La efectividad del método elegido se evaluará en función de su precisión, sensibilidad y objetividad.

Precisión, porque cualquier error en su pronóstico tendrá asociado un costo. Aunque obviamente no podrá exigirse una certeza total a alguno de los métodos, sí podrá exigírsele que garantice una reducción al mínimo del costo del error en su proyección.

Sensibilidad, porque al situarse en un medio cambiante, debe ser lo suficientemente estable para enfrentar una situación de cambios lentos como dinámica para enfrentar cambios agudos.

Objetividad, porque la información que se tome como base de la proyección debe garantizar su validez y oportunidad en una situación histórica.

Los resultados que se obtienen de los métodos de proyección del mercado son sólo indicadores de referencia para una estimación definitiva, la cual, aunque difícilmente será exacta, deberá complementarse con el juicio y las apreciaciones cualitativas del analista, quien probablemente trabajará con más de un método en la búsqueda de la estimación más certera.

 Métodos de proyección

Se mencionó en el apartado anterior que el preparador de proyectos dispone de varias alternativas metodológicas para proyectar el mercado y que la selección y uso de una o más de éstas dependía de una serie de variables. Una forma de clasificar las técnicas de proyección consiste en hacerlo en función de su carácter, esto es, aplicando métodos de carácter subjetivo, modelos causales y modelos de series de tiempo.

Los métodos de carácter subjetivo se basan principalmente en opiniones de expertos. Su uso es frecuente cuando el tiempo para elaborar el pronóstico es escaso, cuando no se dispone de todos los antecedentes mínimos necesarios o cuando los datos disponibles no son confiables para predecir algún comportamiento futuro. Aun cuando la gama de métodos predictivos subjetivos es bastante amplia, es prácticamente imposible emitir algún juicio sobre la eficacia de sus estimaciones finales.

Los modelos de pronóstico causales parten del supuesto de que el grado de influencia de las variables que afectan al comportamiento del mercado permanece estable, para luego construir un modelo que relacione ese comportamiento con las variables que se estima son las causantes de los cambios que se observan en el mercado. Dervitsiotis[1] señala tres etapas para el diseño de un modelo de proyección causal: a) la identificación de una o más variables respecto a las que se pueda presumir que influyen sobre la demanda, como por ejemplo, el producto nacional bruto, la renta disponible, la tasa de natalidad o los permisos de construcción; b) la selección de la forma de la relación que vincule a las variables causales con el comportamiento del mercado, normalmente en la forma de una ecuación matemática de primer grado; y c) la validación del modelo de pronósticos, de manera que satisfaga tanto el sentido común como las pruebas estadísticas, a través de la representación adecuada del proceso que describa.

Los modelos de series de tiempo se utilizan cuando el comportamiento que asuma el mercado a futuro puede determinarse en gran medida por lo sucedido en el pasado, y siempre que esté disponible la información histórica en forma confiable y completa. Cualquier cambio en las variables que caracterizaron a un determinado contexto en el pasado, como una recesión económica, una nueva tecnología o un nuevo producto sustituto de las materias primas, entre otros, hace que pierdan validez los modelos de este tipo. Sin embargo, es posible ajus-

---

[1] Kostas N. Dervitsiotis, *Operations Management.* N. York: McGraw-Hill, 1981, pp. 447-452.

tar en forma subjetiva una serie cronológica para incluir aquellos hechos no reflejados en datos históricos.

Métodos subjetivos

La importancia de los métodos subjetivos en la predicción del mercado se manifiesta cuando los métodos cuantitativos basados en información histórica no pueden explicar por sí solos el comportamiento futuro esperado de alguna de sus variables, o cuando no existen suficientes datos históricos.

La opinión de los expertos es una de las formas subjetivas de estudiar el mercado más comúnmente usadas. Dentro de ésta, el método Delphi es quizás el más conocido. Este método consiste en reunir a un grupo de expertos en calidad de panel, a quienes se les somete a una serie de cuestionarios, con un proceso de retroalimentación controlada después de cada serie de respuestas. De aquí se obtiene como producto una serie de información que, tratada estadísticamente, entrega una convergencia en la opinión grupal, de la que nace una predicción. El método Delphi se fundamenta en que el grupo es capaz de lograr un razonamiento mejor que el de una persona sola, aunque sea experta en el tema.

Con el objeto de no inhibir a los participantes en el panel, el cuestionario se contesta en forma anónima. La retroalimentación controlada sobre el panel se hace efectiva cada vez que se completa una ronda de cuestionario. Este proceso interactivo se repite hasta lograr la convergencia de opiniones de todos los expertos. El procedimiento del método evita las distorsiones que producen la presencia de individuos dominantes, la existencia de comunicaciones irrelevantes y la presión de parte del grupo para llegar a un consenso forzado, entre otros factores.

Aunque durante el transcurso del experimento se producen fugas inevitables entre los expertos, es importante intentar minimizarlas para evitar los efectos de la discontinuidad en el proceso. De igual forma, debe intentarse que el lapso entre dos cuestionarios, así como el número de ellos, sea lo más reducido posible, para evitar un intercambio de opiniones que origine influencias distorsionantes en la opinión que hagan perder la independencia de ellas.

Un método más sistemático y objetivo, que se vale del método científico, es la investigación de mercado. Se utiliza principalmente en la recolección de información relevante para ayudar a la toma de decisiones o para probar o refutar hipótesis sobre un mercado específico, a través de encuestas, experimentos, mercados prueba u otra forma.

Este método constituye quizá un paso necesario para la aplicación y uso de cualquiera de los restantes métodos, por la información sistematizada y objetiva que provee.

La principal característica del método es su flexibilidad para seleccionar e incluso diseñar la metodología que más se adecúe al problema en estudio, requiriendo una investigación ya sea exploratoria, descriptiva o explicativa[2].

Una técnica similar al método Delphi es la conocida como consenso de panel, que se diferencia de aquélla en que no existen secretos sobre la identidad del emisor de las opiniones, y en que no hay retroalimentación dirigida desde el exterior. Este método "se basa en la suposición de que varios expertos serán capaces de producir un pronóstico mejor que una sola persona. No existen secretos y se estimula la comunicación. Algunas veces ocurre que los factores sociales influyen en los pronósticos y por ello éstos no reflejan un consenso verdadero"[3]. El peligro del método reside en la posibilidad de que emerja un grupo dominante que anule la interacción adecuada y se logre un consenso por la capacidad de la argumentación y no por la validez de la misma.

El método de los pronósticos visionarios se utiliza, como alternativa de los ya señalados, cuando se dispone de personal interno de la empresa a la que se le evalúa el proyecto, y dicho personal tiene una experiencia y conocimiento de sus clientes adquirido en años de experiencia, puede emitir opiniones respecto a reacciones y comportamientos posibles de esperar en el futuro. La proyección del mercado se hará tomando el resultado de la estimación directa del personal y corrigiéndola por antecedentes recopilados de una variable de fuentes atinentes al comportamiento de la economía, la competencia, etc.

Aun cuando este método presenta ventajas obvias respecto a costo y rapidez, sin requerir destrezas especiales, presenta algunas insuficiencias derivadas de la influencia dominante de las experiencias más recientes y de la falta de unidades de medida que den exactitud a la estimación.

Con base en la suposición de que el mercado del proyecto que se estudia puede tener un comportamiento similar al de otros mercados en el pasado, el método de la analogía histórica aparece como el último de los métodos subjetivos analizados. El mercado que se toma como referencia puede ser para el mismo producto pero de otra marca, o en otra región geográfica o para un producto diferente pero con

---

2   Para el estudio de este método *véase* T. Kinnear, y J. Taylor, *Investigación de mercados*. Bogotá:McGraw-Hill,1981.

3   J. Chambers, S. Mullick, y D. Smith, *Cómo elegir la técnica de pronóstico correcta. Biblioteca Harvard.*

un mercado consumidor similar. La desventaja que manifiesta es la de suponer que las variables determinantes en el comportamiento pasado del mercado tomado como referencia se mantendrán en el futuro y, además, que tendrán el mismo efecto sobre el mercado del proyecto en estudio.

Modelos causales

Los modelos causales, a diferencia de los métodos subjetivos intentan proyectar el mercado sobre la base de antecedentes cuantitativos históricos; para ello, suponen que los factores condicionantes del comportamiento histórico de alguna o todas las variables del mercado permanecerán estables.

Los modelos causales de uso más frecuente son el modelo de regresión, el modelo econométrico, el método de encuestas de intenciones de compra y el modelo de insumo producto, llamado también método de los coeficientes técnicos. A continuación se analiza cada uno de ellos por separado.

Es frecuente encontrar en los estudios empíricos y en la teoría microeconómica la afirmación de que la demanda de un bien o servicio depende de muchas causas o factores que explicarían su comportamiento a través del tiempo en un momento específico de él.

Las causales explicativas se definen como variables independientes y la cantidad demandada, u otro elemento del mercado que se desea proyectar, se define como variable dependiente. La variable dependiente, en consecuencia, se explica por la variable independiente. El análisis de regresión[4] permite elaborar un modelo de pronóstico basado en estas variables, el cual puede tener desde una hasta n variables independientes.

Existen dos modelos básicos de regresión: el modelo de regresión simple o de dos variables, y el modelo de regresión múltiple. El primero indica que la variable dependiente se predice sobre la base de una variable independiente, mientras que el segundo indica que la medición se basa en dos o más variables independientes. En ambos casos, aunque los valores de la variable independiente pueden ser asignados, los de la variable dependiente deben obtenerse por medio del proceso de muestreo.

---

[4] El modelo de regresión se basa en tres supuestos básicos, los cuales, si son transgredidos, invalidan automáticamente cualquier proyección. El primer supuesto es que los errores de la regresión tienen una distribución normal, con media cero y varianza (σ^2) constante. El segundo supuesto es que los errores no están correlacionados entre ellos. Este fenómeno se denomina autocorrelación. El último supuesto es que todas las variables analizadas se comportan en forma lineal o son susceptibles de linealizar.

De la observación de las variables se deriva un diagrama de dispersión que indica la relación entre ambas. Gráficamente, se representa la variable independiente, x, con relación al eje horizontal y el valor de la variable dependiente, y, con relación al eje vertical. Cuando las relaciones entre ambas no son lineales, es usual determinar un método de transformación de valores para lograr una relación lineal.

El paso siguiente es determinar la ecuación lineal que mejor se ajuste a la relación entre las variables observadas. Para ello se utiliza el método de los mínimos cuadrados. En forma gráfica, el diagrama de dispersión y la línea de regresión pueden representarse como lo muestra el gráfico 5.1.

Gráfico 5.1

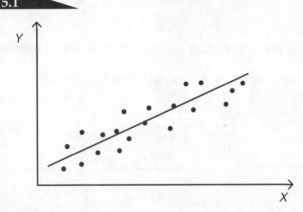

Los puntos del gráfico representan las distintas relaciones observadas entre las variables x y y.

Matemáticamente, la forma de la ecuación de regresión lineal es:

$$y'x = a + bx \tag{5.1}$$

donde $y'x$ es el valor estimado de la variable dependiente para un valor específico de la variable independiente x, a es el punto de intersección de la línea de regresión con el eje y[5], b es la pendiente de la línea de regresión, y, x es el valor específico de la variable independiente.

---

5   En este punto la variable independiente x tiene un valor de cero.

El criterio de los mínimos cuadrados permite que la línea de regresión de mejor ajuste reduzca al mínimo la suma de las desviaciones cuadráticas entre los valores reales y estimados de la variable dependiente para la información muestral.

$$b = \frac{n\Sigma xy - (\Sigma x)\,(\Sigma y)}{n\Sigma x^2 - (\Sigma x)^2} \qquad (5.2)$$

$$a = \overline{y} - b\overline{x} \qquad (5.3)$$

donde $\overline{x}$ y $\overline{y}$ son las medias de las variables y n el número de relaciones.

Alternativamente, b puede calcularse utilizando

$$b = \frac{\Sigma(x - \overline{x})\,(y - \overline{y})}{\Sigma(x - \overline{x})^2} \qquad (5.4)$$

Por ejemplo, supóngase que los antecedentes históricos de producción y ventas de un determinado producto son los que se muestran en el cuadro 5.1

Cuadro 5.1

Año	1977	1978	1979	1980	1981	1982	1983	1984	1985	1986	1987
Demanda	10	20	30	45	70	90	125	150	180	220	270

La línea de regresión puede determinarse a partir del siguiente cálculo:

Cuadro 5.2					
Año	**x**	**Demanda**	**xy**	**x^2**	**y^2**
1977	- 5	10	- 50	25	100
1978	- 4	20	- 80	16	400
1979	- 3	30	- 90	9	900
1980	- 2	45	- 90	4	2.025
1981	- 1	70	- 70	1	4.900
1982	0	90	0	0	8.100
1983	1	125	125	1	15.625
1984	2	150	300	4	22.500
1985	3	180	540	9	32.400
1986	4	220	880	16	48.400
1987	5	270	1.350	25	72.900
Total	**0**	**1.210**	**2.815**	**110**	**208.250**

Se asumió 1982 = 0 para que la suma de los valores de x sea cero.

Remplazando en las ecuaciones 5.2 y 5.3, se tiene que

$$b = \frac{11\ (2.815) - (0)\ (1.210)}{11\ (110) - (0)^2} = \frac{30.965}{1.210} = 25,59$$

$$a = \frac{1.210}{11} - 25,59 \left(\frac{0}{11}\right) = 110$$

De esta forma, la ecuación final de regresión es

$$y' = 110 + 25,59x$$

Para estimar la demanda esperada en 1988 ($x = 6$) se remplaza

$$\hat{y} = 110 + 25{,}59\ (6) = 263{,}54$$

Al ser el modelo de regresión un método estadístico, es posible determinar la precisión y confiabilidad de los resultados de la regresión.

El coeficiente de correlación r mide el grado de correlación que existe entre x y y. Sin embargo, es más utilizado el coeficiente de determinación, r^2, que indica qué tan correcto es el estimado de la ecuación de regresión. Mientras más alto sea r^2, más confianza podrá tenerse en el estimado de la línea de regresión. Más concretamente, representa la proporción de la variación total en y, que se explica por la ecuación de regresión, pudiendo asumir un valor entre 0 y 1. Se calcula por

$$r^2 = 1 - \frac{\Sigma\ (y - y')^2}{\Sigma\times (y - \bar{y}')^2} \qquad (5.5)$$

o, en forma alternativa,

$$r^2 = \frac{[n\ \Sigma xy - (\Sigma x)\ (\Sigma y)]^2}{[n\Sigma x^2 - (\Sigma x)^2]\ [n\Sigma y^2 - (\Sigma y)^2]} \qquad (5.6)$$

Siguiendo con el ejemplo, se tiene que, al aplicar la ecuación 5.6, el coeficiente de determinación es

$$r^2 = \frac{[11\ (2.815)-(0)\ (1.210)]^2}{[11\ (110)-(0)^2]\ [11\ (208.250)-(1.210)^2]} = 0{,}958$$

Esto significa que el 96% de la variación total de la demanda se explica por el año, y queda el 4% restante sin explicar. Éste es un caso típico de productos cuya demanda depende fuertemente de la población, ya que la tasa de crecimiento se expresa como una función anual.

Con los antecedentes disponibles es posible calcular el error "estándar" de una estimación, para determinar la desviación "estándar" de la variable independiente y para un valor específico de la variable independiente x. El error "estándar" del estimado, designado S_e, se define como la desviación "estándar" de la regresión y se calcula por:

$$S_e = \sqrt{\frac{\Sigma y^2 - a\Sigma y - b\Sigma xy}{n - 2}} \qquad (5.7)$$

Según los datos del ejemplo, se tendría

$$S_e = \sqrt{\frac{(208.500)-(110)(1.210)-(25,59)(2.815)}{11-2}} = 18,60$$

Si se desea que la predicción sea de un 95% confiable, el intervalo de confianza sería la demanda estimada ± 2(18,60). De esta forma, el error "estándar" muestra el intervalo de confianza de la estimación, y la gama dentro de la cual se puede predecir la variable dependiente con diferentes grados de confianza estadística. Suponiendo que los términos del error están normalmente distribuidos en torno a la línea de regresión, existe un 68% de probabilidad de que las observaciones futuras estén dentro de $\hat{y} \pm S_e$, mientras que aumenta a un 95% si está $\hat{y} \pm 2\,S_e$ y a 99% si se ubica entre $\hat{y} \pm 3\,S_e$. Esto deja de manifiesto que la mayor precisión se asocia con los errores "estándares" más pequeños de la estimación.

En consecuencia, al estimar la demanda para 1988, se dirá que existe un 95% de probabilidad de que ésta se ubique en el rango de 98,39 a 172,79,

En algunos casos, en vez de ajustar los datos a una línea recta para predecir la tendencia histórica, deberá emplearse una función exponencial que muestre un cambio porcentual constante más una

variación constante en cada periodo, para expresar de mejor forma el ajuste de la tendencia a los datos. La expresión de la ecuación de tendencia exponencial es

$$y'x = a(1 + g)^x \qquad (5.8)$$

donde g es la tasa de crecimiento porcentual constante que se estima para el futuro.

El modelo de regresión múltiple, como se señaló, se aplica cuando hay dos o más variables independientes que deben usarse para calcular el valor de la variable dependiente. En este caso, la ecuación 5.1 asume la forma:

$$Y = a + b_1x_1 + b_2x_2 + ... + b_nx_n \qquad (5.9)$$

La solución de la ecuación exige procedimientos bastante complejos para determinar el valor de las constantes. Sin embargo, en la actualidad existen programas computacionales disponibles que facilitan su cálculo.

Otro de los modelos causales es el econométrico, el cual, según Dervitsiotis, es un "sistema de ecuaciones estadísticas que interrelacionan a las actividades de diferentes sectores de la economía y ayudan a evaluar la repercusión sobre la demanda de un producto o servicio. En este respecto, es una prolongación del análisis de regresión"[6].

Lira[7], por su parte, define un modelo para estimar la demanda de un producto, que parte de la base de que el precio se determina por la interacción de la oferta y la demanda. Su modelo define una cantidad demandada (Qd) en función del precio del producto (P), el nivel de actividad (NA), el precio de los productos sustitutos (PS) y otras variables; una cantidad ofrecida (Qo) en función de P, la capacidad de producción (CA), el costo de los factores (c) y otras variables; el cambio en el inventario de productos terminados (ΔS), en función del cambio en la cantidad ofrecida (Δq), P y el precio esperado del producto (PE); el nivel de importaciones (M), en función del precio de importación (PM), P y otras variables, y el nivel de exportaciones (X), en función del precio de exportación (PX), P y otras variables, para definir:

6 Dervitsiotis,*Operations*...

7 Ricardo, Lira, *Modelos econométricos de demanda*. Santiago: Universidad Católica de Chile, Instituto de Economía, 1976.

$$Qo = Qd + \Delta s + X - M \qquad (5.10)$$

El modelo econométrico analizado no admite externalidades de ningún tipo, ni por eventuales cambios derivados de la expansión de la producción o por rendimientos operativos fluctuantes que afecten a los niveles productivos. Por esto se señala que es esencialmente un modelo de corto plazo.

Un método bastante utilizado, aunque delicado, es el de encuestas de intenciones de compras. Su aplicación comienza con la selección de la unidad de análisis adecuada para cuantificar la intención de compra, sigue con la toma correcta de la encuesta por muestreo y finaliza con el análisis de los antecedentes recopilados. El peligro del método está en que depende mucho de las variables de contexto y, si éstas son dinámicas, las condiciones imperantes pueden llevar a modificar la intención de compra de la unidad de análisis, o quizá sus respuestas a las encuestas (aun cuando ello no afecte a la decisión) pueden inducir a conclusiones erróneas.

Otro modelo causal es el denominado insumo-producto o método de los coeficientes técnicos, que permite identificar las relaciones interindustriales que se producen entre sectores de la economía, a través de una matriz que implica suponer el uso de coeficientes técnicos fijos por parte de las distintas industrias[8].

Para estimar la demanda de un sector específico, el modelo descompone la demanda entre bienes finales e intermedios y establece sus relaciones a través de los denominados coeficientes técnicos. Este método es adecuado cuando la demanda de un sector está en estrecha relación con el nivel de actividad del sector, y los demás elementos que pueden estar determinándolo son de poca significación. Lo que busca básicamente este modelo es determinar el grado de repercusión que la actividad de un sector tiene sobre los restantes. Una metodología muy usada para determinar los coeficientes técnicos de las funciones de producción de proporciones constantes es la del análisis de regresión.

Modelos de series de tiempo

Los modelos de series de tiempo se refieren a la medición de valores de una variable en el tiempo a intervalos espaciados uniformemente.

---

[8] Supone funciones de producción de proporciones fijas, sin capacidad de sustitución de insumos.

El objetivo de la identificación de la información histórica es determinar un patrón básico en su comportamiento, que posibilite la proyección futura de la variable deseada.

En un análisis de series de tiempo pueden distinguirse cuatro componentes básicos que se refieren a una tendencia, a un factor cíclico, a fluctuaciones estacionales y a variaciones no sistemáticas.

El componente de tendencias se refiere al crecimiento o declinación en el largo plazo del valor promedio de la variable estudiada, por ejemplo, la demanda. Su importancia se deriva de considerar fluctuaciones en el nivel de la variable en el tiempo, con lo cual el estudio del nivel promedio de la variable a lo largo del tiempo es mejor que el estudio de esa variable en un momento específico de tiempo.

Aun cuando puede definirse una tendencia de largo plazo para la variable, pueden darse divergencias significativas entre la línea de tendencia proyectada y el valor real que exhiba la variable. Esta divergencia se conoce como el componente cíclico y se admite entre sus causas el comportamiento del efecto combinado de fuerzas económicas, sociales, políticas, tecnológicas, culturales y otras existentes en el mercado. La mayoría de estos ciclos no tienen patrones constantes que permitan prever su ocurrencia, magnitud y duración.

Contrarios a los componentes cíclicos, existen otros componentes, llamados estacionales, que exhiben fluctuaciones que se repiten en forma periódica y que normalmente dependen de factores como el clima (ropa de verano) y la tradición (tarjetas de Navidad), entre otros.

Aunque se conozcan los tres componentes señalados, una variable puede tener todavía un comportamiento real distinto del previsible por su línea de tendencia y por los factores cíclicos y estacionales. A esta desviación se le asigna el carácter de no sistemática y corresponde al llamado componente aleatorio.

En el gráfico 5.2 se muestran los cuatro componentes de una serie cronológica. A largo plazo, los componentes estacionales y aleatorios son menos relevantes que el componente cíclico. Sin embargo, a medida que los pronósticos se van acortando, el componente no sistemático pasa a ser primordial, y la línea de tendencia, la menos importante.

Dervitsiotis[9] plantea dos modelos que podrían explicar la forma de interacción de los componentes de las series de tiempo: a) el aditivo, que permite calcular el comportamiento de una variable (demanda, por ejemplo) como la suma de los cuatro componentes y b) el multiplicativo, que dice que la variable puede expresarse como el producto de los componentes de la serie de tiempo.

---

[9] Dervitsiotis, *Operations*...

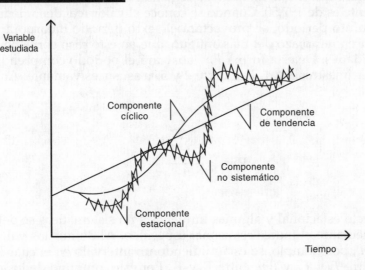

Existen diversos métodos que permiten estimar el comportamiento de una variable y que aíslan, en general, el efecto tendencia. Estos son: el método de los promedios móviles, el de afinamiento exponencial y el de ajuste lineal por el criterio de los mínimos cuadrados a que ya se hizo referencia.

Una serie cronológica con fuerte efecto estacional hace recomendable el uso de un promedio móvil simple de un número determinado de periodos, que normalmente es de los cuatro últimos trimestres. El promedio móvil (Pm) se obtiene de:

$$Pm_1 = \frac{\sum\limits_{i=1}^{n} Ti}{n} \tag{5.11}$$

donde Ti es el valor que adopta la variable en cada periodo i y n es el número de periodos observados.

Así, si la demanda trimestral de un producto es en cada uno de los últimos cuatro trimestres de 180, 250, 210 y 150, el valor de Pm_1 sería de

$$Pm_1 = \frac{180 + 250 + 210 + 150}{4} = 197{,}50$$

De acuerdo con este método, la demanda esperada para el trimestre siguiente es de 197,50. Cuando se conoce el valor real de la demanda del quinto periodo, se proyectará el sexto periodo incorporando este valor en remplazo del más antiguo, que en este caso corresponde a 180 unidades. De esta forma Pm_1 abarcará el periodo comprendido entre los trimestres 1 y 4, Pm_2 entre 2 y 5, y así sucesivamente. Al generalizar:

$$Pm_t = \frac{\sum_{i=t}^{t+n-1} Ti}{n} \qquad (5.12)$$

El efecto estacional y algunas influencias no sistemáticas se determinan mediante el índice estacional específico. Al definir los valores Pm_1 y Pm_2, por ejemplo, se está midiendo un intervalo en el cual Pm_1 queda entre T_2 y T_3, y Pm_2 entre T_3 y T_4. Por esto, ninguno de los dos es representativo de estos trimestres. Se hace entonces necesario determinar un promedio móvil centrado (PMC), calculando la media entre dos promedios móviles, de la siguiente forma:

$$PMC_t = \frac{Pm_t + Pm_{t+1}}{2} \qquad (5.13)$$

Con el objeto de aislar el efecto estacional correspondiente a un trimestre, T_3 por ejemplo, se divide la demanda real de ese periodo por el PMC correspondiente. Así, el índice estacional específico (IE_3) podría expresarse:

$$IE_3 = \frac{T_3}{PMC_1} \qquad (5.14)$$

donde la suma de los IE de los cuatro trimestres debe ser igual a 4. Una vez calculados los IE de los cuatro trimestres, se procede a ajustar la demanda trimestral promedio proyectada.

Considérese la siguiente demanda estacional para los datos del cuadro 5.3

Cuadro 5.3					
Año	Invierno	Primavera	Verano	Otoño	Total
1977	2	3	4	1	10
1978	5	6	7	2	20
1979	7	10	10	3	30
1980	10	17	16	2	45
1981	13	20	28	9	70
1982	19	34	34	3	90
1983	27	39	48	11	125
1984	26	44	58	22	150
1985	38	51	70	21	180
1986	44	67	81	28	220
1987	51	79	107	33	270

El promedio móvil calculado de acuerdo con la ecuación 5.11, correspondería a

$$PM_1 = \frac{1 + 3 + 4 + 1}{4} = 2,50$$

$$PM_2 = \frac{3 + 4 + 1 + 5}{4} = 3,25$$

PM_1 se encuentra entre primavera y verano de 1977 y PM_2 entre verano y otoño del mismo año. Igual procedimiento se sigue hasta 1987, donde el último promedio móvil que puede calcularse es el que considera las últimas cuatro observaciones, esto es, entre primavera y verano de ese año.

Una vez calculados los promedios móviles, que se resumen en el cuadro 5.4, es posible calcular los promedios móviles centrados, usando la ecuación 5.13. De esta forma, los primeros promedios móviles centrados serían:

$$PMC_1 = \frac{2,50 + 3,25}{2} = 2,88$$

$$PMC_2 = \frac{3,25 + 4,00}{4} = 3,63$$

Cuadro 5.4

Año	Estación	Demanda actual	PM	PMC	IE
1977	Invierno	2,00			
	Primavera	3,00			
	Verano	4,00	2,50	2,88	1,39
	Otoño	1,00	3,25	3,63	0,28
1978	Invierno	5,00	4,00	4,38	1,14
	Primavera	6,00	4,75	4,88	1,23
	Verano	7,00	5,00	5,25	1,33
	Otoño	2,00	5,50	6,00	0,33
1979	Invierno	7,00	6,50	6,88	1,02
	Primavera	10,00	7,25	7,38	1,36
	Verano	10,00	7,50	7,88	1,27
	Otoño	3,00	8,25	9,13	0,33
1980	Invierno	10,00	10,00	10,75	0,93
	Primavera	17,00	11,50	11,38	1,49
	Verano	16,00	11,25	11,63	1,38
	Otoño	2,00	12,00	12,38	0,16
1981	Invierno	13,00	12,75	14,25	0,91
	Primavera	20,00	15,75	16,63	1,20
	Verano	28,00	17,50	18,25	1,53
	Otoño	9,00	19,00	20,75	0,43
1982	Invierno	19,00	22,50	23,25	0,82
	Primavera	34,00	24,00	23,25	1,46
	Verano	34,00	22,50	23,50	1,45
	Otoño	3,00	24,50	25,13	0,12
1983	Invierno	27,00		27,50	0,98
	Primavera	39,00	29,25	30,25	1,29
	Verano	48,00	31,25	31,13	1,64
	Otoño	11,00	31,00	31,63	0,35
1984	Invierno	26,00	32,25	33,50	0,78
	Primavera	44,00	34,75	36,13	1,22
	Verano	56,00	37,50	39,00	1,49
	Otoño	22,00	40,50	41,38	0,53
1985	Invierno	38,00	42,25	43,75	0,87
	Primavera	51,00	45,25	45,13	1,13
	Verano	70,00	45,00	45,75	1,53
	Otoño	21,00	46,50	48,50	0,43
1986	Invierno	44,00	50,50	51,88	0,85
	Primavera	67,00	53,25	54,13	1,24
	Verano	81,00	55,00	55,88	1,45
	Otoño	26,00	56,75	58,25	0,48
1987	Invierno	51,00	59,75	63,00	0,81
	Primavera	79,00	66,25	66,88	1,18
	Verano	107,00	67,50		
	Otoño	33,00			

El cuadro 5.4 muestra también estos resultados para todo el periodo de análisis. El índice estacional se obtiene aplicando la ecución 5.14, la que eneste caso daría:

$$IE_1 = \frac{4,00}{2,88} = 1,39$$

$$IE_2 = \frac{1,00}{3,63} = 0,28$$

En el cuadro 5.5 aparecen los resultados del análisis estacional histórico. La demanda trimestral ajustada se obtiene de:

Cuadro 5.5

Año	Invierno	Primavera	Verano	Otoño
1977	–	–	1,380	0,280
1978	1,140	1,230	1,330	0,330
1979	1,200	1,360	1,270	0,330
1980	0,930	1,490	1,380	0,160
1981	0,910	1,200	1,530	0,430
1982	0,820	1,460	1,450	0,120
1983	0,980	1,290	1,540	0,350
1984	0,780	1,220	1,490	0,530
1985	0,870	1,130	1,530	0,430
1986	0,850	1,240	1,450	0,480
1987	0,810	1,180	–	–
Total	9,110	12,80	14,360	3,440
Promedio	0,911	1,280	1,436	0,344

Dado que la suma de los promedios alcanza a 3,971, el índice debe ajustarse por regla de tres simple para que sume cuatro. El resultado así ajustado da:

Invierno	0,918
Primavera	1,289
Verano	1,446
Otoño	0,347
	4,000

Con esta información puede proyectarse la demanda estacional para el año 1988. Como se recordará, ésta se había proyectado en 263.540 unidades. Dado que la estacionalidad es trimestral, esta cifra deberá dividirse entre cuatro y el resultado multiplicarse por el índice estacional calculado. De esta forma, se tiene

$$\frac{263.540}{4} = 65.885$$

Invierno	65.885 x 0,918 =	60.482
Primavera	65.885 x 1,289 =	84.926
Verano	65.885 x 1,446 =	95.270
Otoño	65.885 x 0,347 =	22.540
		263.540

Un método alternativo para el pronóstico de corto plazo es el de afinamiento exponencial, que para pronosticar el valor de, por ejemplo, las ventas futuras, toma un promedio ponderado de las ventas reales durante el último periodo y del pronóstico realizado para ese periodo. La expresión que representa la forma de cálculo es la siguiente:

$$Y'_{t+1} = \alpha\,(Y_t) + (1 - \alpha)\,(Y'_t) \qquad (5.15)$$

donde Y'_{t+1} representa el pronóstico para el próximo periodo, la constante de afinamiento, Y_t la demanda real del periodo vigente y Y'_t el pronóstico de la demanda realizado para el periodo vigente.

El valor de α se determina mediante la aplicación del procedimiento que se explica más adelante.

Cuando los periodos anteriores son considerados en el análisis, se les da una ponderación menor al expresar α, que es menor o igual a uno, con una potencia que reduce su grado de influencia a medida que se aleja en el tiempo.

Para determinar cuál promedio móvil o afinamiento exponencial conduce a una mejor proyección, debe calcularse la desviación típica (*DT*) mediante la siguiente expresión para cada proyección, optando por la que exhiba la menor desviación.

$$DT = \sqrt{\sum_{x=1}^{n} \frac{(Y_x - Y'_x)^2}{n}} \qquad (5.16)$$

Por ejemplo, si para los datos de demanda global del mercado que se muestra en la segunda columna del siguiente cuadro se calcula el promedio móvil (*PM*) para proyectar la demanda del mercado para 1995, con base en tres y cinco años, se obtiene

Cuadro 5.6

Año	Mercado $Y'x$	PM (3 años) $Y'x$	$Yx - Y'x$	$(Yx - Y'x)^2$	PM (5 años) $Y'x$	$Yx - Y'x$	$(Yx - Y'x)^2$
1987	38	-					
1988	42	-					
1989	45	-					
1990	48	42	6,33	40,11			
1991	38	45	-7,00	49,00			
1992	45	44	1,33	1,78	42	2,80	7,84
1993	35	44	-8,67	75,11	44	8,60	73,96
1994	29	39	-10,33	106,78	42	13,20	174,24
1995	-	36			39		
TOTAL				272,78			256,04

Al calcular la desviación típica de ambas proyecciones se aprecia que aquélla con base en tres años es mejor que la del promedio móvil con cinco años, ya que muestra la menor desviación

$$DT = \sqrt{\frac{272,78}{5}} = 7,39$$

y

$$DT = \sqrt{\frac{256,04}{3}} = 9,24$$

Si el mismo ejemplo se resuelve con el método de afinamiento exponencial para dos casos ($\alpha = 0,30$ y $\alpha = 0,40$) se obtienen los resultados del siguiente cuadro, aplicando la ecuación 5.15[10]. (*Véase* pág. 94).

Cuadro 5.7

Año	Mercado $Y'x$	PM (3 años) $Y'x$	$Yx - Y'x$	$(Yx - Y'x)^2$	PM (5 años) $Y'x$	$Yx - Y'x$	$(Yx - Y'x)^2$
1987	38	40,00	- 2,00	4,00	40,00	- 2,00	4,00
1988	42	39,40	2,60	6,76	25,60	16,40	268,96
1989	45	40,18	4,81	23,23	18,06	26,94	725,55
1990	48	41,63	6,37	40,63	20,13	27,87	776,66
1991	38	43,54	- 5,54	30,67	28,33	9,67	93,51
1992	45	41,88	3,12	9,75	29,27	15,73	247,54
1993	35	42,81	- 7,81	61,05	21,46	13,54	183,28
1994	29	40,47	- 11,47	131,55	37,30	- 8,30	68,87
1995		37,03			75,00		
TOTAL				307,64			2.368,37

De acuerdo con el cuadro anterior, la proyección que usa un α de 0,30 es mejor que la de 0,40, ya que exhibe la menor desviación típica. Esto es:

---

[10] Para obtener Y'_t se aplica la ecuación 5.15 como sigue:

$$Y'_{88} = (0,30)(38) + (1 - 0,30)(40) = 39,40;$$

Y'_{87} se calculó como el promedio de los Y_x observados.

$$DT = \sqrt{\frac{307,64}{8}} = 6,20$$

y

$$DT = \sqrt{\frac{2.368,37}{8}} = 17,21$$

Resumen

La somera presentación de las técnicas de pronóstico que se analizaron en este capítulo deja de manifiesto la poca controlabilidad y confianza en los hechos futuros. Cada técnica tiene características propias que hacen de su elección un proceso decisorio especial.

La posibilidad, real por cierto, de que en el futuro se den combinaciones nuevas de las condicionantes de un proyecto, hace muchas veces inadecuado el uso de técnicas cuantitativas. Sin embargo, el uso complementario de más de una técnica parece ser lo más recomendable.

Cualquiera que sea el método utilizado, la validez de sus resultados dependerá de la calidad de los antecedentes considerados para el pronóstico. Por esta razón, la cantidad, oportunidad y veracidad de los datos disponibles serán determinantes en la selección del método.

Los métodos de proyección se clasificaron en este capítulo, en subjetivos, causales y de series de tiempo. Los primeros se basan principalmente en opiniones de expertos y se utilizan cuando el tiempo es escaso, cuando la información cuantitativa no está disponible o cuando se espera que cambien las condiciones del comportamiento pasado de la variable que se desea proyectar. Los métodos más conocidos en este grupo son el Delphi, la investigación de mercados, el consenso de panel, los pronósticos visionarios y el de analogía histórica.

Los modelos de pronóstico causales se basan en un supuesto de permanencia de las condicionantes que influyeron en el comportamiento pasado de una o más de las variables que se ha de proyectar. El pronóstico, en consecuencia, se basa en los antecedentes cuantitativos históricos. Los métodos causales analizados en

este capítulo son el modelo de regresión, el modelo econométrico, el método de encuestas de intenciones de compra y el modelo de insumo producto, conocido también como método de los coeficientes técnicos.

Los modelos de series de tiempo se emplean también cuando el comportamiento futuro del mercado puede estimarse por lo sucedido en el pasado. Por esto mismo, cualquier cambio en las variables que caracterizaron al ambiente en el pasado, como el avance tecnológico, una recesión, la aparición de productos sustitutos y otros, hace que estos modelos pierdan validez, a menos que subjetivamente se ajuste una serie cronológica para incluir los hechos no reflejados en los datos históricos. Los modelos de series de tiempo analizados en este capítulo son el de los promedios móviles y el de afinamiento exponencial.

Preguntas y problemas

1. Analice las variables más determinantes, a su juicio, para seleccionar una técnica de proyección.

2. Explique de qué depende el grado de validez del resultado de una proyección.

3. Explique los conceptos de precisión, sensibilidad y objetividad del método de pronóstico.

4. Explique las principales características y diferencias de los métodos subjetivos, causales y de serie de tiempo.

5. ¿Qué validez tienen, a su juicio, los resultados que se derivan de los métodos Delphi y consenso de panel?

6. Defina la línea de tendencia del conjunto de observaciones de distancias, X, y tiempos de entrega, Y, en la distribución de un producto, que se señalan en el cuadro siguiente:

Embarque observado	Distancia (Km)	Entrega (días)
1	146	1,0
2	1.167	6,5
3	328	2,0
4	582	3,5
5	675	4,0
6	173	1,0
7	786	4,5
8	534	3,0
9	637	3,5
10	270	1,5

7. Con los datos del problema anterior, calcule el error "estándar" de la estimación.

8. Calcule, con los datos del problema 6, el coeficiente de correlación y explique el significado del resultado.

9. Explique las características y uso del modelo econométrico.

10. Analice en qué consisten y en qué se diferencian los componentes de tendencia, cíclicos, estacionales y no sistemáticos.

11. Calcule, por el método de los promedios móviles, la demanda esperada para el primer trimestre de 1979, si la demanda trimestral de 1978 fue la siguiente:

Invierno	340
Primavera	290
Verano	175
Otoño	245

12. Con los datos del ejemplo anterior, calcule la demanda estimada para el trimestre primavera de 1979, si la demanda real del trimestre invierno inmediatamente anterior fue de 310 unidades.

13. Calcule la demanda trimestral, para 1982, que incorpore el efecto estacional, con los datos siguientes:

Año	Trimestre	Demanda real
1991	T_1	371
	T_2	514
	T_3	490
	T_4	312
1992	T_1	308
	T_2	485
	T_3	500
	T_4	410
1993	T_1	390
	T_2	505
	T_3	457
	T_4	427

14. Con los siguientes antecedentes, determine la línea de regresión, calcule y explique el coeficiente de determinación y el error "estándar" de la estimación:

$$\Sigma x = 1.239$$
$$\Sigma y = 79$$
$$\Sigma xy = 1.613$$
$$\Sigma x^2 = 17.322$$
$$\Sigma y^2 = 293$$

15. En el estudio de un proyecto para la fabricación local de un producto que se adquiere en la ciudad capital del país, debe proyectarse la demanda esperada para 1995, con la siguiente información disponible:

Año	1985	1986	1987	1988	1989	1990	1991	1992	1993	1994
Demanda	1.603	1.480	1.365	976	1.069	1.450	1.115	1.682	1.501	1.712

Pronostique la demanda por el método de promedios móviles con 3 y 5 años y determine en cuál se tendría mayor confianza.

16. Con los datos del problema anterior, pronostique la demanda por el método de afinamiento exponencial para $\alpha = 0,30$ y $\alpha = 0,50$ y señale cuál de los dos resultados es un mejor pronóstico.

17. El *American Journal of Agricultural Economics*[11] muestra la siguiente ecuación estimada de regresión para la demanda de papas dulces en los Estados Unidos para el periodo 1949 a 1972.

$$Q_{DS} = 7.609 - 1.606P_s + 59N + 947Y + 979P_w - 271_t$$

donde Q_{DS} es la cantidad de papas dulces vendidas por año en los Estados Unidos (en miles de quintales), P_s es el precio real en dólares de las papas dulces por quintal recibido por los agricultores, N es la población total de Estados Unidos (en millones), Y es el ingreso real per cápita disponible (en miles de dólares), P_w es el precio real de las papas blancas por quintal (en dólares) y t es la tendencia temporal ($t = 1$ para 1949, $t = 2$ para 1950, ..., $t = 24$ para 1972).

¿Cuál debió haber sido la demanda para 1973 si los valores de las variables independientes hubiesen sido las siguientes?

P_s	N	Y	P_w
4,00	210,90	3,55	2,40

CASO: XV - 19

La empresa Alfa, famosa por sus productos de la línea XV, se encuentra abocada al proyecto de lanzamiento de su nuevo producto XV-19. Cada uno de sus productos le ha permitido un desarrollo creciente en la consecución de nuevos mercados desde 1968, cuando se inició con el XV-1.

---

[11] Ronald Schirinper y Gene Marthia, "Reservation and Market Demands for Sweet Potatoes on the Farm Level", *American Journal of Agricultural Economics*, vol.57, febrero de 1975. Citado por: Dominick Salvatore, *Economía y empresa*. Mc Graw-Hill, México, 1992.

El prestigio ganado le impide lanzarse en una aventura con el XV-19 que le haga perder la imagen ganada en estos 14 años, por lo cual le ha otorgado prioridad al estudio de mercado y a las proyecciones que de él resulten, antes de decidir su lanzamiento.

El XV-19 remplazaría totalmente al antiguo XV-7, por lo cual se estima que el análisis de este último permitiría perfectamente pronosticar la demanda del primero.

Los ejecutivos de Alfa encargan a Lector S. A. la proyección de la demanda, ya que entre varias empresas consultoras sólo ellos ofrecieron aplicar métodos de alternativa.

La empresa Alfa se responsabilizó de proveer la información histórica de las ventas del producto para los últimos once años, por trimestres y totales anuales.

VENTAS XV - 7

Año	T_1	T_2	T_3	T_4	Total anual
1972	1.497	2.130	2.193	1.943	7.763
1973	1.980	1.744	2.562	2.468	8.754
1974	1.343	3.286	2.978	2.650	10.257
1975	2.797	3.576	3.870	4.160	14.403
1976	3.049	3.387	3.285	3.390	13.111
1977	2.516	4.364	3.775	3.873	14.528
1978	3.344	3.660	4.043	4.844	15.891
1979	4.398	4.454	4.702	4.528	18.082
1980	4.686	3.247	4.385	4.755	17.073
1981	5.502	4.836	5.309	4.871	20.518
1982	5.240	5.140	5.513	5.327	21.220

Bibliografía

Chambers J., S. Mullick y D. Smith, *Cómo elegir la técnica de pronóstico correcta*. Biblioteca Harvard.

Dervitsiotis, Kostas N., *Operations Management*. N. York: McGraw-Hill, 1981.

Kazmier, Leonard, *Estadística aplicada a la administración y la economía*. Bogotá: McGraw-Hill, 1978.

Kinnear, T. y J. Taylor, *Investigación de mercados*. Bogotá: McGraw-Hill, 1981.

Lira, Ricardo, *Modelos econométricos de demanda*. Santiago: Universidad Católica de Chile, Instituto de Economía, 1976.

Makridakis S. y S. Wheelwright, *Forecasting Methods for Management*. N. York: Wiley, 1989.

Salvatore, Dominick, *Economía y empresa*. Madrid: McGraw-Hill, 1993.

CAPÍTULO 6

Estimación de costos

La estimación de los costos futuros constituye uno de los aspectos centrales del trabajo del evaluador, tanto por la importancia de ellos en la determinación de la rentabilidad del proyecto como por la variedad de elementos sujetos a valorización como desembolsos del proyecto.

Lo anterior se explica, entre otras cosas, por el hecho de que para definir todos los egresos, como los impuestos a las utilidades, por ejemplo, se deberá previamente proyectar la situación contable sobre la cual se calcularán éstos.

El objetivo de este capítulo es exponer los elementos fundamentales de la teoría de costos y sus aplicaciones al campo del estudio de proyectos de inversión, así como algunos conceptos que facilitarán, en los capítulos siguientes, el análisis de otros aspectos como las inversiones, la construcción de flujos o el análisis de la rentabilidad del proyecto.

Información de costos para la toma de decisiones

Aunque diversos términos, conceptos y clasificaciones se han desarrollado e incorporado a la contabilización de costos tradicionales para que proporcionen información válida y oportuna para la toma de decisiones, siguen siendo los costos no contables los más utilizados cuando debe optarse por uno de varios cursos alternativos de acción.

Mientras que los costos contables son útiles en ciertos campos de la administración financiera de una empresa o para satisfacer los requerimientos legales y tributarios, los costos no contables buscan me-

dir el efecto neto de cada decisión en el resultado. Inclusive, hay costos de obvio significado para el análisis que no se obtienen de los estados contables. Es el caso, por ejemplo, de los costos fijos a largo plazo y los costos de oportunidad, que no sólo deben considerarse en la decisión, sino que probablemente tendrán una influencia marcada en los resultados.

Lo anterior no excluye, sin embargo, la validez y uso de la estructura de un sistema contable, puesto que para la toma de decisiones se requerirá adicionalmente de ella para determinar los efectos reales de los costos que se desea medir en una situación determinada.

Costos diferenciales

La diferencia en los costos de cada alternativa que proporcione un retorno o beneficio similar determinará cuál de ellas debe seleccionarse. Estos costos, denominados diferenciales, expresan el incremento o disminución de los costos totales que implicaría la implementación de cada una de las alternativas, en términos comparativos respecto de una situación tomada como base y que usualmente es la vigente. En consecuencia, son los costos diferenciales los que en definitiva deberán utilizarse para tomar una decisión que involucre algún incremento o decrecimiento en los resultados económicos esperados de cada curso de acción que se estudie.

Este concepto puede fácilmente ejemplificarse considerando una producción especial extraordinaria para servir un pedido adicional al programa de producción normal de una empresa. Generalmente, el costo diferencial estará dado exclusivamente por el costo variable de producción de esas unidades adicionales, puesto que puede suponerse que los costos fijos permanecerán constantes. Es decir, el costo relevante de la decisión de aceptación de una orden de producción de un pedido adicional debería aceptarse si el ingreso que reporta la operación cubre los costos variables, que son los únicos costos en que se incurrirá en exceso de los actuales si se acepta el pedido. Si los costos fijos se vieran incrementados, el aumento ocasionado por este pedido sería parte del costo diferencial y relevante para considerar en la decisión.

Para aclarar el concepto, supóngase la situación (cuadro 6.1) de una empresa que recibe un pedido especial de 7.000 unidades de un producto cualquiera.

Si se hace abstracción por el momento, del factor impuestos, ¿cuál será el precio mínimo que debería cobrar la empresa por producir y vender el pedido especial?

Cuadro 6.1

Capacidad máxima de producción	96.000 unidades/mes
Capacidad de uso actual	82.000 unidades/mes
Costo materias primas	$ 3,50 por unidad
Costo mano de obra directa	$ 4,00 por unidad
Costos indirectos de fabricación variables	$ 6,10 por unidad
Costos indirectos de fabricación fijos *	$ 472.500 mensuales
Gastos de ventas variables **	$ 1,30 por unidad
Gastos de ventas fijos	$ 122.000 mensuales
Gastos administrativos	$ 108.000 mensuales

- Incluye $59.000 por depreciación
•• Comisiones a vendedores

En primer lugar, según lo indicado, deben identificarse las partidas de costos diferenciales. Tanto la materia prima como la mano de obra directa y los costos indirectos de fabricación variables son, obviamente, diferenciales, puesto que producir una unidad adicional obliga a incurrir en esos costos respectivos.

Los costos de fabricación fijos, independientemente de qué factores los compongan, son un tipo de costo en el que se deberá incurrir, se acepte o no el pedido adicional. Luego, no son un costo diferencial.

Respecto a los gastos de venta variables, es posible dar por supuesto que no se incurrirá adicionalmente en ellos, puesto que la empresa recibió un pedido especial, por lo que no corresponde un gasto especial en comisiones de venta. La información respecto a si es un costo diferencial o no, es fácilmente obtenible en cualquier proyecto o empresa. En este caso se ha querido demostrar, lo que se analizará pronto, que no todos los costos variables que entrega la contabilidad son relevantes o diferenciales.

Los gastos de venta y los administrativos son fijos e independientes del nivel de producción, dentro de los límites de la capacidad máxima instalada. En consecuencia, ambos son irrelevantes para la decisión.

De lo anterior pueden extraerse los siguientes costos diferenciales:

Cuadro 6.2

Materias primas	$3,50
Mano de obra directa	4,00
Costo indirecto de fabricación variable	6,10
Total costos diferenciales unitarios	$13,60

Por tanto, el costo adicional de producir 7.000 unidades extras es de $95.200. Cualquier precio superior a $13,60 por unidad será beneficioso para la empresa.

Nótese que no se ha considerado ningún costo de oportunidad como relevante, porque se supuso que existía cierta capacidad ociosa que no hacía sacrificar producciones de alternativa para cumplir con el pedido extraordinario, ni desviar la asignación de otros recursos actualmente en uso.

Respecto al impuesto, normalmente hay un tributo adicional por toda venta con ganancias. La forma de incluir este factor en el análisis es calculando el monto de impuesto pagadero en la situación actual y lo que significaría en incremento si se aceptase el pedido. En ambos casos, para determinar el incremento, se efectúa un cálculo netamente contable, ya que es sobre esta base que se pagarán esos impuestos.

Puesto que muchas de las partidas de costo no variarán al implementar alguna operación como alternativa de la actual, deberán excluirse de la regla de decisión, tal como se hizo en el ejemplo anterior. En otras palabras, sólo son relevantes aquellas partidas de costo que son diferentes entre cada alternativa estudiada y una situación base de comparación. En la regla de decisión deberá tomarse en consideración sólo el efecto neto, es decir, la variación neta de costos resultantes de la comparación.

En el ejemplo anterior se aprovechó para demostrar que los costos diferenciales no son necesariamente los mismos que los costos variables, aunque pueden coincidir. Mientras los costos variables son aquellos que varían directamente con el volumen de producción, los costos diferenciales se refieren a las alternativas específicas en análisis, y pueden coincidir o no con las variables. En muchos casos puede esperarse también que los costos fijos cambien. Por ejemplo, si el cambio en el nivel de actividad implica variar el número de supervisores, equipos, seguros u otros, la variación de estos costos fijos será relevante, tanto si redundan en aumentos como en ahorros de costos.

 ## Costos futuros

Cualquier decisión que se tome en el presente afectará los resultados futuros. Los costos históricos, por el hecho de haberse incurrido en ellos en el pasado, son inevitables. Por tanto, cualquier decisión que se tome no hará variar su efecto como factor del costo total. El caso más claro de un costo histórico irrelevante es la compra de un activo fijo. En el momento en que se adquirió dejó de ser evitable, y cualquiera que sea la alternativa por la que se opte, la inversión ya extinguida no será relevante.

Los costos históricos en sí mismos son irrelevantes en las decisiones, puesto que por haber ocurrido no pueden recuperarse. Es preciso cuidarse de no confundir el costo histórico con el activo o el bien producto de ese costo, que sí pueden ser relevantes. Esta sería la situación de un activo comprado en el pasado, sobre el cual pueda tomarse una decisión a futuro que genere ingresos si se destina a usos optativos, como su venta, arriendo u operación. En estos casos, el factor relevante siempre será qué hacer a futuro. En ninguna evaluación se incorpora como patrón o elemento de medida la inversión ya realizada.

Aunque el planteamiento en palabras resulte claro y lógico, en la práctica no siempre es así. Muchos inversionistas no se deciden a abandonar un proyecto en consideración del alto volumen de inversión realizada, que no se resignan a perder. Desgraciadamente, no visualizan que abandonar oportunamente significa, en la gran mayoría de los casos, no aumentar la pérdida.

En otros casos se da la situación inversa, es decir, optan por abandonar en circunstancias que de continuar, si bien no reportan utilidad, permiten minimizar la pérdida. Un ejemplo aclarará este concepto.

Supóngase que una compañía fabrica dos artículos diferentes en procesos productivos aislados, pero con actividades administrativas y de venta centralizadas. Las proyecciones financieras para el próximo año entregan los estados del siguiente cuadro, que deberán analizarse para determinar la conveniencia de cerrar una de las plantas:

Cuadro 6.3

	Planta *A*	Planta *B*
Ventas	$2.000.000	$3.000.000
Mano de obra directa	-450.000	-930.000
Materias primas	-760.000	-1.020.000
Suministros	-90.000	-140.000
Mano de obra indirecta	-70.000	-160.000
Energía	-20.000	-130.000
Depreciación	-100.000	-200.000
Utilidad bruta	510.000	420.000
Gastos de venta	-230.000	-310.000
Gastos generales de administración	-100.000	-150.000
Utilidad neta	180.000	-40.000

Supóngase, además, que los $250.000 de gastos generales de administración se asignan a las plantas sobre la base de las ventas. Si se cierra la planta *B*, se estima que se podrá reducir estos gastos a $180.000. El espacio ocupado por la planta B podría alquilarse en $200.000 anuales. No hay otra alternativa de uso más rentable.

Los gastos de venta fijos de la compañía ascienden a $250.000, que se asignan a las plantas también sobre la base de las ventas. La diferencia en cada planta corresponde a comisiones sobre ventas. Frente a estos antecedentes, el análisis deberá considerar los siguientes costos y beneficios diferenciales relevantes para la decisión de cierre:

Cuadro 6.4

	Planta *A*	Planta *B*
Disminución de ingresos por venta		-3.000.000
Ahorro en costos de venta	2.380.000	
Ahorro en gastos de venta	160.000	
Ahorro en gastos generales de administración	70.000	
Ingresos adicionales por alquiler	200.000	
Totales	2.810.000	-3.000.000
Pérdidas por cierre		-190.000

Se excluye la depreciación como costo relevante, por ser inevitable en la alternativa de alquiler.

El ahorro en los gastos de venta se determina por diferencia entre los $310.000 y $150.000 correspondientes a los costos fijos asignados, irrelevantes para la decisión.

El resultado del análisis podría interpretarse indicando que el cierre de la planta agrega una pérdida por $190.000 a la utilidad de la compañía, lo cual, si se calcula para ambas plantas, resulta en una pérdida acumulada de $50.000, frente a los $140.000 de utilidad actual. Esto se obtiene de:

Utilidad planta *A*	180.000
Pérdidas planta *B*	-40.000
Utilidad conjunta	140.000
Pérdida por cierre	-190.000
Pérdidas al operar sólo planta *A*	-50.000

Costos pertinentes de sustitución de instalaciones

Los cálculos económicos de inversión para la sustitución de instalaciones constituyen uno de los análisis más complejos en la consideración de costos relevantes, no tanto por los procedimientos empleados como por la disponibilidad de la información adecuada.

El análisis de sustitución puede tener en cuenta tanto los aumentos como el mantenimiento de la capacidad productiva. Los casos de remplazo que no incrementan la capacidad pueden deberse a que las instalaciones para sustituir han llegado a su punto de agotamiento, o a que, aun cuando pueden seguir funcionando, aparece una alternativa con probabilidades de mayor conveniencia. En esta segunda hipótesis se presentan dos posibilidades que alteran el procedimiento de cálculo: a) que las instalaciones nuevas tengan una vida útil igual a la vida residual de las instalaciones por remplazar, o b) que las instalaciones nuevas tengan una duración mayor que la vida útil restante de las que estén en uso.

La importancia de la sustitución con aumentos de la capacidad justifica que se analice en forma especial en el apartado siguiente. A continuación se presenta una explicación del caso de remplazo de un equipo en uso por otro con igual vida útil. Si bien ésta pudiera parecer una alternativa poco práctica, es necesaria para fundamentar el análisis pertinente. Aún más, es una situación real en muchas empresas que esperan un cambio tecnológico importante en un futuro cercano (por ejemplo, cinco años), en caso de que exista ya una máquina cuya tecnología sea mejor que la de la máquina en uso, pero aún no perfeccionada al punto que se espera para el término de esos cinco años.

De acuerdo con lo señalado, el razonamiento consistirá en determinar las ventajas económicas diferenciales del equipo nuevo frente al antiguo, o sea, determinar si el ahorro en los gastos fijos y variables de operación originados por el remplazo es suficiente para cubrir la inversión adicional y para remunerar el capital invertido a una tasa de interés razonable para cubrir el costo de oportunidad, en función del riesgo implícito en la decisión.

Suponiendo que los costos fijos y los ingresos de operación permanecerán constantes, ellos se excluyen del cálculo de la rentabilidad de la inversión. Para determinar el ahorro generado por la nueva inversión, se trabaja con costos constantes de los factores de producción, puesto que los cambios en el precio de la materia prima o en la remuneración a la mano de obra directa afectarían por igual a ambas alternativas, a menos que por efectos de la nueva inversión pudiera recurrirse a materia prima más barata o a trabajadores de diferente calificación. Cualquiera que sea el caso, deberán determinarse estrictamente los costos diferenciales.

Si el equipo viejo tuviera un valor residual al término del periodo de evaluación, éste deberá descontarse, a su valor actual, del ingreso estimado de su venta en el momento de remplazo. Del equipo nuevo, deberá estimarse el valor residual al término del periodo de evaluación.

Con estos antecedentes y otros valores diferenciales que pudieran determinarse como impuestos (por ejemplo, a raíz del remplazo de las instalaciones), se procede a calcular el valor actual neto (*VAN*) y la tasa interna de retorno (*TIR*) del flujo de caja relevante proyectados, en relación con la inversión de sustitución[1].

 ## Sustitución con aumento de capacidad

La mayor parte de las inversiones tienen por objeto aumentar la capacidad productiva de una empresa para hacer frente a una expansión del mercado o a una decisión de introducción a nuevos mercados. La inversión, en estos casos, estará condicionada por la estimación de las cantidades futuras de venta y por el efecto de éstas sobre los ingresos netos.

El análisis de sustitución con ampliación de la capacidad productiva debe plantearse en función de una estimación del mercado potencial, con referencia específica a las variables precio y volumen de ventas, en una proyección de los ingresos esperados de la operación.

El aumento de la capacidad puede o no influir sobre la cuantía de los gastos variables unitarios. Esto dependerá del efecto del aumento de la operación en el rendimiento técnico y del costo de los factores de producción. Si la sustitución mejora el rendimiento, los costos directos serán menores. La sustitución puede aumentar proporcionalmente la producción sin incrementar el rendimiento. En este caso, los costos variables unitarios permanecerán constantes. En cualquiera de estos dos costos, el incremento en volumen puede repercutir en el costo de los factores de producción. Probablemente puedan aprovecharse descuentos por volumen en la compra de materias primas, o existir modificaciones en la tasa horaria de trabajo, por ejemplo.

Si el aumento de la capacidad es significativo, posiblemente la infraestructura física y administrativa crecerá, e incrementará los costos fijos. En esta situación éstos sí son relevantes para tomar la decisión.

Lo anterior lleva a concluir que al determinar el ingreso diferencial y las variaciones en los costos fijos y variables de operación asignables a la sustitución, podrá elaborarse el flujo de caja relevante que corresponde al remplazo, el cual deberá ser comparado, una vez actualiza-

---

[1] *Véase* capítulo 16.

do, con el monto de la inversión adicional corregido según el valor residual de liquidación del equipo antiguo.

 ## Elementos relevantes de costos

El análisis precedente ha pretendido aclarar el concepto de costo relevante para la toma de decisiones, pero sin entrar a identificar aquellos costos que normalmente serán pertinentes.

Aunque es posible, en términos genéricos, clasificar ciertos ítemes de costos como relevantes, sólo el examen exhaustivo de aquellos que influyen en el proyecto hará posible catalogarlos correctamente. Para identificar las diferencias inherentes a las alternativas, es recomendable que en forma previa se establezcan las funciones de costos de cada una de ellas. De su comparación resultará la eliminación, para efectos del estudio, de los costos inaplicables.

Si hubiera que dirigir el estudio de las diferencias de costos, los siguientes deberían ser considerados como prioritarios:

- Variaciones en los estándares de materia prima
- Tasa de salario y requerimientos de personal para la operación directa.
- Necesidades de supervisión e inspección.
- Combustible y energía
- Volumen de producción y precio de venta
- Desperdicios o mermas
- Valor de adquisición
- Valor residual del equipo en cada año de su vida útil restante.
- Impuestos y seguros
- Mantenimiento y reparaciones

La lista anterior es fácil de complementar. Sin embargo, es necesario insistir sobre el costo de oportunidad externo a las alternativas que pudiera repercutir en forma diferente en cada una de ellas. Si bien puede ser el costo más complejo de cuantificar, es imprescindible para tomar la decisión adecuada.

Todos estos costos, como ya antes se indicó, deben considerarse en términos reales y para ello debe incorporarse el factor tiempo en el análisis. Todo cálculo de la rentabilidad comparada de las alternativas obliga a tener en cuenta los costos en función de un flujo proyectado. El cálculo de la rentabilidad sigue los procedimientos usuales indicados en el capítulo 17, aunque la base de los antecedentes se exprese en valores diferenciales.

 ## Costos sepultados

Una clase de costos que más comúnmente se consideran en una decisión, a pesar de ser irrelevantes, son los llamados costos "sepultados".

Un costo se denomina sepultado si corresponde a una obligación de pago que se contrajo en el pasado, aun cuando parte de ella esté pendiente de pago a futuro. Si bien constituye un pago futuro, tiene un carácter inevitable que lo hace irrelevante. La parte de la deuda contraída y no pagada es un compromiso por el cual debe responder la empresa, independientemente de las alternativas que enfrente en un momento dado.

La excepción a lo señalado la constituirá la posibilidad de alterar la modalidad de pago, siempre que ella no esté asociada con todas las alternativas a que se enfrenta la decisión. En este caso, la relevancia se produce por la variabilidad que ocasionaría el valor del dinero en el tiempo.

Fácilmente podrá apreciarse que un costo sepultado puede consistir tanto en un costo fijo como en uno variable.

 ## Costos pertinentes de producción

El uso más frecuente del análisis de costos pertinentes se desarrolla en lo relacionado con las decisiones de fabricación. Dentro de éstas, son fundamentales las de optar por fabricar o comprar, seleccionar la mezcla óptima de producción y minimizar la inversión en inven-tarios. A estos casos se hará referencia en esta sección. Hay, sin embargo, otras áreas de decisión tan importantes como las señaladas, pero menos frecuentes en la práctica, que se refieren a la localización de la planta, selección de alternativas de uso de materias primas, abandono de una línea de productos y otras.

Entre los casos señalados, la decisión de fabricar o comprar puede parecer más simple de lo que realmente es. La decisión de fabricar requiere inversiones en capital. Por tanto, aunque parece claro que ésta debería adoptarse cuando los ahorros de los costos esperados tienen un rendimiento sobre la inversión mayor que el que podría esperarse de una inversión de alternativa, hay dificultades serias en la determinación de los costos pertinentes a la decisión. Al exigirse la consideración de proyecciones económicas en el tiempo surgen, adicionalmente, los problemas de la estimación de las variables futuras; pero, al margen de esto, hay costos de difícil cuantificación. Por ejemplo, si la fabricación implica hacer uso de espacios existentes, será necesario estimar el beneficio que reportaría su uso en otra alternativa. Si se considera la alternativa de fabricar, será necesario proyectar costos de adquisición, remuneraciones, costos indirectos de fabricación y

otros que le otorgan, en conjunto, un carácter de proyecto con todas las connotaciones analíticas señaladas en todo este libro.

El análisis para seleccionar la mezcla óptima de producción es, generalmente, menos complejo. Si bien presenta también limitaciones respecto a la necesidad de estimar todas las variables del mercado, el estudio se centra prácticamente en el margen de contribución. Ello se debe a que, frente a costos fijos inevitables para cualquier mezcla de producción, los factores pertinentes serían el precio y los costos variables. Sin embargo, no deben descuidarse los costos fijos que pudieran cambiar con distintas alternativas de mezclas, la cantidad de productos vendidos de cada componente de cada mezcla que condicionará el beneficio neto de la decisión, ni los otros factores señalados previamente en este capítulo.

El análisis de costos pertinentes en la determinación del tamaño óptimo del inventario debe dirigirse a estudiar los costos que varían en función del lote de compra y los costos de mantenimiento de inventarios. Muchos costos relativos a inventarios son variables. No obstante, son pocos los que deben tenerse en cuenta para tomar una decisión. Ya se han expuesto los criterios generales para determinar su inclusión. Es preciso, además, destacar un elemento particular de costos relevante que se desprende del hecho de que los inventarios constituyen una inversión. Debido a esto, ha de considerarse un interés sobre los costos de incremento evitables, para asignar su parte correspondiente al costo de oportunidad de los fondos invertidos. Dada la enorme cantidad de alternativas de tamaño de inventarios que se presentan en una empresa con muchos ítemes inventariables, los costos pertinentes pueden calcularse respecto a los artículos de mayor valor. Normalmente, no más del 20% de los artículos representan sobre el 80% de la inversión en inventarios.

Funciones de costo de corto plazo

En el corto plazo, la empresa que se creará con el proyecto presentará costos fijos y variables. Los costos fijos totales son costos que deberá pagar en un periodo determinado, independientemente de su nivel de producción (arriendo de bodegas, algunas remuneraciones, seguros de máquina, etc.). Los costos variables totales son los pagos que dependen del nivel de producción (costo de los envases, mano de obra a trato, materias primas, etc.). La suma de ambos costos dará el costo total del periodo.

Dentro de los límites de una capacidad dada de planta, la empresa podrá variar sus niveles de producción haciendo cambiar la cantidad de insumos ocupados y, por tanto, sus costos variables totales. Dentro de ciertos rangos de variación, los costos fijos se mantendrán constantes.

Al disponer la información de las funciones de costos fijos, variables y totales, pueden derivarse de ella las funciones de costo unitario: el costo fijo medio (*CFMe*), que se calcula dividiendo los costos fijos totales por el nivel de producción (*Q*); el costo variable medio (*CVMe*), que se determina dividiendo los costos variables totales por la producción; el costo medio total (*CMeT*) que se obtiene sumando *CFMe* y *CVMe* o dividiendo el costo total (*CT*) por la producción; y el costo marginal (*CMg*), que corresponde a la variación en *CT* frente a un cambio unitario en la producción.

Las relaciones anteriores se deducen en el siguiente cuadro que supone costos variables unitarios constantes para las primeras cuatro unidades de producción, economías de escala a partir de la quinta y hasta la séptima, y deseconomías de escala a partir de la octava[2].

Cuadro 6.5

Q	CFT	CVT	CT	CFMe	CVMe	CMeT	CMg
0	800	0	800				
1	800	120	920	800	120	920	120
2	800	240	1.040	400	120	520	120
3	800	360	1.160	267	120	387	120
4	800	480	1.280	200	120	320	120
5	800	580	1.380	160	116	276	100
6	800	680	1.480	133	113	247	100
7	800	810	1.610	114	116	230	130
8	800	950	1.750	100	119	219	140
9	800	1.130	1.930	89	126	214	180
10	800	1.350	2.150	80	135	215	220

En el cuadro anterior se observa que los costos fijos totales (*CFT*) son iguales para cualquier nivel de producción, mientras que los costos variables totales (*CVT*) son cero cuando la producción es cero y aumentan mientras mayor sea la producción. La función de costos totales (*CT*) es igual a la de costos variables totales (*CVT*) pero está $800 sobre ésta en cualquier nivel de producción, debido a que se agregó esta cantidad como costo fijo.

[2] Hay economías de escala cuando, por ejemplo, se logran descuentos en compras por volúmenes mayores. Hay deseconomías de escala, por ejemplo, cuando debe recurrirse a fuentes más lejanas de abastecimiento por el mayor volumen de operación.

Las funciones de costo variable medio (*CVMe*), costo medio total (*CMeT*) y costo marginal (*CMg*) inicialmente decrecen para después volver a subir. También entre ellas se observa que la diferencia entre *CMeT* y *CVMe* es igual a los costos fijos medios (*CFMe*)[3].

 ## Análisis costo-volumen-utilidad

El análisis costo-volumen-utilidad, conocido también como análisis del punto de equilibrio, muestra las relaciones básicas entre costos e ingresos para diferentes niveles de producción y ventas[4], asumiendo valores constantes de ingresos y costos dentro de rangos razonables de operación. El resultado de la combinación de estas variables se expresa por:

$$R = pq - vq - F \qquad (6.1)$$

donde *R* es la utilidad, *p* es el precio, *q* la cantidad producida y vendida, v el costo variable unitario o *CVMe* y *F* los costos fijos totales.

Para determinar la cantidad de equilibrio (la que hace a la utilidad o resultado igual a cero), puede aplicarse la siguiente expresión algebraica derivada de la anterior:

$$q = \frac{F}{P - V} \qquad (6.2)$$

La relación entre costos fijos y variables se denomina apalancamiento operacional (*AO*) o elasticidad de las ganancias y mide el cambio porcentual de las utilidades totales frente a un aumento en la producción y ventas, lo que se calcula por

$$AO = \frac{q\,(p - v)}{q\,(p - v) - F} \qquad (6.3)$$

---

[3] En el capítulo 9 se hace una aplicación sobre el uso de los costos medios totales *versus* los costos marginales para tomar una decisión.

[4] Un modelo ampliado se propone en el siguiente capítulo.

Por ejemplo, si el precio unitario fuese $100, los costos fijos dentro del rango de análisis $30.000 y el costo variable medio $40, la cantidad de equilibrio sería, aplicando la ecuación 6.2, la siguiente:

$$q = \frac{30.000}{100 - 40} = \frac{30.000}{60} = 500$$

Esto indica que si el proyecto logra producir y vender 500 unidades, su utilidad sería cero. Si vende más de esa cantidad tendrá ganancias y si es menos tendrá pérdidas[5].

Si se desease calcular el nivel de operación que permitiera obtener una ganancia (R) definida ($15.000 por ejemplo), bastaría con sumar este valor a los costos fijos y aplicar nuevamente la ecuación 6.2. Así, por ejemplo, se tendría:

$$q = \frac{F + R}{p - v} = \frac{30.000 + 15.000}{100 - 40} = \frac{45.000}{60} = 750$$

Lo anterior muestra que una producción y ventas de 750 unidades permitirá obtener, en las condiciones indicadas, una utilidad de $15.000. Remplazando en la ecuación 6.1 se demuestra que:

$$R = (100 \times 750) - (40 \times 750) - 30.000 = 1.000$$

De igual forma, remplazando en 6.3 con los valores conocidos para una $q = 600$ y otra $q = 700$, resultan los siguientes apalancamientos operacionales:

$$AO = \frac{600\,(100 - 40)}{600\,(100 - 40) - 30.000} = \frac{36.000}{6.000} = 6$$

$$AO = \frac{700\,(100 - 40)}{700\,(100 - 40) - 30.000} = \frac{42.000}{12.000} = 3,5$$

---

[5] Como puede observarse, este modelo no incorpora, entre otros, los efectos tributarios, los costos de capital por la inversión realizada ni el costo por la pérdida de valor que toda inversión puede enfrentar a futuro.

Esto muestra que mientras más lejos se encuentre el nivel de operación del punto de equilibrio, menor es el cambio porcentual en las ganancias. Nótese que mientras mayor sea la diferencia entre el precio unitario y los costos variables unitario o costo medio variable, mayor será el apalancamiento operacional. Esta diferencia, denominada margen de contribución, muestra con cuánto contribuye cada unidad vendida a cubrir los costos fijos primero y a generar utilidades después del punto de equilibrio.

 ## Costos contables

Aunque en la preparación del proyecto deben tenerse en cuenta los costos efectivos y no los contables, estos últimos son importantes para determinar la magnitud de los impuestos a las utilidades.

Para fines tributables, la inversión en una máquina, por ejemplo, no genera aumento ni disminución de riqueza; por tanto, no hay efectos tributables por la compra de activos. Sin embargo, cuando el activo es usado, empieza a perder valor por el deterioro normal de ese uso y también por el paso del tiempo. Como el Fisco no puede ir revisando el grado de deterioro de cada activo de un país, define una pérdida de valor promedio anual para activos similares, que denomina depreciación. La depreciación, entonces, no constituye un egreso de caja (el egreso se produjo cuando se compró el activo) pero es posible restarlo de los ingresos para reducir la utilidad y con ello los impuestos. Por ejemplo:

+ Ingresos	1.000
- Costos desembolsables	500
- Depreciación	100
= Utilidad antes de impuesto	400
- Impuestos (15%)	60
= Utilidad neta	340

Si se analiza el efecto neto sobre el flujo de caja se tendría que los ingresos ($1.000) menos los costos desembolsables ($500) y menos el impuesto, también desembolsable ($60), daría un flujo neto de $440. Este análisis puede obviarse si se suma a la utilidad neta ($340) la depreciación que había sido restada ($100), llegándose directamente a calcular un flujo de caja para ese periodo de $440.

Los plazos de depreciación así como la forma de hacerlo difiere entre países. Por ello el preparador del proyecto deberá velar por recoger en detalle la normativa legal que condicionará la estimación de los tributos.

El término depreciación se utiliza para referirse a la pérdida contable de valor de activos fijos. El mismo concepto referido a un activo intangible o nominal, se denomina amortización del activo intangible. Un caso típico de este tipo de activo es el *software* computacional. Mientras el disquete que puede contener un sofisticado sistema de información puede costar muy barato, su contenido intangible puede ser muy caro. Su obsolescencia natural se promedia en una pérdida de valor anual conocido, como se mencionó, con el término de amortización de intangible.

Si se debe remplazar un activo cualquiera durante el periodo de evaluación del proyecto, es muy probable que el activo remplazado pueda ser vendido. Si esta venta genera utilidades, deberá considerarse un impuesto por ella.

Para determinar la utilidad contable en la venta de un activo, deberá restarse del precio de venta un costo que sea aceptado por el Fisco. Al igual que con la depreciación, el Fisco determina una con- vención para el cálculo de este costo, señalando que debe ser igual al valor no depreciado de los activos. En términos contables, esto se denomina valor libro de los activos.

Por ejemplo, si un activo que costó $1.200 y que al momento de venderse en $600 tiene una depreciación acumulada (suma de las depreciaciones anuales hasta el momento de la venta) de $800, puede mostrar un valor libro de $400 ($1.200 - $800). La utilidad contable en la venta del activo sería:

Venta de activos	+ 600
Valor libro	- 400
Utilidad antes de impuesto	= 200
Impuesto (15%)	- 30
Utilidad neta	= 170

Para efectos de determinar el impacto sobre el flujo de caja podría decirse que de la venta de $600 debió destinarse $30 a impuestos, con lo que quedó un flujo neto de $570. Al igual que con la depreciación, existe una forma directa de calcular el flujo efectivo sumando a la utilidad neta el valor libro que se restó para fines tributarios sin ser salida de caja. De esta forma, se llega también a $570 sumando los $170 con los $400.

El caso de la venta de un activo con pérdidas contables se analizará en el capítulo 13, por tener un impacto sobre los beneficios del proyecto.

Resumen

La determinación de los costos del proyecto requiere conceptualizar algunas de las distintas clasificaciones de costos para la toma de decisiones. Éste ha sido el objetivo de este capítulo.

Para la toma de decisiones asociadas a la preparación de un proyecto, deben considerarse fundamentalmente, los costos efectivamente desembolsables y no los contables. Estos últimos sin embargo, también deberán ser calculados para determinar el valor de un costo efectivo como es el impuesto.

Dependiendo del tipo de proyecto que se evalúa, deberá trabajarse con costos totales o diferenciales esperados a futuro.

Opcionalmente, en algunos casos podrá trabajarse con uno u otro, siempre que el modelo que se aplique así lo permita. Por ejemplo, puede trabajarse con costos totales si se comparan costos globales de la situación base *versus* la situación con proyecto; sin embargo, deberá trabajarse con costos diferenciales si el análisis es incremental entre ambas opciones.

El análisis de los costos, se asocia a volúmenes de operación y utilidad mediante la técnica del punto de equilibrio, lo que permite estimar niveles mínimos de operación para asegurar ganancias en el proyecto.

Preguntas y problemas

1. "Todos los costos diferenciales son relevantes para tomar una decisión". Comente la afirmación.

2. Explique qué es un costo sepultado. Dé dos ejemplos de costos sepultados que puedan ser relevantes para tomar una decisión.

3. ¿Por qué la depreciación de los activos puede ser relevante para una decisión?

4. ¿Qué relaciones hay entre los costos fijos y variables, por una parte, y los costos evitables, por otra?

5. "Los costos variables totales disminuyen a una tasa decreciente cuando aparecen los rendimientos decrecientes". Comente.

6. "El apalancamiento operacional muestra la proporción entre los costos fijos y variables". Comente.

7. Dé un ejemplo concreto de un aumento en los costos variables medios y otro de una disminución.

8. Señale tres efectos que no se incorporan en el análisis costo-volumen-utilidad y que pueden influir en el resultado de una decisión.

9. "Al alejarse el nivel de operación del punto de equilibrio, aumenta el índice de apalancamiento operacional". Comente.

10. ¿Qué diferencia a la depreciación de la amortización?

11. ¿En qué caso puede emplearse indistintamente costos totales y costos diferenciales?

12. Señale por lo menos seis casos que podrían hacer económicamente rentable seguir elaborando un producto cuyo $CMeT = \$230$ y que en el mercado podría adquirirse en $130.

13. Para elaborar un producto que puede venderse a un precio unitario de $200 existen dos alternativas tecnológicas que muestran las siguientes estructuras de costos:

	CFT	CVMe
Alternativa 1	$400	$100
Alternativa 2	900	50

Con esta información: a) determine la producción en el punto de equilibrio de cada opción, b) explique por qué se produce la diferencia, c) determine el grado de apalancamiento operacional de cada alternativa para $Q = 7$ y $Q = 8$, y d) explique por qué es mayor el resultado en la alternativa 2 y por qué es mayor para $Q = 7$ que para $Q = 8$.

14. Los propietarios de un hotel están considerando la alternativa de cerrar durante los meses de invierno por el alto costo que significa operar para un flujo de pasajeros pequeño en esa época. Estimaciones del mercado indican una demanda mensual de 400 pasajeros, lo cual equivale al 25% de la capacidad total del hotel. El precio por el alojamiento diario es de $1.600 y sus costos fijos mensuales son:

- Arriendo de local	$240.000
- Depreciación	180.000
- Seguros	60.000
- Total	**$480.000**

Si se cierra, el costo de mantenimiento de las máquinas, celadores y otros, suma $80.000 al mes. Pero si continúa operando, los costos variables en que se incurriría ascienden a $760.000 mensuales. ¿Deberá cerrar el negocio? ¿Cuál será el número de pasajeros en el punto de decidir el cierre?

15. La capacidad normal de producción de una empresa es de 10.000 unidades mensuales. Sobre esta base se asignan los costos fijos que, en términos unitarios, ascienden a:

- Gastos generales y de administración	$2.500
- Gastos de venta	5,00

Los costos variables unitarios son totalmente proporcionales a la producción y ventas y ascienden a:

- Mano de obra directa	$18,00
- Materiales	14,50
- Gastos indirectos de fabricación	8,00

El precio del producto en el mercado es de $90 y las comisiones a los vendedores corresponden al 5% de las ventas.

La empresa está estudiando la posibilidad de cerrar durante un tiempo que podría llegar a dos años, debido a un periodo de depresión que se estima afectará a la industria en ese lapso, hecho que disminuiría sus niveles de actividad a un 20% de su capacidad normal.

Si cierra podrían reducirse los cargos fijos en un 30%, y si continúa operando la reducción sólo llegaría a un 15%. ¿Cuál sería el ahorro diferencial de optar por la mejor alternativa?

16. La Granja Avícola Pajares usa para transportar sus productos al mercado un vehículo cuyo costo original fue de $2.000.000 y que podría venderse hoy en $140.000. Su mantenimiento anual implica gastos por $30.000 y su valor residual al término de los próximos ocho años será de $20.000 ¿Le convendrá a la empresa

venderlo y comprar un vehículo cuyo costo es de $1.500.000, que requiere mantenimiento equivalente a $40.000 anuales y que tiene un valor residual de cero al término de su vida útil restante de ocho años? Considere una tasa de capitalización anual para la empresa de 15%.

17. Una fábrica de vestuario tiene 1.000 vestidos pasados de moda que costaron $20.000 fabricarlos. Si se gastara $5.000 en modernizarlos, podrían venderse en $9.000. Si no se modernizan, la mejor opción de venta asciende a $1.000. ¿Qué alternativa recomienda?

18. En la realización del estudio técnico de un proyecto se encuentran tres alternativas tecnológicas que se adaptan a los requerimientos exigidos para su implementación. El costo fijo anual de cada alternativa sería:

Producción	A	B	C
0 - 10.000	$300.000	$350.000	$500.000
10.001 - 20.000	300.000	350.000	500.000
20.001 - 30.000	400.000	350.000	500.000
30.001 - 40.000	400.000	450.000	500.000

Los costos variables unitarios de cada alternativa, por rango de producción, se estiman en:

Producción	A	B	C
0 - 30.000	$ 10,00	$ 9,00	$ 6,00
30.000 - 40.000	9,50	8,50	5,50

¿Qué alternativa seleccionaría si la demanda esperada es de 10.000 unidades anuales? Si la demanda no es conocida, ¿cuál es el punto crítico en que convendrá cambiar de una a otra alternativa? Si una alternativa es abandonada al llegar a un tamaño que haga a otra más conveniente, ¿es posible que vuelva a ser seleccionada a volúmenes mayores?

19. Al estudiar un proyecto se estimaron los siguientes costos variables para una capacidad de producción normal de 140.000 unidades, siendo la capacidad máxima de 200.000 unidades:

- Materiales	$ 120.000
- Mano de obra	300.000
- Otros	80.000

Los costos fijos se estiman, de acuerdo con el nivel de producción, en:

Producción	Costo fijo
0 - 40.000	$320.000
40.001 - 130.000	380.000
130.001 - 180.000	420.000
180.001 - 200.000	500.000

Si el precio de venta de cada unidad es de $15 y la producción esperada fuese de 100.000 unidades por año, ¿cuál es el número mínimo de unidades adicionales que se necesita vender al precio de $11 por unidad para mostrar una utilidad de $762.000 por año?

Para subir las ventas a 120.000 unidades anuales, ¿cuánto podría gastarse adicionalmente en publicidad (costo fijo) para que manteniéndose un precio de $15 pueda obtenerse una utilidad de un 20% sobre las ventas?

Bibliografía

Álvarez López, José y otros, *Contabilidad de gestión: cálculo de costes*. Madrid: McGraw-Hill, 1994.

Blank, L. y A. Tarquin, *Ingeniería económica*. Bogotá: McGraw-Hill, 1991.

Brealey, R. y S. Myers, *Fundamentos de financiación empresarial*. Madrid: McGraw-Hill, cuarta edición, 1993.

Fontaine, Ernesto, *Evaluación social de proyectos*. Santiago: Universidad Católica de Chile, 1989.

Heitger, L. y S. Matulich, *Cost Accounting*. N. York: McGraw-Hill, 1985.

Horngreen, Charles, *Contabilidad de costos*. Prentice Hall, N.York, 1991.

Polimeni, R. y otros, *Contabilidad de costos*. Bogotá: McGraw-Hill, 1989.

Salvatore, Dominick, *Economía y empresa*. México: McGraw-Hill, 1993.

Sumanth, David, *Ingeniería y administración de la productividad*. México: McGraw-Hill, 1990.

Sweeny, H. W. y R. Rachlin, *Manual de presupuestos*. México: McGraw-Hill, 1984.

CAPÍTULO 7

Antecedentes económicos del estudio técnico

Los aspectos relacionados con la ingeniería del proyecto son probablemente los que tienen mayor incidencia sobre la magnitud de los costos e inversiones que deberán efectuarse si se implementa el proyecto. De aquí la importancia de estudiar con un especial énfasis la valorización económica de todas las variables técnicas del proyecto.

El objetivo de este capítulo es exponer las bases principales de origen técnico que proveen la información económica al preparador del proyecto, así como una propuesta de formas de recopilación y sistematización de la información relevante de inversiones y costos que puedan extraerse del estudio técnico.

Las diferencias que cada proyecto presenta respecto a su ingeniería hacen muy complejo intentar generalizar un procedimiento de análisis que sea útil a todos ellos. Sin embargo, obviando el problema de evaluación técnica a que se hacía referencia en el capítulo 2, es posible desarrollar un sistema de ordenación, clasificación y presentación de la información económica derivada del estudio técnico. Los antecedentes técnicos de respaldo a esta información de precios y costos deben, necesariamente, incluirse en el texto del proyecto.

Alcances del estudio de ingeniería

El estudio de ingeniería del proyecto debe llegar a determinar la función de producción óptima para la utilización eficiente y eficaz de los recursos disponibles para la producción del bien o servicio deseado. Para ello deberán analizarse las distintas alternativas y condiciones en

que pueden combinarse los factores productivos, identificando, a través de la cuantificación y proyección en el tiempo de los montos de inversiones de capital, los costos y los ingresos de operación asociados a cada una de las alternativas de producción.

De la selección del proceso productivo óptimo se derivarán las necesidades de equipos y maquinaria. De la determinación de su disposición en planta (*layout*) y del estudio de los requerimientos de los operarios así como de su movilidad, podrán definirse las necesidades de espacio y obras físicas.

El cálculo de los costos de operación, de mano de obra, insumos diversos, reparaciones, mantenimiento y otros, se obtendrá directamente del estudio del proceso productivo seleccionado.

El estudio técnico, como se señalaba en el capítulo 2, no se realiza en forma aislada del resto. El estudio de mercado definirá ciertas variables relativas a características del producto, demanda proyectada a través del tiempo, estacionalidad en las ventas, abastecimiento de materias primas y sistema de comercialización adecuado, entre otras materias, información que deberá tomarse en consideración al seleccionar el proceso productivo. El estudio legal podrá señalar ciertas restricciones a la localización del proyecto, que podrían de alguna manera condicionar el tipo de proceso productivo; por ejemplo, la calidad de las aguas subterráneas es prioritaria en la fabricación de bebidas gaseosas. Si ésta no cumple con todas las exigencias requeridas en las localizaciones optativas permitidas, el proyecto deberá incorporar los equipos necesarios para su purificación, aun cuando en otras zonas, donde la localización esté prohibida, pudiera evitarse esta inversión por tener el agua la calidad requerida. El estudio financiero, por otra parte, podrá ser determinante en la selección del proceso, si en él se definiera la imposibilidad de obtener los recursos económicos suficientes para la adquisición de la tecnología más adecuada. En este caso, el estudio deberá tender a calcular la rentabilidad del proyecto, haciendo uso de la tecnología que esté al alcance de los recursos disponibles.

De la misma forma en que otros estudios afectan a las decisiones del estudio técnico, éste condiciona a los otros estudios, principalmente al financiero y organizacional.

Proceso de producción

El proceso de producción se define como la forma en que una serie de insumos se transforman en productos mediante la participación de una determinada tecnología (combinación de mano de obra, maquinaria, métodos y procedimientos de operación, etc.).

Los distintos tipos de procesos productivos pueden clasificarse en función de su flujo productivo o del tipo de producto, y cada caso tendrá efectos diferentes sobre el flujo de fondos del proyecto.

Según el flujo, el proceso puede ser en serie, por pedido o por proyecto. El proceso de producción es en serie cuando ciertos productos cuyo diseño básico es relativamente estable en el tiempo y que están destinados a un gran mercado permiten su producción para existencias. Las economías de escala obtenidas por el alto grado de especialización que la producción en serie permite, van normalmente asociadas a bajos costos unitarios. En un proceso por pedido, la producción sigue secuencias diferentes que hacen necesaria su flexibilización a través de mano de obra y equipos suficientemente dúctiles para adaptarse a las características del pedido. Este proceso afectará los flujos económicos por la mayor especialidad del recurso humano y por las mayores existencias que será preciso mantener. Un proceso de producción por proyecto corresponde a un producto complejo de carácter único que, con tareas bien definidas en términos de recursos y plazos, por lo regular da origen a un estudio de factibilidad completo. Ejemplos claros de esto son los proyectos de construcción y de filmación de películas, entre otros.

Según el tipo de producto, el proceso se clasificará en función de los bienes o servicios que se van a producir; por ejemplo, procesos extractivos, de transformación química, de montaje, de salud, transporte, etc.

Muchas veces un mismo producto puede obtenerse utilizando más de un proceso productivo. Si así fuera, deberá analizarse cada una de estas alternativas y determinarse la intensidad con que se utilizan los factores productivos. Esto definirá en gran medida el grado de automatización de proceso y, por ende, su estructura de costos. Aquellas formas de producción intensivas en capital requerirán una mayor inversión, pero menores costos de operación por concepto de mano de obra, además de otras repercusiones, positivas o negativas, sobre otros costos y también sobre los ingresos. La alternativa tecnológica que se seleccione afectará en forma directa a la rentabilidad del proyecto. Por ello, antes que seleccionarse la tecnología más avanzada, deberá elegirse aquella que optimice los resultados.

Efectos económicos de la ingeniería

El proceso productivo y la tecnología que se seleccionen influirán directamente sobre la cuantía de las inversiones, costos e ingresos del proyecto.

La cantidad y calidad de la maquinaria, equipos, herramientas, mobiliario de planta, vehículos y otras inversiones se caracterizarán

normalmente por el proceso productivo elegido. En algunos casos la disponibilidad de los equipos se obtiene no por su compra sino por su arrendamiento, con lo cual, en lugar de afectar al ítem de inversiones, influirá en el de costos.

Las necesidades de inversión en obra física se determinan principalmente en función de la distribución de los equipos productivos en el espacio físico (*layout*). Sin embargo, también será preciso considerar posibles ampliaciones futuras en la capacidad de producción que hagan aconsejable disponer desde un principio de la obra física necesaria, aun cuando se mantenga ociosa por algún tiempo. La distribución en planta debe evitar los flujos innecesarios de materiales, productos en proceso o terminados, personal, etc.

Los cálculos de requerimientos de obra física para la planta, más los estudios de vías de acceso, circulación, bodegas, estacionamientos, áreas verdes, ampliaciones proyectadas y otros, serán algunos de los factores determinantes en la definición del tamaño y características del terreno.

La importancia de la incidencia de la obra física en la estructura del flujo de caja del proyecto se manifiesta al considerar como ejemplo las múltiples alternativas que presenta una variable que parece muy simple, como el edificio de la fábrica. Por ejemplo se puede: a) comprar un terreno y construir; b) comprar un edificio que cumpla con las condiciones mínimas deseadas y remodelarlo; c) comprar un edificio por su ubicación, demolerlo y construir uno nuevo o d) arrendar un edificio. Cada uno de los tres primeros casos tiene montos de inversión distinta, y el cuarto caso presenta un problema de costo de operación. En todas las alternativas debe considerarse si son reales, puesto que podrán estar asociadas, tanto a costos como a beneficios diferentes. Así por ejemplo, la alternativa c), si bien puede ser la más cara, podría ser la más conveniente, si su localización es preferencial por la cercanía al mercado consumidor o proveedor.

El proceso productivo, a través de la tecnología usada, tiene incidencia directa sobre el costo de operación. Como se mencionó anteriormente, la relación entre costos de operación e inversión será mayor mientras menos intensiva en capital sea la tecnología.

En muchos casos el estudio técnico debe proporcionar información financiera relativa a ingresos de operación; es el caso de los equipos y maquinaria que deben remplazarse y que al ser dados de baja permiten su venta. En otros casos, los ingresos se generan por la renta de subproductos, como por ejemplo, el desecho derivado de la elaboración de envases de hojalata, que se vende como chatarra, o la cáscara de limón, que se obtiene como residuo de la fabricación de aceites esenciales y que puede venderse para la fabricación de pesticidas. Otros ingresos pueden obtenerse dando servicios que permitan usar la capacidad ociosa, como por ejemplo, una fábrica de helados que arriende sus bodegas de refrigeración para congelar mariscos.

Economías de escala[1]

Deslandes plantea que para medir la capacidad de competencia debe estimarse el costo fabril en distintos niveles de la capacidad de producción. Para ello propone definir los componentes más relevantes del costo: consumo de materias primas y materiales, utilización de mano de obra, mantenimiento, gastos fabriles en general (energía, combustible, etc.). El costo fabril definido debe compararse con la capacidad de producción y el monto de la inversión. A esta relación se le denomina "masa crítica técnica", la cual, al calcularse, deja muchas veces fuera de análisis el efecto de la dimensión de la empresa sobre los gastos administrativos o la consideración de no trabajar a plena capacidad.

Al relacionar el costo unitario de operación (P) con la capacidad de la planta (C), dada en número de unidades de producto por unidad de tiempo, resulta una expresión de la forma siguiente:

$$\frac{P_2}{P_1} = \left[\frac{C_2}{C_1} \right]^{-a}, \qquad (7.1)$$

donde (a) es el factor de volumen. El gráfico 7.1 expone visualmente esta relación.

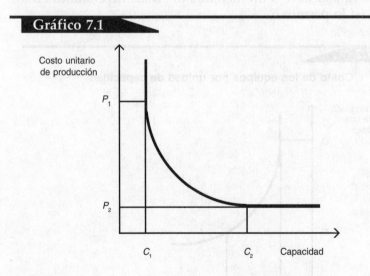

Gráfico 7.1

[1] Este apartado se basa en H. Deslandes, "Las 8 etapas de un estudio de factibilidad", en *Administración de empresas* 6 (61), 1975.

Al relacionar el costo en equipos por unidad de capacidad (Q) con una función de capacidad creciente, se obtiene un resultado como el que se ilustra en el gráfico 7.2 y que tiene la siguiente expresión:

$$\frac{Q_2}{Q_1} = \left[\frac{C_2}{C_1} \right]^{-b} \tag{7.2}$$

donde (b) es el factor de volumen.

Al relacionar la capacidad (C) con la inversión total (I), resulta una expresión similar a la anterior, pero con coeficiente positivo:

$$\frac{I_2}{I_1} = \left[\frac{C_2}{C_1} \right]^{f} \tag{7.3}$$

o

$$I_2 = \left[\frac{C_2}{C_1} \right]^{f} I_1 \tag{7.4}$$

donde (f) es el factor de volumen. Cuando (f) se aproxima a 1, son despreciables las economías que pueden obtenerse por el crecimiento de la capacidad. Visualmente se aprecia su comportamiento contrario en el gráfico 7.3, lo cual es obvio al considerar que cualquier aumento de capacidad va asociado a un incremento en las inversiones en los equipos que así lo permitan.

Gráfico 7.2

Costo de los equipos por unidad de capacidad

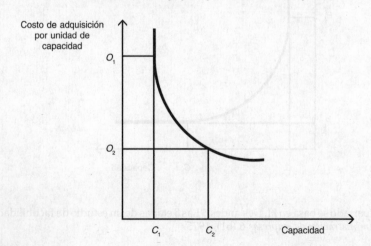

El factor de volumen (*f*) está definido para cada tipo de industria como resultado de múltiples observaciones de proyectos en ejecución. Por ejemplo, el coeficiente de las industrias petroquímicas y aceiteras es de 0,50 en las fábricas de amoníaco; en las de cemento, de 0,60; en las de motores eléctricos, de 0,70 y en las hilanderías, de 1.

Gráfico 7.3

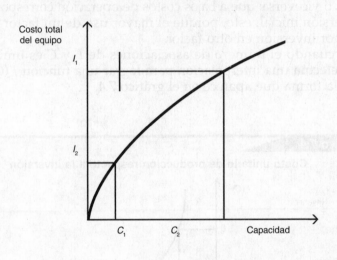

Costo de adquisición de los equipos

El coeficiente 0,50 indica que si se deseara duplicar la capacidad de una planta, la inversión deberá incrementarse sólo en 41,4%. Esto resulta de aplicar la ecuación 7.3, donde I_2 es la incógnita:

$$\frac{I_2}{I_1} = \left[\frac{2}{1} \right]^{0,5}$$

de donde $I_2 = 1,4142$.

El problema de capacidad se trata con mayor profundidad en el capítulo 8.

 El modelo de Lange para determinar la capacidad productiva óptima[2]

Lange define un modelo particular para fijar la capacidad productiva óptima de una nueva planta, basándose en la hipótesis real de que existe una relación funcional entre el monto de la inversión (I_o) y la capacidad productiva del proyecto, lo cual permite considerar I_o como medida de la capacidad productiva.

Al relacionar la inversión inicial (I_o) con los costos de operación (C), resulta una función $I_o(C)$ cuya derivada $I'_o(C)$ es negativa. Es decir, que a un alto costo de operación está asociada una inversión inicial baja, o viceversa: que a bajos costos de operación corresponde una alta inversión inicial; esto, porque el mayor uso de un factor permite una menor inversión en otro factor.

Aun cuando el número de asociaciones de I_o y C es limitado, el modelo efectúa una interpolación para lograr una función $I_o(C)$ continua, de la forma que aparece en el gráfico 7.4.

Gráfico 7.4

Costo unitario de producción respecto a la inversión

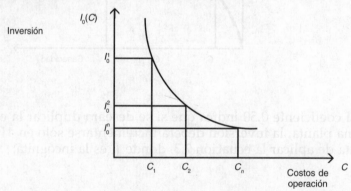

De acuerdo con el modelo, el problema se reduce a una elección de un C_i tal que el costo total (D) sea lo menor posible. Para ello, se define:

$$D = I_0(C) + nC = \text{mín.}$$

(7.5)

---

[2] Para la redacción de esta sección se tomó como referencia a: Oskar Lange. *Teoría general de la programación.* Barcelona: Ariel 1968, pp. 244-249.

Por tanto, D será mínimo cuando:

$$D_0' = I_0' (C) + n = 0 \qquad (7.6)$$

Luego:

$$I_0' (C) = -n \qquad (7.7)$$

lo que puede expresarse también como

$$dI_0 = -ndC \qquad (7.8)$$

Para cualquier otra alternativa de inversión donde el costo anual de operación sea menor en dC, el costo de operación en el periodo n se incrementa en ndC. En el punto óptimo, el costo adicional de inversión, dI_o, se iguala con el ahorro en los costos de operación en el periodo n.

Gráficamente, la solución es sencilla. D será mínimo para un C_i de la abscisa en que el punto de la recta de pendiente $-n$ es tangente a la curva $I_o(C)$.

Queda por analizar si la solución de la ecuación 7.7 determina un valor para C_i que hace a D mínimo o máximo. Al considerar que $D'' = I''_o(C)$, D alcanza un mínimo si $I''_o(C) > 0$. De acuerdo con esto, cuando el costo de operación aumenta, la inversión inicial disminuye, aunque cada vez más lentamente. Sin embargo, más allá del C_i óptimo, los nuevos incrementos en los costos de operación hacen que el descenso de la inversión sea menor que el incremento en aquél. La curva que representa esta situación es decreciente y cóncava hacia arriba, tal como se muestra en el gráfico 7.5.

Si $I''_o(C) < 0$, la solución de la ecuación 7.7 determinaría un valor para C_i que haría el costo total D máximo. La función $I_o(C)$ sería convexa hacia arriba, como lo indica el gráfico 7.6.

Punto de mínimo costo de la función de costo total

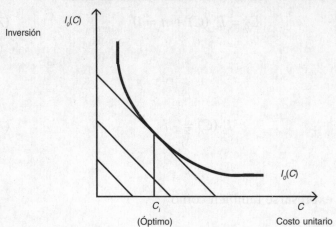

Punto de máximo costo de la función de costo total

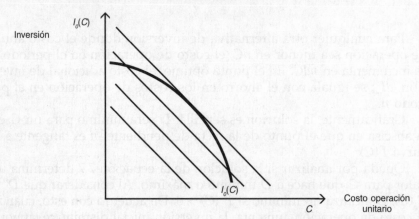

En este caso, el costo de operación aumenta en dC y la inversión inicial disminuye en $dI_o(C)$, de manera que el costo total disminuye al ser $dI_o(C) > ndc$.

Lange mejora el modelo al incorporar el valor tiempo del dinero en los costos. Para ello corrige la ecuación 7.5, descontando los costos de operación que supone se desembolsan en n periodos y a comienzos de cada año. La expresión así corregida queda de la siguiente forma:

$$D = I_0(C) + \sum_{t=0}^{n-1} \frac{C}{(I+i)_t} = \text{min}. \tag{7.9}$$

En estas condiciones, el costo total alcanzará el mínimo cuando el incremento de la inversión inicial sea igual a la suma descontada de los costos de operación que esa mayor inversión permite ahorrar.

Los factores predominantes en la selección de la mejor alternativa técnica son obviamente de carácter económico. Sin embargo, para complementar puede ser necesario considerar algunos elementos de orden cualitativo que en algún momento adquieran tanta relevancia como los factores de orden económico.

Los factores no económicos que más se tienen en cuenta son la disponibilidad de insumos y la oportunidad de su abastecimiento, ya sea de tipo material, humano o financiero. La flexibilidad de adaptación de la tecnología a diversas condiciones de procesamiento de materias primas y la capacidad para expandir o contraer los niveles de producción frente a estacionalidades en el proceso o frente a la inestabilidad del flujo de abastecimiento de materias primas, pueden también adquirir importancia en un momento dado. Como éstos, muchos otros factores cualitativos pueden llegar a ser preponderantes en la selección de la alternativa tecnológica.

Valorización de las inversiones en obras físicas

Aunque este capítulo trata principalmente de las variables económicas de los aspectos técnicos, las inversiones son comunes a las variables de producción, administración y ventas. En relación con la obra física, las inversiones incluyen desde la construcción o remodelación de edificios, oficinas o salas de venta, hasta la construcción de caminos, cercos o estacionamientos.

Para cuantificar estas inversiones es posible utilizar estimaciones aproximadas de costo (por ejemplo, el costo del metro cuadrado de construcción), si el estudio se hace en nivel de prefactibilidad. Sin embargo, en nivel de factibilidad la información debe perfeccionarse mediante estudios complementarios de ingeniería que permitan una apreciación exacta de las necesidades de recursos financieros en las inversiones del proyecto.

Por ejemplo, cuando se estudió el proyecto de creación de un puerto seco en Santiago[3], el estudio de factibilidad debió considerar

---

[3]   Minmetal Consultores, *Estudio de factibilidad Puerto Seco*. Santiago, 1978.

tanto las dimensiones de cada una de las vías de acceso y estacionamiento, puesto que su espesor, y por tanto sus costos, variaban dependiendo de si era zona de estacionamiento o acceso, como si estaba reservada a camiones pesados o livianos, vehículos particulares o peatones.

La ordenación de la información relativa a inversiones en obras físicas se hace en un cuadro que se denomina "balance de obras físicas" y que contiene la información que muestra el cuadro 7.1. La columna de valor residual indicará el valor que tendría cada uno de los ítemes considerados en el balance al término, no de la vida útil de cada ítem, sino al término del periodo de evaluación[4].

El balance de obras físicas debe contener todos los ítemes que determinan una inversión en el proyecto. No es necesario un detalle máximo, puesto que se busca más que nada agrupar en función de ítemes de costo. Así por ejemplo, en la primera columna deberá ir cada una de las construcciones requeridas (plantas, bodegas, etc.), los terrenos, vías de acceso, instalaciones (sanitarias, redes de agua potable, eléctricas, etc.), cierres y otras que dependerán de cada proyecto en particular. Es necesario identificar cada una de las unidades de medida, para calcular el costo total del ítem; por ejemplo, metros cuadrados, metros lineales, unidades, etc.

Cuadro 7.1

Balance de obras físicas				
Ítem	Unidad de medida	Cantidad (dimensiones)	Costo unitario ($)	Costo total ($)
Planta A	m²	2.000	500	1.000.000
Planta B	m²	1.200	500	600.000
Cercos	ml.	1.500	80	120.000
Oficinas	m²	200	650	130.000
Caseta vigilancia	unidad	1	14.000	14.000
Inversión total de obras físicas				1.864.000

La columna de costo total se obtiene de multiplicar la columna cantidad, que indica por ejemplo, el número de metros cuadrados de construcción en bodegas, por la columna costo unitario, que indica el valor unitario de la unidad de medida identificada. A este respecto,

---

[4] Este punto se analiza en más detalle en el capítulo 13: "Valores de desecho"

cabe destacar la necesidad de definir en forma correcta la unidad de medida que represente mejor la cuantificación del costo total de las obras. Así, en muchos casos el diseño arquitectónico obligará a medir el costo de función a perímetros y no a metros cuadrados.

Dos obras físicas pueden tener igual cantidad de metros cuadrados pero distinta cantidad de metros lineales construidos y, por tanto, costos diferentes.

Si el proyecto contempla el arrendamiento de alguna obra física, por ejemplo una bodega de refrigeración frigorizada, se omite en este balance y se incluye en los costos de operación del proyecto, ya que no constituye una inversión y si un desembolso durante la operación.

La suma de los montos de la columna costo total dará el valor total de la inversión en obras físicas. Como se verá más adelante, lo más probable es que esta inversión se haga desfasada en el tiempo, por lo cual deberá considerarse un costo adicional por concepto de gastos financieros durante la construcción; para esto se requiere elaborar un calendario de inversiones que presente un programa de desembolsos en el tiempo[5].

No todas las inversiones en obra física se realizan antes de la puesta en marcha del proyecto. En muchos casos será necesario hacer inversiones durante la operación, sea por ampliaciones programadas en la capacidad de operación de la planta o por inversiones de remplazo de las obras existentes. La proyección de la demanda puede hacer en muchos casos aconsejable no efectuar toda la inversión simultáneamente en forma previa al inicio de la operación, sino a medida que una programación desfasada así lo determine. En otros casos podrá ser recomendable realizar una obra en forma transitoria para remplazarla por algo definitivo en un periodo futuro.

Lo anterior hace necesario elaborar tantos "balances de obra física" como variaciones en su número o características se identifiquen.

Normalmente, al estudiar las inversiones en obra física se pueden determinar las necesidades de mantenimiento de las mismas en el tiempo. El programa de mantenimiento puede implicar en muchos casos un ítem de costo importante, lo cual hace necesario su inclusión como flujo en los costos de operación del proyecto.

 ## Inversiones en equipamiento

Por inversión en equipamiento se entenderán todas las inversiones que permitan la operación normal de la planta de la empresa creada por el proyecto. Por ejemplo maquinaria, herramientas, vehículos, mo-

---

5   Este punto será tratado en detalle en el capítulo 14.

biliario y equipos en general. Al igual que en la inversión en obra física, aquí interesa la información de carácter económico que tendrá que respaldarse técnicamente en el texto mismo del informe del estudio que se elabore, en los anexos que se requieran.

La sistematización de la información se hará mediante balances de equipos particulares; en función de la complejidad, diversidad y cantidad de equipos, podrán elaborarse balances individuales de maquinaria, vehículos, herramientas, etc.

La importancia de cada uno de estos balances se manifiesta en que de cada uno se extraerá la información pertinente para la elaboración del flujo de efectivo del proyecto sobre inversiones, reinversiones durante la operación e incluso, ingresos por venta de equipos de remplazo. En cuadro 7.2 aparece un formulario de balance de maquinaria que puede utilizarse indistintamente para cada uno de los grupos de equipos identificados.

Normalmente este balance va acompañado de las cotizaciones de respaldo a la información, de las especificaciones técnicas y otros antecedentes que no hace necesaria una caracterización de cada maquinaria en el balance.

La primera columna incluirá un listado de todos los tipos distintos de maquinaria. Por ejemplo, si existieran dos o más tipos distintos de tornos, será preciso identificarlos y listarlos por separado. De los estudios de la tecnología que se usará se obtiene la información sobre la cantidad requerida de cada equipo. Su costo unitario puesto en planta e instalado se determina generalmente por la información de las propias cotizaciones.

Cuadro 7.2

Balance de maquinaria					
Máquinas	Cantidad	Costo unitario	Costo total	Vida útil (años)	Valor de desecho
Tornos	10	500	5.000	6	500
Soldadoras	5	800	4.000	5	800
Prensas	3	2.000	6.000	10	100
Pulidoras	1	3.500	3.500	11	300
Sierras	8	400	3.200	3	250
Inversión inicial en máquinas			21.700		

Las dos primeras columnas debieran estar respaldadas con un anexo técnico donde se justifique que con esa configuración de máquinas, en tipo y cantidad, puede producirse en cantidad y calidad el bien o servicio que elaboraría el proyecto.

De igual forma, la información de la tercera columna debe estar respaldada con un anexo que contenga las cotizaciones correspondientes y las bases de cálculo de un precio, cuando no se dispone de esa cotización.

La vida útil merece una mención especial, puesto que normalmente se tiene como tal la máxima utilización de la maquinaria, en circunstancias en que debería considerarse el periodo óptimo de remplazo. Por ejemplo, en un balance de vehículos, muchas veces podría encontrarse un camión repartidor con tres años de vida útil, aun cuando su vida de operación será mucho mayor. Esto se debe a que, por efectos de imagen corporativa, será necesario el remplazo de los camiones repartidores, para dar permanentemente una imagen de renovación y modernismo. Nótese que, en el caso de los camiones repartidores de vino, por la misma razón de imagen, muchas veces se toma la decisión contraria, es decir, dar la imagen de tradición y antigüedad en el vino, lo que se logra entre otros factores, por la no renovación de esos vehículos.

La última columna incluye el valor de la maquinaria al término de la vida útil real definida. En algunos casos puede ser negativo, lo que indica que para deshacerse de la unidad respectiva es preciso pagar.

Al igual que en el caso de las obras físicas, es necesario elaborar un calendario de inversiones de equipos que identifique en el tiempo el momento de hacer la inversión.

Durante la operación del proyecto puede ser necesaria la inversión en equipos, ya sea por ampliación de capacidad o por remplazo de equipos. El cuadro 7.2, además de facilitar el cálculo de la inversión inicial en equipos, permite elaborar un calendario de reinversiones durante la operación y un calendario de ingresos por venta de equipos y remplazo.

En el primer caso, al tomar como referencia la vida útil de cada equipo, pueden programarse las inversiones de remplazo de aquéllos cuya vida útil termine antes de finalizar el periodo de evaluación del proyecto. Usando el mismo ejemplo del cuadro 7.2, puede elaborarse el calendario de reinversiones durante la operación que se indica en el cuadro 7.3 y que supone que la compra se realiza al término de la vida útil de la maquinaria por remplazar.

La denominación "momento de remplazo" y no "daño de remplazo" se debe a la necesidad de determinar los flujos en función de un instante en el tiempo, que de todas maneras está definido para una unidad de tiempo específica (mes, semestre, año).

Un "momento" representará el instante en que termina un año y se inicia el siguiente. Así, por ejemplo, el momento 3 indica el término del tercer año y el inicio del cuarto año. Por esta razón se supone que las sierras, que son remplazadas en el momento 3, se comprarán o

pagarán en un mes cercano al término del año tres o al inicio del año cuatro. Sin embargo, en un proyecto donde puede determinarse que el desembolso de la nueva máquina se hace, ya sea con una anticipación o un atraso tal respecto al momento 3, debería incluirse en el momento 2 o en el momento 4, según corresponda. En muchos casos la adquisición y pago[6] de una maquinaria debe hacerse con relativa anticipación al inicio de su operación; en otros, es posible adquirir la maquinaria mediante un crédito directo que permita la postergación del pago a un periodo posterior al de su compra. Ambas situaciones deben tenerse presentes para la elaboración del calendario de reinversiones.

Cuadro 7.3									
Calendario de reinversiones en maquinaria									
	1	2	3	4	5	6	7	8	9	10
Tornos						5.000				
Soldadoras					4.000					4.000
Prensas										6.000
Pulidoras										
Sierras			3.200			3.200			3.200	
Calendario			3.200		4.000	8.200			3.200	10.000

Si el proyecto se evalúa, como en el ejemplo, a un número de años cuyo término coincide con el momento de remplazo de la maquinaria, puede optarse ya sea por incluir en ese periodo la reinversión u omitirla. Sin embargo, cualquiera que sea la opción elegida, ésta deberá ser consecuente con el valor que se asignará al proyecto[7].

El balance de equipos permite también elaborar un cuadro de ingresos por venta de equipos de remplazo. Al final de la vida útil real de cada equipo, lo más probable es que se destinen a la venta. Siguiendo el mismo raciocinio que en el caso de las reinversiones, se supone que la venta de los equipos se hará lo más cerca posible del momento del remplazo. Si el proyecto se evalúa en periodos anuales, basta con estimar que la recepción de los ingresos por la venta se hará antes de seis meses, para incluirlos en el momento de remplazo. Por ejemplo, si la sierra puede remplazarse en el término del tercer año

---

[6] Nótese que el factor de referencia es el momento del desembolso y no de la recepción de los equipos.

[7] En el capítulo 13 se analiza este punto.

(momento 3) y se estima su venta antes de seis meses, el ingreso se asignará al momento 3. No obstante, si el plazo estimado supera los seis meses, ocho por ejemplo, estará más cerca del momento 4; en consecuencia, se asignará a ese momento. Las alternativas de valoración de estos equipos pueden ser a valor de mercado, valor libros u otra forma. En parte, este punto se analizará en el capítulo 13.

En el cuadro 7.4 se muestra la forma que adquiere el programa de ingresos por venta de equipos de remplazo que, como se había señalado, puede aplicarse a maquinaria, vehículos, mobiliario de planta, herramientas y otros. La unidad monetaria que se utilice, debe ser consecuente con la tasa de capitalización que se emplee en el cálculo de un valor global de inversión.

Cuadro 7.4									
Calendario de ingresos por venta de maquinaria de remplazo									
	1	**2**	**3**	**4**	**5**	**6**	**7**	**8**	**9**	**10**
Tornos						500				
Soldadoras					800					800
Prensas										100
Pulidoras										
Sierras		250				250			250	
Calendario		250			800	750			250	900

Como puede apreciarse, basta que el estudio técnico proporcione el balance de equipos correspondiente para que el mismo responsable de este estudio o el del estudio financiero elabore los cuadros de cálculo de reinversiones o ingresos por venta de equipos respectivos. Toda la información de respaldo técnico debe incluirse en el texto de la presentación del proyecto.

 Balance de personal

El costo de mano de obra constituye uno de los principales ítemes de los costos de operación de un proyecto. La importancia relativa que tenga dentro de éstos dependerá, entre otros aspectos, del grado de automatización del proceso productivo, de la especialización del personal requerido, de la situación del mercado laboral, de las leyes laborales y del número de turnos requeridos.

El estudio del proyecto requiere la identificación y cuantificación del personal que se necesitará en la operación, para determinar el costo de remuneraciones por periodo. En este sentido, es importante considerar, además de la mano de obra directa (la que trabaja direc-

tamente en la transformación del producto), la mano de obra indirecta que presta servicios en tareas complementarias como el mantenimiento de equipos, supervisión, aseo, etc.

El cálculo de la remuneración deberá basarse en los precios del mercado laboral vigente y en consideraciones sobre variaciones futuras en los costos de la mano de obra. Para su cálculo deberá tenerse en cuenta no el ingreso que percibirá el trabajador, sino el egreso para la empresa que se creará con el proyecto, que incluye, además del sueldo o salario, las leyes sociales, los bonos de colación o de alimentación y movilización, gratificaciones, bonos de producción, etc.

La elaboración de un balance de personal permite sistematizar la información referida a la mano de obra y calcular el monto de la remuneración del periodo. En el cuadro 7.5 se indica una forma de ordenamiento de la información pertinente al personal, que se desprende del estudio técnico.

Cuadro 7.5

Balance de personal			
	Volumen de producción: XX unidades		
Cargo	Número de puestos	Remuneración anual	
		Unitario ($)	Total ($)
Supervisores	2	6.000	12.000
Mecánico 1º	12	4.000	48.000
Mecánico 2º	20	2.500	50.000
Electricista	10	2.000	20.000
Ayudante 1º	25	1.600	40.000
Ayudante 2º	20	1.500	30.000
Jornalero	30	1.400	42.000
Bodeguero	2	1.200	2.400
Vigilante	4	1.200	4.800

La primera columna del balance de personal especifica cada uno de los cargos de la planta. Muchas veces es necesario hacer más de un balance, según la magnitud y diversidad de tareas y procesos de producción. En otros casos, es posible prever cambios en los volúmenes de producción que podrían demandar cantidades distintas de personal. Por ello es importante precisar a qué volumen de producción se hace el balance, o se trabaja con el supuesto del tamaño técnico del proyecto, para el cual se requiere una nómina específica.

El número de puestos cuantifica en cada cargo el número de personas y el grado de cualificación que se requiere. En las columnas de remuneraciones, unitario y total, se indica el costo de la mano de obra para la empresa. Es importante destacar que la remuneración debe

expresarse en función del periodo que se considera en la evaluación (mes, año). Así, al sumar la última columna, se obtendrá el monto del costo de la mano de obra por periodo.

Otros desembolsos asociados a la mano de obra deberán integrarse adicionalmente al balance, como por ejemplo, las comisiones por venta, premios por productividad, asignaciones especiales por Navidad, fiestas patrias, etc.

Como se mencionó, en aquellos casos en que el proyecto estima variaciones en los niveles de producción, debido a la existencia de estacionalidades en las ventas o por proyecciones de crecimiento en la demanda, se deberán construir tantos balances de personal como situaciones de éstas se definan, para garantizar la inclusión de todos sus efectos sobre los flujos de fondos definitivos del proyecto.

Otros costos

Cada proyecto tendrá entre sus ítemes de costos de fábrica algunos más relevantes que el resto. Según su importancia, será necesario desarrollar tantos balances como ítemes lo hagan necesario.

El cálculo de los materiales se realiza a partir de un programa de producción que define en primer término el tipo, calidad y cantidad de materiales requeridos para operar en los niveles de producción esperados. Posteriormente, compatibilizándolo con los niveles de inventarios y políticas de compras, se costeará su valor.

La consideración de los niveles de existencias es importante, ya que permitirá determinar lotes de compras que compatibilicen el costo de almacenamiento y conservación de esas existencias con los descuentos que pueden conseguirse en la compra por volumen de los materiales requeridos.

Es importante destacar que los materiales que deben estudiarse no sólo son aquellos directos (elementos de conversión en el proceso), sino también los indirectos o complementarios del proceso, que van desde los útiles de aseo hasta los lubricantes de mantenimiento o los envases para el producto terminado.

Al estimar los costos de materiales es posible determinar su costo para distintos volúmenes de producción y así obtener el costo total de materiales por periodo, al igual que para la mano de obra. También aquí el periodo en que se cuantifique el costo de los materiales debe determinarse por la unidad de tiempo usada en la evaluación del proyecto. Un balance de materiales se tipifica en el cuadro 7.6.

Las mismas consideraciones planteadas para el balance de personal deberían reiterarse en un balance de materiales, con la única diferencia de que la diversidad de materiales exige hacer explícita la unidad de medida que permita su cuantificación, por ejemplo litros, kilogramos, barras, metros lineales, etc. En otros términos, deberían

aplicarse los coeficientes de consumo por unidad de producto para luego aplicar los costos correspondientes.

Cuadro 7.6

Balance de materiales				
Volumen de producción: XX unidades				
MATERIAL	**Unidad de medida**	**Cantidad**	**Costo anual**	
			Unitario ($)	**Total ($)**
Harina	quintal métrico	3.000	10.000	30.000.000
Azúcar	toneladas	225	110.000	24.750.000
Grasas hidrogenadas	kilos	3.000	300	900.000
Leche	litros	150.000	100	15.000.000
Agentes leudantes	kilos	300	400	120.000
Sal	kilos	2.000	50	100.000
Aromas naturales	litros	150	500	75.000
Envases	unidades	2.750.000	5	13.750.000

Existen, sin embargo, muchos costos que por su índole no puede agruparse en torno a una variable común. En este caso, se recurrirá a un balance de insumos generales que incluirá todos aquellos insumos que quedan fuera de clasificación, por ejemplo, agua potable, energía eléctrica, combustible, seguros, arriendos, etc. El balance de insumos generales es igual al balance de materiales, con la única diferencia de que agrupará insumos de carácter heterogéneo. El cuadro 7.7 muestra la forma como debe adoptarse este balance.

Cuadro 7.7

Balance de insumos generales				
Volumen de producción: XX unidades				
Insumos	**Unidad de medida**	**Cantidad**	**Costo anual**	
			Unitario ($)	**Total ($)**
Agua potable	m³	480.000	15	7.200.000
Energía	kw	5.000.000	14	70.000.000
Petróleo	litros	120.000	50	6.000.000
Soldadura	metros	14.000	200	2.800.000
Pintura	galones	200	1.600	320.000

Todas la consideraciones hechas para el balance de materiales son válidas para el balance de insumos generales. En muchos casos algunos insumos generales, materiales y principalmente equipos, son importados del exterior. En este caso, será importante especificar los costos *FOB* y *CIF*, así como todas las variables que permitan caracteri-

zar los efectos sobre el proyecto, por ejemplo, país de origen, tipo de costo del flete, tipo de cambio vigente, condiciones de compra, mermas y pérdidas estimadas. De igual manera deberán incluirse todos aquellos juicios que permitan visualizar posibles cambios en las condiciones entre el periodo de evaluación y la implementación del proyecto.

Un ítem de resguardo que por lo general se incluye en los proyectos es el de imprevistos. Éste puede considerarse como un ítem global sobre la inversión o costos del proyecto o como distintos ítemes asociados a cada variable o elemento de costo. Así, por ejemplo, se calcula un margen de imprevistos en la construcción de la obra física, otro en el equipamiento de maquinaria, otro en el de herramientas, en los costos de operación en materiales, mano de obra o insumos generales. Como se verá en el capítulo 18, a través de la sensibilización del proyecto es posible descartar el ítem de imprevistos en los flujos originales del proyecto, para disponer un flujo lo más real posible que queda sujeto a ajuste como resultado de la sensibilización.

Elección entre alternativas tecnológicas

Partiendo del supuesto de que los ingresos son iguales para todas las alternativas tecnológicas, Guadagni[8] propone elegir la alternativa que tenga el menor valor actualizado de sus costos. Según este autor, una alternativa puede tener altos costos de capital y reducidos costos operativos, mientras que otra tecnología puede presentar menores inversiones pero mayores costos de operación. Por esto, el valor actualizado de ambos calendarios de desembolsos se modificará con variaciones en la tasa de descuento utilizada[9]. A medida que se aumenta esta tasa, sus valores actuales se reducirán, pero a distinto ritmo, puesto que al bajar tasas de descuento la alternativa con mayores inversiones tendrá un menor valor actual. Sin embargo, para tasas de descuento mayores la situación se invierte, y la alternativa con mayores costos de operación será la que tendrá el menor valor actualizado de sus costos.

Obviamente, la alternativa de mayor riesgo es aquella que tiene mayor intensidad en capital, por el mayor riesgo de obsolescencia técnica que lleva aparejado. Por lo regular, al tomar esta alternativa se exige al proyecto un periodo de recuperación más acelerado que si se optara por una con mayor intensidad en mano de obra.

---

[8] Guadagni, A. A., "El problema de la optimización del proyecto de inversión: consideración de sus diversas variantes". En BID-Odeplan, *Programa de adiestramiento en preparación y evaluación de proyectos*. Santiago, 1976.

[9] *Véase* el capítulo 17.

Dervitsiotis[10], quien parte también del supuesto de ingresos iguales para diversas alternativas de tecnología, propone calcular el costo de las diferentes tecnologías, pero a distintos volúmenes de producción. Esto, porque como cada tecnología presenta una estructura de costos diferentes, ante variaciones en la capacidad, medida como volumen de producción, puede pasar una alternativa tecnológica de menor costo a ser la de mayor costo. Lo señalado puede visualizarse en el gráfico 7.7, donde A_1, A_2 y A_3 son tres tecnologías con tres estructuras de costos diferentes, siendo A_1 intensiva en mano de obra y A_3 intensiva en capital.

Si el volumen de producción es menor que V_1, A_1 es la mejor alternativa, ya que minimiza el costo total. Si el volumen de producción se encuentra entre V_1 y V_2, la alternativa de menor costo pasa a ser A_2; pero si el volumen de producción esperado es mayor que V_3, la alternativa más económica es A_3.

Gráfico 7.7

Funciones lineales de costo total de alternativas tecnológicas

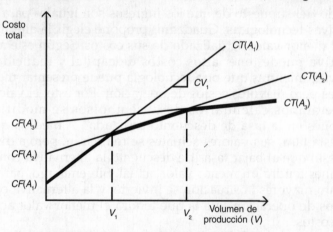

La función de costo total se obtiene de la suma de los costos fijos y variables asociados a cada alternativa. Los primeros definen el punto de intersección de la función con el eje vertical y representan un monto no susceptible a cambios ante diferentes volúmenes de producción. El costo variable define la pendiente de la función y representa el costo de producir cada unidad, por el número de unidades para producir. Esto puede representarse como lo muestra el gráfico 7.8.

---

[10] Kostas N. Dervitsiotis, *Operations Management*. N. York: McGraw-Hill, 1981.

Gráfico 7.8

Funciones lineales de costo respecto a volumen

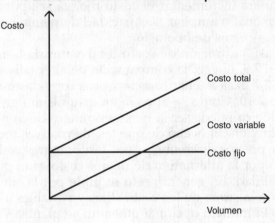

Gráfico 7.9

Funciones no lineales de costo respecto a volumen

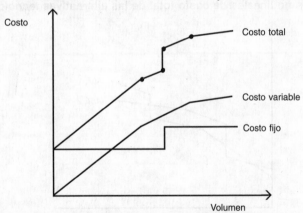

En su modelo, Dervitsiotis no considera tres factores extremadamente importantes en la elección de alternativas tecnológicas: a) que la estructura de costos fijos y variables cambia a distintos niveles de producción; b) que las alternativas tecnológicas podrían implicar cambios en las características del producto y, en consecuencia, en los precios; y c) que existen otros costos indirectos relevantes, como los impuestos y el costo de capital.

Es muy problable que ante aumentos en los volúmenes de producción se logren economías de escala, por ejemplo, por la posibilidad de

obtener descuentos por volúmenes de compra. De igual forma, es probable que para la fabricación de más de un número determinado de unidades, se requiera incrementar el costo fijo, ya sea por tener que contratar más personal o ampliar la capacidad de planta con los consiguientes mayores costos de operación.

Si esto fuera así, la función de costo total asumiría la forma que muestra el gráfico 7.9. Luego, la comparación de alternativas tecnológicas del gráfico 7.7 pasa a tener características como las que se indican en el gráfico 7.10. Como se aprecia en este último gráfico, una alternativa tecnológica puede ser la mejor en rangos diferentes de volúmenes de producción. El hecho de que las alternativas tecnológicas podrían implicar precios diferentes y, por tanto, ingresos diferentes, obliga a optar no por la alternativa de menor costo, sino por aquélla de mayor rentabilidad. En general, esto se mide por la comparación de los ingresos con la suma de los costos fijos y variables asociados a cada alternativa. El modelo opcional que aquí se plantea[11] incorpora todos los elementos que componen el costo total de cada una y que el modelo tradicional no permite tener en cuenta.

Gráfico 7.10

Funciones no lineales de costo total de las alternativas tecnológicas

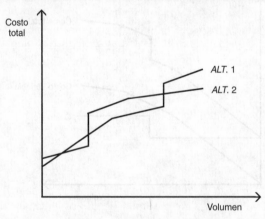

Para ello deberá considerarse el concepto de rentabilidad en el modelo, el cual debe incorporar el efecto de la recuperación de la inversión y el efecto del costo de capital, tanto de la deuda para finan-

---

[11] Nassir Sapag, "Un modelo opcional para el análisis costo-volumen-utilidad". En *Paradigmas en Administración* No. 10, Universidad de Chile, 1987, pp. 33-40.

ciar capital fijo y capital de trabajo como del retorno que exige el inversionista sobre sus aportes al financiamiento del capital fijo y capital de trabajo, teniendo en cuenta también los efectos tributarios correspondientes.

La recuperación de la inversión se considerará prorrateada en partes iguales durante todos los periodos de su vida útil, evitando asignarle beneficios tributarios no atribuibles al proyecto. Esto se determinará linealmente como sigue:

$$RI = \frac{I_0 - VD}{n} \qquad (7.10)$$

donde *RI* representa el valor prorrateado en *n* periodos de la inversión total I_0, menos los valores de desecho *VD* de esa inversión.

La depreciación se incluye para efectos de aprovechar los beneficios tributarios, pero se excluye posteriormente, por no constituir un egreso efectivo de caja y para no duplicar la parte correspondiente a la recuperación de la inversión.

Debido a que el mayor uso del análisis costo-volumen-utilidad se manifiesta en la revisión del comportamiento esperado en una variable ante valores dados que asumen las restantes, es preciso incorporar de alguna forma en el modelo el probable cambio en el monto para invertir en capital de trabajo ante cambios en el nivel esperado de actividad. Por otra parte, será necesario incorporar también el efecto tributario a financiar parte de esta inversión con deuda cuyos intereses son deducibles de impuestos.

Con este objeto, se diferenciará entre una inversión en capital fijo, *Kf*, y una inversión en capital variable, *Kv*, que corresponde en gran medida a capital de trabajo, aun cuando éste tiene normalmente un componente fijo importante, esto es:

$$K = Kf + Kv \qquad (7.11)$$

Si, por otra parte, se considera que el mayor uso de análisis costo-volumen-utilidad se realiza en la sensibilización de las distintas variables que determinan el resultado de la operación y que una de ellas es el volumen, se concluye la necesidad de expresar una parte de la inversión en capital de trabajo como un factor variable en función del volumen. Conocidos son el caso de los proyectos lácteos, donde se verifica que la inversión en capital de trabajo representa normalmente

un porcentaje (65%) del costo total de la materia prima necesaria para un año de operación, o el de muchos rubros que lo expresan como una relación del total de ventas.

Si, por ejemplo, el monto para invertir en capital variable tiene la forma

$$Kv = j\,(vx + F) \qquad (7.12)$$

donde $j\,(vx + F)$ representa un porcentaje (j) de los costos variables (vx) más los fijos (F). Obviamente, éstos son todos desembolsables, a excepción de los costos contables que no ocasionan egresos de caja, como la depreciación, por no requerir ser financiados por el capital de trabajo.

El modelo general plantea que el resultado es igual a la diferencia entre ingresos y egresos. Al incorporar en esta definición las variables descritas anteriormente, se tiene:

$$R = (px - vx - F - D)\,(1 - t) + D - iKf - ij\,(vx + F) - RI \qquad (7.13)$$

donde

px = precio unitario por cantidad = ingresos
vx = costo variable unitario por cantidad
F = costo fijo
D = depreciación
t = tasa de impuesto a las utilidades
i = costo del capital

La expresión ($px - vx - F - D$) representa las utilidades del negocio. Al multiplicarlas por ($1 - t$) resulta la utilidad después de impuestos.

La ecuación 7.13 se usa por lo general como una alternativa para realizar el estudio de viabilidad en nivel de perfil. La elección de la alternativa tecnológica, aunque el proyecto se evalúe en nivel de prefactibilidad o factibilidad, se realiza comúnmente en nivel de perfil, y sólo se profundiza el estudio de aquella variable que se eligió como la más atractiva en el perfil.

Por ejemplo, si el precio estimado fuese $100, la cantidad a vender 1.000, el costo variable unitario $20, los costos fijos anuales $25.000, la depreciación $10.000, los impuestos a las utilidades 15%, el costo del capital exigido como rentabilidad a la inversión 12%, el capital fijo $120.000, el capital de trabajo equivalente a un 30% de los costos y el valor de desecho de la inversión en capital fijo, después de 10 años, de $20.000, el resultado de esta opción sería:

$$R = (100.000 - 20.000 - 25.000 - 10.000) \, (0,85) + (10.000 - 14.400 - 1.620 - 10.000)$$

Es decir, el excedente anual promedio de esta opción después de recuperar los costos fijos y variables, pagar los impuestos, devolverle al inversionista la rentabilidad esperada por sus inversiones fijas y variables y haber recuperado la pérdida de valor promedio anual de los activos, es de \$22.230. Al compararla con otra opción que presente $R > 22.230$, deberá elegirse la otra[12].

En países como Bolivia, donde no hay impuesto a las utilidades pero sí al patrimonio, la ecuación 7.13 se reduce a:

$$R = px - vx - F - T - iKf \ldots - ij \, (vx + F) - RI \qquad (7.14)$$

donde T = impuesto al patrimonio.

El patrimonio se calcula como el valor por depreciar de los activos. En nivel de perfil, se asocia a un promedio anual, ya que cada año el valor patrimonial contable debiera disminuir en términos reales.

En países como Perú, donde además de un impuesto a las utilidades existe un impuesto al patrimonio, debe agregarse a la ecuación 7.13 el factor T para incluir ambos impuestos.

Si se busca diferenciar entre la rentabilidad de la inversión y la rentabilidad del capital aportado, la ecuación 7.13 debe modificarse como sigue:

$$(7.15)$$

$$R = [px - vx - F - D - wKf_e - wj_e \, (vx + F)](1 - t) + D - rKfa - rja \, (vx + F) - RI$$

donde

w	= interés cobrado por el préstamo
Kf_e	= capital fijo prestado
$j_e \, (vx + F)$	= capital variable prestado
r	= rentabilidad exigida al capital propio
Kfa	= capital fijo aportado
$ja \, (vx + F)$	= capital variable aportado

---

[12] Nótese que $R = 0$ muestra que el inversionista gana justo lo que quiere ganar y que si $R = -100$, había indicado que faltaron \$100 para ganar todo lo que se quiere ganar.

Resumen

El estudio de ingeniería, aun cuando tiene por finalidad principal entregar la información económica al preparador de proyectos, debe permitir la selección de la alternativa tecnológica más adecuada para el proyecto.

El objetivo del estudio técnico es llegar a determinar la función de producción óptima para la utilización eficiente y eficaz de los recursos disponibles para la producción del bien o servicio deseado. De la selección de la función óptima se derivarán las necesidades de equipos y maquinaria que, junto con la información relacionada con el proceso de producción, permitirán cuantificar el costo de operación.

Las necesidades de inversión en obra física se determinan principalmente en función de la distribución de los equipos productivos en el espacio físico, tanto actual como proyectado.

En muchos casos, el estudio técnico debe proporcionar información financiera relativa a ingresos de operación. Por ejemplo, cuando los equipos y máquinas que deben remplazarse tienen un valor de venta o cuando el proceso permite la venta de desechos o subproductos.

La capacidad de la planta se relaciona directamente con la inversión realizada. El estudio de la "masa crítica técnica" permite identificar la interrelación de estas variables y entre el costo de fabricación y la capacidad.

La elección de la mejor alternativa tecnológica se efectúa normalmente cuantificando los costos y actualizándolos, para optar por la que presente el menor valor actualizado. Es importante tener presente que para distintos volúmenes de producción pueden existir alternativas óptimas distintas, lo que obliga a considerar los efectos en forma integral.

Puesto que las particularidades técnicas de cada proyecto son normalmente muy diferentes entre sí y frente a la especialización requerida para cada una de ellas, este capítulo tuvo por objeto dar un marco de referencia al estudio técnico. Sin embargo, como la sistematización de la información económica que este estudio prevea debe realizarse por todo preparador de proyectos, la elaboración de distintos tipos de balances pasa a constituir la principal fuente de sistematización de la información económica que se desprende del estudio técnico. Deberán utilizarse formularios similares para presentar los antecedentes económicos que se desprendan del estudio organizacional.

El estudio técnico no es un estudio aislado ni tampoco uno que se refiera en forma exclusiva a cuestiones relacionadas con la pro-

ducción del proyecto. Por el contrario, deberá tomar la información del estudio de mercado referente a necesidad de locales de venta y distribución para determinar la inversión en la obra física respectiva. De igual forma deberá procederse respecto al estudio organizacional para el dimensionamiento y cuantificación de la inversión en oficinas, bodegas, accesos y otras inversiones de carácter administrativo y gerencial.

Preguntas y problemas

1. ¿En qué aspectos la selección del proceso productivo puede afectar la rentabilidad de un proyecto?

2. Identifique las variables más importantes que deben considerarse en la decisión de selección de un proceso productivo.

3. "Siempre es mejor elegir un proceso productivo intensivo en capital que otro intensivo en mano de obra, ya que la automatización provoca menores costos unitarios de producción". Comente la afirmación.

4. "El proceso productivo óptimo para el proyecto es aquel que maximiza la producción para un nivel dado de inversión". Comente.

5. Analice los distintos tipos de inversiones en obra física que se realizan durante la operación del proyecto.

6. Identifique los principales tipos de balances de equipos y las variables que debe incluir cada uno.

7. Explique el concepto de vida útil en un balance de equipos.

8. Analice el modelo de Lange para seleccionar la capacidad productiva óptima.

9. Defina una metodología de análisis identificando las principales variables, para realizar el estudio técnico de los siguientes proyectos:

a) creación de un colegio de educación media,

b) reapertura de un aeropuerto,

c) operación de una planta lechera.

10. "El resultado de un estudio de mercado puede ser determinante en la decisión de la elección de una alternativa tecnológica". Comente.

11. Señale un mínimo de cinco de los principales resultados que se obtienen en el estudio de ingeniería de un proyecto que se desea evaluar económicamente.

12. "El valor de la inversión en equipos no influye en el costo del producto que se elaboraría al implementar el proyecto". Comente.

13. ¿Puede el análisis del punto de equilibrio incorporar el efecto de las inversiones fijas y la rentabilidad exigida por el inversionista sobre el capital invertido?

14. "Siempre que se espere obtener rebajas importantes en los costos de compra de procesos, equipos, servicios tecnológicos o materias primas, será conveniente desagregar el paquete tecnológico". Comente.

15. "Debe elegirse la alternativa tecnológica intensiva en capital, ya que el monto de su inversión más el valor actual de su costo de operación es menor al valor actual de los costos de aquella cuyo procedimiento es artesanal". Comente.

16. "El proceso productivo óptimo es aquél que maximiza la producción para un nivel dado de producción". Comente.

17. "La aparición de un nuevo proceso productivo que reduce la inversión requerida para elaborar, manteniendo la calidad, el mismo producto que actualmente fabrica una empresa en forma rentable, obligará a ésta a remplazar el equipo en el más breve plazo". Comente.

18. En la realización del estudio técnico de un proyecto se encuentran tres alternativas tecnológicas que se adaptan a los requerimientos exigidos para su implementación. El costo fijo anual de cada alternativa sería:

Producción	A	B	C
0 - 10.000	300.000	350.000	500.000
10.001 - 20.000	300.000	350.000	500.000
20.001 - 30.000	400.000	350.000	500.000
30.001 - 40.000	400.000	450.000	500.000

Los costos variables unitarios de cada alternativa, por rango de producción, se estiman en:

Producción	A	B	C
0 - 30.000	10,0	9,0	6,0
30.001 - 40.000	9,5	8,5	5,0

¿Qué alternativa seleccionaría si la demanda esperada es de 10.000 unidades anuales? Si la demanda no es conocida, ¿cuál es el punto crítico en que convendrá cambiar de una a otra alternativa? Si una alternativa es abandonada al llegar a un tamaño que haga a otra más conveniente, ¿es posible que vuelva a ser seleccionada a volúmenes mayores?

19. En el estudio de un proyecto para elaborar un solo producto, con una capacidad de planta de 40.000 horas anuales a un turno de trabajo, se estimó un requerimiento total de 60.000 horas anuales para cumplir con la producción esperada en la formulación del proyecto.

Se estimaron egresos de $20.000.000 por compra de materiales durante el año, $35.000.000 en gastos fijos desembolsables y $11.200.000 en otros gastos variables. El costo de la mano de obra ascendería a $250 por hora, más $125 por cada hora de sobretiempo.

Alternativamente, se podrá optar por contratar un segundo turno, con una remuneración de $275 por hora, pero que requeriría la contratación de un supervisor con una renta de $1.800.000 anuales.

¿Después de qué nivel de actividad convendría establecer un segundo turno de trabajo?

20. Al estudiar un proyecto se estimaron los siguientes costos variables para una capacidad de producción normal de 140.000 unidades, siendo la capacidad máxima de 200.000 unidades:

Materiales	$120.000
Mano de obra	$300.000
Otros	$80.000

Los costos fijos se estiman, de acuerdo con el nivel de producción, en:

Unidades	Costo
0 - 40.000	$320.000
40.001 - 130.000	$380.000
130.001 - 180.000	$420.000
180.001 - 200.000	$500.000

Si el precio de venta de cada unidad es de $15 y la producción esperada fuese de 100.000 unidades por año, ¿cuál es el número mínimo de unidades adicionales que se necesita vender al precio de $11 por unidad para mostrar una utilidad de $762.000 por año?

Para subir las ventas a 120.000 unidades anuales, ¿cuánto podría gastarse adicionalmente en publicidad (costo fijo) para que manteniéndose un precio de $15 se pueda obtener una utilidad de un 20% sobre las ventas?

21. El estudio de mercado de un proyecto, establece que la demanda anual para el único producto que se fabricará, podría ser de 50.000 unidades anuales.

La estructura de costos para el volumen de producción estimado por el estudio de mercado es el siguiente:

Materias primas	$ 2.000.000
Mano de obra	$ 8.000.000
Costos fijos	$20.000.000

Las inversiones necesarias, de acuerdo con la valorización económica de las variables técnicas para el volumen de producción esperado, son:

Ítem	Valor	Vida útil	Valor de desecho
Edificios	80.000.000	30	16.000.000
Maquinaria	30.000.000	10	3.000.000
Mobiliario	10.000.000	8	800.000

Además, se requiere un terreno tasado en $40.000.000 y un capital de trabajo de $10.000.000.

¿A qué precio deberá venderse el producto para que pueda obtenerse un retorno del 10% anual sobre la inversión?

22. En el estudio de una nueva línea de productos para una empresa en funcionamiento, la investigación del mercado concluye que es posible vender 30.000 unidades anuales adicionales de un producto a $350 cada uno, pagando una comisión de venta de un 1%.

El estudio técnico calcula que para ese nivel de operación podrían esperarse los siguientes costos variables:

- Material directo	$80
- Mano de obra directa	$40
- Gastos de fabricación	$30

Los costos fijos anuales de fabricación, administración y ventas, alcanzan a $3.800.000, los que incluyen $2.000.000 de depreciación.

La inversión en equipos alcanza a $20.000.000, los que serán financiados en un 70% con préstamos bancarios al 10% de interés y el saldo con capital propio al que se exige una rentabilidad del 12% anual.

La nueva línea de productos requerirá ampliar la inversión en capital de trabajo, la que se estima en cuatro meses de costos de funcionamiento desembolsables, antes de impuestos y gastos financieros. El capital de trabajo será financiado en la misma proporción y costo que la inversión fija.

Los equipos tienen una vida útil de 10 años, al cabo de los cuales no tendrán valor de desecho. Para fines contables se deprecian linealmente a una tasa del 10% anual. Los impuestos ascienden al 10% de las utilidades.

Alternativamente, el estudio técnico señala la existencia de un equipo menor, con capacidad de hasta 25.000 unidades anuales, que permitiría reducir los gastos de fabricación a $20 y los costos fijos a $3.300.000 por año, en consideración a que habrían ahorros de $300.000 en manutención y de $200.000 en depreciación, por cuanto el equipo costaría $18.000.000.

El responsable del estudio de mercado indica que la producción de 25.000 unidades no es suficiente para cubrir la demanda esperada. Sin embargo, no cubrir toda la demanda permitiría subir el

precio a $390 la unidad. Por otra parte, los proveedores otorgarían un descuento por volúmenes en compras iguales o superiores a las 30.000 unidades. Esto implicaría considerar, para el nivel de operación de 25.000 unidades, un costo por material directo unitario de $88.

¿Qué alternativa seleccionaría? ¿A qué precio mínimo debería venderse el producto en cada alternativa para asegurar al propietario la rentabilidad por él deseada? ¿Cuál es la cantidad de equilibrio en ambos casos? ¿Qué rentabilidad porcentual lograría el inversionista?

23. En un estudio de prefactibilidad se busca determinar la demanda mínima que el estudio de mercado debe demostrar para que el proyecto continúe evaluándose.

Se dispone de los siguientes antecedentes:

a) La competencia cobra un precio único de $1.000.

b) Existe un tamaño de planta mínimo que claramente supera la capacidad de demanda del mercado.

c) La inversión total esperada es de $40.000.000, que será financiada en un 75% por préstamos al 10% y el resto con aportes que requieren un retorno del 14%.

d) El costo variable unitario es de $300 y el fijo de $6.000.000 anuales. El capital de trabajo equivale a un 40% de las ventas anuales y será financiado en su totalidad con capital propio.

e) La tasa de impuesto es de un 10% y la depreciación de los equipos (correspondientes al 60% del total de la inversión) se hace linealmente en 10 años. El resto de la inversión no se deprecia ni pierde valor durante el periodo. Los equipos tendrán un valor comercial de $4.000.000 al término del periodo de evaluación.

24. Un proyecto que produciría y vendería 10.000 unidades anuales a un precio de $100 cada una, muestra la siguiente estructura de costos anuales:

Costos	Fijos	Variables
Material directo		100.000
Mano de obra		200.000
Fabricación	80.000	300.000
Administración	90.000	40.000
Ventas	100.000	60.000

¿Qué volumen mínimo se deberá vender para estar en equilibrio?, ¿y para obtener una utilidad de $48.000?

25. En el estudio de un proyecto se identifican tres posibles lugares donde podría demandarse el producto que se elaboraría:

Localidad	A	B	C
Demanda	32.000	51.000	78.000

Los recursos disponibles del inversionista están limitados a $500.000. De acuerdo con información disponible de la industria, una planta con capacidad para producir 40.000 unidades cuesta $400.000 y su exponente es 0,3.

Analice las opciones de planta para abastecer a uno o más mercados.

26. En el estudio de un nuevo proyecto, la investigación de mercados concluye que es posible vender 40.000 unidades de un producto a $450 cada uno.

El estudio técnico calcula que para ese nivel de operación podría esperarse un costo variable de $60. Los costos fijos anuales de fabricación, administración y ventas alcanzan a $4.800.000, los cuales incluyen $2.500.000 de depreciación.

La inversión en equipos alcanza a $25.000.000, a la que se le exige una rentabilidad de un 12% anual.

Los equipos tienen una vida útil real de 20 años, al cabo de los cuales no tendrán valor de desecho. Para fines contables, se deprecian linealmente a una tasa del 10% anual. Los impuestos ascienden al 10% de las utilidades. Al décimo año, los equipos tendrán un valor de mercado de $5.000.000.

Alternativamente, se puede producir un producto similar con otro equipo que costaría $35.000.000, pero que opera con costos variables de sólo $52 y con costos fijos de $5.300.000.

Su vida útil real es de 20 años, al cabo de los cuales tendrá un valor esperado de mercado de $8.000.000.

Si todas las demás variables fuesen comunes, ¿qué alternativa recomienda? ¿Cuál es el volumen de equilibrio que hace indiferente a ambas alternativas?

CASO: PROFRUT S.A.

La empresa Profrut S. A., perteneciente al sector agroindustrial, se creó en 1960. Inicialmente producía sólo salsa de tomate, alcan-

zando ventas que la han hecho ocupar uno de los primeros lugares en el mercado nacional. Posteriormente se diversificó su producción, y se crearon dos nuevas líneas de productos: conservas de frutas y mermeladas.

Actualmente se analiza la factibilidad de producir y comercializar una nueva línea de productos, que son los platos preparados enlatados. El proyecto se está evaluando para 10 años.

Dado que la capacidad instalada actual está trabajando casi al 100%, no sería posible ocuparla en la producción de los nuevos productos.

Del estudio técnico que se está realizando se concluyó la existencia de dos procesos productivos de alternativa, factibles de implementarse.

La primera alternativa, que involucra un grado de automatización mayor que el utilizado actualmente, requeriría los siguientes costos:

Compra de terreno	$ 5.000.000
Construcción de la planta (edificio)	14.000.000
Máquinas y equipos	16.000.000
Obras complementarias	4.000.000
Energía, reparaciones y otros (al año)	1.000.000
Costo unitario de mano de obra	5
Costo unitario de materias primas	8

El segundo proceso demanda los siguientes egresos:

Compra de una planta y su remodelación	$ 15.000.000
Equipos y maquinarias	10.000.000
Energía y otros (al año)	700.000
Costo unitario de mano de obra	8
Costo unitario de materias primas	10

Para ambos procesos productivos, los ingresos son los mismos y se prevé que no se requerirían reinversiones durante la vida útil del proceso.

El volumen de producción en el segundo proceso puede alterarse fácilmente sin incurrir en mayores costos, dado que su tecnología es bastante flexible. En cambio, en el otro proceso esta flexibilidad es menor, ya que requiere mayores tiempos de ajuste.

En caso de aumentos inesperados en la demanda, la posibilidad del primer proceso para expandir su capacidad más allá de la capacidad máxima proyectada es mayor que en el otro proceso.

Por otra parte, en términos relativos, es más abundante la mano de obra para el segundo proceso que para el primero, ya que éste demanda cierto personal calificado que, si bien no es escaso, no se encuentra en gran cantidad, como en la otra alternativa.

Otra característica del primer proceso descrito es su mayor facilidad para adaptarlo a la producción de jugos de fruta, línea de productos no explotada aún por la empresa.

En marzo de 1983, en una reunión del equipo que estudia el proyecto, se discutía acerca de la estimación de la demanda para el producto. El gerente general de Profrut S. A., Sr. Philips, encontraba demasiado optimista la demanda proyectada, pues según él, "no sólo debe considerarse como productos competitivos los platos preparados enlatados existentes en el mercado, sino también aquellos que eran presentados en otros tipos de envases, como por ejemplo las bandejas de aluminio". Después de criticar otros aspectos considerados en la estimación de la demanda, sugirió castigarla en un 30%.

El Sr. Solar, responsable del estudio de mercado, no consideraba como competitivos los productos mencionados por Philips, ya que éstos "no ofrecen las ventajas de transporte, almacenamiento y rapidez en su preparación para el consumidor que poseen los productos enlatados". Además argumentaba: "Creo firmemente que podremos vender las 250.000 unidades mensuales estimadas en la proyección de la demanda, ya que existe una fuerte necesidad de nuestro producto en el mercado al que lo ofreceremos".

La reunión terminó sin que se llegara a un acuerdo, el cual se pospuso para el siguiente encuentro. Al retirarse de la sala, el Sr. Philips le pide a usted, responsable del estudio técnico, que presente en la próxima sesión su recomendación sobre el proceso productivo que deberá adoptarse.

Bibliografía

Backer, M. L., Jacobsen y D. Ramírez, *Contabilidad de costos: un enfoque administrativo para la toma de decisiones.* México: McGraw-Hill, 1983.

Dervitsiotis, Kostas N., *Operations Management.* N. York: McGraw-Hill, 1981.

Deslandes, H., "Las 8 etapas de un estudio de factibilidad", en *Administración de empresas* 6(61), 1975.

Devine, Carl, "Boundaries and Potentials of Reporting on Profit-Volume Relationships", en *NAA Bulletín* 42(5):5-14, enero 1961.

Guadagni, A. A., "El problema de la optimización del proyecto de inversión: consideración de sus diversas variantes". En BID-Odeplan, *Programa de adiestramiento en preparación y evaluación de proyectos*, vol. V. Santiago, 1976,

Heitger, L. y S. Matulich, *Cost Accounting*. N. York: McGraw-Hill, 1985.

Ilpes, *Guía para la presentación de proyectos*. Santiago: Siglo Veintiuno - Editorial Universitaria, 1971.

Lange, Oskar, *Teoría general de la programación*. Barcelona: Ariel, 1965.

Loevy, Jay, "Análisis del punto de equilibrio y de la contribución como herramienta en la elaboración de presupuestos", en SWEENY, Allen y RACHLIN, Robert, eds., *Manual de Presupuestos*, México: McGraw-Hill, 1984, pp. 213-228.

Naciones Unidas, *Manual de proyectos de desarrollo económico* (publicación 5.58.11.G.5.). México, 1958.

OECD, *Manual of Industrial Project Analysis in Developing Countries*. Paris: Development Centre of the Organization for Economic Cooperations and Development, 1972.

Polimeni, R. y otros, *Cost Accounting, Concepts and Applications for Managerial Decision-Making*. N. York: McGraw-Hill, 1986.

Sapag, Nassir, "Un modelo opcional para el análisis costo-volumen-utilidad". En *Paradigmas en Administración* No. 10, 1987.

————, A. del Pedregal, y C. del Solar, *El estudio técnico en la preparación y evaluación de proyectos* (tesis). Santiago: Universidad de Chile, 1981.

CAPÍTULO 8

La determinación del tamaño

L a importancia de definir el tamaño que tendrá el proyecto se manifiesta principalmente en su incidencia sobre el nivel de las inversiones y costos que se calculen y, por tanto, sobre la estimación de la rentabilidad que podría generar su implementación. De igual forma, la decisión que se tome respecto del tamaño determinará el nivel de operación que posteriormente explicará la estimación de los ingresos por venta.

En este capítulo se analizarán los factores que influyen en la decisión del tamaño, los procedimientos para su cálculo y los criterios para buscar su optimación.

Factores que determinan el tamaño de un proyecto

La determinación del tamaño responde a un análisis interrelacionado de una gran cantidad de variables de un proyecto: demanda, disponibilidad de insumos, localización y plan estratégico comercial de desarrollo futuro de la empresa que se crearía con el proyecto, entre otras.

La cantidad demandada proyectada a futuro es quizás el factor condicionante más importante del tamaño[1], aunque éste no necesaria-

---

[1] G. Baca Urbina, (*Evaluación de proyectos,* McGraw-Hill, 1990) señala, equivocadamente, que es la demanda actual la que debe considerarse para estos efectos, produciendo una clara confusión sobre el tema. Incluso, plantea que "el tamaño propuesto sólo debe aceptarse en caso de que la demanda sea claramente superior a dicho tamaño", olvidando que en un mercado creciente el tamaño debe estar

mente deberá definirse en función de un crecimiento esperado del mercado, ya que, como se verá más adelante, el nivel óptimo de operación no siempre será el que maximice las ventas. Aunque el tamaño puede ir posteriormente adecuándose a mayores requerimientos de operación para enfrentar un mercado creciente, es necesario que se evalúe esa opción contra la de definir un tamaño con una capacidad ociosa inicial que posibilite responder en forma oportuna a una demanda creciente en el tiempo.

Hay tres situaciones básicas del tamaño que pueden identificarse respecto al mercado: aquélla en la cual la cantidad demandada total sea claramente menor que la menor de las unidades productoras posibles de instalar; aquélla en la cual la cantidad demandada sea igual a la capacidad mínima que se puede instalar, y aquélla en la cual la cantidad demandada sea superior a la mayor de las unidades productoras posibles de instalar.

Para medir esto se define la función de demanda con la cual se enfrenta el proyecto en estudio y se analizan sus proyecciones futuras con el objeto de que el tamaño no sólo responda a una situación coyuntural de corto plazo, sino que se optimice frente al dinamismo de la demanda.

El análisis de la cantidad demandada proyectada tiene tanto interés como la distribución geográfica del mercado. Muchas veces esta variable conducirá a seleccionar distintos tamaños, dependiendo de la decisión respecto a definir una o varias fábricas, de tamaño igual o diferente, en distintos lugares y con número de turnos que pudieran variar entre ellos. Por ejemplo, las economías de escala harán recomendable una planta de mayor tamaño que cubra una mayor extensión geográfica; sin embargo, esto hará subir los costos de distribución, con un efecto contrario al de las economías de escala.

La disponibilidad de insumos, tanto humanos como materiales y financieros, es otro factor que condiciona el tamaño del proyecto. Los insumos podrían no estar disponibles en la cantidad y calidad deseada, limitando la capacidad de uso del proyecto o aumentando los costos del abastecimiento, pudiendo incluso hacer recomendable el abandono de la idea que lo originó. En este caso, es preciso analizar, además de los niveles de recursos existentes en el momento del estudio, aquellos que se esperan a futuro. Entre otros aspectos, será necesario investigar las reservas de recursos renovables y no renovables, la

---

en condiciones de enfrentar el aumento esperado en esa demanda, si fuese conveniente para el proyecto. Esto podría, por ejemplo, hacer recomendable que se defina un tamaño superior al necesario para cubrir la demanda actual, pero adecuado a las expectativas de su crecimiento.

existencia de sustitutos e incluso la posibilidad de cambios en los precios reales de los insumos a futuro.

La disponibilidad de insumos se interrelaciona a su vez con otro factor determinante del tamaño: la localización del proyecto. Mientras más lejos esté de las fuentes de insumos, más alto será el costo de su abastecimiento. Lo anterior determina la necesidad de evaluar la opción de una gran planta para atender un área extendida de la población versus varias plantas para atender cada una demandas locales menores. Mientras mayor sea el área de cobertura de una planta, mayor será el tamaño del proyecto y su costo de transporte, aunque probablemente pueda acceder a ahorros por economías de escala[2] por la posibilidad de obtener mejores precios al comprar mayor cantidad de materia prima, por la distribución de gastos de administración, de ventas y de producción, entre más unidades producidas, por la especialización del trabajo o por la integración de procesos, entre otras razones.

El tamaño muchas veces deberá supeditarse, más que a la cantidad demandada del mercado, a la estrategia comercial que se defina como la más rentable o segura para el proyecto. Por ejemplo, es posible que al concentrarse en un segmento del mercado se logre maximizar la rentabilidad del proyecto. El plan comercial deberá proveer la información para poder decidir el tamaño óptimo económico.

En algunos casos, la tecnología seleccionada permite la ampliación de la capacidad productiva en tramos fijos. En otras ocasiones, la tecnología impide el crecimiento paulatino de la capacidad, por lo que puede ser recomendable invertir inicialmente en una capacidad instalada superior a la requerida en una primera etapa, si se prevé que en el futuro el comportamiento del mercado, la disponibilidad de insumos u otras variables hará posible una utilización rentable de esa mayor capacidad. El análisis de los rangos de variación del tamaño permitirá determinar los límites dentro de los cuales se fijará el tamaño del proyecto.

Economía del tamaño

Casi la totalidad de los proyectos presentan una característica de desproporcionalidad entre tamaño, costo e inversión, que hace, por

---

[2] Aunque en general no se considera en la evaluación de proyectos, es posible que al aumentar el tamaño después de un determinado punto hasta donde se observen economías de escala, los costos unitarios tiendan a incrementarse creando deseconomías de escala.

ejemplo, que al duplicarse el tamaño, los costos e inversiones no se dupliquen. Esto ocurre por las economías o deseconomías de escala que presentan los proyectos.

Para relacionar las inversiones inherentes a un tamaño dado con las que corresponderían a un tamaño mayor, se define la siguiente ecuación:

$$I_t = I_o \left[\frac{T_t}{T_o} \right]^{\alpha} \qquad (8.1)$$

donde

I_t = Inversión necesaria para un tamaño T_t de planta
I_o = Inversión necesaria para un tamaño T_o de planta
T_o = Tamaño de planta utilizado como base de referencia
α = Exponente del factor de escala

Si por ejemplo, se ha determinado que la inversión necesaria para implementar un proyecto para la producción de 30.000 toneladas anuales de azufre a partir de SH_2, es de US\$18.000.000, para calcular la inversión requerida para producir 60.000 toneladas anuales, con un α de 0,64, se aplica la ecuación anterior, y se obtiene:

$$I_t = 18.000.000 \left[\frac{60.000}{30.000} \right] 0,64$$

de donde resulta que la inversión asociada a ese tamaño de planta sería de US\$28.049.925.

Lo anterior es válido dentro de ciertos rangos, ya que las economías de escala se obtienen creciendo hasta un cierto tamaño, después del cual α empieza a crecer. Cuando se hace igual a uno no hay economías de escala y si es mayor que uno, hay deseconomías de escala[3]. Por ejemplo, cuando para abastecer a un tamaño mayor de operación deba recurrirse a un grupo de proveedores más alejados, se encarece el proceso de compra por el mayor flete que deberá pagarse.

---

[3] El factor de escala es un antecedente difícil de obtener. Si no se tiene una base de datos que posibilite ir actualizando este factor en función de la observación directa, podrá emplearse la tabla que para estos efectos publicó Naciones Unidas en el Boletín No. 20 de *Industrialización y productividad*, aunque con las reservas obvias que resultan de considerar en algunas áreas el fuerte cambio tecnológico enfrentado en los últimos años.

La decisión de hasta qué tamaño crecer deberá considerar esas economías de escala sólo como una variable más del problema, ya que tan importante como éstas es la capacidad de vender los productos en el mercado[4].

Cubrir una mayor cantidad demandada de un producto que tiene un margen de contribución positivo, no siempre hace que la rentabilidad se incremente, puesto que la estructura de costos fijos se mantiene constante dentro de ciertos límites. Sobre cierto nivel de producción es posible que ciertos costos bajen, por las economías de escala, mientras que otros suban. También es factible que para poder vender más de un cierto volumen los precios deban reducirse, con lo cual el ingreso se incrementa a tasas marginalmente decrecientes. En forma gráfica, puede exponerse esto de la siguiente manera:

Gráfico 8.1

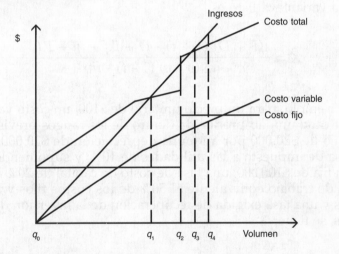

Como puede observarse, el ingreso total supera a los costos totales en dos tramos diferentes. Si el tamaño está entre q_0 y q_1, o entre q_2 y q_3, los ingresos no alcanzan a cubrir los costos totales. Si el tamaño estuviese entre q_1 y q_2 o sobre q_3, se tendrían utilidades.

---

[4] Una importante contribución a este punto hace Héctor Gutiérrez en su libro *Evaluación de proyectos bajo certidumbre* (Universidad de Chile, 1994) donde analiza el problema del tamaño en un proyecto con mercado constante. A este respecto muestra el ejemplo de definir el tamaño que debe tener una escuela para enseñar a los niños de un determinado barrio o comunidad rural, para concluir que "las economías de escala, aunque existan, no juegan ningún rol en la decisión".

El gráfico permite explicar un problema frecuente en la formulación del tamaño de un proyecto. En muchos casos se mide la rentabilidad de un proyecto para un tamaño que satisfaga la cantidad demandada estimada y, si es positiva, se aprueba o recomienda su inversión. Sin embargo, a veces es posible encontrar tamaños inferiores que satisfagan menores cantidades demandadas pero que maximicen el retorno para el inversionista. Si, en el gráfico 8.1, el punto q_4 representa el tamaño que satisface la cantidad demandada esperada, es fácil apreciar que rinde un menor resultado que el que podría obtenerse para un tamaño q_2, que además podría involucrar menores inversiones y menor riesgo, al quedar supeditado el resultado a una menor cobertura del mercado[5].

Retomando la ecuación 7.13, que se propuso como una alternativa para realizar un estudio en nivel de perfil, se puede deducir el tamaño mínimo que hace atractiva la implementación del proyecto para una alternativa tecnológica y una estructura de costos determinada, despejando la variable x. Esto es:

$$X = \frac{(F + D)\,(1 + t) - D + ikf + ijf + RI}{(p - v)\,(1 - t) - ijv} \tag{8.2}$$

Por ejemplo, para un precio unitario de $100, un costo variable de $30 por cada unidad producida dentro de los rangos previsibles, un costo fijo de $20.000 por año, una depreciación de $10.000 anuales, una tasa de impuesto a las utilidades de 10%; y suponiendo una inversión fija de $100.000, una tasa de costo de capital de 20% anual, un capital de trabajo equivalente al 50% de los costos fijos y variables anuales y una tasa exigida de recuperación de la inversión de $10.000 anuales, se tiene:

$$\frac{(20.000+10.000)\,(1-0,1)-10.000+(0,2)\,(100.000)+(0,2)\,(0,5)\,(20.000)+10.000}{(100-30)\,(0,9)-(0,2)\,(0,5)\,(30)}$$

de donde resulta que el tamaño mínimo que hace atractivo al proyecto es de 817 unidades anuales.

---

[5] Sin embargo, al dejar demanda insatisfecha se corre el riesgo de incentivar a otros a incorporarse a este mercado aumentando su competitividad. Muchas veces será necesario recomendar un tamaño menos rentable pero que no baje las barreras de entrada para nuevos competidores.

La optimación del tamaño

La determinación del tamaño debe basarse en dos consideraciones que confieren un carácter cambiante a la optimidad del proyecto: la relación precio-volumen, por el efecto de la elasticidad de la demanda, y la relación costo-volumen, por las economías y deseconomías de escala que pueden lograrse en el proceso productivo. La evaluación que se realice de estas variables tiene por objeto estimar los costos y beneficios de las diferentes alternativas posibles de implementar y determinar el valor actual neto de cada tamaño opcional para identificar aquel en que éste se maximiza.

El criterio que se emplea en este cálculo es el mismo que se sigue para evaluar el proyecto global. Mediante el análisis de los flujos de caja de cada tamaño, puede definirse una tasa interna de retorno (*TIR*) marginal del tamaño que corresponda a la tasa de descuento que hace nulo al flujo diferencial de los tamaños de alternativa. Mientras la tasa marginal sea superior a la tasa de corte definida para el proyecto, convendrá aumentar el tamaño. El nivel óptimo estará dado por el punto en el cual ambas tasas se igualan. Esta condición se cumple cuando el tamaño del proyecto se incrementa hasta que el beneficio marginal del último aumento sea igual a su costo marginal.

En el gráfico 8.2 se puede apreciar la relación de la *TIR* marginal, del valor actual neto (*VAN*) incremental y del *VAN* máximo con el tamaño óptimo (T_o). El tamaño óptimo corresponde al mayor valor actual neto de las alternativas analizadas. Si se determina la función de la curva, este punto se obtiene cuando la primera derivada es igual a cero y la segunda es menor que cero, para asegurar que el punto sea un máximo[6]. El mismo resultado se obtiene si se analiza el incremento de *VAN* que se logra con aumentos de tamaño. En T_o, el *VAN* se hace máximo, el *VAN* incremental es cero (el costo marginal es igual al in-

---

[6] Si se expresa el *VAN* en función del tamaño, se podría definir la siguiente igualdad:

$$VAN\ (T) = \sum_{t=1}^{n} \frac{BN_t\ (T)}{(1+i)^t} - I(T) \qquad (8.3)$$

donde BN_t es beneficio neto en el periodo t.

Para calcular el punto que hace igual a cero el *VAN* marginal se deriva la función de la siguiente forma:

$$\frac{d\ VAN(T)}{d\ VAN} = \sum_{t=1}^{n} \frac{dBN_t\ (T)/dT}{(1+i)^t} - \frac{dI\ (T)}{dT} = 0 \qquad (8.4)$$

greso marginal) y la *TIR* marginal es igual a la tasa de descuento exigida al proyecto.

Si bien lo anterior facilita la comprensión de algunas relaciones de variables y clarifica hacia dónde debe tenderse en la búsqueda del tamaño óptimo, en la práctica este método pocas veces se emplea ya que como el número de opciones posibles es limitado, resulta más simple calcular el valor actual neto de cada una de ellas y elegir el tamaño que tenga el mayor valor actual neto asociado[7]. En el siguiente punto se analizará en mayor detalle este aspecto.

Gráfico 8.2

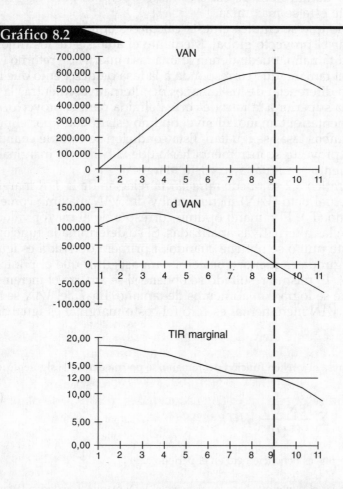

---

[7] En los casos donde se encuentren variaciones continuas en el tamaño, como por ejemplo en un oleoducto, donde el tamaño se fija a voluntad, pueden expresarse tanto la inversión como los beneficios netos en función del tamaño y derivar la función tal como se explica en la nota anterior.

 El tamaño de un proyecto con mercado creciente

Al analizar las variables determinantes del tamaño del proyecto, se planteó la necesidad de considerar el comportamiento futuro de la cantidad demandada como una forma de optimizar la decisión, no tanto en respuesta a una realidad coyuntural como a una situación dinámica en el tiempo.

Como se mencionó anteriormente, el tamaño óptimo depende, entre otras cosas, de las economías de escala que estén presentes en un proyecto. Al estar en presencia de un mercado creciente, esta variable toma más importancia, ya que deberá optarse por definir un tamaño inicial lo suficientemente grande como para que pueda responder a futuro a ese crecimiento del mercado, u otro más pequeño pero que vaya ampliándose de acuerdo con las posibilidades de las escalas de producción. El primer caso obliga a trabajar con capacidad ociosa programada, la que podría compensarse con las economías de escala que se obtendrían de operar con un mayor tamaño. Obviamente, si no hay economías de escala asociadas a un mayor tamaño, no podrá justificarse económicamente un tamaño que ocasione capacidad ociosa, a menos que una razón estratégica, como crear barreras a la entrada de nuevos competidores, así lo justifique. El segundo caso hace necesario que, además de evaluarse la conveniencia de implementar el proyecto por etapas, deba definirse cuándo debe hacerse la ampliación.

En general, la demanda crece a tasas diferentes a las del aumento en las capacidades de planta, lo que obliga a elegir entre dos estrategias alternativas: satisfacer excedentaria o deficitariamente a la demanda. En el primer caso se estará optando por mantener capacidad ociosa de producción, mientras que, en el segundo, por dejar de percibir beneficios que ocasionaría la opción de satisfacer a toda la demanda.

Con el siguiente ejemplo se expondrá una forma de análisis de opciones de tamaño frente a una demanda creciente en el tiempo.

Supóngase que la demanda esperada en toneladas para cada uno de los próximos cinco años es la que se exhibe en el cuadro 8.1, y que la producción se puede hacer con capacidades máximas de plantas de 3.000, 7.000 y 12.000 toneladas anuales.

Cuadro 8.1

Año	1	2	3	4	5
Demanda	1.500	3.000	4.500	7.500	12.000

Considérese, también, que el costo unitario de producción de cada planta y su distribución entre costos fijos y variables, trabajando a plena capacidad, es la siguiente:

Cuadro 8.2

Planta	Tamaño	Costo unitario	Costo fijo	Costo variable
A	3.000 ton/año	$ 650	35,6%	64,4%
B	7.000 ton/año	$ 540	26,3%	73,7%
C	12.000 ton/año	$ 490	25,0%	75,0%

El precio de venta unitario se supondrá en $950 para cualquier volumen de ventas, y la vida útil de todas las plantas se estima en cinco años. No se ha supuesto la posibilidad de valores de rescate al término de su vida útil. La inversión para la planta A se calculó en 1,5 millones de pesos y el factor de escala es de 0,65.

Aplicando la ecuación 8.1 se obtienen las siguientes estimaciones de inversión para los tamaños de planta en estudio:

Cuadro 8.3

Capacidad	3.000 ton/año	7.000 ton/año	12.000 ton/año
Inversión	$1.500.000	$2.601.814	$3.693.433

Si se optara por una sola planta con capacidad de 3.000 toneladas año, el flujo de beneficios netos de cada año sería[8]:

Cuadro 8.4

Año	Producción	Ingresos	Costo fijo	C. variable	Flujo anual
1	1.500	1.425.000	694.200	627.900	102.900
2	3.000	2.850.000	694.200	1.255.800	900.000
3	3.000	2.850.000	694.200	1.255.800	900.000
4	3.000	2.850.000	694.200	1.255.800	900.000
5	3.000	2.850.000	694.200	1.255.800	900.000

---

[8] Los ingresos se obtienen de multiplicar el precio por la cantidad producida y vendida. Los costos fijos resultan de calcular el 35,6% del costo total ($650 multiplicado por las 3.000 unidades). Similar operación se hace con los costos variables, pero aplicando el porcentaje que corresponde a las unidades efectivamente producidas.

Al actualizar el flujo resultante de este cuadro, se obtiene un valor actual neto de $1.032.602, a una tasa de actualización de un 12% anual, el que deberá ser comparado con el resultado que se obtendría de actualizar las otras opciones.

Instalar una sola planta con capacidad de 7.000 toneladas año, generaría un valor actual neto de $2.290.522 para el flujo de caja neto resultante de la proyección que se muestra en el siguiente cuadro:

Cuadro 8.5

Año	Producción	Ingresos	Costo fijo	C. Variable	Flujo anual
1	1.500	1.425.000	994.140	596.970	-166.110
2	3.000	2.850.000	994.140	1.193.940	661.920
3	4.500	4.275.000	994.140	1.790.910	1.489.950
4	7.000	6.650.000	994.140	2.785.860	2.870.000
5	7.000	6.650.000	994.140	2.785.860	2.870.000

Para el caso de una planta con capacidad de 12.000 toneladas anuales, el flujo que puede proyectarse es el siguiente:

Cuadro 8.6

Año	Producción	Ingresos	Costo fijo	C. variable	Flujo anual
1	1.500	1.425.000	1.470.000	551.250	-596.250
2	3.000	2.850.000	1.470.000	1.102.500	277.500
3	4.500	4.275.000	1.470.000	1.653.750	1.151.250
4	7.500	7.125.000	1.470.000	2.756.250	2.898.750
5	12.000	11.400.000	1.470.000	4.410.000	5.520.000

El valor actual neto que podría esperarse de esta opción, a una tasa de descuento del 12% anual, sería de $1.749.404.

Si la decisión estuviera entre los únicos tres tamaños de planta identificados, sin posibilidad de duplicar una de ellas ni de combinar entre ellas, la más conveniente sería la planta B por tener el mayor valor actual neto. Pero un análisis completo exige medir la rentabilidad de una opción combinada, ya sea de repetir una capacidad de planta o de combinar dos o más de ellas.

Por ejemplo, una posibilidad de satisfacer toda la demanda con un solo tipo de planta podría ser con una planta *A* los dos primeros años, dos el tercer año, tres el cuarto y cuatro el quinto. Nótese que también debe analizarse la posibilidad de mantener dos plantas el año cuarto, dejando sin cubrir una demanda de 1.500 toneladas ese año.

De igual forma, la demanda podrá satisfacerse combinando plantas como, por ejemplo, con una planta *A* los dos primeros años, con dos plantas *A* los años tercero y cuarto y con dos plantas *A* más una *B* el año quinto.

De acuerdo con lo anterior, es posible deducir que no existe un tamaño óptimo de planta cuando se enfrenta una demanda creciente, sino una estrategia óptima de ampliación que puede definirse con anticipación.

El tamaño de un proyecto con demanda constante

Un modelo menos frecuente pero útil en muchos casos en que la información está disponible, como por ejemplo cuando la demanda por satisfacer es interna del proyecto (fabricación de un insumo por emplear en la elaboración del producto final), se conoce la cantidad fija de demanda por atender o, incluso, es una decisión propia del inversionista; es el que elige al tamaño que exhibe el menor costo medio, el que corresponde al cuociente entre el costo total y todas las unidades producidas.

Cuando la demanda es constante, la opción que exhiba el costo medio mínimo es la que maximiza al valor actual neto, ya que se asume que los beneficios son constantes cualquiera que sea la configuración tecnológica que logre satisfacer el nivel de demanda que se supone dado.

Esto se demuestra representando a la demanda, fija y conocida, como q_o, y expresando al valor actual neto (*VAN*) de un tamaño T_o como sigue:

$$VAN \ (T_o) = \sum_{t=1}^{n} \frac{pq_o - Co \ (T_o)}{(1 + i)^t} - I \ (T_o) \qquad (8.5)$$

donde:

$I(T_o)$ = Inversión para el tamaño T_o

$Co(T_o)$ = Costo de operación para el tamaño T_o

Si se convierte la inversión en un flujo anual equivalente, *CAI* (costo anual equivalente de la inversión), la ecuación 8.5 se transforma en:

$$VAN\ (T_o) = \sum_{t=1}^{n} \frac{pq_o - C_o T_o - CAI}{(1 + i)^t} \qquad (8.6)$$

lo que puede formularse también como:

$$VAN\ (T_o) = q_o \left(p - \frac{CT}{q_o} \right) \sum_{t=1}^{n} \frac{1}{(1 + i)^t} \qquad (8.7)$$

donde

CT = costo total = $Co(T_o) + CAI$.

Dado que todos los valores son constantes y conocidos, de la ecuación 8.7 se deduce que el máximo valor actual neto corresponde al menor costo medio (CT/q_o)[9].

Por ejemplo, si una empresa que está estudiando la viabilidad de fabricar los 30.000 envases diarios que hoy compra a proveedores externos y que requiere para su producción normal, identifica los siguientes cinco tamaños de planta que podrían satisfacer su demanda normal, debería optar por un tamaño de planta *D* ya que es donde el costo medio se minimiza:

Cuadro 8.7			
Planta	**Capacidad**	**Costo medio**	**Nivel operación**
A	10.000	48	3 turnos/día
B	15.000	52	2 turnos/día
C	20.000	51	1,5 turnos/día
D	30.000	46	1 turno/día
E	40.000	47	1 turno/día y 75% capacidad

[9] Como se verá más adelante, es usual incorporar la depreciación contable de la inversión en los costos fijos del negocio. Esto, que es correcto para cuantificar el costo del producto y también para fines tributarios, no lo es para la evaluación de opciones financieras, ya que si se incluyen, se estaría considerando dos veces el efecto de la inversión. En los capítulos de construcción de flujos de caja y de evaluación del proyecto se analiza en forma detallada este punto.

Obviamente, al existir una demanda constante, la solución se logra tanto con el mínimo costo medio como con el mínimo costo total[10].

Resumen

El capítulo 8 se abocó al desarrollo de uno de los aspectos más importantes y difíciles de la formulación de un proyecto: su tamaño. Son muchos los factores que influyen en la determinación de lo que pueda considerarse tamaño óptimo de la inversión, destacándose la demanda, la disponibilidad de insumos, la capacidad financiera del inversionista y el crecimiento de la competencia, entre otros.

El tamaño mantiene una estrecha vinculación con la cuantía de las inversiones, costos de operación y niveles de venta. Esto hace que muchas veces de la correcta determinación del tamaño dependa la magnitud de la rentabilidad de un proyecto, entre otras cosas, porque al tamaño se asocian efectos de economías de escala que, si bien pueden ser atractivas para la disminución de los costos medios de producción, deben ser cuidadosamente analizadas por sus implicaciones en los niveles de capacidad ociosa que pudiese generar el proyecto.

Más complejo se manifiesta este punto si se agrega a las consideraciones la variable estratégica de buscar crear barreras a la entrada de nuevos competidores al mercado, al mantener una capacidad de oferta superior a la cantidad demandada que pudiera esperarse para el proyecto.

La maximización del valor actual neto es, como para muchas decisiones, determinante en la elección de la opción de tamaño. Aunque es posible la búsqueda de este óptimo por la determinación del tamaño que hace máximo al valor actual neto, o que hace a la tasa interna de retorno marginal igual a la tasa de descuento del proyecto o que hace al valor actual neto incremental igual a cero, en la práctica la más frecuente es la primera de estas opciones, porque generalmente el número de tamaños posibles es limitado.

Cuando el tamaño debe enfrentar un mercado creciente, es posible tener que decidir si se seguirá una estrategia que satisfaga

---

[10] Cuando los beneficios son constantes, muchas personas mencionan un "VAC" para referirse a un valor actual de los costos. Es obvio que si los beneficios son iguales para distintas capacidades de planta, la opción que exhiba el menor valor actualizado de los costos será igual a la que tenga el mayor valor actual neto.

excedentaria o deficitariamente a la demanda, aunque sea por periodos parciales de tiempo. Esto ocurre porque el mercado crece a tasas diferentes a las del aumento que pudiera seguirse en la adecuación de las capacidades de planta.

Cuando la demanda es constante, lo más común es realizar el análisis de la opción de mínimo costo medio, aunque se llega a igual resultado si se busca el menor costo total.

Preguntas y problemas

1. "El tamaño propuesto sólo debe aceptarse en caso de que la demanda sea claramente superior a dicho tamaño". Comente la afirmación.

2. Señale los principales factores que determinan el tamaño de un proyecto.

3. ¿Cuál es el principal factor de decisión en el estudio del tamaño de una planta para fabricar los insumos que ocupa y hoy compra una empresa en funcionamiento?

4. ¿Por qué la estrategia comercial que se defina para el proyecto puede ser más importante que la cantidad demandada al definir el tamaño más adecuado para un proyecto?

5. Señale un caso donde el tamaño genere claramente economías de escala y otro donde genere deseconomías de escala.

6. Explique el concepto de factor de escala. ¿Qué significa que éste sea mayor, igual o menor que uno?

7. ¿En qué caso las economías de escala, aunque existan, no desempeñan ningún papel en la decisión?

8. Explique las relaciones que existen entre la tasa interna de retorno marginal, el valor actual neto incremental y el valor actual neto máximo, en el punto donde el tamaño se hace óptimo.

9. "Al aumentar la producción y ventas puede pasarse de una situación con rentabilidad positiva a otra negativa". Comente.

10. ¿Qué diferencia a los análisis que deben hacerse para estudiar los tamaños óptimos con mercado creciente y con mercado constante?

11. "En el cálculo del costo medio deben considerarse todos los costos fijos del producto, incluyendo la depreciación". Comente.

12. En la fabricación de un producto se sabe que la inversión necesaria para una planta con capacidad para elaborar 1.000 unidades diarias es de $250.000.000. Si el factor de escala es 0,8, ¿cuál es el costo de construir una planta de 2.000 y de 3.000 unidades diarias?

13. En un informe de costo de construcción y equipamiento de una pequeña planta industrial se señala que la inversión necesaria para poder fabricar 13.000 unidades anuales de un producto es de $68.000.000, mientras que para fabricar 30.000 unidades es de $120.000.000. Determine el factor de escala.

14. Demuestre que la decisión sobre el tamaño óptimo entre las tres opciones siguientes es la misma, ya sea empleando el criterio de maximización del valor actual neto o los de minimización de los costos totales y costos medios.

Planta	Tamaño	Inversión	Costo unitario
A	900 u/día	1.000.000	140
B	1.800 u/día	1.700.000	300
C	2.700 u/día	2.500.000	450

La producción requerida es de 2.700 unidades al día, que se logra haciendo trabajar tres turnos a la planta *A*, un turno y medio a la planta *B* y un turno a la planta *C*.

Todos los productos se valoran en $1.200, la tasa de descuento para el proyecto es de un 12% anual, la vida útil de todas las plantas es de cinco años sin valor de desecho y no se incluye la depreciación de la planta en el cálculo de los costos de operación unitarios.

CASO: BALDOSINES CÉRAMICOS LTDA.

En la formulación de un proyecto para crear y operar la futura fábrica de baldosas Baldosines Cerámicos Ltda.; se busca determinar cuál es el tamaño de la planta o la combinación de plantas más apropiada para satisfacer la demanda esperada para los

próximos cinco años. Según los resultados de la investigación del mercado de baldosines, la empresa que se crearía con el proyecto podría enfrentar una posibilidad de ventas como la que se muestra a continuación:

Año	1	2	3	4	5
Demanda	1.400	2.500	5.500	7.500	9.500

El estudio técnico logró identificar que la producción de los baldosines en los niveles estimados puede fabricarse con una o más de tres tipos de plantas, cuyas capacidades de producción en situaciones normales son las siguientes:

Planta	Capacidad (b/día)
A	2.500
B	6.000
C	9.500

El costo unitario de producción y su componente proporcional fijo y variable para el nivel de operación normal es conocido y se muestra en la siguiente tabla:

Planta	Costo unitario	% Costo fijo	% Costo variable
A	$62	33,3	66,7
B	$48	25,4	74,6
C	$46	23,0	77,0

Se estima que el precio de venta de cada una de las unidades producidas ascenderá a $85, cualquiera que sea el número fabricado y vendido.

La vida útil máxima de cada planta se estima en cinco años. Ninguna de ellas tiene valor de desecho, cualquiera que sea la antigüedad con que se liquiden.

La inversión necesaria para construir y equipar la planta *A* se calculó en \$120.000. Aunque no se contrató un estudio para cuantificar el monto de la inversión en las plantas *B* y *C*, se sabe que un buen estimador es aplicar un factor de escala de un 0,75.

Uno de los puntos que más interesa aclarar es si será más conveniente construir una única planta que satisfaga la totalidad o parte de la demanda proyectada, buscar una combinación de dos o más tipos de planta, o buscar otra opción como construir una segunda planta igual a la inicial cuando crezca la demanda.
Los dueños del proyecto desean producir cada año la cantidad exacta proyectada para la demanda. También esperan un retorno mínimo a la inversión de un 15%.

Con base en estos antecedentes, ¿qué opciones existen?, ¿cuál es la más conveniente?, ¿qué otras consideraciones deberían incluirse para una mejor decisión?

Bibliografía

Fuentes, Fernando, *Análisis técnico para proyectos de inversión*. ICAP. San José, 1988.

Guadagni, A. A., "El problema de la optimización del proyecto de inversión: consideración de sus diversas variantes". En BID-Odeplan, *Programa de adiestramiento en preparación y evaluación de proyectos*. Vol. V. Santiago, 1976.

Gutiérrez, Héctor, *Evaluación de proyectos bajo certidumbre*. Santiago: Universidad de Chile, 1994.

Ilpes, *Guía para la presentación de proyectos*. Santiago: Siglo XXI-Editorial Universitaria, 1977.

Naciones Unidas, "Tamaño de fábrica y economías de escala". En BID-Odeplan, *Programa de adiestramiento en preparación y evaluación de proyectos*. Vol. V. Santiago, 1976.

Ochoa, H. J., "Tamaño". *Programa de adiestramiento en preparación y evaluación de proyectos*. Vol. V. Santiago, 1976.

OECD, *Manual of Industrial Project Analysis in Developing Countries*. París: Development Centre of the Organization for Economic Cooperation and Development, 1972.

Salvatore, Dominick, *Economía y empresa*. México: McGraw-Hill, 1993.

Schroeder, R. G., *Operation management. Decision making in operation function*. McGraw-Hill, 1985.

Decisiones de localización

L a localización adecuada de la empresa que se crearía con la aprobación del proyecto puede determinar el éxito o fracaso de un negocio. Por ello, la decisión acerca de dónde ubicar el proyecto obedecerá no sólo a criterios económicos, sino también a criterios estratégicos, institucionales, e incluso, de preferencias emocionales. Con todos ellos, sin embargo, se busca determinar aquella localización que maximice la rentabilidad del proyecto.

La decisión de localización de un proyecto es una decisión de largo plazo con repercusiones económicas importantes que deben considerarse con la mayor exactitud posible. Esto exige que su análisis se realice en forma integrada con las restantes variables del proyecto: demanda, transporte, competencia, etc. La importancia de una selección apropiada para la localización del proyecto se manifiesta en diversas variables, cuya recuperación económica podría hacer variar el resultado de la evaluación, comprometiendo en el largo plazo una inversión probable de grandes cantidades de capital, en un marco de carácter permanente de difícil y costosa alteración.

El objetivo de este capítulo es presentar los principales criterios y técnicas de evaluación de las opciones de localización de un proyecto.

 El estudio de la localización

La localización puede tener un efecto condicionador sobre la tecnología utilizada en el proyecto, tanto por las restricciones físicas que importa como por la variabilidad de los costos de operación y capital de las distintas alternativas tecnológicas asociadas a cada ubicación posible.

Al estudiar la localización del proyecto se puede concluir que hay más de una solución factible adecuada, y más todavía cuando el análisis se realiza en nivel de prefactibilidad, donde las variables relevantes no son calculadas en forma concluyente. De igual manera, una localización que se ha determinado como óptima en las condiciones vigentes puede no serlo en el futuro. Por tanto, la selección de la ubicación debe tener en cuenta su carácter definitivo o transitorio y optar por aquella que permita obtener el máximo rendimiento del proyecto.

El estudio de la localización no será entonces una evaluación de factores tecnológicos. Su objetivo es más general que la ubicación por sí misma; es elegir aquella que permita las mayores ganancias entre las alternativas que se consideran factibles. Sin embargo, tampoco el problema es puramente económico. Los factores técnicos, legales, tributarios, sociales, etc, deben necesariamente tomarse en consideración, sólo que la unidad de medida que homologue sus efectos en el resultado del proyecto puede reducirse, en algunos casos, a términos monetarios. Siempre quedará la variable subjetiva no cuantificable que afectará la decisión, por ejemplo, las motivaciones personales del empresario.

La teoría económica de la localización reduce el problema a un aspecto de ganancias máximas, esto es, considerar el objetivo más general del proyecto: aquella localización que le otorgue la mayor rentabilidad. Para esto, es necesario elaborar y evaluar el flujo de efectivo relevantes de cada alternativa, en los términos que se definirán en el capítulo 16.

El análisis de la ubicación del proyecto puede realizarse con distintos grados de profundidad, que dependen del carácter de factibilidad, prefactibilidad o perfil del estudio. Independientemente de ello, hay dos etapas necesarias que realizar: la selección de una macrolocalización y, dentro de ésta, la de la microlocalización definitiva. Muchas veces se considera que en nivel de prefactibilidad sólo es preciso definir una macrozona, pero no hay una regla al respecto.

La selección de la macro y microlocalización está condicionada al resultado del análisis de lo que se denomina factor de localización. Cada proyecto específico tomará en consideración un conjunto distinto de estos factores. Igualmente, la selección de la macrozona tendrá que considerar, para un mismo proyecto, muchos factores de localización diferentes de los que se utilizarán en la elección de la microubicación; por ejemplo, factores como las políticas impositivas, las influencias climáticas y otras que tienen preponderancia en la selección de la macrolocalización, no son relevantes para elegir una microzona dentro de aquélla, puesto que su efecto sería común a toda ella.

En teoría, las alternativas de ubicación de un proyecto son infinitas. En términos prácticos, el ámbito de elección no es tan amplio, pues las restricciones propias del proyecto descartan muchas de ellas. La selección previa de una macrolocalización permitirá, a través de un análisis preliminar, reducir el número de soluciones posibles, al descartar los sectores geográficos que no respondan a las condiciones requeridas por el proyecto. Sin embargo, debe tenerse presente que el estudio de la microlocalización no corregirá los errores en que se pudo haber incurrido en la macrolocalización. El análisis de microlocalización sólo indicará cuál es la mejor alternativa de instalación dentro de la macrozona elegida.

La deficiente recolección de datos es la principal causa de los errores de la selección, que se manifiesta generalmente en costos excesivamente altos, debidos a la "seducción del lugar", a medios de transporte insuficientes, a dificultades para captar mano de obra especializada en número suficiente, a la falta de agua y a la incapacidad de deshacerse de desechos[1], entre otros factores.

 ## Factores de localización

Los factores que influyen más comúnmente en la decisión de la localización de un proyecto se analizan en este apartado.

Las alternativas de instalación de la planta deben compararse en función de las fuerzas locacionales típicas de los proyectos. Se han elaborado muchas listas de esta fuerza como elementos de referencia para su evaluación. Algunas, como la publicada en la revista *Industrial Development*[2], por ejemplo, han llegado a presentar una lista de 753 de estos factores. Una clasificación más concentrada debería incluir por lo menos los siguientes factores globales:

- Medios y costos de transporte
- Disponibilidad y costo de mano de obra
- Cercanía de las fuentes de abastecimiento
- Factores ambientales
- Cercanía del mercado
- Costo y disponibilidad de terrenos
- Topografía de suelos
- Estructura impositiva y legal
- Disponibilidad de agua, energía y otros suministros
- Comunicaciones
- Posibilidad de desprenderse de desechos

---

[1] "Site Selection", *Factory* 122 (5): 197, 1960.

[2] "The factors for expansion planning", *Industrial Development* 129 (11), 64, 1960.

La tendencia de localizar el proyecto en la cercanía de las fuentes de materias primas, por ejemplo, depende del costo del transporte, tanto cuando el proceso redunda en una reducción de peso significativa como cuando se elaboran o envasan artículos perecederos. Normalmente, cuando la materia prima (como la madera) es procesada para obtener productos diferentes, la localización tiende hacia la fuente de insumo; en cambio, cuando el proceso requiere variados materiales o piezas para ensamblar un producto final, la localización tiende hacia el mercado. La disponibilidad de los insumos, cualquiera que sea su naturaleza, debe estudiarse en términos de la regularidad de su abastecimiento, perecibilidad, calidad y costo.

Respecto a la mano de obra, la cercanía del mercado laboral adecuado se convierte con frecuencia en un factor predominante en la elección de la ubicación, y aun más cuando la tecnología que se emplee sea intensiva en mano de obra. Sin embargo, diferencias significativas en los niveles de remuneraciones entre alternativas de localización podrían hacer que la consideración de este factor sea puramente de carácter económico.

La tecnología del proceso puede también en algunos casos convertirse en un factor prioritario de análisis, si requiriera algún insumo en abundancia y a bajo costo, tal como el agua en una planta productora de bebidas alcohólicas o la electricidad en una planta de la industria metalmecánica.

Existe, además, una serie de factores no relacionados en forma directa con el proceso productivo, pero que condicionan en algún grado la localización del proyecto. Dervitsiotis[3] señala, a este respecto, tres factores que denomina genéricamente ambientales: a) la disponibilidad y confiabilidad de los sistemas de apoyo, donde incluye los servicios públicos de electricidad y agua, protección contra incendios, comunicación rápida y segura y otros; b) las condiciones sociales y culturales, donde se estudian no sólo las variables demográficas como tamaño, distribución, edad y cambios migratorios, entre otras, sino también aspectos como la actitud hacia la nueva industria, disponibilidad, calidad y confiabilidad en los trabajadores en potencia, tradiciones y costumbres que pueden interferir con las modalidades conocidas de realizar negocios, entre otras, y c) las consideraciones legales y políticas, que dan el marco de restricciones y oportunidades al análisis, tales como leyes sobre niveles de contaminación, especificaciones de construcción, franquicias tributarias o agilidad en la obtención de permisos para las nuevas instalaciones.

³ Kostas Dervitsiotis, *Operations Management*. N. York: McGraw-Hill, 1981, p. 385.

Otro factor importante en la decisión es el costo del transporte. La distancia entre las alternativas de localización con las fuentes de abastecimiento y el mercado consumidor debe considerarse, principalmente, en función de los costos que implica el transporte.

No sólo deben estudiarse las tarifas y las distancias al estudiar el transporte. El acceso, en cuanto al tiempo y demoras, a la cantidad de maniobras necesarias para llegar a destino, a la congestión del tránsito, al paso por calles centrales de una ciudad o la posibilidad de detenciones no controlables originadas por las características de cada ruta (nevadas en la cordillera, aludes, etc.), condicionarán el costo del transporte.

Al estudiar la localización, muchas veces será el factor transporte el único determinante de la decisión. Es común, especialmente en nivel de prefactibilidad, que se determine un costo tarifario, sea en volumen o en peso, por kilómetro recorrido. Si se emplea esta unidad de medida, su aplicación difiere según se compre la materia puesta en planta o no. Por ejemplo, si el proyecto fuese agroindustrial e implicase una recolección de la materia prima en varios predios, el costo de ésta, puesta en planta dependerá de la distancia en la que se transporta, ya que el costo del flete deberá incorporarse a su precio.

Supóngase el siguiente ejemplo para explicar lo anterior. Una planta requiere 300 toneladas anuales de remolacha como insumo y las disponibilidades conocidas para una localización dada en función de las distancias son las indicadas en el cuadro 9.1.

Cuadro 9.1

Predio	Distancia a la planta	Producción disponible
A	30 km	150 ton
B	40 km	50 ton
C	60 km	100 ton

Si el precio de la remolacha puesta en el predio fuese de $100 la tonelada y el flete se ha calculado en $2 ton/km, resultan los costos comparativos que se muestran en el cuadro 9.2.

Si la materia prima se adquiere en los predios y se transporta en vehículos (propios o ajenos) a la planta, obviamente el costo medio, $183 la tonelada, es el costo real para el proyecto.

Pero si el producto se compra puesto en planta, deberá ofrecerse a un precio tal que satisfaga el interés del productor localizado en el predio C. Es decir, $220 la tonelada. Podrá argumentarse que primero se ofrecerá un precio de $160, hasta haber satisfecho las expectativas

Cuadro 9.2

Predio	A	B	C
Distancia a la planta (km)	30	40	60
Producción disponible (ton)	150	50	100
Costo materia prima ($)	15.000	5.000	10.000
Costo transporte ($)	9.000	4.000	12.000
Costo total ($)	24.000	9.000	22.000
Costo marginal ($)	160	180	220
Costo medio[4] ($)	160	165	183

del productor situado en el predio A, que luego se subirá a $180, hasta adquirir la producción de B, y luego a $220, llegando también a un promedio de $183. Sin embargo, esto podría resultar una vez. Al año siguiente el productor del predio más cercano a la planta no responderá al precio inicial, a la espera del alza ocurrida el año anterior. El análisis, si bien ha de responder a las características de cada proyecto, debe considerar este factor, que puede llegar a ser determinante en la elección de una localización.

La naturaleza, disponibilidad y ubicación de las fuentes de materia prima, las propiedades del producto terminado y la ubicación del mercado son también factores generalmente relevantes en la decisión de la localización del proyecto. Muchas veces el volumen de la materia prima por transportar es superior al volumen del producto terminado como, por ejemplo, la leche para producir quesos y mantequilla, las papas para elaborar puré deshidratado, los minerales en la industria siderúrgica, etc. En estos casos la tendencia es situar la planta cerca de las fuentes de los recursos. Pero también puede suceder que el volumen de materia prima por transportar sea menor que el del pro-

---

4 El costo marginal se calcula dividiendo el costo total de abastecerse de cada predio (CT_p) por la producción disponible en cada uno:

$$CT_p/q_p \tag{9.1}$$

El costo medio corresponde al costo total de abastecer la cantidad requerida, dividido por la producción total (q_t) requerida:

$$\sum_{j=1}^{n} CTp_j/q_t \tag{9.2}$$

ducto terminado o que el costo del transporte de este último sea mayor, por su naturaleza, que el de la materia prima. En estas situaciones se tiende a localizar la planta cerca de los mercados.

Sin embargo, no siempre son tan evidentes las ventajas de una u otra localización. Los volúmenes, pesos, distancias, tarifas vigentes, carácter perecedero del producto transportado, etc., deben evaluarse en forma conjunta para medir los efectos complementarios.

La disponibilidad y costo de los terrenos en las dimensiones requeridas para servir las necesidades actuales y las expectativas de crecimiento futuro de la empresa creada por el proyecto es otro factor relevante que hay que considerar. De igual forma, pocos proyectos permiten excluir consideraciones acerca de la topografía y condiciones de suelos o de la existencia de edificaciones útiles aprovechables o del costo de la construcción.

Muchos países utilizan la incentivación tributaria para el desarrollo de determinadas zonas geográficas de interés geopolítico, por eso es necesario el estudio de las políticas de descentralización existentes y de las ventajas legales y tributarias de las localizaciones optativas, así como de las restricciones o prohibiciones que pudieran existir en la instalación de ciertas industrias en determinadas zonas.

Métodos de evaluación por factores no cuantificables

Las principales técnicas subjetivas utilizadas para emplazar la planta sólo tienen en cuenta factores cualitativos no cuantificados, que tienen mayor validez en la selección de la macrozona que en la ubicación específica. Los tres métodos que se destacan son los denominados como antecedentes industriales, factor preferencial y factor dominante.

El método de los antecedentes industriales supone que si en una zona se instala una planta de una industria similar, ésta será adecuada para el proyecto. Como escribe Reed, "si el lugar era el mejor para empresas similares en el pasado, para nosotros también ha de ser el mejor ahora"[5]. Las limitaciones de este método son obvias, desde el momento que realiza un análisis estático cuando es requerido uno dinámico para aprovechar las oportunidades optativas entre las localidades posibles de elegir.

No más objetivo es el criterio del factor preferencial, que basa la selección en la preferencia personal de quien debe decidir (ni siquiera del analista). Así, el deseo de vivir en un lugar determinado puede relegar en prioridad a los factores económicos al adoptar la decisión

5   Rudell Reed, *Localización, layout y mantenimiento de planta*. B. Aires: El Ateneo, 1976, p. 20.

final. Aunque no es un método basado en la racionalidad económica, es adecuado si se asigna un "costo" a las alternativas de localización no preferidas, evaluándose cuantitativamente por algunos de los métodos que se verán mas adelante.

El criterio del factor dominante, más que una técnica es un concepto, puesto que no otorga alternativas a la localización. Es el caso de la minería o el petróleo, donde la fuente de los minerales condiciona la ubicación. La alternativa de instalarse en la fuente es no instalarse.

 ## Método cualitativo por puntos

Este método consiste en definir los principales factores determinantes de una localización, para asignarles valores ponderados de peso relativo, de acuerdo con la importancia que se les atribuye. El peso relativo, sobre la base de una suma igual a uno, depende fuertemente del criterio y experiencia del evaluador.

Al comparar dos o más localizaciones opcionales, se procede a asignar una calificación a cada factor en una localización de acuerdo con una escala predeterminada como, por ejemplo, de 0 a 10.

La suma de las calificaciones ponderadas permitirá seleccionar la localización que acumule el mayor puntaje.

Si se busca elegir entre las siguientes tres zonas, el modelo se aplica como lo indica el cuadro 9.3.

Cuadro 9.3

Factor	Peso	Zona A Calificación	Zona A Ponderación	Zona B Calificación	Zona B Ponderación	Zona C Calificación	Zona C Ponderación
MP disponible	0,35	5	1,75	5	1,75	4	1,40
Cercanía mercado	0,10	8	0,80	3	0,30	3	0,30
Costo insumos	0,25	7	1,75	8	2,00	7	1,75
Clima	0,10	2	0,20	4	0,40	7	0,70
MO disponible	0,20	5	1,00	6	1,60	6	1,20
Totales	1,00		5,50		6,05		5,35

De acuerdo con este método, se escogería la localización *B* por tener la mayor calificación total ponderada.

 El método de Brown y Gibson

Una variación del método anterior es propuesto por Brown y Gibson[6], donde combinan factores posibles de cuantificar con factores subjetivos a los que asignan valores ponderados de peso relativo. El método consta de cuatro etapas:

- Asignar un valor relativo a cada factor objetivo FO_i para cada localización optativa viable.

- Estimar un valor relativo de cada factor subjetivo FS_i para cada localización optativa viable.

- Combinar los factores objetivos y subjetivos, asignándoles una ponderación relativa, para obtener una medida de preferencia de localización *MPL*.

- Seleccionar la ubicación que tenga la máxima medida de preferencia de localización.

La aplicación del modelo en cada una de sus etapas lleva a desarrollar la siguiente secuencia de cálculo:

a) Cálculo del valor relativo de los FO_i. Normalmente los factores objetivos son posibles de cuantificar en términos de costo, lo que permite calcular el costo total anual de cada localización C_i. Luego, el FO_i se determina al multiplicar C_i por la suma de los recíprocos de los costos de cada lugar $(1/C_i)$ y tomar el recíproco de su resultado. Vale decir:

$$FO_i = \frac{1/C_i}{\sum_{i=1}^{n} 1/C_i} \qquad (9.3)$$

Supóngase, que en un proyecto se han identificado tres localizaciones que cumplen con todos los requisitos exigidos. En todas ellas, los costos de mano de obra, materias primas y transportes son diferentes, y el resto de los costos son iguales (energía, impuestos, distribución, etc.).

---

[6] P. A. Brown y D. F. Gibson, *A Quantified Model for Facility Site Selection Application to a Multiplant Location Problem*, AIIE Transactions 4 (11), 1972.

Si los costos anuales fuesen los del cuadro 9.4, el FO_i se obtendría como se indica en el mismo cuadro.

Cuadro 9.4

	Costos anuales (millones)					
Localización	Mano de obra	Materia prima	Transporte	Otros	Total (C_i)	Recíproco ($1/C_i$)
A	9,1	10,7	3,2	7,5	30,5	0,03279
B	9,7	10,3	3,8	7,5	31,3	0,03195
C	8,9	11,8	3,9	7,5	32,1	0,03115
Total						0,09589

El factor de calificación objetiva para cada localización se obtiene mediante la sustitución de los valores determinados en la ecuación 9.3.

De esta forma, los factores objetivos de calificación son:

$$FO_A = 0,03279/0,09589 = 0,34193$$
$$FO_B = 0,03195/0,09589 = 0,33319$$
$$FO_C = 0,03115/0,09589 = 0,32488$$

Al ser siempre la suma de los FO_i igual a 1, el valor que asume cada uno de ellos es siempre un término relativo entre las distintas alternativas de localización.

b) *Cálculo del valor relativo de los FS_i.* El carácter subjetivo de los factores de orden cualitativo hace necesario asignar una medida de comparación que valore los distintos factores en orden relativo, mediante tres subetapas:

- Determinar una calificación W_j para cada factor subjetivo ($j = 1$, 2, ..., n) mediante comparación pareada de dos factores. Según esto, se escoge un factor sobre otro, o bien, ambos reciben igual calificación.
- Dar a cada localización una ordenación jerárquica en función de cada factor subjetivo R_{ij}.
- Para cada localización, combinar la calificación del factor W_j, con su ordenación jerárquica R_{ij}, para determinar el factor subjetivo FS_i, de la siguiente forma:

$$FS_i = \sum_{j=1}^{n} R_{ij} \, W_j \tag{9.4}$$

Supóngase que los factores subjetivos relevantes sean el clima, la vivienda y la educación, y que el resultado de las combinaciones pareadas sea el indicado en el cuadro 9.5, donde se asigna en las columnas de comparaciones pareadas un valor 1 al factor más relevante y 0 al menos importante, mientras que cuando son equivalentes se asigna a ambos un factor 1.

Cuadro 9.5

Factor (j)	Comparaciones pareadas			Suma de preferencias	Índice W_j
	1	2	3		
Clima	1	1		2	2/4 = 0,50
Vivienda	0		1	1	1/4 = 0,25
Educación		0	1	1	1/4 = 0,25
Total				4	

El análisis que permitió la elaboración del índice de importancia relativa W_j se utiliza para determinar, además, la ordenación jerárquica R_{ij} de cada factor subjetivo, en la forma que se indica en el cuadro 9.6.

Cuadro 9.6

Factor	Clima					Vivienda					Educación				
	Comparaciones pareadas			Suma de pref.	R_{i1}	Comparaciones pareadas			Suma de pref.	R_{i2}	Comparaciones pareadas			Suma de pref.	R_{i3}
Localización	1	2	3			1	2	3			1	2	3		
A	1	1		2	2/4= 0.50	0	0		0	0/4= 0.00	0	0		0	0/3= 0.00
B	1		1	2	2/4= 0.50	1		1	2	2/4= 0.50	1		0	1	1/3= 0.33
C		0	0	0	0/4= 0.00		1	1	2	2/4= 0.50		1	1	2	2/3= 0.67
Total				4	1,00				4	1,00				3	1,00

En el cuadro 9.7 se resumen los resultados de los factores subjetivos de evaluación obtenidos en los cuadros 9.5 y 9.6.

Cuadro 9.7

Factor	Puntaje relativo R_{ij}			Índice
(*j*)	**A**	**B**	**C**	**W_j**
Clima	0,50	0,50	0,00	0,50
Vivienda	0,00	0,50	0,50	0,25
Educación	0,00	0,33	0,67	0,25

Remplazando en la ecuación 9.4 con los valores del cuadro 9.7 se puede determinar la medida de factor subjetivo FS_i de cada localización. Separadamente para cada localización, se multiplica la calificación para un factor dado R_{ij} por el índice de importancia relativa de W_j de ese factor y se suman todos los factores subjetivos. De esta forma se tiene que:

$$FS_i = R_{i1}W_1 + R_{i2}W_2 \ldots + R_{in}W_n \qquad (9.5)$$

Al remplazar por los valores del cuadro 9.7, se obtienen los siguientes factores de calificación subjetiva:

$$FS_A = (0,50)\,(0,50) + (0,00)\,(0,25) + (0,00)\,(0,25) = 0,2500$$
$$FS_B = (0,50)\,(0,50) + (0,50)\,(0,25) + (0,33)\,(0,25) = 0,4575$$
$$FS_C = (0,00)\,(0,50) + (0,50)\,(0,25) + (0,67)\,(0,25) = 0,2925$$

Como puede observarse, la suma de los tres resultados es igual a uno.

c) Cálculo de la medida de preferencia de localización MPL. Una vez valorados en términos relativos los factores objetivos y subjetivos de localización, se procede a calcular la medida de preferencia de localización mediante la aplicación de la siguiente fórmula:

$$MPL_i = K\,(FO_i) + (1 - K)\,(FS_i) \qquad (9.6)$$

La importancia relativa diferente que existe, a su vez, entre los factores objetivos y subjetivos de localización hace necesario asignarle una ponderación K a uno de los factores y $1 - K$ al otro, de tal manera que se exprese también entre ellos la importancia relativa. Si se considera que los factores objetivos son tres veces más importantes que los subjetivos, se tiene que $K = 3 (1 - K)$. O sea, $K = 0,75$.

Remplazando mediante los valores obtenidos para los FO_i y los FS_i en la fórmula 9.6, se determinan las siguientes medidas de preferencia de localización:

$$MPL_A = (0,75) (0,34193) + (0,25) (0,2500) = 0,31895$$
$$MPL_B = (0,75) (0,33319) + (0,25) (0,4575) = 0,36427$$
$$MPL_C = (0,75) (0,32488) + (0,25) (0,2925) = 0,31678$$

d) Selección del lugar. De acuerdo con el método de Brown y Gibson, la alternativa elegida es la localización *B*, puesto que recibe el mayor valor de medida de ubicación. Si se hubiesen comparado exclusivamente los valores objetivos, esta opción no habría sido la más atrayente; sin embargo, la superioridad con que fueron calificados sus factores subjetivos la hace ser más atrayente.

Es fácil apreciar, por otra parte, que un cambio en la ponderación entre factores objetivos y subjetivos podría llevar a un cambio en la decisión.

 Maximización del valor actual neto

Al igual que para la selección del tamaño óptimo, la decisión acerca de la mejor localización, sobre la base de un criterio económico, corresponde a la maximización del valor actual neto de los flujos de caja asociados a cada opción de ubicación del negocio.

La evaluación por este método puede ser más compleja si las posibles localizaciones involucran modificaciones entre sus variables significativas. Por ejemplo, si se determina que una planta reduce sus costos unitarios mientras se aleja del mercado, puede suceder que su mercado potencial también disminuya por el carácter perecedero que podría tener el producto o por las mayores dificultades para cumplir con los plazos de entrega exigidos por el mercado. De esta forma, no sólo se ve afectada la variable ventas, sino probablemente también la variable tamaño o el monto de la inversión en capital de trabajo, entre otras, si se compensa la dificultad de cumplimiento de plazos con mayores ventajas crediticias para el cliente.

Resumen

En este capítulo se ha intentado dejar de manifiesto que la decisión de la localización de un proyecto es determinante en el desarrollo de su evaluación. Aun cuando hay múltiples influencias personales en su definición, las repercusioneseconómicas de cada alternativa hacen necesario un proceso más profundo de su análisis en la formulación misma del proyecto.

Los factores que condicionan una ubicación dada son fáciles de enumerar. Sin embargo, será la habilidad del preparador del proyecto la que permitirá seleccionar las realmente relevantes para su análisis, porque cada proyecto posee particularidades propias que hacen adquirir a cada factor locacional una posición de priorización relativa diferente.

El análisis de la composición de los factores que será menester incluir en el análisis debe responder a un criterio economicista de búsqueda de una localización que dé al proyecto la máxima rentabilidad en su evolución. Muchos factores no pueden, al respecto, ser cuantificados en términos económicos; para ellos existen diferentes criterios de medición, basados en factores no cuantificables, que dan una aproximación relativamente eficaz sólo en algunos casos.

En definitiva, la selección deberá basarse en lo posible sobre aquella opción que, en términos económicos, permita la mayor rentabilidad estimada para el proyecto integral. Para ello se plantean dos tipos de métodos que se basan, uno en la suma de costos y otro en la valoración de los flujos económicos en el tiempo. El procedimiento para este último método se explicará en el capítulo 16, puesto que la lógica didáctica así lo recomienda.

Preguntas y problemas

1. Si el factor locacional prioritario para un proyecto es el transporte y si el volumen de materia prima por movilizar es superior al del producto terminado, la localización tenderá hacia las fuentes de materia prima. Analice.

2. ¿En qué caso recomendaría utilizar el método de los antecedentes industriales para determinar la localización de un proyecto?

3. ¿Cómo explicaría que factores locacionales de una macrozona dejan de ser relevantes para decidir la microlocalización del proyecto?

4. Elabore un plan de acción detallado para determinar la localización de una planta conservera de productos del mar. Indique qué variables estudiaría y qué metodología de análisis seguiría.

5. "El problema locacional no existe cuando quien encarga el estudio del proyecto dispone de la infraestructura física para su implantación". Comente la afirmación.

6. Para determinar la localización de cierta planta, se estudian tres alternativas, indicadas por las letras *A*, *B* y *C*. Se han definido cinco factores locacionales: costo del transporte de materia prima, costo del transporte del producto terminado, ventas esperadas, disponibilidad de mano de obra y disponibilidad de materias primas.

El costo del transporte que se obtuvo para cada alternativa es el siguiente:

Localizaciones	A	B	C
Materia prima	100.000	50.000	70.000
Producto terminado	80.000	120.000	20.000
Total	180.000	170.000	90.000

Según información del estudio de mercados realizado, se pudo prever que las ventas estimadas serían $1.200.000, $900.000 y $500.000, en *A*, *B* y *C*, respectivamente.

La disponibilidad esperada de materias primas y mano de obra se calculó según una puntuación relativa en una escala entre 1 y 10. Sus resultados fueron:

Localizaciones	A	B	C
Materia prima	6	6	8
Producto terminado	10	6	4

Los factores locacionales fueron priorizados de acuerdo con la siguiente puntuación, en una escala independiente de 1 a 10:

- Transporte de materia prima 2

- Transporte de productos terminados 2

- Ventas esperadas 1

- Disponibilidad materias primas 6

- Disponibilidad mano de obra 7

7. En el estudio de tres localizaciones opcionales para un proyecto, se dispone de la siguiente información:

Costo anual (millones de pesos)				
Localización	Mano de obra	Insumos	Transporte	Otros
A	31	38	15	25
B	35	36	18	26
C	28	41	20	25

Además, se estima que hay tres factores críticos de difícil cuantificación que deben tomarse en consideración: el clima, la disponibilidad de agua y la disponibilidad de servicios (comunicaciones, energía, etc.).

Al comparar los tres factores, se considera que la disponibilidad de agua es el más relevante, seguido por la disponibilidad de servicios y, más atrás, por el clima.

Al analizar estos tres factores en cada localización se concluye lo siguiente:

a) La disponibilidad de agua es más crítica en *A* que en *B* y *C*. Entre estas dos últimas localizaciones se considera de igual grado de importancia a este factor.

b) La disponibilidad de servicios tiene mucha mayor relevancia en la localización *B* que en *A*, aunque es similar entre *B* y *C*.

c) El clima es más determinante para *C* que para *A* o *B*. Sin embargo, para *B* es más importante que para *A*.

Los factores objetivos tienen una importancia relativa de cuatro veces la de los factores subjetivos.

¿Qué localización recomienda y por qué?

CASO: PRODUCTORA DE QUESO

En el estudio de la viabilidad de un proyecto para la elaboración de queso se identificaron cinco posibles localizaciones de la planta, considerando que la mayor influencia en el costo total del proyecto lo constituye el precio de la leche en el predio y, principalmente, el costo por el transporte de la materia prima.

El precio de la leche en cada una de las comunas identificadas como posibles localizaciones del proyecto y su producción disponible es la siguiente:

Comuna	Precio ($ por litro)	Producción (litros/día)
Santa Rita	100	3.000
Santa Emiliana	102	2.800
Santa Carolina	100	4.300
Santa Helena	99	1.000
Santa Mónica	101	5.200

La planta requiere un abastecimiento diario de 7.000 litros.

La siguiente tabla muestra las distancias entre los posibles lugares de localización y sus fuentes de abastecimiento, expresados en kilómetros.

	SM	SR	SE	SC	SH
SM	–	10	11	19	4
SR	10	–	8	24	14
SE	11	8	–	16	15
SC	19	24	16	–	15
SH	4	14	15	15	–

El costo del flete es de $5 el litro/kilómetro. La pérdida de leche por carga y descarga asciende a un 2% del volumen transportado, que debe absorber la planta.

Con los antecedentes anteriores, elabore un informe para demostrar su elección de una localización, incluyendo todos los comentarios que apoyen a la decisión definitiva que deberá tomar el inversionista.

Bibliografía

Brown, P. A. y D. F. Gibson, "A Quantified Model for Facility Site Selection Application to a Multiplant Location Problem", *AIEE Transactions* 4 (1), 1972.

Buffa, Elwood, *Administración técnica de la producción*. México: Limusa-Wiley, 1982.

Dervitsiotis, Kostas N., *Operations Management*. N. York: McGraw-Hill, 1981.

Duncan, D. J. y otros, *Venta minorista*. Buenos Aires: El Ateneo, 1972.

Escobar, Juan, "Localización industrial", *Temas administrativos* No. 16, 1970.

Hoover, Edgar M., *Localización de la actividad económica*. McGraw-Hill, 1951.

Ilpes, *Guía para la presentación de proyectos*. Santiago: Siglo Veintiuno-Editorial Universitaria, 1977.

Moore, Franklin G., *Manufacturing Management*. Homewood, Ill.: Richard D. Irwin, 1961.

Munier, Nolberto, *Preparación técnica, evaluación económica y presentación de proyectos*. Buenos Aires: Astrea, 1979.

Muther, Richard, *Planificación y proyección de la empresa industrial*. Editores Técnicos Asociados, 1968.

Reed, Rudell, *Plant Layout; Factors, Principles and Techniques*.Homewood, Ill. Richard D. Irwin, 1961.

————, *Localización, Layout y mantenimiento de planta*. Buenos Aires: El Ateneo, 1976.

Solana, Ricardo, "Metodología para las decisiones de localización de plantas industriales". *Revista de ciencias económicas*, serie V, No. 8, 1970, pp. 251-274.

Tanzer, Pablo, "Localización de plantas industriales: tema de alta política empresaria", en *Administración de empresas* (116): 715-722, 1979.

Wild, Ray, *The Techniques of Production Management*. N. York: Holt, Rinehart and Winston, 1971.

CAPÍTULO 10

Efectos económicos de los aspectos organizacionales

L a importancia y repercusión que las variables analizadas en los capítulos anteriores tienen en la preparación y evaluación económica de un proyecto de inversión resultan obvias. No sucede lo mismo con el estudio organizacional, el cual, alno ser lo suficientemente analítico en la mayoría de los estudios, impide una cuantificación correcta de las inversiones y costos de operación originados para efectos de la administración del proyecto, una vez que éste se implemente.

En varias oportunidades se ha insistido en la necesidad de simular el funcionamiento del proyecto para medir eficazmente los desembolsos que éste generará. El dimensionamiento físico de oficinas y su equipamiento, para calcular las inversiones en construcción y alhajamiento; el nivel de los cargos ejecutivos, para calcular el costo de las remuneraciones, y los procedimientos administrativos, para calcular el costo de los gastos indirectos, son algunas de las variables que deben determinarse para garantizar la máxima exactitud requerida de los antecedentes que se evaluarán en el proyecto.

El objetivo de este capítulo es presentar los criterios analíticos que permitan enfrentar en mejor forma el análisis de los aspectos organizacionales de un proyecto, los procedimientos administrativos y sus consecuencias económicas en los resultados de la evaluación.

El estudio de la organización del proyecto

En cada proyecto de inversión se presentan características específicas, y normalmente únicas, que obligan a definir una estructura organizativa acorde con los requerimientos propios que exija su ejecución.

Diversas teorías se han desarrollado para definir el diseño organizacional del proyecto.

La teoría clásica de la organización se basa en los principios de administración propuestos por Henri Fayol: a) el principio de la división del trabajo para lograr la especialización; b) el principio de la unidad de dirección que postula la agrupación de actividades que tienen un objetivo común bajo la dirección de un sólo administrador; c) el principio de la centralización, que establece el equilibrio entre centralización y descentralización y d) el principio de autoridad y responsabilidad.

La teoría de la organización burocrática, de Max Weber, señala que la organización debe adoptar ciertas estrategias de diseño para racionalizar las actividades colectivas. Entre éstas se destacan la división del trabajo, la coordinación de las tareas y la delegación de autoridad, y el manejo impersonal y formalista del funcionario.

La tendencia actual, sin embargo, es que el diseño organizacional se haga de acuerdo con la situación particular de cada proyecto.

Para alcanzar los objetivos propuestos por el proyecto es preciso canalizar los esfuerzos y administrar los recursos disponibles de la manera más adecuada a dichos objetivos. La instrumentalización de esto se logra a través del componente administrativo de la organización, el cual debe integrar tres variables básicas para su gestión: las unidades organizativas, los recursos humanos, materiales y financieros, y los planes de trabajo.

Todas las actividades que se requieran para la implementación y operación del proyecto deberán programarse, coordinarse y controlarse por alguna instancia que el estudio del proyecto debe prever. La estructura organizativa que se diseñe para asumir estas tareas tendrá no sólo relevancia en términos de su adecuación para el logro de los objetivos previstos, sino también por sus repercusiones económicas en las inversiones iniciales y en los costos de operación del proyecto. Para garantizar que los resultados de la evaluación se basen en proyecciones realistas, deberán cuantificarse todos los elementos de costos que origine una estructura organizativa dada.

Las estructuras se refieren a las relaciones relativamente fijas que existen entre los puestos de una organización, y son el resultado de los procesos de división del trabajo, departamentalización, esferas de control y delegación.

La departamentalización combina y agrupa los puestos individuales de especialización logrados por la división del trabajo. Este factor es determinante de la estructura organizativa de la empresa que crearía el proyecto y, por tanto, de la cuantía de las inversiones y costos asociados a él. Los tipos más comunes de departamentalización son por funciones, territorios, productos, clientes o mixtas. Todas ellas agrupan trabajos de acuerdo con algún elemento común.

La esfera de control determina el tamaño adecuado de unidades subordinadas a cargo de un supervisor, en cada uno de los niveles de esa organización. Es importante, para ello, considerar bajo una esfera de control a la similitud de funciones, la proximidad geográfica de los subordinados, la complejidad de las funciones y el grado de dirección y control requerido por los subordinados.

Respecto a la delegación, se han propuesto algunas fórmulas para calcular la forma más adecuada de distribuir la autoridad y descentralizar la toma de decisiones. Sin embargo, la situación particular de cada proyecto será la que en definitiva dé las pautas de acción.

La teoría administrativa ha desarrollado métodos de distinta complejidad para definir la estructura de una organización. No obstante, la apreciación personal del responsable final de la ejecución del proyecto, que difícilmente será quien realice el estudio previo, configurará la estructura definitiva. El estilo de dirección obliga a flexibilizar la estructura organizativa, por constituir una variable contingente e incontrolable desde el punto de vista del proyecto. Donde más se manifiesta esto es en el ámbito de control de cada cargo, que determina la cantidad de unidades que dependen directamente de un cargo superior.

De lo anterior se deduce que difícilmente lo que pueda preverse en el nivel de estudio se ha de concretar en la implantación del proyecto. Sin embargo, existen normas y criterios que permiten una aproximación confiable de la composición de la estructura, basados en criterios de racionalización administrativa que contribuyen a la elaboración de flujos de caja más reales para la evaluación del proyecto.

Puesto que el objetivo de un estudio de proyectos es determinar la viabilidad de realizar una inversión, muchas veces no se justificará una exactitud exagerada en la determinación de la estructura y sus costos. Sin embargo, deberán tomarse en consideración algunos elementos básicos que faciliten la aproximación de los resultados a los niveles que el proyecto justifique.

Aunque el resto del capítulo se dedica al análisis de estos aspectos, el estudio organizacional no debe tomarse como una unidad aislada de los otros estudios del proyecto. Por el contrario, sus resultados están íntimamente relacionados con aquellos que se originan en los otros estudios y, por tanto, deberá existir una realización coordinada y complementaria entre ellos, como se dejó de manifiesto en el capítulo 2.

Efectos económicos de las variables organizacionales

El estudio de las variables organizacionales durante la preparación del proyecto manifiesta su importancia en el hecho de que la estructura que se adopte para su implementación y operación está asociada a

egresos de inversión y costos de operación tales que pueden determinar la rentabilidad o no rentabilidad de la inversión.

El diseño de la estructura organizativa requiere fundamentalmente la definición de la naturaleza y contenido de cada puesto de la organización. Al caracterizar de esta forma cada cargo de ella, podrá estimarse el costo en remuneraciones administrativas del proyecto; para hacerlo será preciso diseñar las características del trabajo y las habilidades necesarias para asumir los deberes y responsabilidades que le correspondan.

La organización que asuma el proyecto tiene una doble influencia económica en su evaluación: un efecto directo en las inversiones y costos asociados en un tamaño específico de operación y un efecto indirecto en los costos de operación derivados de los procedimientos administrativos asociados a un tamaño, tecnología y complejidad de la estructura organizativa diseñada.

El efecto sobre las inversiones se manifiesta por la necesidad de disponer tanto de una infraestructura física (oficinas, salas de espera, estacionamientos, etc.), adecuada a los requerimientos del proyecto, como del equipamiento para su operación. La operatividad de la estructura, a su vez, implica la utilización de una serie de recursos como mano de obra, materiales y otros. Todo esto dependerá también de una serie de decisiones que se tomen en la etapa de preparación de estudio, como por ejemplo, si acaso el proyecto tiene un carácter permanente o transitorio o si la implementación será por medios propios o externos.

El efecto indirecto se deriva de los costos de funcionamiento ocasionados por los procedimientos administrativos diseñados en función de la estructura organizativa previamente definida.

En relación con el estudio de mercado, las conclusiones respecto a canales de distribución, fuerza de ventas o sucursales, entre otras, darán base a definiciones de carácter administrativo. Lo mismo sucede con las decisiones tomadas respecto a la localización, tamaño e incluso al costo de los procedimientos administrativos. Todas estas decisiones, para buscar el grado óptimo, han debido considerar el efecto del costo de administración y, a su vez, las decisiones de carácter organizacional deben tomar como dato los resultados de los estudios de localización, de tamaño, de procedimientos administrativos, etc. Más que una relación secuencial, en la mayoría de los proyectos se presenta una relación de simultaneidad en las decisiones. Sólo así podrá optimizarse el resultado global de la proyección.

Aparentemente, mientras mayor sea la envergadura del proyecto, mayor será el tamaño de la estructura organizativa. Sin embargo, también aquí es posible apreciar la existencia de economías de escala, puesto que el número de personas encargadas de la administración crece en menor proporción que la organización.

El análisis organizacional deberá considerar la posibilidad de una estructura para la implementación del proyecto diferente de la de operación definitiva. Al tener características distintas, requerirán costos también distintos.

 Factores organizacionales

Los factores organizacionales más relevantes que deben tenerse en cuenta en la preparación del proyecto se agrupan en cuatro áreas decisionales específicas: participación de unidades externas al proyecto, tamaño de la estructura organizativa, tecnología administrativa y complejidad de las tareas administrativas.

Casi todos los proyectos de inversión presentan dos tipos de participaciones posibles de entidades externas, las cuales es preciso caracterizar para asignar adecuadamente los costos que ellas involucren. La primera, que se presenta en la totalidad de los proyectos, se refiere a las relaciones con proveedores y clientes en general y corresponden a las denominadas relaciones operativas, las cuales requerirán una unidad específica que estará dimensionada en función de los procedimientos de las unidades externas, más que por las internas. La segunda relación se refiere a decisiones internas que determinan la participación de entidades externas y, por tanto, la incorporación de unidades coordinadoras y fiscalizadoras en la estructura organizativa del proyecto; normalmente se manifiestan en forma de auditorías externas, contratistas de obras, servicios contables, desarrollo y manutención de sistemas de información y otras, que permiten operar con una estructura fija menor.

El tamaño del proyecto es el factor que aparentemente tiene mayor influencia en el diseño y tamaño de la estructura organizacional. Algunos estudios empíricos han demostrado que el tamaño del proyecto está positivamente correlacionado con el número de niveles jerárquicos y divisiones funcionales de la organización. Sin embargo, aunque resulta obvio que los proyectos grandes serán más complejos estructuralmente que los pequeños, existe también una economía de escala que pueda alcanzar sobre cierta magnitud.

Por otra parte, el tamaño de la estructura puede asociarse a la tecnología administrativa de los procedimientos incorporados al proyecto. De esto podrán derivarse los recursos humanos y materiales que se necesitarán en el desarrollo de las actividades relacionadas.

La complejidad de los procedimientos administrativos y de la organización en sí pueden, en ciertos proyectos, convertirse en factores determinantes para el diseño de la estructura organizativa. La diversi-

dad de tareas tiende a incrementar las necesidades de comunicaciones verticales, y exige una mayor extensión de las divisiones jerárquicas.

Aunque la estructura organizativa no puede diseñarse para que tenga permanencia en el tiempo, probablemente al preparar un proyecto el evaluador supondrá que se mantiene estable por la imposibilidad de proyectar sus cambios a futuro[1]. Sin embargo, la estructura deberá tener un grado de flexibilidad tal que permita su adecuación a las variaciones del medio.

Aunque no es muy usual, la localización de las oficinas deberá también ser motivo de estudio. No siempre la localización óptima de la fábrica tendrá que coincidir con la más adecuada para las oficinas.

El estudio de la organización del proyecto, si bien debe tender a racionalizar el uso de los espacios físicos sobre la base de consideraciones técnicas y económicas, tiene también que responder a variables comerciales que se manifiestan en condiciones ambientales que buscan vender cierta imagen de la empresa creada por el proyecto.

 Inversiones en organización

El cálculo de las inversiones derivadas de la organización se basa directamente en los resultados de la estructura organizativa diseñada. Su dimensionamiento y la definición de las funciones que le corresponderán a cada unidad determinarán efectos sobre las inversiones en obra física, equipamiento y capital de trabajo.

No será responsabilidad del estudio organizacional la cuantificación de estas inversiones. No es lógico que especialistas en administración tomen decisiones sobre las características físicas de las edificaciones para la operación administrativa sin tener la base técnica que garantice las decisiones apropiadas. Por ello, sólo deberán proporcionar la información para que los encargados del estudio técnico puedan efectuar los cálculos necesarios.

Los antecedentes proporcionados por el análisis de la estructura organizacional de la empresa que generaría el proyecto permiten definir un programa de recinto, que consiste en una primera aproximación de la cantidad y tamaño de las oficinas, así como de las necesidades de instalaciones anexas.

---

[1] Una clara excepción lo constituye el caso de haber proyectado abarcar, en una segunda etapa, los mercados externos, por ejemplo. Para ser consecuentes con dicho cambio, deberán considerarse las inversiones y costos ocasionados por la adición de las unidades administrativas de apoyo a la gestión exportadora que se inicia durante la operación del proyecto.

El análisis de los requerimientos de espacio físico para las unidades de carácter administrativo del proyecto es más complejo de lo que parece. Antecedentes como el flujo de movimiento de personal, atención de clientes y proveedores, número de funcionarios por oficina, bodegas de materiales y repuestos de equipos de oficina, sistema interno de comunicaciones y flujo de información, archivo y frecuencia de uso de la información, locales de venta y muchos más deberán considerarse en el diseño de los planos. Incluso, un estudio sobre la imagen corporativa del negocio permitirá disponer de antecedentes sobre el tipo de solución estética que se necesita, tanto en el diseño exterior de los edificios como en el equipamiento interior.

La inversión en obra física será distinta para un mismo proyecto si el edificio de las oficinas administrativas y gerenciales se construye, compra o arrienda. En el primer caso, la inversión se derivará del costo del terreno y de la edificación, datos que pueden obtenerse cotizando con empresas constructoras; si se compra la información se obtendrá el costo de adquisición más los de remodelación y acondicionamiento, y si se arrienda, sólo se considerará el acondicionamiento y otros gastos de iniciación. Es importante identificar aquí la parte depreciable de la que no lo es (edificación y terreno, por ejemplo) y el modelo de depreciación que corresponda.

Al igual que en el estudio técnico, el estudio organizacional debe proveer información respecto a inversiones que habrá que realizar durante la ejecución del proyecto o con fines ya sea de mantenimiento o ampliación de la estructura inicial.

El acondicionamiento de las oficinas tampoco puede improvisarse. Las condiciones ambientales no son las mismas para todas las unidades de la organización. Mientras que en las oficinas que reciben y atienden a clientes y público en general prima una norma estética, en las restantes responden a una norma y criterio de funcionalidad. Todo esto, que puede preverse con aproximada certeza, debe necesariamente incorporarse en el estudio organizacional para dar mayor exactitud a la cuantificación de las inversiones del proyecto.

El equipamiento de las oficinas se basa también en los criterios señalados, aunque en gran parte es determinado por las variables de funcionalidad operativa de los procedimientos administrativos asociados a cada unidad de la estructura organizativa.

El cálculo de la inversión en equipos es relativamente simple, aunque amplio por la cantidad de ítemes que lo componen. Es importante también aquí poder determinar las reinversiones en equipos de oficinas que se prevean. Para esto, la variable técnica deja de ser la más relevante, puesto que al tratarse de criterios estéticos el remplazo se hará probablemente antes de la absolescencia técnica o deterioro de los muebles y equipos.

Un cuadro similar al de balance de equipos de fábrica facilita el traspaso de la información económica que provee el estudio organizacional a los estados financieros para la evaluación del proyecto. La única diferencia se presenta en el cálculo de la vida útil que, como se mencionó en el párrafo anterior, no siempre depende de criterios técnicos.

Otras inversiones, como vehículos para el personal ejecutivo, gastos de organización y puesta en marcha, sistemas de comunicaciones y de procesamiento de datos, también deben ser considerados en el estudio organizacional.

El procedimiento de cálculo de la inversión en capital de trabajo se presenta analizado en detalle en el capítulo 12. Sin embargo, es preciso adelantar que la información allí utilizada es en parte provista por este estudio. Parte de la inversión en inventarios de efectivo, por ejemplo, se deduce del dimensionamiento estructural y operativo de la organización del proyecto.

 ## Costos de la operación administrativa

La mayor parte de los costos de operación que se deducen del análisis organizacional provienen del estudio de los procedimientos administrativos definidos para el proyecto.

Sin embargo, existen diversos costos involucrados por la estructura organizativa en sí, en la operación del proyecto. Básicamente, son los relacionados con remuneraciones del personal ejecutivo, administrativo y de servicio, y con la depreciación de la obra física, muebles y equipos. Si bien ésta no implica un desembolso directo, influye en la determinación de los impuestos a las ganancias, al poder descontarse contablemente.

Puesto que, como se mencionó, algunos muebles y equipos pueden remplazarse antes de su obsolescencia técnica, será necesario considerar la pérdida o ganancia contable que se obtendrá mediante la venta de estos bienes, por la incidencia que tendrán sobre los impuestos a la ganancia por pagar.

El costo de operación relacionado más directamente con la estructura organizativa es, obviamente, la remuneración de su personal.

El diseño de la estructura es el resultado de un proceso analítico que divide el área de actividad de acuerdo con diferentes criterios establecidos que se basan, entre otras cosas, en los procedimientos administrativos, en el ámbito de control, en la complejidad de las actividades, etc.

Esta misma información sirve para identificar las principales funciones que corresponderán a cada unidad de la organización y, por tanto, permitirá caracterizar al profesional a cargo de cada tarea específica. Esta caracterización hará posible determinar los requisitos de cada cargo y asignar una renta equivalente a las responsabilidades y funciones que le corresponden.

La determinación de la remuneración demanda una investigación preliminar para definir las rentas de mercado de esos profesionales y su disponibilidad o escasez. En este último caso, deberá además estimarse la remuneración que sea necesario ofrecer para incentivar a estos profesionales a abandonar sus actuales trabajos para incorporarse a la empresa formada por el proyecto.

La localización geográfica del proyecto influye en forma directa sobre el costo de las remuneraciones, cualquiera que sea el nivel que ocupen en la organización. En este sentido, la disponibilidad o escasez de personal en la región y los posibles incentivos no monetarios que deban implementarse para asegurar la cantidad de profesionales requeridos, pasan a constituir factores necesarios de estudio.

El análisis de la remuneración obligará a considerar como costos separados aquel que recibe finalmente el profesional y aquel que debe pagar el proyecto (que incluye leyes sociales, impuestos, cuotas de administradoras de fondos de pensiones, etc.). De igual forma, no deben obviarse aquellos costos indirectos derivados de beneficios sociales, servicios de bienestar y otros.

Otros ítemes de costos que eventualmente podrían tener una alta influencia en los resultados del proyecto y que se derivan del estudio organizacional, son todos aquellos originados por servicios prestados por terceros. Los más importantes son, entre otros, el pago de arriendos, los gastos de mantenimiento del equipo de oficinas, las suscripciones, seguros, télex, teléfonos, electricidad, comisiones, viáticos, patentes y permisos de circulación.

Los diferentes procedimientos que puedan definirse para apoyar al sistema de administración de la empresa que generaría la implementación del proyecto involucran costos de operación e inversiones en montos que pueden ser importantes para la ejecución del proyecto.

Normalmente, en los procesos de preparación y evaluación de proyectos, se ha estimado que los procedimientos administrativos deben cuantificarse y calcularse como un porcentaje dado del costo total del proyecto. Al efectuar la presentación de esta forma, se presume que cualquier alternativa de procedimiento administrativo que se adopte en la implementación del proyecto tendrá un costo similar en términos relativos al costo de cada proyecto.

La aseveración anterior –comúnmente aceptada en los procesos evaluativos– puede contener distorsiones de magnitud significativa. El avance de la tecnología aplicable a la organización empresarial ha tenido en el último tiempo un desarrollo sostenido e incluso muchas veces espectacular. Los procedimientos cambian según el avance del

desarrollo científico y tecnológico, lo que influye de una manera sustantiva en los sistemas administrativos.

En otros casos, la tarea empírica que deberá emprenderse en torno a los procedimientos administrativos se verá enfrentada al análisis cualitativo y cuantitativo de opciones distintas, que, aun cumpliendo con los objetivos propuestos, pueden tener claramente costos distintos. La rigurosidad de la simulación en el funcionamiento del proyecto obliga a estudiar, en muchos casos, las distintas alternativas de solución al problema administrativo, obteniendo las informaciones disponibles que permitan efectuar un enfoque analítico riguroso que entregue estimaciones cuantitativas de las diversas opciones que se haya seleccionado.

La importancia de los sistemas y procedimientos administrativos en la preparación y evaluación de proyectos

Al efectuar el estudio técnico del proyecto se determinó no sólo la inversión que la tecnología incorporada al proyecto requería para su implementación. Con la selección de la maquinaria y el equipo se estableció la cantidad de insumos que ellos demandaban, su almacenamiento y existencias óptimas, incluidos los espacios que son necesarios para ello. De esta forma, el estudio técnico proporciona un sinnúmero de informaciones importantes que deben procesarse e incorporarse en el estudio evaluativo y que condicionan el tamaño, la localización, el financiamiento, la organización y otros aspectos.

Del mismo modo, se ha señalado que los procedimientos administrativos pueden condicionar en forma importante al proyecto. Un ejemplo sobre la materia puede estar dado por un proyecto de construcción de un edificio, en donde el preparador y evaluador de proyectos establece procedimientos administrativos que pueden significar que la construcción del inmueble se entregue a un contratista por medio de una propuesta pública de construcción. La empresa constructora asume la responsabilidad total de entregar el edificio terminado y funcionando. Por otra parte, se establece que la publicidad para la venta se realice por intermedio de una agencia de publicidad seleccionada a través de procedimientos que deben establecerse. La agencia de publicidad asume la responsabilidad total de la promoción de la venta del edificio. También, podría haberse convenido por contrato la venta total del inmueble mediante uno o más corredores de propiedades, a quienes se les entrega toda la responsabilidad en cuanto a mostrar el edificio, cerrar el negocio, proceder a la formalización de las escrituras de compraventa, percibir el valor que se paga al contado, tramitar el crédito bancario si lo hubiera, etc. Igualmente, podría haberse determinado administrativamente la conveniencia de tener una empresa de arquitectura que asuma la responsabilidad de la confección de los planos y la supervisión permanente del proceso constructivo. Algo similar pudo haberse hecho con una oficina de abogados a la cual se le pudo haber entregado la plena responsabilidad de preparar todos los contratos que fueran necesarios para la ejecución de todas las tareas que se han mencionado, como también la preparación de los contratos de compraventa de las oficinas, bodegas, departamentos, locales comerciales y estacionamientos de que disponga el edificio.

Por cierto que todo lo reseñado con respecto al edificio podría haber tenido una dinámica diferente. Así, podría haberse optado por un procedimiento administrativo que hubiera significado que la organización empresarial encargada de la ejecución del proyecto asumiera directamente parte o la totalidad de las funciones que podrían haberse entregado a terceros. Al proceder de esa forma, se está suponiendo que la administración del proyecto requerirá una organización diseñada para hacer frente a las tareas que conllevan los procedimientos administrativos seleccionados. De esta forma, podría haberse optado por efectuar las adquisiciones de materiales por cuenta propia, contratar al personal y seleccionarlo con todas las connotaciones administrativas que ello significa, contratar a sueldo a uno o más arquitectos que serán los responsables arquitectónicos de la obra, a un ingeniero, a un abogado, y así sucesivamente.

Todos los procedimientos indicados en los párrafos anteriores obligan a establecer una estructura administrativa que sea capaz de resolver en forma eficiente la multitud de problemas que esa organización lleva incorporados. Del mismo modo, deberá estudiarse el espacio físico que se requiere, el personal administrativo, el personal de apoyo, las oficinas, las instalaciones, el mobiliario, los vehículos, el sistema de control, la impresión de formularios, el despacho de correspondencia, el material de oficina, etc.

Resumen

Los efectos económicos de la estructura organizativa se manifiestan tanto en las inversiones como en los costos de operación del proyecto. Toda estructura puede definirse en términos de su tamaño, tecnología administrativa y complejidad de la operación. Conociendo esto podrá estimarse el dimensionamiento físico necesario para la operación, las necesidades de equi-pamiento de las oficinas, las características del recurso humano que desempeñará las fun-

ciones y los requerimientos de materiales, entre otras cosas. La cuantificación de estos elementos en términos monetarios y su proyección en el tiempo son los objetivos que busca el estudio organizacional.

Muchas decisiones que pueden preverse condicionarán la operatividad del sistema y, por tanto, también la estructura organizativa del proyecto; por ejemplo, la decisión de comprar, construir o arrendar las oficinas, o la decisión de contratar servicios de entidades externas para desarrollar algunas de las funciones definidas para la ejecución del proyecto.

Dado que cada proyecto presenta características propias y normalmente únicas, es imprescindible definir una estructura organizativa acorde con su situación particular. Cualquiera que sea la estructura definida, los efectos económicos de ella pueden agruparse en inversiones y costos de operación. Las primeras se determinarán por el tamaño de la infraestructura física requerida para las oficinas, salas de espera, etc., y por los requerimientos de equipamiento, como el mobiliario, máquinas de escribir y elementos similares. Los costos de operación, por otra parte, dependerán de los procedimientos administrativos, planta de personal y otros.

Los factores que influyen principalmente en la forma que adopte la estructura se agrupan en cuatro áreas decisorias específicas: participación de unidades externas al proyecto, tamaño de la estructura organizativa, tecnología administrativa y complejidad de las tareas administrativas.

La forma que adopta la estructura organizativa determinará en gran parte la cuantía de las inversiones del proyecto, ya que su dimensionamiento y la definición de las funciones que le corresponderán a cada unidad son la base para definir las características de la obra física, equipamiento de oficinas e incluso una parte del capital de trabajo.

Los sistemas de información, las unidades de computación, la contabilidad, la administración de personal, las investigaciones relativas al producto, el transporte y otros aspectos administrativos deberán estudiarse exhaustivamente, a fin de determinar si se realizan en el interior de la unidad empresarial o si son susceptibles de contratarse con terceros. En cada caso se deberá efectuar una correcta evaluación de las variables más importantes que pueden significar la adopción de la alternativa que alcance las mayores ventajas de costo. Sin perjuicio de lo anterior, el evaluador deberá incorporar en su análisis aquellos factores relevantes de carácter cualitativo que pueden determinar la decisión más ventajosa para el buen éxito del proyecto.

Preguntas y problemas

1. Explique la importancia que tienen para los proyectos los procedimientos administrativos.

2. Señale, a su juicio, las razones por las cuales no es aconsejable calcular el costo administrativo como un porcentaje del costo total.

3. Señale la interrelación existente entre los estudios del proyecto y los procedimientos administrativos.

4. Explique las razones que deben considerarse al adoptar procedimientos administrativos internos para el proyecto.

5. ¿En qué circunstancias podría ser aconsejable disponer de una unidad empresarial autosuficiente en los procedimientos administrativos?

6. Señale los factores que deben tenerse en cuenta para valorar adecuadamente las ventajas que representa una determinada opción en los procedimientos administrativos que se utilizarán en un proyecto de inversión.

7. "La estructura organizativa de un proyecto puede definirse sin considerar las características propias de éste, especialmente si el estudio se hace en nivel de prefactibilidad". Comente la afirmación.

8. "Una vez definida la estructura organizacional óptima, ésta debe mantenerse durante toda la vida del proyecto". Comente.

9. ¿De qué modo el análisis organizacional afecta al monto de la inversión inicial?

10. ¿Cuál es el costo de operación que se relaciona en forma más directa con la estructura organizativa? ¿Qué elementos deben tenerse en cuenta para calcularlo?

11. Señale al menos ocho de los principales resultados que se obtienen del estudio organizacional de un proyecto.

12. "Un cambio en los procedimientos administrativos determinados para un proyecto, obligan a cambiar la estructura organizacional definida y, en consecuencia, los niveles de inversión y costos de operación". Comente.

13. "Contrariamente al estudio técnico, que puede definir alternativas tecnológicas diferentes a distintos periodos de la vida útil de un

proyecto, el estudio organizacional define una estructura óptima que debe mantenerse durante toda la vida útil del proyecto". Comente.

14. "Dada la menor importancia relativa de la cuantía de las inversiones y costos derivados de los aspectos organizacionales de un proyecto, en relación con los de producción, es recomendable recurrir a estándares generales para el cálculo de éstos, puesto que la mayoría de las veces el costo de la mejor información no es compensado por el beneficio de la mayor precisión". Comente.

15. "Al igual que para el estudio técnico, siempre debe estudiarse el tamaño óptimo de la organización de un proyecto". Comente.

16. En el estudio de un proyecto se encuentran dos alternativas para el equipamiento de las oficinas administrativas de la empresa que se crearía con su implementación:

    a) la compra de equipos altamente tecnificados, de alta inversión y bajo costo de operación.

    b) la compra de equipos más simples, pero que necesitan de una mayor dotación de personal.

    La primera alternativa requiere una inversión inicial de $80.000.000, gastos de mantenimiento por $6.000.000 anuales, personal por $12.000.000 y gastos de operación por $4.000.000. Los equipos tienen una vida útil de 10 años, al cabo de los cuales se estima tendrán un valor de rescate de $7.000.000.

    La segunda alternativa requiere una inversión de $40.000.000. Sus gastos de mantenimiento anuales se estiman en $4.500.000, las remuneraciones del personal en $18.000.000 y los gastos de operación en $4.000.000. Sin embargo, será necesario arrendar más oficinas para instalar al personal, por un costo de $12.000.000 anuales, e incurrir en otros gastos de oficina por $3.000.000.

    Si el costo de los recursos fuese del 12%, ¿qué alternativa recomendaría? ¿De qué otra forma puede llegar a una solución?

CASO: COMPAÑÍA PESQUERA QUELLÓN

Desde 1975 la Compañía Pesquera Quellón está dedicada a la extracción de centollas, al sur de la isla de Chiloé, en Chile, las cuales se entregaban para su comercialización a uno de los pocos compradores mayoristas de la zona.

Aun cuando la empresa ha logrado acumular utilidades significativas, principalmente gracias al buen precio internacional del proyecto, era evidente que los mayoristas eran los que obtenían los mayores márgenes de utilidad, puesto que su reducido número les permitía manejar en cierto grado los precios de compra.

A principios de 1983, la Compañía Pesquera Quellón había logrado aumentar su infraestructura básica de operación (lanchones, trampas, etc.), alcanzando un nivel de producción tal que le permitiría instalarse con una pequeña planta conservera, que absorbería la totalidad de la captura actual de centollas de la empresa. La idea de crear una planta conservera se había generado después de la visita de un grupo empresarial japonés, que ofrecía contratos de compra por la totalidad de la producción de conservas de centolla que pudiese elaborar la planta.

Se habían ahorrado las utilidades acumuladas en los años anteriores y éstas se encontraban disponibles para emprender el nuevo proyecto. Sin embargo, permitirían cubrir sólo el 50% de las necesidades de financiamiento.

La Corporación de Fomento de la Producción del país tenía disponible una línea de créditos que buscaba incentivar las exportaciones del mar, con el objeto de aprovechar las ventajas comparativas para la generación de divisas, así como para disminuir el alto nivel de desempleo de la zona.

Todos estos elementos que hacían atractivo el proyecto, más el hecho de que la planta proyectada, de tipo modular, permitiría incrementar su capacidad productiva adaptándose a la evolución del mercado, con pequeñas inversiones complementarias adicionales, llevaron a los propietarios a estudiar el proyecto formalmente.

La experiencia adquirida en ocho años les permitía realizar personalmente casi la totalidad de las etapas del estudio de factibilidad. Sin embargo, sabían que las variables de tipo organizacional demandaban consideraciones especiales para las cuales no se sentían capacitados, ya que el proceso extractivo, bastante artesanal, y la administración de tipo familiar que había imperado hasta la fecha nunca habían requerido una gestión profesional.

¿Qué variables concretas deberían considerarse en el estudio organizacional y qué metodología debería seguirse en esta etapa?

Bibliografía

Ackoff, R. L., *A Concept of Corporate Planning*. N. York: Wiley, 1970.

Albert, Kenneth, *Manual de administración estratégica*. McGraw-Hill, 1984.

Brown, W. B., *Organization Theory and Management: A Macro Approach*. N. York: Wiley, 1980.

Calderón, H. y B., Roitman, Formulación de proyectos agropecuarios, extractivos, de transporte y energéticos. Santiago: ILPES, 1974.

Chiavenato, I., *Introducción a la teoría general de la administración:* McGraw-Hill, 1981.

Hall, Richard, *Organizaciones: estructura y proceso.* Madrid: Prentice-Hall, 1979.

Hampton, D. R., *Administración contemporánea*, McGraw-Hill, 1983.

Kast, F. y J. Rosenzweig, *Administración en las organizaciones: un enfoque de sistemas y contingencias.* McGraw-Hill, 1979.

Koontz, O'Donnell y Weihrich, *Administración.* McGraw-Hill, 1985.

Lerner, Joel. *Introducción a la organización y administración de empresas.* McGraw-Hill, 1984.

Luthans, Fred, *Introducción a la administración: un enfoque de contingencias.* México. McGraw-Hill, 1980.

Myers y Myers, *Administración mediante la comunicación: un enfoque organizacional.* McGraw-Hill, 1983.

Pitragalla, C. O., *Introducción al estudio de las organizaciones y su administración.* Buenos Aires. Macchi, 1976.

Sisk, H. y M. Skerdlik, *Administración y gerencia de empresas.* Cincinnati, Ohio: South Western, 1979.

CAPÍTULO 11

Antecedentes económicos del estudio legal

E l ordenamiento jurídico de cada país, fijado por su constitución política, leyes, reglamentos, decretos y costumbres, entre otros, determina diversas condiciones que se traducen en normas permisivas o prohibitivas que pueden afectar directa o indirectamente al flujo de caja que se elabora para el proyecto que se evalúa.

El estudio de los aspectos legales en la etapa de estudio de su viabilidad económica no debe confundirse con la viabilidad legal. Mientras la viabilidad legal busca principalmente determinar la existencia de alguna restricción legal a la realización de una inversión en un proyecto como el que se evalúa, el estudio de los aspectos legales en la viabilidad económica pretende determinar cómo la normativa vigente afecta a la cuantía de los beneficios y costos de un proyecto que ya demostró su viabilidad legal.

En este capítulo se presentan distintos criterios y variables que deberán tenerse en cuenta al formular un proyecto, para enfrentar de una manera adecuada los aspectos legales y sus implicancias sobre el resultado de la rentabilidad de un proyecto.

 ## La importancia del marco legal

La actividad empresarial y los proyectos que de ella se derivan se encuentran incorporados a un determinado ordenamiento jurídico que regula el marco legal en el cual los agentes económicos se desenvolverán.

El estudio de viabilidad de un proyecto de inversión debe asignar especial importancia al análisis y conocimiento del cuerpo normativo

que regirá la acción del proyecto, tanto en su etapa de origen como en la de su implementación y posterior operación. Ningún proyecto, por muy rentable que sea, podrá llevarse a cabo si no se encuadra en el marco legal de referencia en el que se encuentran incorporadas las disposiciones particulares que establecen lo que legalmente está aceptado por la sociedad; es decir, lo que se manda, prohíbe o permite a su respecto.

Sólo un análisis acabado del marco legal particular de cada proyecto que se evalúa, posibilitará calificarlo correctamente para lograr, en su formulación, la optimación de los resultados de una inversión. Al implementarse el proyecto, además de insertarse como una organización social y económica más del país, se constituye en un ente jurídico en el que se entrelazan contratos laborales, comerciales y otros que, al concurrir simultánea y sucesivamente, generan las relaciones económicas que producen las pérdidas y utilidades de un negocio. De aquí que en la empresa y en todo proyecto se observe un amplio universo legal de derechos y obligaciones provenientes tanto de la ley como de los contratos que se suscriban.

El conocimiento de la legislación aplicable a la actividad económica y comercial resulta fundamental para la preparación eficaz de los proyectos, no sólo por las inferencias económicas que pueden derivarse del análisis jurídico, sino también por la necesidad de conocer en forma adecuada las disposiciones legales para incorporar los elementos administrativos, con sus correspondientes costos, y para que posibiliten que el desarrollo del proyecto se desenvuelva fluida y oportunamente.

Lo anterior es más importante aún, cuando se considera que la legislación de cada país es distinta; por esta razón, en proyectos que pretenden exportar o que necesitan importar insumos, se requiere conocer las implicaciones económicas, en especial tributarias, que esto conlleva. Situación similar se observa en proyectos donde la inversión se hará en otro país, del cual, por lo menos, deberá estudiarse la legislación concerniente a los retornos de inversión extranjera.

En proyectos multinacionales, la legislación tributaria puede implicar costos de operación diferentes a considerarse en la construcción de los flujos de caja que posibilitarán la evaluación de cada uno de ellos. Por ejemplo, en los inicios del año 1994, en Bolivia las empresas debían pagar impuestos al patrimonio y no a las utilidades, mientras que en Chile éstas pagaban, inversamente, impuestos a las utilidades pero no al patrimonio. Por otra parte, en el mismo periodo, en Perú las empresas debían pagar ambos impuestos. Lo anterior deja manifiesta la necesidad de estudiar la situación particular de cada país, región o comuna donde el proyecto tendrá alguna participación.

En los Estados Unidos, por ejemplo, se han dictado diversas leyes en relación con el monopolio, con el fin de buscar, mediante su propio sistema jurídico, un marco eficaz y auténtico (que surge de la comunidad y de sus valores) que permita al mercado funcionar libremente. Ya en 1914 se aprueba la ley Clayton, complementando a la ley Sherman[1], que llega incluso a prohibir la compra de una empresa por otra del mismo giro si ello pudiese disminuir sustancialmente la competencia. En ese mismo año, se crea la Comisión Federal de Comercio, destinada a pronunciarse jurisdiccionalmente sobre los "métodos injustos de competencia". En la actualidad esta comisión tiene, además, la función de controlar la publicidad distorsionadora y la mala representación de los productos.

Las leyes que regulan la conducta de los agentes económicos establecen principios generales de acción, válidos para todas las actividades comerciales, desde los códigos generales de comercio hasta los cuerpos normativos particulares que, incluso, alcanzan niveles de reglamentos.

Principales consideraciones económicas del estudio legal

Son muchos los efectos económicos que sobre el flujo de caja tendrá el estudio legal. Desde la primera actividad que tendrá que realizarse si el proyecto es aprobado, la constitución legal de la empresa, hasta su implementación y posterior operación, el proyecto enfrentará un marco legal particular a la actividad que desarrollará la empresa, que influirá en forma directa sobre la proyección de sus costos y beneficios.

Por ejemplo, respecto del estudio de mercado es posible identificar costos asociados a permisos viales y sanitarios para el transporte del producto, así como costos especiales asociados al transporte de algunos productos que pueden exhibir exigencias particulares para un embalaje de seguridad, o tratamientos fitosanitarios especiales exigidos en algunos países para el transporte de productos alimenticios. Otro caso, el de muchos proyectos inmobiliarios, es la elaboración de un número importante de contratos, cuyo costo debe incorporarse en la formulación. En proyectos con operaciones de compra o venta con el extranjero, deberán estudiarse las disposiciones que regulan las operaciones de comercio exterior.

---

[1] La ley Sherman nace en respuesta a la formación de grupos económicos y a la creciente concentración de la industria, estableciendo la ilicitud de cualquier trato que entrañe o tenga como consecuencia la limitación al libre comercio.

En los estudios de localización, por ejemplo, los costos asociados a aspectos legales más frecuentes son la contratación de los análisis de posesión y vigencia de los títulos de dominio de los bienes raíces que podrían adquirirse, los gravámenes que pudieran afectar a los terrenos (impuesto predial), los pagos de contribución territorial y las exenciones que podrían favorecerle, las inversiones para reducir la contaminación ambiental en zonas urbanas donde se regule la emisión de partículas contaminantes y el gasto en reposición de vehículos de transporte colectivo donde se regule su antigüedad.

También puede incurrirse en gastos notariales, de transferencia e inscripción en el Conservador de Bienes Raíces, o en el pago de estudios de situación de los terrenos adyacentes, para establecer la posible existencia de derechos que puedan tener los propietarios vecinos y que puedan afectar a los costos del proyecto, como por ejemplo, los relacionados con la demarcación de límites o con los derechos de agua. En proyectos de construcción de represas para centrales hidroeléctricas será necesario cuantificar, entre otros, los costos de creación de servidumbres de terrenos vecinos, la inversión en movimientos de tierra y construcción de caminos que deben pasar por terrenos privados, así como los de manutención para su uso, los desembolsos para la compensación por inundación de terrenos y los pagos contractuales por el uso de aguas sobre las cuales podrían existir derechos de terceros.

Por otra parte, en el estudio técnico es posible distinguir algunos costos que se derivan de los aspectos legales y que se asocian por ejemplo, a la compra de marcas, licencias o patentes, al pago de los aranceles y permisos para la importación de maquinaria, a los gastos derivados de los contratos de trabajo y finiquitos laborales, a la inversión en implementos para la seguridad industrial que posibiliten dar cumplimiento a las normas fijadas para tales efectos, etc.

Quizá los efectos económicos de los aspectos legales que más frecuentemente se consideran en la viabilidad de un proyecto son los que tienen relación con el tema tributario, como por ejemplo, los impuestos a la renta y al patrimonio, los gastos previsionales y de salud o el impuesto al valor agregado, *IVA*, situación sobre la que se observan frecuentes confusiones que originan tratamientos diferenciados entre proyectos[2].

---

[2] Es frecuente observar confusiones respecto a la inclusión del Impuesto al Valor Agregado, *IVA*, en la formulación de un proyecto. Muchos evaluadores no lo incluyen en los flujos por considerar que la empresa actúa sólo como una intermediaria en la recaudación de este impuesto. Una variación del siguiente ejem-

 El ordenamiento jurídico de la organización social

El ordenamiento jurídico de la organización social, expresada mayoritariamente en la Constitución política de cada país, preceptúa normas que condicionan la estructura operacional de los proyectos, y que obligan al evaluador a buscar la optimación de la inversión dentro de restricciones legales que a veces atentan contra la sola maximización de la rentabilidad.

Usualmente dichas normas se referirán al dominio, uso y goce de ciertos bienes que, por su naturaleza estratégica, su valor intrínseco, su escasez u otra razón, se reservan al Estado, compartiéndose en oportunidades su explotación con los particulares, y a veces sólo con los nacionales del país, de acuerdo con el régimen de concesión (calidad que autoriza la operación en modalidades de permisos y toleran-

plo es empleado para justificar lo anterior:

	Sin *IVA*	*IVA*	Con *IVA*
Ventas	1.000	1.180	1.180
Compra	600	108	708
Saldo	400	72	472

Al evaluar el proyecto sin *IVA*, el flujo resultante es de 400, mientras que al incorporar el *IVA* es de 472. Sin embargo, en la columna de *IVA* se observa que al vender se "cobró" 180 de *IVA*, mientras que al comprar se "pagó" 108 de *IVA*. Dado que este impuesto no es de la empresa sino del Fisco, la diferencia entre lo recaudado y lo pagado debe devolverse al Fisco. Esto hace que al entregar el saldo de 72, los 472 que se obtenían al hacer un flujo con *IVA* se reducen a los mismos 400 que resultaban de calcula relresultado sin *IVA*.

Lo anterior es válido sólo en proyectos en que el *IVA* pagado en la adquisición de las inversiones iniciales se recupera en un corto tiempo, ya que de no ser así podrían generarse distorsiones derivadas de la no consideración del costo del capital de los recursos pagados anticipadamente y recuperados después de un lapso de tiempo que podría ser significativo para los resultados de la evaluación. Por ejemplo, si el *IVA* pagado en la compra de la maquinaria al inicio del proyecto ascendió a 360 y si la información del cuadro anterior refleja un flujo anual constante durante diez años, el proyecto no pagará el primer año los 72 recaudados por sobre lo pagado de IVA ese año, ya que "anticipó" *IVA* por 360. Con el mismo criterio, se considerará que el proyecto recién al sexto año pagará al Fisco los 72 por exceso de saldo. En definitiva, todo el *IVA* recaudado se paga. En el ejemplo, se pagó durante cinco años un total de 360 anticipadamente, lo que permitió dejar de pagar 72 anuales (360 en cinco años). El valor tiempo del dinero, que se trata en el capítulo 15, explica por qué cinco pagos futuros de 72 no es igual a uno anticipado de 360.

cias de distinta apertura y responsabilidad). Incluso, algunos proyectos nacidos de una decisión gubernamental pueden estar impedidos de implementarse, por las disposiciones establecidas en la Constitución.

Por otra parte, la normativa legal de los actos de comercio se regula por códigos de comercio que incorporan toda la experiencia legal mercantil, y aún la costumbre comercial. Asimismo, la situación laboral que afectará a los contratos laborales de los trabajadores (que puede gravitar fuertemente en los costos a considerar en la construcción de los flujos de caja del proyecto), se encuentra regida por disposiciones expresas del código del trabajo.

Sin perjuicio de la existencia de un marco normativo legal de carácter general, pueden existir normas y leyes regionales, sectoriales o municipales, como por ejemplo, las que establecen regulaciones y franquicias en zonas francas. Cualquier proyecto que opere en el marco normativo de esas zonas tendrá que considerar variables distintas a las que se aplicarían en cualquier otra localidad del país.

En muchas legislaciones se restringe, entre otras, la actividad bancaria, aseguradora o comercial[3]. También existen restricciones para actividades vinculadas al juego de azar y la creación de canales de televisión, entre muchas otras.

La forma legal de constitución de la empresa que se crearía si se aprueba el proyecto tiene directa relación con el marco específico que lo norma tanto en lo legal, tributario y administrativo, como en las formas de fiscalización.

Una sociedad de personas, como una compañía de responsabilidad limitada, por ejemplo, puede estar inicialmente gravada como persona jurídica y posteriormente quedar el ingreso personal de los dueños afecto al impuesto a la renta y global complementario.

Al evaluar un proyecto deben considerarse sólo los tributos directos de la empresa y no los del inversionista, porque en la evaluación se busca medir la rentabilidad de la inversión más que la rentabilidad del inversionista. Y aunque este último fuese el caso, es complejo el análisis de la situación tributaria particular de cada uno de los socios en el negocio. Más aún, cuando existen países donde la tasa de impuestos aumenta por tramos de ingreso de las personas.

---

[3] En Costa Rica, por ejemplo, existe un cupo fijo de taxis con restricción total para incorporar más vehículos a la flota existente.

Resumen

El estudio legal puede llegar a influir fuertemente en los resultados de la rentabilidad económica de un proyecto de inversión, así como en la forma de organización y en su operación futura.

Toda actividad empresarial, y los proyectos que de ella se originan, se encuentran incorporadas en un régimen legal que regula los derechos y deberes de los diferentes agentes económicos que en ella intervienen. El estudio legal de la viabilidad económica pretende recoger información económica derivada del marco normativo; por ello, no debe confundirse con la viabilidad legal, que busca determinar la existencia de restricciones legales o reglamentarias que impidan implementar u operar el proyecto que se evalúa.

Al formular un proyecto es preciso identificar clara y completamente las principales normas que inciden sobre los resultados económicos de la inversión. Aunque generalmente el evaluador incorpora en su trabajo los principales aspectos económicos que se derivan de la legislación tributaria, no siempre aborda con el detenimiento adecuado el resto de las implicaciones económicas de la legislación, por ejemplo, aquellas que condicionan los actos de comercio, la localización de la empresa, las relaciones laborales y los derechos de propiedad.

La existencia de normas de carácter general se complementa muchas veces con legislaciones específicas de tipo regional. La posibilidad de identificar todas las implicaciones económicas de la legislación guarda relación directa con la capacidad de conocer el marco normativo general y particular de un proyecto.

Lo anterior hará posible incorporar en la evaluación del proyecto los costos y beneficios que resultan directa o indirectamente del estudio legal, así como definir la estructura jurídica más conveniente para el tipo de empresa que se crearía con la implementación del proyecto.

Preguntas y problemas

1. Explique la importancia del marco legal en la formulación de un proyecto.

2. ¿En qué se diferencia el estudio legal en la viabilidad económica del estudio de la viabilidad legal de un proyecto?

3. Señale las principales consideraciones legales que deben considerarse en un estudio de la localización más adecuada económicamente para un proyecto.

4. ¿Qué costos legales pueden asociarse a los aspectos comerciales en la formulación de un proyecto?

5. Si usted tuviera que preparar económicamente un proyecto de generación hidroeléctrica de energía, ¿cuáles son los cinco aspectos legales que consideraría más importantes de analizar en la determinación de los costos y beneficios?

6. ¿Cuáles son los aspectos legales más importantes en la realización del estudio técnico de la viabilidad económica de un proyecto?

7. ¿Cómo pueden afectar las normas legales la cuantificación de los costos de administración de la empresa que se crearía con el proyecto?

8. "Hay proyectos en los que no es conveniente incluir el *IVA* en la construcción de los flujos de caja de un proyecto". Comente la afirmación.

Bibliografía

Argeri, Saúl, *Diccionario de derecho comercial y de la empresa.* Buenos Aires: Astrea, 1982.

Castro, Hernán, *Nueva legislación sobre sociedades anónimas.* Santiago: Editorial Jurídica, 1982.

Chile, Banco Central, *Legislación económica chilena y de comercio internacional.* Santiago, 1982.

————, *Código de comercio de Chile y leyes complementarias.*

Dromi, José, *Derecho administrativo económico*, 2 vols. Buenos Aires: Astrea, 1982.

Moore, Daniel, *Derecho económico.* Santiago: Editorial Jurídica, 1982.

Santa María, Raúl, *Manual de derecho económico*, 2 vols. Santiago: Ediciones Encino, 1972.

CAPÍTULO 12

Las inversiones del proyecto

E l objetivo de este capítulo es analizar cómo la información que proveen los estudios de mercado, técnico y organizacional para definir la cuantía de las inversiones de un proyecto debe sistematizarse, a fin de ser incorporada como un antecedente más en la proyección del flujo de caja que posibilite su posterior evaluación.

Si bien la mayor parte de las inversiones deben realizarse antes de la puesta en marcha del proyecto, pueden existir inversiones que sea necesario realizar durante la operación, ya sea porque se precise remplazar activos desgastados o porque se requiere incrementar la capacidad productiva ante aumentos proyectados en la demanda.

De igual forma, el capital de trabajo inicial puede verse aumentado o rebajado durante la operación, si se proyectan cambios en los niveles de actividad. Se tratan en detalle en este capítulo los distintos criterios de cálculo de la inversión en capital de trabajo y la forma de tomarlos en consideración.

 Inversiones previas a la puesta en marcha

Las inversiones efectuadas antes de la puesta en marcha del proyecto pueden agruparse en tres tipos: activos fijos, activos intangibles y capital de trabajo.

Las inversiones en activos fijos son todas aquellas que se realizan en los bienes tangibles que se utilizarán en el proceso de transformación de los insumos o que sirvan de apoyo a la operación normal del proyecto. Constituyen activos fijos, entre otros, los terrenos; las obras físicas (edificios industriales, sala de venta, oficinas administrativas,

vías de acceso, estacionamientos, bodegas, etc.); el equipamiento de la planta, oficinas y salas de venta (en maquinaria, muebles, herramientas, vehículos y alhajamiento en general), y la infraestructura de servicios de apoyo (agua potable, desagües, red eléctrica, comunicaciones, energía).

Para efectos contables, los activos fijos están sujetos a depreciación, la cual afectará el resultado de la evaluación por su efecto sobre el cálculo de los impuestos. Los terrenos no sólo no se deprecian, sino que muchas veces tienden a aumentar su valor por la plusvalía generada por el desarrollo urbano a su alrededor como en sí mismos. También puede darse el caso de una pérdida en el valor de mercado de un terreno, como es el que correspondería cuando se agota la provisión de agua de riego o cuando el uso irracional de tierras de cultivo daña su rendimiento potencial. Lo común en estos casos, es considerar como constante el valor del terreno, a menos que existan evidencias claras de que su valor pueda cambiar en términos relativos con los otros elementos de beneficios y costos incluidos en el proyecto.

Las inversiones en activos intangibles son todas aquellas que se realizan sobre activos constituidos por los servicios o derechos adquiridos necesarios para la puesta en marcha del proyecto. Constituyen inversiones intangibles susceptibles de amortizar y, al igual que la depreciación, afectarán al flujo de caja indirectamente, por la vía de una disminución en la renta imponible y, por tanto, de los impuestos pagaderos. Los principales ítemes que configuran esta inversión son los gastos de organización, las patentes y licencias, los gastos de puesta en marcha, la capacitación, las bases de datos y los sistemas de información preoperativos.

Los gastos de organización incluyen todos los desembolsos originados por la dirección y coordinación de las obras de instalación y por el diseño de los sistemas y procedimientos administrativos de gestión y apoyo, como el sistema de información, así como los gastos legales que implique la constitución jurídica de la empresa que se creará para operar el proyecto.

Los gastos en patentes y licencias corresponden al pago por el derecho o uso de una marca, fórmula o proceso productivo y a los permisos municipales, autorizaciones notariales y licencias generales que certifiquen el funcionamiento del proyecto.

Los gastos de puesta en marcha son todos aquellos que deben realizarse al iniciar el funcionamiento de las instalaciones, tanto en la etapa de pruebas preliminares como en las del inicio de la operación y hasta que alcancen un funcionamiento adecuado. Aunque constituyan un gasto de operación, muchos ítemes requerirán un desembolso previo al momento de puesta en marcha del proyecto. Por la necesidad de que los ingresos y egresos queden registrados en el momento real

en que ocurren, éstos se incluirán en el ítem de inversiones que se denominará "gastos de puesta en marcha". Por ejemplo, aquí se incluirán los pagos de remuneraciones, arriendos, publicidad, seguros y cualquier otro gasto que se realice antes del inicio de la operación.

Los gastos de capacitación consisten en aquéllos tendientes a la instrucción, adiestramiento y preparación del personal para el desarrollo de las habilidades y conocimientos que deben adquirir con anticipación a la puesta en marcha del proyecto.

La mayor parte de los proyectos tienen en cuenta un ítem especial de imprevistos para afrontar aquellas inversiones no consideradas en los estudios y para contrarrestar posibles contingencias. Su magnitud suele calcularse como un porcentaje del total de inversiones.

El costo del estudio del proyecto, contrariamente a como lo plantean algunos textos, no debe considerarse dentro de las inversiones, por cuanto es un costo inevitable que debe pagarse independientemente del resultado de la evaluación, y por tanto irrelevante. Por regla general, sólo deben incluirse como inversiones aquellos costos en que se deberá incurrir sólo si se decide llevar a cabo el proyecto.

Al igual que los activos fijos, los activos intangibles pierden valor con el tiempo. Mientras la pérdida de valor contable de los activos fijos se denominaba depreciación, la pérdida de valor contable de los activos intangibles se denomina amortización[1].

Además de la reunión y sistematización de todos los antecedentes atinentes a las inversiones iniciales en activos fijos e intangibles del proyecto, debe elaborarse un calendario de inversiones previas a la operación, que identifique los montos para invertir en cada periodo anterior a la puesta en marcha del proyecto.

Como no todas las inversiones se desembolsarán en forma conjunta con el momento cero (fecha de inicio de la operación del proyecto), es conveniente identificar el momento en que cada una debe efectuarse, ya que los recursos invertidos en la etapa de construcción y montaje tienen un costo de capital, ya sea financiero, si los recursos se obtuvieron en préstamos, ya sea de oportunidad, si los recursos son propios y obligan a abandonar otra alternativa de inversión. Para ello, deberá elaborarse un calendario de inversiones previas a la puesta en marcha que, independientemente del periodo de análisis utilizado para la proyección del flujo de caja (normalmente anual), puede estar expresado en periodos mensuales, quincenales u otros.

---

[1]   Aunque el costo del estudio del proyecto no debe incluirse en los flujos por ser un costo irrelevante para la toma de la decisión de hacer o no el proyecto, sí debe incluirse el efecto tributario de su amortización, ya que es aprovechable sólo si el proyecto se implementa.

Como se verá en el capítulo siguiente, todas las inversiones previas a la puesta en marcha deben expresarse en el momento cero del proyecto. Para ello, puede capitalizarse el flujo resultante del calendario de inversiones a la tasa de costo de capital del inversionista; denominar momento cero al momento en que se realiza el primer desembolso (y tener flujos negativos los primeros periodos), o bien incluir un ítem de gastos financieros en el calendario de inversiones, que represente el costo de los recursos así invertidos. Aun cuando el costo de oportunidad del uso de estos recursos no constituye un desembolso, cuando se obtienen de aportes propios deben considerarse en la inversión, ya que no hacerlo significa sobrestimar la rentabilidad económica real del proyecto. Esta estimación constituiría parte de los activos diferibles.

Inversión en capital de trabajo

La inversión en capital de trabajo constituye el conjunto de recursos necesarios, en la forma de activos corrientes, para la operación normal del proyecto durante un ciclo productivo[2], para una capacidad y tamaño determinados. Por ejemplo, en el estudio de factibilidad de una inversión en un proyecto de creación de un hotel, además de la inversión en edificios, equipos y mobiliario, será necesario invertir en capital de trabajo un monto tal que asegure el financiamiento de todos los recursos de operación que se consumen en un ciclo productivo. En este caso, será posible determinar como ciclo productivo el tiempo promedio de permanencia en el hotel, como capacidad la ocupación promedio de la capacidad instalada y como capital de trabajo los recursos necesarios para financiar la operación durante los días de permanencia y hasta la recepción del pago del alojamiento y consumos.

En una planta elaboradora de queso, el capital de trabajo debe garantizar la disponibilidad de recursos suficientes para adquirir la materia prima y cubrir los costos de operación durante los 60 días normales que dura el proceso de producción, más los 30 días promedio de comercialización y los 30 días que demora la recuperación de los fondos para ser utilizados nuevamente en el proceso.

La teoría financiera se refiere normalmente al capital de trabajo que se denomina activos de corto plazo. Esto es efectivo desde el punto de vista de su administración, mas no así de la inversión. Por ejem-

---

[2]   Se denomina ciclo productivo al proceso que se inicia con el primer desembolso para cancelar los insumos de la operación y termina cuando se venden los insumos, transformados en productos terminados, y se percibe el producto de la venta y queda disponible para cancelar nuevos insumos.

plo, si una empresa programa un nivel de operaciones de $100, sin fines de lucro (compra y vende $100 en productos), pero tiene una política de venta que establece un 50% al contado y un 50% a crédito a 30 días, al iniciar la operación deberá desembolsar $100, de los cuales recuperará $50 inmediatamente y tendrá el saldo en cuentas por cobrar. El dinero recibido al contado se utilizará en la compra de la nueva mercadería, pero para mantener el nivel deseado de $100, deberá incurrirse en un nuevo desembolso de $50. Si permanentemente las cuentas por cobrar ascienden a $50 y siempre el nivel de operación requiere existencias o caja de $100, los $150 totales tienen el carácter de una inversión permanente que sólo se recuperará cuando el proyecto deje de operar.

En consecuencia, para efectos de la evaluación de proyectos, el capital de trabajo inicial constituirá una parte de las inversiones de largo plazo, ya que forma parte del monto permanente de los activos corrientes necesarios para asegurar la operación del proyecto.

Si el proyecto considera aumentos en el nivel de operación, pueden requerirse adiciones al capital de trabajo. En proyectos sensibles a cambios estacionales pueden producirse aumentos y disminuciones en distintos periodos, considerándose estos últimos como recuperación de la inversión.

Los métodos principales para calcular el monto de la inversión en capital de trabajo son el contable, el del periodo de desfase y el del déficit acumulado máximo. Los siguientes apartados analizan estos métodos en detalle.

Método contable

Una forma comúnmente usada para proyectar los requerimientos de capital de trabajo es la de cuantificar la inversión requerida en cada uno de los rubros del activo corriente, considerando que parte de estos activos pueden financiarse por pasivos de corto plazo pero de carácter permanente, como los créditos de proveedores o los préstamos bancarios. Los rubros de activo corriente que se cuantifican en el cálculo de esta inversión son el saldo óptimo para mantener en efectivo, el nivel de cuentas por cobrar apropiado y el volumen de existencias que debe mantenerse, por un lado, y los niveles esperados de deudas promedio de corto plazo, por otro.

La inversión en efectivo dependerá de tres factores: el costo de que se produzcan saldos insuficientes, el costo de tener saldos excesivos y el costo de administración del efectivo.

El costo de tener saldos insuficientes hará que la empresa deje de cumplir con sus pagos. Si tuviera saldos suficientes, podría cumplir con sus compromisos y tener, en consecuencia, un costo cero, pero a

medida que disminuye el saldo, el costo de saldos insuficientes aumenta en el equivalente al costo de la fuente de financiamiento a que se recurra, sea el recargo de un interés a la deuda no pagada, o al interés cobrado por un banco, si se recurre a éste para obtener los fondos que remitan el pago de esa deuda.

El costo de saldos excesivos equivale a la pérdida de utilidad por mantener recursos ociosos por sobre las necesidades de caja. Este costo aumenta mientras mayor sea el saldo ocioso.

El costo de administración del efectivo se compone de los costos de gestión (remuneraciones al personal) de los recursos líquidos y de los gastos generales de oficinas. Estos costos, que son fijos, deben tomarse en cuenta en conjunto con los anteriores para optimizar la inversión en efectivo, que se define como la de menor costo total.

El costo total se obtiene de sumar los costos de administración con los de saldos, tanto excesivos como insuficientes.

Diversos autores[3] han propuesto alternativas metodológicas para calcular el nivel óptimo para mantener en efectivo. William Baumol[4] propone un método que generaliza el concepto de costos de oportunidad, definiendo una tasa de interés compuesto (i) y suponiendo un flujo de entrada constante de efectivo (C). El costo de hacer efectivo algún valor realizable es definido en forma fija en una cantidad (b) y los desembolsos (T) también son constantes. El costo total (TC) lo define por:

$$TC = \frac{bT}{C} + \frac{iC}{2} \qquad (12.1)$$

donde bT/C equivale al número de conversiones en efectivo, T/C, multiplicado por el costo de cada conversión, b, y donde $iC/2$ equivale al costo de oportunidad por mantener un saldo promedio de efecti-

---

[3] *Véanse*, por ejemplo, M. Miller y D. Orr, "A Model of the Demand for Money in Firms", *Quarterly Journal of Economics*, agosto 1966; Y. Orgler, *Cash Management: Methods and Models*. Belmont, Calif. Wadsworth, 1970; S. Sethi, y G. Thompson, "An Aplication of Mathematical Control Theory to Finance: Modeling Simple Dynamic Cash Balance Problems", *Journal of Financial and Quantitative Analysis*, diciembre 1970, y W. Beranek, *Analysis for Financial Decisions*. Homewood, Ill.; Irwin1963.

[4] W. Baumol, "The Transactions Demand for Cash: An Inventory Theoretical Approach", *Quarterly Journal of Economics*, noviembre 1952.

vo, $C/2$, durante el periodo. La optimización del monto para convertir, que se obtiene derivando la ecuación 12.1 con respecto a C e igualando el resultado a cero, se calcula de la siguiente forma:

$$C^* = \sqrt{\frac{2bT}{i}} \qquad (12.2)$$

Por ejemplo, si los desembolsos anuales ascienden a \$1.600, el nivel óptimo para mantener en caja sería de \$800, si el costo fijo de hacer realizable una cantidad, fuese de \$20 y el costo del capital de 10%. Esto se obtiene de :

$$C^* = \sqrt{\frac{2(20)(1.600)}{0,1}}$$

$$= \sqrt{64\,000}$$

$$= 800$$

La validez del modelo está condicionada al cumplimiento de los siguientes supuestos: los flujos de ingresos y egresos son constantes a través del tiempo, no produciéndose ingresos o desembolsos inesperados de efectivos, y la única razón por la cual la empresa mantiene efectivo se deriva de la demanda de transacciones por estos saldos.

La inversión en inventarios, por otra parte, depende básicamente de dos tipos de costos, a saber: los asociados con la compra y los asociados con el manejo de inventarios.

Los costos asociados con el proceso de compra son todos aquéllos en que se incurre al ordenar un pedido para constituir existencias.

Los costos asociados al manejo de existencias, por otra parte, aumentan cuando se incrementa la cantidad que se recibe con cada pedido.

El costo total puede calcularse sumando los costos asociados al pedido y al manejo.

El objetivo es, como se mencionó, definir la inversión promedio en existencias que sea óptima en términos de su mínimo costo. Las existencias promedio pueden definirse como $Q/2$. Luego,

$$Ip = \frac{Q}{2} \qquad (12.3)$$

Si el inventario promedio es $Q/2$ y además se supone que cada unidad cuesta $\$S$, el valor de existencias promedio será $Q/2S$ y los costos totales de manejo (CM) serán:

$$CM = \frac{Q}{2}\, S \qquad (12.4)$$

Luego, el costo total puede expresarse:

$$CT = \frac{D}{Q}\, P + \frac{Q}{2}\, S \qquad (12.5)$$

lo que puede minimizarse hasta:

$$Q^* = \sqrt{\frac{2DP}{S}} \qquad (12.6)$$

donde Q^* constituye el lote económico de compra.

Las limitaciones del método se centran en la incertidumbre acerca de la demanda del bien o combinación de bienes inventariables. Si se conociera con exactitud el tiempo de entrega requerido para colocar una orden de compra de existencias y pudieran cuantificarse con certeza los costos que involucraría no disponer de las existencias en un momento dado, la inversión en inventarios podría resolverse con mayor facilidad[5].

Por último, la inversión en cuentas por cobrar debe analizarse en función de los costos y beneficios que lleva asociados. Así, los principales costos son los de cobranzas, los de capital, los de morosidad en los pagos y los de incumplimiento. Los beneficios deben medirse por el incremento en las ventas y utilidades que se generan con una política de créditos.

Si la política fuese vender al contado, no se generarían costos de cobranzas o de capital, como tampoco de morosidad o incumplimiento.

---

[5] Una amplia difusión de modelos de inventarios de existencias son tratados en F. Hillier y G. L. Lieberman, *Introduction to Operations Research*. San Francisco: Holden-Day, 1967.

Sin embargo, si la empresa otorga créditos a 30 días, se generan automáticamente dos tipos de costos, a saber: el del capital necesario para financiar las cuentas por cobrar durante 30 días y los que ocasione el proceso de cobranza. El costo de capital se incrementa mientras más duración tenga el periodo de crédito, ya que posiblemente deba pagarse un interés por los recursos obtenidos para financiar el crédito. El crédito, por otra parte, probablemente genere un incremento en las ventas y, por tanto, en las utilidades.

Al incrementar la inversión en cuentas por cobrar, aumentan tanto los costos como los beneficios asociados al crédito. No obstante, sobre cierto límite, el crédito se estaría otorgando a clientes menos buenos, con el consiguiente incremento en los riesgos de morosidad e incumplimiento.

Al igual que en el caso del efectivo, inventarios y cuentas por cobrar, el crédito de proveedores y los préstamos de corto plazo se administran en el corto plazo, pero en términos de fuentes de finan-ciamiento, se consideran de largo plazo, ya que son renovables y permanentes.

Los factores que influyen en las condiciones del crédito de proveedores son la naturaleza económica del producto, la situación del vendedor, la situación del comprador y los descuentos por pronto pago. La naturaleza económica del producto define qué artículos con alta rotación de ventas normalmente se venden con créditos cortos. Los proveedores con una débil posición financiera por lo regular exigen el pago al contado o con crédito de muy corto plazo. El comprador muchas veces podrá influir en las condiciones de pago, dependiendo de la importancia relativa que tenga entre el total de consumidores del proveedor. Los descuentos por pronto pago pueden hacer poco atractivo aceptar un crédito del proveedor, como también si éste recarga un interés por el crédito otorgado.

El préstamo bancario y otras fuentes de financiamiento de corto plazo deben evaluarse en función de los costos y beneficios que reportan, así como medirse los montos óptimos y disponibles.

Las dificultades para calcular estos niveles óptimos para empresas que ni siquiera se han creado, hace recomendable emplear este primer método cuando puede conseguirse información del resto de la industria, siempre que se considere representativo para el proyecto. De esta forma, se aplicará al proyecto el nivel de capital de trabajo observado en empresas similares.

Cuando se trata de un proyecto que formará parte de una empresa en funcionamiento, será posible asumir que se mantendrá la misma relación que existe, por ejemplo, entre el capital de trabajo actual y el valor de los activos, la cantidad producida u otra variable que pueda exhibir correlación con la inversión en capital de trabajo.

Por las mismas dificultades señaladas, es recomendable usar este método sólo a nivel de perfil y excepcionalmente a nivel de prefactibilidad.

 ## Método del periodo de desfase

Este método consiste en determinar la cuantía de los costos de operación que debe financiarse desde el momento en que se efectúa el primer pago por la adquisición de la materia prima hasta el momento en que se recauda el ingreso por la venta de los productos, que se destinará a financiar el periodo de desfase siguiente.

El cálculo de la inversión en capital de trabajo (*ICT*), se determina por la expresión:

$$ICT = \frac{\text{Costo anual}}{365} \times \begin{array}{c}\text{número de}\\ \text{días de}\\ \text{desfase}\end{array} \qquad (12.7)$$

Un periodo de recuperación puede ser corto (venta de yogur, servicio de hotel, fletes, etc.), o largo (industria metalúrgica). Por ejemplo, en un hotel podría ser posible estimar un periodo de recuperación de cinco días promedio, que corresponde al periodo desde que se inician los desembolsos que genera un turista hasta el instante en que paga su estadía en el hotel. Una planta elaboradora de quesos podría tener un periodo de recuperación de 120 días, si desde que compra la leche hasta que el queso está terminado pasan 60 días, si hay 30 días promedio de comercialización y si se vende con crédito a 30 días. Una forma de tratar la determinación del capital de trabajo, de acuerdo con la ecuación 12.7, consiste en calcular el costo de operación mensual o anual y dividirlo por el número de días de la unidad de tiempo seleccionada (30 ó 365 días). De esta forma se obtiene un costo de operación diario que se multiplica por la duración en días del ciclo de vida.

La simplicidad del procedimiento se manifiesta cuando se considera que para la elaboración de los flujos de caja ha sido necesario calcular tanto el costo total de un periodo como el de recuperación.

De igual manera, su utilidad queda demostrada si se tiene que el concepto propio del capital de trabajo es la financiación de la operación durante ese periodo de recuperación. Sin embargo, el modelo manifiesta la deficiencia de no considerar los ingresos que podrían percibirse durante el periodo de recuperación, con lo cual el monto así calculado tiende a sobrevaluarse, castigando a veces en exceso el resultado de la evaluación del proyecto. Pero sigue siendo un buen método para proyectos con periodos de recuperación reducidos, como

por ejemplo, la venta de periódicos, la operación de un hotel o un restaurante.

No obstante, como el método calcula un promedio diario, el resultado obtenido no asegura cubrir las necesidades de capital de trabajo en todos los periodos. Por ello se estima que la no consideración de los ingresos en el periodo sólo compensan esta situación.

Por todo lo anterior, el método se aplica generalmente en nivel de prefactibilidad, por cuanto no logra superar la deficiencia de que al trabajar con promedios no incorpora el efecto de posibles estacionalidades. Cuando el proyecto se hace en nivel de factibilidad y no presenta estacionalidades, el método puede ser aplicado.

Método del déficit acumulado máximo

El cálculo de la inversión en capital de trabajo por este método supone calcular para cada mes los flujos de ingresos y egresos proyectados y determinar su cuantía como el equivalente al déficit acumulado máximo.

Por ejemplo, si los ingresos empiezan a percibirse el cuarto mes y los egresos ocurren desde el principio, puede calcularse el déficit o superávit acumulado como se muestra a continuación.

Cuadro 12.1

	1	2	3	4	5	6	7	8	9	10	11	12
Ingresos	–	–	–	40	50	110	200	200	200	200	200	200
Egresos	60	60	60	150	150	150	60	60	60	150	150	150
Saldo	-60	-60	-60	-110	-100	-40	140	140	140	50	50	50
S.acum.	-60	-120	-180	-290	-390	-430	-290	-150	-10	40	90	140

En una situación como la anterior, donde las compras se concentran trimestre por medio, el máximo déficit acumulado asciende a 430, por lo que ésta será la inversión que deberá efectuarse en capital de trabajo para financiar la operación normal del proyecto.

Al disminuir el mes 7 el saldo acumulado deficitario, no disminuye la inversión en capital de trabajo. De igual forma, cuando el saldo acumulado pasa a positivo tampoco significa que no se necesita esta inversión. Por el contrario, el déficit máximo acumulado refleja la cuantía de los recursos por cubrir durante todo el tiempo en que se mantenga el nivel de operación que permitió su cálculo.

La reducción en el déficit acumulado sólo muestra la posibilidad de que con recursos propios, generados por el propio proyecto, podrá

financiarse el capital de trabajo. Pero éste siempre deberá estar disponible, ya que siempre existirá un desfase entre ingresos y egresos de operación.

Aunque, como se verá en el capítulo 14, no siempre será necesario trabajar los flujos de caja con *IVA*, cuando se calcula el monto por invertir en capital de trabajo sí deberá considerarse el *IVA*, puesto que al efectuar una compra afecta a este impuesto, deberá pagarse aunque se recupere posteriormente con la venta del producto que elabore el proyecto.

Inversiones durante la operación

Además de las inversiones en capital de trabajo y previas a la puesta en marcha, es importante proyectar las reinversiones de remplazo y las nuevas inversiones por ampliación que se tengan en cuenta.

Como se analizó en los capítulos relacionados con la ingeniería y la organización –lo que puede extenderse también al mercado–, es preciso elaborar calendarios de reinversiones de equipos durante la operación, para maquinaria, herramientas, vehículos, mobiliario, etc.

Como estos estudios ya fueron realizados, en este punto corresponderá al responsable del estudio financiero del proyecto sistematizar la información que proveen estos cuadros.

Igualmente, será posible que ante cambios programados en los niveles de actividad sea necesario incrementar o reducir el monto de la inversión en capital de trabajo, de manera tal que permita cubrir los nuevos requerimientos de la operación y también evitar los costos de oportunidad de tener una inversión superior a las necesidades reales del proyecto.

Resumen

El capítulo 12 analizó en detalle la forma de tratar las inversiones del proyecto, tanto aquellas que se realizan con anticipación a la puesta en marcha como las que se realizan durante la operación.

Las inversiones que se realizan antes de la puesta en marcha se agruparon en activos fijos, activos intangibles y capital de trabajo inicial.

La importancia de la inversión en capital inicial de trabajo se manifiesta en que, sin ser activo tangible ni nominal, es la que garantiza el financiamiento de los recursos durante un ciclo productivo.

Los métodos para calcular esta inversión normalmente difieren en sus resultados. Uno de ellos, el contable, considera la in-

versión como el equivalente para financiar los niveles óptimos de las inversiones particulares en efectivo, cuentas por cobrar e inventarios, menos el financiamiento de terceros a través de créditos de proveedores y préstamos de corto plazo.

El método del periodo de desfase, por su parte, define la cantidad de recursos necesarios para financiar la totalidad de los costos de operación durante el lapso comprendido desde que se inician los desembolsos hasta que se recuperan los fondos a través de la cobranza de los ingresos generados por la venta. El criterio del déficit acumulado máximo intenta ser menos conservador que el anterior e incorpora el efecto de los ingresos y egresos en forma conjunta, para determinar la cuantía del déficit que necesitará financiar el capital de trabajo.

Además de las inversiones previas a la puesta en marcha, es importante incluir aquellas que deben realizarse durante la operación, ya sea por ampliaciones programadas como por el remplazo necesario para mantener el funcionamiento normal de la empresa que se crearía con el proyecto.

Preguntas y problemas

1. "La inversión en activos nominales deben considerarse sólo como inversión inicial, ya que no tienen valor de desecho". Comente la afirmación.

2. "El costo del estudio de factibilidad debe considerarse sólo como inversión inicial, ya que es una inversión en activo intangible que se efectúa antes de la puesta en marcha del proyecto". Comente.

3. "Para determinar la inversión inicial del proyecto deben sumarse algebraicamente las inversiones previas a la puesta en marcha". Comente.

4. Explique el concepto de ciclo productivo.

5. Analice los distintos métodos para determinar el monto de la inversión en capital de trabajo.

6. Analice los factores de costos que influyen en el cálculo del monto óptimo para invertir en efectivo.

7. "Los desembolsos en arriendos, remuneraciones, seguros y publicidad efectuados antes de la puesta en marcha de un proyecto, deben considerarse dentro de la inversión inicial de ese proyecto". Comente.

8. Describa las variables que influyen en la determinación del monto óptimo de la inversión en cuentas por cobrar.

9. ¿Qué efectos tiene la estacionalidad en las ventas sobre la inversión en capital de trabajo?

10. "La depreciación acelerada de los activos constituye un subsidio a la inversión, cuyo monto depende de la tasa de interés y de la tasa de impuesto a las utilidades de la empresa". Comente.

11. "El método del periodo de desfase para calcular el monto para invertir en capital de trabajo, permite cubrir los déficit ocasionales de caja, pero no permite adiciones ni reducciones en dicho monto en función a los déficit o superávit de caja". Comente.

12. "En el estudio de algunos proyectos de inversión puede concluirse que no se necesita invertir en capital de trabajo. Por ejemplo, cuando las ventas mensuales son cuatro veces los costos de ese mes". Comente.

13. Explique por qué la variación en las ventas (en pesos) de un producto, afecta el nivel de la inversión en capital de trabajo. Analice detalladamente todas las situaciones que puede identificar.

14. "En el calendario de inversiones previas a la puesta en marcha debe incluirse un ítem de gastos financieros que incluya el costo del capital de los recursos invertidos". Comente.

15. "Si la inversión en capital de trabajo está correctamente calculada, no debieran presentarse adiciones ni reducciones en su nivel de inversión durante su vida útil". Comente.

16. "Da lo mismo incluir o no el *IVA* en las inversiones del proyecto". Comente.

17. En el estudio de un proyecto de instalación de una estación de servicios se busca calcular el monto para invertir en capital de trabajo. Los productos que venderán, la estimación de ventas mensuales, el costo de cada producto y el margen de utilidad son:

Productos	Ventas (m³)	Costo ($/m³)	Margen ($/m³)
- Gasolina	320	400	15
- Diesel	150	370	12
- Kerosene	20	250	14
- Lubricantes	1	1.250	40

Antecedentes de otras estaciones de servicio de la misma compañía señalan que la inversión en caja es prácticamente cero, que los créditos a clientes corresponden a pagos con tarjetas de crédito y equivalen a 1.5 días venta y que los inventarios corresponden a un promedio de 15 días costo. Por otra parte, se sabe que la gasolina, diesel y kerosene son suministrados por un solo proveedor y que en promedio la deuda equivale a 15 días costo. Los lubricantes se adquieren a otros proveedores que otorgan un crédito promedio de 30 días. Se supone que no hay estacionalidades en la operación del negocio.

CASO: MADERERA AUSTRAL S. A.

Francisco Alvear, joven ingeniero comercial, y sus amigos y antiguos compañeros de estudio decidieron formar un grupo de profesionales asociados, con el objeto de prestar asesoría en materia de administración a empresas del área agrícola-forestal.

En este momento la organización tiene a su cargo la realización del estudio de factibilidad del complejo Maderera Austral S. A. Dicho complejo consta de una planta de impregnación con sales, una planta de impregnación con creosota, una planta de maderas prensadas y un aserradero. El aserradero es la unidad piloto que debe abastecer a todas las demás plantas con la materia prima indispensable. Se espera que inicie sus actividades el 15 de agosto de 1984. Los amigos de Alvear tomaron a su cargo el estudio técnico, ya que contaban con especialización en el área de ingeniería forestal, mientras que él se responsabilizó de la realización del estudio de factibilidad económica; de manera especial debe estudiar lo referente al aserradero, puesto que éste constituye la pieza clave del complejo. Alvear tiene ya bastante avanzado su análisis y en este momento se encuentra abocado a la tarea de determinar el capital de trabajo que requiere hasta diciembre de 1984. El objetivo principal de esta unidad será valorizar la madera de las plantaciones, transformarla en un producto noble y obtener el más alto aprovechamiento de los desechos. Existe, además, el imperativo de lograr un grado de eficiencia tal que permita enfrentar las exigencias del mercado. Ello significa obtener madera de calidad por selección de cortes.

De acuerdo con estos objetivos, se ha pensado dotar al aserradero de sierras de cinta de alto rendimiento. Específicamente, el equipo constituido por un banco sierra de cinta de 1,25 m de diámetro,

una partidora de 1,10 m de diámetro, una canteadora, sierras despuntadoras, baño para tratamiento antimancha, equipo de transporte mecanizado y un completo taller de afilado y reparación de sierras. Las sierras se cotizaron en el mercado nacional, de muy buena calidad y alto rendimiento. Además, pueden adquirirse en condiciones excepcionales por la empresa.

El presupuesto de instalación para el aserradero se presenta en el siguiente detalle:

Presupuesto de Instalación	
Maquinaria	$30.000.000
Gastos de instalación	4.000.000
Edificio	10.000.000
Implementos	6.590.000
Total	$50.590.000

Esta instalación permitirá producir 10.000.000 de pies madereros anuales, trabajando con un solo turno durante 280 días.

Durante los primeros dos años de vida del aserradero, se espera que éste tenga una vida útil de diez años. Se ha planeado trabajar a un 25% de la capacidad, debido a que aún hoy el abastecimiento de maderas es insuficiente. Sin embargo, existen buenas expectativas, ya que la producción de bosques crece rápidamente y el valor del equipo es competitivamente bajo, lo cual constituye una ventaja para este periodo. Por estas razones se ha pensado también que en este tiempo la madera elaborada se producirá solamente en tamaño estándar.

Para obtener la madera en calidad de producto semielaborado se requiere un proceso que dura entre 30 y 45 minutos; posteriormente los maderos deben evaporar su humedad apilados en castillos durante tres meses, para constituirse en producto terminado y salir a la venta.

Existe la idea generalizada de que los clientes, en su mayoría barracas, son solventes. No obstante, y por precaución, Alvear piensa mantener una reserva de 5% sobre las cuentas por cobrar, que corresponden al 50% de las ventas y se cancelan a 120 días en cuotas mensuales iguales. Se espera vender el total de la producción.

La materia prima, madera en bruto, debe cancelarse como máximo 30 días después de llegada a su destino. El problema principal respecto a abastecimiento radica en que durante los meses de junio, julio y agosto es imposible satisfacer los pedidos de madera, debido a que los caminos existentes en el lugar donde se encuentra el complejo maderero (cordillera de Nahuelbuta) se encuentran en mal estado.

Mediante los estudios realizados por Francisco Alvear se ha logrado detectar que el aprovechamiento que pueda hacerse de los desechos o subproductos cumple un papel importante en la rentabilidad del aserradero. De acuerdo con la política adoptada respecto a la producción, vale decir, trabajar al 25% de la capacidad, la recuperación por valorización de desechos, considerando a $2.000 el metro cúbico, es de $3.250.000 a precio de costo. Los desechos pasan a constituirse en ingresos mensuales a caja, una vez que se traspasan íntegramente a otro departamento del complejo.

Francisco Alvear determinó el precio de venta del pie maderero en $17. Conjuntamente determinó el costo de producción anual en $39.000.000, lo que restándole el costo anual de subproductos ($3.250.000), permite definir un costo anual de producción maderero en $36.060.000. Esta última cifra, al ser dividida por la producción física anual, determina un costo de $14,42 el pie maderero. Los artículos terminados y en proceso tienen el mismo costo unitario por pie. Se le asigna este costo debido a que en la práctica la diferencia que existe entre ambos es muy pequeña y se desprecia para los efectos del estudio.

Para determinar la rentabilidad del aserradero, Alvear tuvo en cuenta los siguientes datos:

Información para una producción de 10 millones de pies anuales (100% capacidad)		
ítem	**precio unitario**	**consumo anual**
- Madera	$3.000 m³ sólido	43.000 m³
- Energía eléctrica	$7,10 Kw-hora	129.000 Kw-hora
- Mano de obra (18 personas)	$200 la hora	40.320 horas
- Sueldo fijo	$120.000 al mes	1 jefe de turno

Los materiales varios incluyen aceites, gravas, huaipes, sierras de cinta, esmeriles, etc. Alvear considera conveniente realizar estas

compras una vez al año, ya que una investigación realizada en las casas del ramo determinó que para las compras en grandes volúmenes se da un plazo de tres meses para cancelar. El gasto en materiales varios asciende a $5.000.000.

Los gastos generales están formados por un 10% de amortización de maquinaria y 5% de amortización de edificio. Los gastos de administración y ventas representan el 25% sobre la mano de obra directa y los sueldos.

Debido a la importancia del aserradero dentro del complejo maderero, Francisco Alvear considera altamente recomendable contratar un seguro, tanto para el capital fijo como para el capital de trabajo. Dicho seguro es anual y debe cancelarse en tres cuotas pagaderas en los tres primeros meses desde la contratación del seguro. La prima sobre el capital fijo es de 2,5%. El capital de trabajo fue tasado por la aseguradora en $20 millones como promedio mensual y también tiene una prima de 2.5%.

Finalmente, se estimó un porcentaje para imprevistos de 7% sobre la suma de todos los costos y gastos antes enunciados[6].

En los siguientes anexos se presentan los cálculos respecto a la rentabilidad del aserradero con aprovechamiento parcial de los desechos y un resumen de ventas de varias industrias del ramo.

Anexo 1

Rentabilidad del aserradero con aprovechamiento parcial de los desechos

Ventas de madera aserrada	$170.000.000
+ Recuperación por valorización de desechos	13.000.000
Total venta	183.000.000
- Costo total producción	162.421.613
Utilidad bruta	$20.578.387

[6] Se reitera que todos los costos y gastos considerados por Alvear para determinar la rentabilidad del aserradero son válidos para el 100% de capacidad de trabajo, excepto la valoración de desechos.

Anexo 2

Resumen de ventas de varias industrias del ramo (millones de pies)

Meses	Ventas
Enero	12.196
Febrero	13.465
Marzo	14.221
Abril	11.198
Mayo	12.071
Junio	13.145
Julio	14.914
Agosto	11.389
Septiembre	12.061
Octubre	11.486
Noviembre	12.557
Diciembre	11.952
Total	151.105

Bibliografía

Baumol, William, "The Transactions Demand for Cash: An Inventory Theoretical Approach", *Quarterly Journal of Economics*, noviembre 1952.

Beranek, William, *Analysis for Financial Decisions*. Homewood, Ill.: Irwin, 1963.

BID-Odeplan, "Industrialización de la papa", *Curso interamericano de preparación y evaluación de proyectos*. Santiago, 1977.

Bolten, Steven, *Administración financiera*. México: Limusa, 1981.

Miller, M. y D. Orr, "A Model of the Demand for Money in Firms", *Quarterly Journal of Economics*, agosto 1966.

Orgler, Yair, *Cash Management: Methods and Models*. Belmont, Calif.: Wadsworth, 1970.

Philippatos, George. *Fundamentos de administración financiera*. México: McGraw-Hill, 1979.

Sapag, Nassir, *Criterios de evaluación de proyectos*. Madrid: McGraw-Hill, 1993.

————y R. Sapag, "Determinación de la inversión en capital de trabajo en proyectos con estacionalidad en la adquisición de materias primas y ventas constantes". *Paradigmas en administración*, diciembre 1984.

Sethi, S y G. Thompson, "An Application of Mathematical Control Theory to Finance: Modeling Simple Dynamic Cash Balance Problems", *Journal of Financial and Quantitative Analysis*, diciembre 1970.

Weston, F. y E. Brigham, *Finanzas en administración*, México: Interamericana, 1977.

Capítulo 13

Beneficios del proyecto

En este capítulo se analizan los beneficios que pueden asociarse a un proyecto de inversión. Generalmente éstos son más, que los que el común de los evaluadores consideran en el proceso de preparación de los flujos de caja, no tanto por ignorancia sino por estimar que sólo influyen muy marginalmente en los resultados del proyecto.

Sin embargo, como se mencionó en los primeros capítulos de este texto, el estudio de proyectos debe ser capaz de exhibir la mayor coherencia posible de los datos que explicarían el comportamiento futuro de los distintos componentes del flujo de caja. Una forma de hacerlo, especialmente en niveles de prefactibilidad o factibilidad, es identificando la totalidad de los beneficios del proyecto, independientemente de su relevancia para el resultado final. Esto se justifica por dos razones: una, porque sólo después de su determinación podrá calificarse su cuantía como relevante o irrelevante y, otra, porque al entregar un proyecto para la revisión por terceros, no puede omitirse una variable que a juicio del revisor, pudiese ser más importante de lo que estima el propio evaluador.

En este capítulo se analizan tanto los ingresos como los beneficios que, sin constituir flujos de caja para el proyecto, son necesarios de considerar para la correcta medición de su rentabilidad.

 Tipos de beneficios

Además de los ingresos directos ocasionados por la venta del producto o servicio que generaría el proyecto, existe una serie de otros bene-

ficios que deberán incluirse en un flujo de caja para determinar su rentabilidad de la forma más precisa posible.

Para ser consistente con lo señalado en el balance de maquinaria y en el calendario de inversiones de remplazo, deberá considerarse como un tipo adicional de ingreso la posibilidad de la venta de los activos que se remplazarán. Al generar esta venta una utilidad o pérdida contable que podría tener implicaciones tributarias importantes para el resultado del proyecto, deberá ser incluida en el flujo de caja antes de calcularse el impuesto.

Otro ingreso que podría identificarse en muchos proyectos es el ocasionado por la venta de subproductos o desechos. Si bien su cuantía generalmente no será significativa, su inclusión posibilita considerar una situación más cercana a la que podría enfrentar el proyecto, a la vez que permite mostrar la capacidad del evaluador para situarse en una posición de optimizador de las distintas variables del proyecto. Los avances tecnológicos observados en los últimos años muestran la posibilidad de aprovechar prácticamente todos los residuos que generan los proyectos: el suero como alimento para animales en la fabricación de queso o las bolsas plásticas reciclables en las fábricas de leche que las reciben como devolución por producción no vendida, entre otros.

En muchos proyectos no hay ingresos directos asociados a la inversión; por ejemplo, cuando se evalúa el remplazo de un procedimiento administrativo manual por uno computacional o de un vehículo viejo por uno nuevo para el transporte de personal en la empresa. En ambos casos, el beneficio está dado por el ahorro de costos que pueda observarse entre la situación base y la situación con proyecto.

Un ahorro de costos más particular es el que puede obtenerse de los cálculos tributarios. Por ejemplo, si se está evaluando un proyecto para remplazar un equipo totalmente depreciado por otro nuevo, deberá considerarse, para este último, la posibilidad concreta de que su depreciación contable permitirá reducir la utilidad y, en consecuencia, el impuesto que sobre ella debería pagarse.

De igual manera, cuando en un proyecto se analiza la conveniencia de remplazar el vehículo de gerencia todos los años, por su impacto en la imagen corporativa de la empresa, probablemente su valor de venta será inferior al valor contable no depreciado que tenga en ese momento. La pérdida en la venta del activo hará bajar la utilidad global del negocio y, por tanto, producirá un beneficio por la vía del ahorro tributario.

El ingreso por la venta del producto o servicio, por la venta de activos o por la venta de residuos y la mayor disponibilidad de recursos que podría generar un ahorro en los costos constituyen recursos

disponibles para enfrentar los compromisos financieros del proyecto. Sin embargo, existen otros dos beneficios que deben ser considerados para medir la rentabilidad de la inversión, pero que no constituyen recursos disponibles: la recuperación del capital de trabajo y el valor de desecho del proyecto.

El capital de trabajo está constituido por un conjunto de recursos que, al ser absolutamente imprescindibles para el funcionamiento del proyecto (y por tanto no estar disponibles para otros fines) son parte del patrimonio del inversionista y por ello tienen el carácter de recuperables. Si bien no quedarán a disposición del inversionista al término del periodo de evaluación (porque el proyecto seguirá funcionando, en el mayor número de casos, después de ese periodo), son parte de lo que ese inversionista tendrá por haber hecho la inversión en el proyecto.

Lo mismo ocurre con el valor de desecho del proyecto. Al evaluar la inversión, normalmente la proyección se hace para un periodo de tiempo inferior a la vida útil real del proyecto. Por ello, al término del periodo de evaluación deberá estimarse el valor que podría tener el activo en ese momento, ya sea suponiendo su venta, considerando su valor contable o estimando la cuantía de los beneficios futuros que podría generar desde el término del periodo de evaluación hacia adelante. La inversión que se evalúa no sólo entrega beneficios durante el periodo de evaluación, sino durante toda su vida útil. Esto obliga a buscar la forma de considerar esos beneficios futuros dentro de lo que se ha denominado valor de desecho.

Al igual que para el capital de trabajo, el valor de desecho no está disponible para enfrentar compromisos financieros. Si bien es un recurso del inversionista, considerarlo como disponible podría hacer que deba venderse la maquinaria para pagar un préstamo. Por ello se considera como un beneficio no disponible pero que debe valorarse para determinar la rentabilidad de la inversión, ya que es parte del patrimonio que el inversionista podría tener si invierte efectivamente en el proyecto.

Valores de desecho[1]

La estimación del valor que podría tener un proyecto después de varios años de operación es una tarea de por sí compleja. Muchas veces, el factor decisivo entre varias opciones de inversión lo constituye el valor de desecho.

---

[1] Tomado de Nassir Sapag, *Criterios de evaluación de proyectos*. Madrid: McGraw-Hill, 1993.

A este respecto existen tres métodos posibles de usar para calcular dicho valor y, aunque cada uno conduce a un resultado diferente, su inclusión aporta, en todos los casos, información valiosa para tomar la decisión de la aceptación o rechazo del proyecto.

El primer método es el contable, que calcula el valor de desecho como la suma de los valores contables (o valores libro) de los activos. El valor contable corresponde al valor que a esa fecha no se ha depreciado de un activo y se calcula, a nivel de viabilidad, como:

$$VD = \sum_{j=1}^{n} I_j - \left(\frac{I_j}{n_j} \times d_j \right) \qquad (13.1)$$

donde:

I_j = Inversión en el activo j

n_j = Número de años a depreciar el activo j

d_j = Número de años ya depreciados del activo j al momento de hacer el cálculo del valor de desecho

En aquellos activos donde no hay pérdida de valor por su uso, como los tenemos, no corresponde depreciarlos. Por ello se asignará, al término del periodo de evaluación, un valor igual al de su adquisición.

Por ejemplo, si el valor de uno de los activos (j) que se comprarán para el proyecto asciende a $12.000, y si el Fisco permite depreciarlo en 15 años (n_j), su depreciación anual (I_j/n_j) será de 12.000/15 = $800.

Si el proyecto se evalúa en un horizonte de diez años (d_j) al término de su periodo de evaluación tendrá una depreciación acumulada (I_j/n_j) $\times d_j$ de $8.000.

Por tanto, aplicando la ecuación 13.1, su valor contable o valor libro será de

$$12.000 - \left(\frac{12.000}{15} \times 10 \right) = 4.000$$

que corresponde al valor de adquisición ($12.000) menos la depreciación acumulada ($8.000).

En activos intangibles se aplicará el mismo procedimiento, aunque es frecuente que al término de su periodo de evaluación se encuentren totalmente amortizados[2], con excepción de aquellos en que se considera que se mantendrá su valor (un derecho de llaves o una marca).

---

[2] Los activos fijos se deprecian y los activos intangibles se amortizan. El concepto es el mismo pero con denominaciones diferentes.

Por lo aproximado y conservador del método[3], su uso se recomienda en el nivel de perfil y, ocasionalmente, en el de prefactibilidad.

Por esta razón, y dado que los estudios en niveles de perfil o prefactibilidad permiten el uso de aproximaciones en su evaluación, el método contable compensa, con su criterio conservador, la falta de precisión en algunas estimaciones de costos y beneficios.

Téngase presente, sin embargo, que mientras más se empleen criterios conservadores en la formulación del proyecto, la evaluación arrojará resultados siempre más negativos. Si se aceptan las aproximaciones al efectuar las estimaciones de las variables económicas en los niveles de perfil y prefactibilidad, podría ya estar incorporándose, sin percibirlo, un elemento conservador, o pesimista. De esta forma, si luego se opta conscientemente por aplicar un valor de desecho conservador, como el que provee este método contable, el efecto negativo sería aún mayor.

El segundo método parte de la base de que los valores contables no reflejan el verdadero valor que podrán tener los activos al término de su vida útil. Por tal motivo, plantea que el valor de desecho de la empresa corresponderá a la suma de los valores comerciales que serían posibles de esperar, corrigiéndolos por su efecto tributario.

Obviamente existe una gran dificultad para estimar cuánto podrá valer, por ejemplo dentro de diez años, un activo que todavía no se adquiere. Si bien hay quienes proponen que se busquen activos similares a los del proyecto con diez años de uso y determinar cuánto valor han perdido en ese plazo (para aplicar igual factor de pérdida de valor a aquellos activos que se adquirirían con el proyecto), esta respuesta no constituye una adecuada solución al problema, ya que no considera posible cambios en la tecnología, ni en los términos de intercambio ni en ninguna de las variables del entorno a las que nos referimos en el capítulo 2.

Se agrega a lo anterior la enorme dificultad práctica de su aplicación a proyectos que tienen una gran cantidad y diversidad de activos, lo que hace que el cálculo de sus valores de mercado se constituya en una tarea verdaderamente titánica.

Aunque no parece conveniente recomendar este método en la formulación de un proyecto nuevo, sí creemos que tiene un gran valor en aquellos proyectos que se evalúan en una empresa en funcionamiento, donde son pocos los activos en los que se invertirá. Es el caso de los proyectos de remplazo, donde frecuentemente el activo que se evalúa es uno solo; de los proyectos de ampliación, donde en general

---

[3] Siempre supone que el activo va perdiendo valor.

no son muchos los activos que se agregarían a los existentes; o de los proyectos de abandono, total o específico, como por ejemplo de una línea de productos, donde el valor comercial que se requiere calcular de los activos es el precio vigente en el mercado.

Cualquiera que sea el caso en que se aplique, presenta, sin embargo, una complejidad adicional, a saber: la necesidad de incorporar el efecto tributario que generaría la posibilidad de hacer efectiva su venta.

Si el activo tuviese un valor comercial tal que al venderlo le genere a la empresa una utilidad contable, deberá descontarse de dicho valor el monto del impuesto que ha de pagarse por obtener dicha utilidad.

El cálculo del valor de desecho mediante la corrección de los valores comerciales después de impuesto puede efectuarse por dos procedimientos que conducen a igual resultado. En ambos casos se requerirá determinar primero la utilidad contable sobre la cual se aplicará la tasa de impuesto vigente; para ello se restará al precio de mercado estimado de venta el costo de la venta, que corresponde al valor contable del activo.

Para mostrar su aplicación se usará un ejemplo simple. Supóngase que el proyecto se evalúa en un horizonte de tiempo de cinco años, que el activo será adquirido en $1.000 y que su vida útil contable es de diez años. La depreciación anual será de $100 ($1.000 divididos en diez años), lo que significa que en cinco años se tenga una depreciación acumulada de $500. Si se estima que el valor comercial del activo será al cabo de cinco años equivalente a $650, la utilidad contable será de $150. Suponiendo que la tasa de impuestos a las utilidades fuese de 10%, correspondería pagar $15 en impuestos.

El valor de desecho será entonces de $635, que resulta de restar los $15 de impuesto a los $650 del valor comercial.

El segundo procedimiento para llegar a ese mismo resultado es sumar a la utilidad después de impuesto el valor contable que se dedujo para calcular la utilidad contable antes de impuestos, por cuanto no constituye un flujo de caja desembolsable.

De esta forma, se tendría lo siguiente :

	Valor comercial	650
−	Valor contable	(500)
=	Utilidad antes de impuesto	150
−	Impuesto (10%)	(15)
=	Utilidad neta	135
+	Valor contable	500
=	Valor de desecho	635

Cuando al activo se le asigna un valor comercial inferior al valor contable, se producen pérdidas contables. En este caso, no podría afirmarse, como muchos lo hacen, que no hay efectos tributarios. Lo más probable es que haya beneficios tributarios, puesto que, si la empresa que evalúa el proyecto tiene utilidades contables, la pérdida que la eventual venta ocasionaría colaboraría con el resto de la empresa al reducir sus utilidades globales, y, en consecuencia, la ayudaría a reducir los impuestos por pagar.

El ahorro de este impuesto es un beneficio que se debe reconocer y asociar al proyecto, ya que sin su venta la empresa deberá pagar un impuesto mayor que si hiciera la venta.

Lo anterior se aprecia más fácilmente si se agrega al ejemplo anterior el supuesto de que el proyecto permitiría la venta futura de un activo, adicional al que se expuso antes y que se podría vender en $400, aunque tiene un valor contable de $500; es decir, su venta conlleva una pérdida contable de $100.

Si consideramos la venta de los dos activos en su conjunto, tendríamos la siguiente situación:

		Activo 1	Activo 2	Total
+	Valor comercial	650	400	1.050
−	Valor contable	(500)	(500)	(1.000)
=	Utilidad antes impuesto	150	(100)	50
−	Impuesto	(15)	10	(5)
=	Utilidad neta	135	(90)	45
+	Valor contable	500	500	1.000
=	Valor de desecho	635	410	1.045

Como puede apreciarse con facilidad, por vender los dos activos la empresa paga sólo $5 de impuestos, en circunstancias en que cuando vendía sólo un activo debía pagar $15. O sea, la venta del segundo activo posibilita a la empresa ahorrarse $10.

En otras palabras, cuando la empresa como un todo tenga utilidades contables, el ahorro de impuestos corresponderá exactamente a la tasa de impuestos multiplicada por la pérdida contable del activo que se vendería a precios inferiores a los de su valor contable.

En el ejemplo anterior, dado que la utilidad (pérdida) contable antes de impuesto sería de menos $100, el ahorro de impuestos corres-

ponderá a 10% de esa cifra, es decir $10. De aquí se explica que el valor de desecho sea superior al valor comercial del activo. Por una parte, se obtiene el beneficio de su venta y, por otra, el del ahorro de impuestos.

El tercer método es el denominado económico, que supone que el proyecto valdrá lo que es capaz de generar desde el momento en que se evalúa hacia adelante. Dicho de otra forma, puede estimarse el valor que un comprador cualquiera estaría dispuesto a pagar por el negocio en el momento de su valoración[4].

El valor del proyecto, según este método, será el equivalente al valor actual de los beneficios netos de caja futuros. Es decir,

$$VD = \sum_{t=1}^{n} \frac{(B - C)_t}{(1 + i)^t} \qquad (13.2)$$

donde :

VD = Valor de desecho del proyecto
$(B - C)_t$ = Beneficio neto, o beneficio menos costo, de cada periodo t
i = Tasa exigida como costo de capital

Sin embargo, este modelo obliga a estimar nuevamente para el periodo n el valor de desecho que tendría por segunda vez el proyecto. A este respecto, Sapag[5] propone estimar un flujo perpetuo a futuro y calcular su valor actual. Para ello, toma un flujo normal como promedio perpetuo y le resta la depreciación, como una forma de incorporar el efecto de las inversiones de remplazo y también como un promedio anual perpetuo. De esta forma, el valor de desecho quedaría como:

$$VD = \frac{(B - C)_k - Dep_k}{i} \qquad (13.3)$$

donde:

$(B - C)_k$ = Beneficio neto del año normal k
Dep_k = Depreciación del año k

---

[4] Puede simularse que el propio dueño del proyecto lo "compra" a sí mismo.

[5] Nassir, Sapag, *Criterios de evaluación de proyectos*. Madrid: McGraw-Hill,1993.

Lo anterior no es otra cosa que la utilidad actualizada como una perpetuidad ya que, como se verá en el capítulo siguiente, el flujo de caja corresponde a la utilidad más la depreciación.

Por ejemplo, si el flujo neto de caja fuese $12.000, la depreciación $2.000 y la tasa de costo de capital de 10%, el valor de desecho sería:

$$VD = \frac{12.000 - 2.000}{0,1} = 100.000$$

Es decir, aunque el flujo normal esperado como promedio a perpetuidad sea $12.000, se descuentan $2.000 como compensación anual por las reinversiones que necesariamente deberán hacerse a futuro por reposición de activos. Si se exige un retorno del 10% a la inversión, sólo valorando al proyecto en $100.000, los $10.000 disponibles permitirán obtener ese 10%. De esta forma, en lugar de incorporar el efecto de las reinversiones como un solo monto, se hará difiriéndolo en varios periodos, cuyo número dependerá de la vida útil contable.

Si bien con la aplicación de este criterio se logra mostrar, en forma matemática, un mayor beneficio en el resultado del proyecto, constituyendo por esto una distorsión para el trabajo del evaluador, estimamos que constituye un procedimiento que, correctamente utilizado, permitiría mejorar sustancialmente la cuantificación del valor de desecho, ya que además de incorporar el efecto de los beneficios netos futuros que serían posibles de esperar de la continuidad del negocio, posibilita la inclusión de los desembolsos futuros en reinversiones.

La simplicidad del modelo hace pensar en la conveniencia de aplicarlo en cualquiera de los tres niveles de estudio de viabilidad. Quizá la única limitación para su uso sea que, en general, tiende a mostrar un resultado más optimista, aunque probablemente más real, que el que se obtendría con cualquiera de los otros métodos y, por tanto, no podría aparecer como atractivo para aquellos evaluadores que tienden a incorporar criterios conservadores en la confección del flujo de caja, en remplazo del innecesario ítem de imprevistos que agregan a las inversiones y a los costos (pero que nunca lo incorporan a los beneficios).

Políticas de precio

El precio que se fije para el producto que se elaborará con el proyecto será determinante en el nivel de los ingresos que se obtengan, tanto por su propio monto como por su impacto sobre el nivel de la cantidad vendida.

El precio (P) se define como la relación entre la cantidad de dinero (M) recibida por el vendedor y la cantidad de bienes (Q) recibidas por el comprador. Esto es:

$$P = \frac{M}{Q} \tag{13.4}$$

Para describir los alcances de esta definición, supóngase que se desea cambiar el precio. Para ello existen varias opciones, como subir o bajar el valor unitario por cobrar por cada producto; cambiar la cantidad de bienes proporcionados por el vendedor ante un mismo valor (por ejemplo, reducir el tamaño de una barra de chocolate y venderla por la misma cantidad de dinero); cambiar la calidad del producto (si la calidad baja y la cantidad por cobrar se mantiene, el precio sube porque el comprador está recibiendo menos calidad); o variar el momento de entrega respecto del momento en que se cobra (venta con opción de pago a 90 días sin intereses equivale a una reducción de precio).

En general, las estrategias de precio pueden basarse en costos o ventas. Sin embargo, los factores mínimos que deberían considerarse al establecer una estrategia de precios son: a) la demanda, que establecerá un precio máximo posible, b) los costos, que definen el precio mínimo, c) los factores competitivos, que definirán una variabilidad que pueda subirlos o bajarlos y d) las restricciones al precio, ya sean externas a la empresa, como regulaciones gubernamentales, o interna, como exigencias de rentabilidad mínima.

La elasticidad precio de la demanda permite medir la sensibilidad de los compradores frente a cambios en los precios de un producto y se define como el cambio porcentual en la cantidad demandada respecto a un cambio porcentual en el precio, tal como se expresó en la ecuación 3.1 del capítulo 3.

Una forma complementaria de medir la sensibilidad del comprador es mediante la elasticidad ingreso de la demanda (E_I):

$$E_I = \frac{\Delta Q}{\Delta I} \times \frac{I}{Q} \tag{13.5}$$

donde:

I = Ingreso personal

Si E_I es negativa, muestra que el producto es un bien inferior, es decir, que cuando aumenta el ingreso personal, se consume menos de ese bien. Si E_I es positiva, la demanda aumenta cuando el ingreso au-

menta. Sin embargo, en este caso se presentan dos situaciones: que sea positiva pero menor que uno (varía, pero no significativamente) o mayor que uno (varía en forma importante).

El análisis de rentabilidad para la fijación de precios

De acuerdo con lo expuesto en el capítulo 7, el resultado de un negocio se deduce de la diferencia entre los ingresos y los costos totales asociados a una inversión.

En este sentido, el precio o tarifa a cobrar debería ser el que permite cubrir la totalidad de los costos de operación (fijos y variables, de administración, fabricación y ventas, tributarios, etc.), otorgar la rentabilidad exigida sobre la inversión y recuperar la pérdida de valor de los activos por su uso.

La forma de calcular la tarifa se reduce a tomar la ecuación 7.13, asignar a R un valor cero y despejar la variable precio. De esta forma se obtiene un precio de equilibrio que cubre todo lo señalado anteriormente. Cualquier precio sobre este valor dará una rentabilidad superior a la exigida.

Otra opción se analiza en el capítulo 18, donde mediante la aplicación de un modelo de sensibilidad se calcula el precio de equilibrio en presencia de un flujo de caja proyectado.

Resumen

Los beneficios de un proyecto son más que el simple ingreso por venta del producto o servicio que elaboraría la empresa que se crearía con su aprobación. Un análisis completo debería incluir los ingresos por venta de activos y por venta de desechos, los ahorros de costos y los efectos tributarios. A pesar de que no constituyen ingresos, existen dos beneficios que hay que incluir por constituir parte del patrimonio que tendría el inversionista si se hace la inversión: el valor de desecho del proyecto y la recuperación del capital de trabajo.

El valor de desecho puede estimarse por uno de tres métodos: el valor contable o libro, el valor comercial y el valor económico. Este último es el más exacto aunque no siempre el más conveniente de usar.

El precio es obviamente uno de los aspectos centrales en la determinación de los ingresos. Su fijación debe tener en cuenta al menos cuatro aspectos: la demanda o intensiones de pago del consumidor, los costos, la competencia y las regulaciones internas o externas, que se le impongan.

Preguntas y problemas

1. Explique por qué debe considerarse el valor de desecho de un proyecto.

2. "No siempre es necesario incluir el valor de desecho en un flujo, ya que influye muy marginalmente en la rentabilidad por estar al final del periodo de evaluación". Comente la afirmación.

3. Analice los diferentes tipos de beneficios que pueden identificarse en un proyecto.

4. "Un proyecto de remplazo de un computador no puede evaluarse económicamente, ya que no tiene ingresos asociados". Comente.

5. Explique cómo un proyecto de remplazo de un vehículo nuevo por otro viejo puede generar beneficios tributarios.

6. "El capital de trabajo se recupera al final del periodo de evaluación". Comente

7. "Los tres métodos para calcular el valor de desecho conducen a resultados diferentes pero muy similares, por lo que es indiferente usar cualquiera de ellos". Comente.

8. Explique la diferencia entre la amortización de un activo intangible y la depreciación.

9. "En un proyecto para remplazar un solo activo, da lo mismo incluir su valor comercial como *venta de activo* antes de impuesto que como valor de desecho por el método comercial". Comente.

10. "El valor de desecho calculado por el método económico es más alto que si se calcula el valor actual de la utilidad contable promedio perpetuo". Comente.

11. Señale las alternativas de modificación de un precio que tendrían que ser analizadas en un proyecto de inversión.

12. Indique las variables principales que afectarían al precio del producto que vendería el proyecto.

13. En el estudio de un proyecto se calculó las siguientes inversiones con los años de depreciación que se indican:

Ítem	Inversión	Periodo de depreciación
Terreno	10.000	---
Construcción	80.000	40 años
Maquinaria	30.000	15 años
Equipos y muebles	10.000	10 años

Determine el valor de desecho al final del año cinco, y al final del año diez por el método contable.

14. Un proyecto considera la compra de dos máquinas por un valor de $10.000 cada una. Contablemente se deprecian ambas en diez años, aunque se estima conveniente su remplazo al final del año 8. Una de las máquinas trabajará a dos turnos y la otra sólo a uno, por lo que se presume que su valor comercial al final del año 8 será de $3.000 y $1.500 respectivamente.

Elabore un cuadro para determinar el valor de desecho individual y el valor de desecho conjunto de ambas máquinas, si el impuesto sobre las utilidades es de un 15%.

15. El flujo de caja promedio perpetuo identificado en un proyecto es el que se muestra en el siguiente cuadro

Ingresos	20000
Costos variables	(3.000)
Costos fijos	(6.000)
Depreciación	(2.000)
Utilidad antes impuesto	9.000
Impuesto (15%)	(1.350)
Utilidad neta	7.650
Depreciación	2.000
Flujo de caja	9.650

¿Cuál es el valor de desecho si la empresa exige una rentabilidad del 12% anual?

Bibliografía

De Velasco, Emilio, *El precio: variable estratégica de marketing*. Madrid: McGraw-Hill, 1994.

Monroe, Kent B., *Política de precios*. Madrid: McGraw-Hill, 1992.

Ross, Elliot B., "Making money with proactive pricing". *Harvard Business Review*, 62: 145-155 (1984).

Sapag, Nassir, *Criterios de evaluación de proyectos*. Madrid: McGraw-Hill, 1993.

————, "Estimación de precios mínimos en el estudio de proyectos de inversión". *Paradigmas en administración*. (Chile) (13): 57-63 (1988).

CAPÍTULO 14

Flujo de caja proyectado

L a proyección del flujo de caja constituye uno de los elementos más importantes del estudio de un proyecto, ya que la evaluación del mismo se efectuará sobre los resultados que en ella se determinen. La información básica para realizar esta proyección está contenida en los estudios de mercado, técnico y organizacional, así como en el cálculo de los beneficios a que se hizo referencia en el capítulo anterior. Al proyectar el flujo de caja, será necesario incorporar información adicional relacionada, principalmente, con los efectos tributarios de la depreciación, de la amortización del activo nominal, valor residual, utilidades y pérdidas.

El problema más común asociado a la construcción de un flujo de caja es que existen diferentes flujos para diferentes fines: uno para medir la rentabilidad del proyecto, otro para medir la rentabilidad de los recursos propios y un tercero para medir la capacidad de pago frente a los préstamos que ayudaron a su financiación.

Por otra parte, la forma de construir un flujo de caja también difiere si es un proyecto de creación de una nueva empresa o si es uno que se evalúa en una empresa en funcionamiento.

Elementos del flujo de caja

El flujo de caja de cualquier proyecto se compone de cuatro elementos básicos: a) los egresos iniciales de fondos, b) los ingresos y egresos de operación, c) el momento en que ocurren estos ingresos y egresos, y d) el valor de desecho o salvamento del proyecto.

Los egresos iniciales corresponden al total de la inversión inicial requerida para la puesta en marcha del proyecto. El capital de trabajo,

si bien no implicará siempre un desembolso en su totalidad antes de iniciar la operación, se considerará también como un egreso en el momento cero, ya que deberá quedar disponible para que el administrador del proyecto pueda utilizarlo en su gestión. De acuerdo con lo indicado en el capítulo 12, la inversión en capital de trabajo puede diferirse en varios periodos. Si tal fuese el caso, sólo aquella parte que efectivamente deberá estar disponible antes de la puesta en marcha se tendrá en cuenta dentro de los egresos iniciales.

Los ingresos y egresos de operación constituyen todos los flujos de entradas y salidas reales de caja. Es usual encontrar cálculos de ingresos y egresos basados en los flujos contables en estudio de proyectos, los cuales, por su carácter de causados o devengados, no necesariamente ocurren en forma simultánea con los flujos reales. Por ejemplo, la contabilidad considera como ingreso el total de la venta, sin reconocer la posible recepción diferida de los ingresos si ésta se hubiese efectuado a crédito. Igualmente, concibe como egreso la totalidad del costo de ventas, que por definición corresponde al costo de los productos vendidos solamente, sin inclusión de aquellos costos en que se haya incurrido por concepto de elaboración de productos para existencias.

La diferencia entre devengados o causados y reales se hace necesaria, ya que el momento en que realmente se hacen efectivos el ingreso y egreso será determinante para la evaluación del proyecto. Este tema se analiza con mayor detalle en el capítulo 16. Sin embargo, esta diferencia se hace mínima cuando se trabaja con flujos anuales, ya que las cuentas devengadas en un mes se hacen efectivas por lo general dentro del periodo anual.

El flujo de caja se expresa en *momentos*. El *momento cero* reflejará todos los egresos previos a la puesta en marcha del proyecto. Si se proyecta remplazar un activo durante el periodo de evaluación, se aplicará la convención de que en el momento del remplazo se considerará tanto el ingreso por la venta del equipo antiguo como el egreso por la compra del nuevo. Con esto se evitarán las distorsiones ocasionadas por los supuestos de cuándo se logra vender efectivamente un equipo usado o de las condiciones de crédito de un equipo que se adquiere.

El horizonte de evaluación depende de las características de cada proyecto. Si el proyecto tiene una vida útil esperada posible de prever y si no es de larga duración, lo más conveniente es construir el flujo en ese número de años. Si la empresa que se crearía con el proyecto tiene objetivos de permanencia en el tiempo, se puede aplicar la convención generalmente usada de proyectar los flujos a diez años, donde el valor de desecho refleja el valor del proyecto por los beneficios netos esperados después del año diez.

Los costos que componen el flujo de caja se derivan de los estudios de mercado, técnico y organizacional analizados en los capítulos anteriores. Cada uno de ellos definió los recursos básicos necesarios para la operación óptima en cada área y cuantificó los costos de su utilización.

Los egresos que no han sido determinados por otros estudios y que deben considerarse en la composición del flujo de caja, sea en forma directa o indirecta, son los impuestos. El cálculo de los impuestos, requerirá la cuantificación de la depreciación, la cual, sin ser un egreso efectivo de fondos, condiciona el monto de los tributos por pagar.

Aunque lo que interesa al preparador y evaluador de proyectos es incorporar la totalidad de los desembolsos, independientemente de cualquier ordenamiento o clasificación, es importante en ocasiones disponer de una pauta de clasificación de costos que permita verificar su inclusión.

Una clasificación usual de costos se agrupa según el objeto del gasto, en costos de fabricación, gastos de operación, financieros y otros.

Los costos de fabricación pueden ser directos o indirectos (estos últimos conocidos también como gastos de fabricación). Los costos directos los componen los materiales directos y la mano de obra directa, que debe incluir la remuneración, la previsión social, las indemnizaciones, gratificaciones y otros desembolsos relacionados con un salario o sueldo. Los costos indirectos, por su parte, se componen por la mano de obra indirecta (jefes de producción, choferes, personal de reparación y mantenimiento, personal de limpieza, guardias de seguridad); materiales indirectos (repuestos, combustibles y lubricantes, útiles de aseo); y los gastos indirectos como energía (electricidad, gas, vapor), comunicaciones (teléfono, radio, télex, intercomunicadores) seguros, arriendos, depreciaciones, etc.

Los gastos de operación pueden ser gastos de venta o gastos generales y de administración. Los gastos de ventas están compuestos por los gastos laborales (como sueldos, seguro social, gratificaciones y otros), comisiones de ventas y de cobranzas, publicidad, empaques, transportes y almacenamiento. Los gastos generales y de administración los componen los gastos laborales, de representación, seguros, alquileres, materiales y útiles de oficina, depreciación de edificios administrativos y equipos de oficina, impuestos y otros.

Los gastos financieros, que se analizan en sus distintos aspectos en los capítulos siguientes, los constituyen los gastos de intereses por los préstamos obtenidos.

En el ítem "otros gastos" se agrupan la estimación de incobrables y un castigo por imprevistos, que usualmente corresponde a un porcentaje sobre el total.

Un elemento de costo no analizado en los capítulos anteriores y que influye indirectamente sobre el gasto en imprevistos es la depreciación, que representa el desgaste de la inversión en obra física y equipamiento que se produce por su uso. Los terrenos y el capital de trabajo no están sujetos a depreciación, ya que no se produce un desgaste derivado de su uso.

Puesto que el desembolso se origina al adquirirse el activo, los gastos por depreciación no implican un gasto en efectivo, sino uno contable para compensar, mediante una reducción en el pago de impuestos, la pérdida de valor de los activos por su uso. Mientras mayor sea el gasto por depreciación, el ingreso gravable disminuye y, por tanto, también el impuesto pagadero por las utilidades del negocio.

Aunque existen muchos métodos para calcular la depreciación, en los estudios de viabilidad generalmente se acepta la convención de que es suficiente aplicar el método de línea recta sin valor residual; es decir, supone que se deprecia todo el activo en proporción similar cada año.

Lo anterior se justifica porque al no ser la depreciación un egreso de caja, sólo influye en la rentabilidad del proyecto por sus efectos indirectos sobre los impuestos. Al depreciarse todo el activo, por cualquier método se obtendrá el mismo ahorro tributario, diferenciándose sólo el momento en que ocurre. Al ser tan marginal el efecto, se opta por el método de línea recta que además de ser más fácil de aplicar es el que entrega el escenario más conservador.

Estructura de un flujo de caja

La construcción de los flujos de caja puede basarse en una estructura general[1] que se aplica a cualquier finalidad del estudio de proyectos. Para un proyecto que busca medir la rentabilidad de la inversión el ordenamiento propuesto es el que se muestra en la tabla siguiente.

Ingresos y egresos afectos a impuesto son todos aquellos que aumentan o disminuyen la riqueza de la empresa. Gastos no desembolsables son los gastos que para fines de tributación son deducibles pero que no ocasionan salidas de caja, como la depreciación, la amortización de los activos intangibles o el valor libro de un activo que se venda. Al no ser salidas de caja se restan primero para aprovechar su descuento tributario y se suman en el ítem Ajuste por gastos no desembolsables. De esta forma, se incluye sólo su efecto tributario. Egresos no afectos a impuestos son las inversiones, ya que no aumen-

---

[1] El modelo general es propuesto por Nassir Sapag, en *Criterios de evaluación de proyectos*. Madrid: McGraw-Hill, 1993.

+	Ingresos afectos a impuestos
–	Egresos afectos a impuestos
–	Gastos no desembolsables
=	Utilidad antes de impuesto
–	Impuesto
=	Utilidad después de impuesto
+	Ajustes por gastos no desembolsables
–	Egresos no afectos a impuestos
+	Beneficios no afectos a impuestos
=	Flujo de caja

tan ni disminuyen la riqueza contable de la empresa por el solo hecho de adquirirlos. Generalmente es sólo un cambio de activos (máquina por caja) o un aumento simultáneo con un pasivo (máquina y endeudamiento). Beneficios no afectos a impuesto son el valor de desecho del proyecto y la recuperación del capital de trabajo. Ninguno está disponible como ingreso aunque son parte del patrimonio explicado por la inversión en el negocio.

Para dar un ejemplo del procedimiento de cálculo, considérese que en el estudio de la viabilidad de un nuevo proyecto se estima posible vender 30.000 toneladas anuales de un producto a $1.000 la tonelada durante los dos primeros años y a $1.200 a partir del tercer año, cuando el producto se haya consolidado en el mercado. Las proyecciones de ventas muestran que a partir del sexto año, éstas se incrementarían en un 40%.

El estudio técnico definió una tecnología óptima para el proyecto que requeriría las siguientes inversiones para un volumen de 30.000 toneladas.

Terrenos	$20.000.000
Obras físicas	50.000.000
Maquinaria	30.000.000

Sin embargo, el crecimiento de la producción para satisfacer el incremento de las ventas, requeriría duplicar la inversión en maquinaria y efectuar obras físicas por $40.000.000.

Los costos de fabricación para un volumen de hasta 40.000 tonela-das anuales son de:

Mano de obra	$150
Materiales	200
Costos indirectos	80

Sobre este nivel, es posible lograr descuentos por volumen en la compra de materiales equivalentes a un 10%.

Los costos fijos de fabricación se estiman en $5.000.000, sin incluir depreciación. La ampliación de la capacidad en un 40%, hará que es-tos costos se incrementen en $1.500.000. Los gastos de venta variables corresponden a una comisión de 3% sobre las ventas, mientras que los fijos ascienden a $1.500.000 anuales. El incremento de ventas no varia-rá este monto.

Los gastos de administración alcanzarían a $1.200000 anuales los primeros cinco años y a $1.500.000 cuando se incremente el nivel de operación. La legislación vigente permite depreciar los activos de la siguiente forma:

Obras físicas	2% anual
Maquinaria	10% anual

Los activos nominales se amortizan en un 20% anual. Los gastos de puesta en marcha ascienden a $22.000.000, dentro de los que se in-cluye el costo del estudio que alcanza a $8.000.000.

La inversión en capital de trabajo se estima en el equivalente a 6 meses de costo total desembolsable.

Al cabo de 10 años se estima que la infraestructura física (con te-rrenos) tendrá un valor comercial de $100.000.000. La maquinaria ten-dría un valor de mercado de $28.000.000.

La tasa de impuesto a las utilidades es de un 15%.

Para la construcción del flujo de caja, se tienen en cuenta, en primer lugar, los ingresos y costos afectados por tributación. Los ingresos por ventas, que varían según las condiciones de precio y cantidad enunciadas, deben complementarse por el valor residual en el momento final del proyecto, de acuerdo con los antecedentes disponibles y el criterio de cálculo que se elija entre los señalados en el capítulo anterior.

Los costos de fabricación variables se calculan multiplicando la suma de los costos por tonelada ($430.000) por el total de toneladas. Al aumentar la operación a un nivel superior a las 40.000 toneladas, el costo de los materiales se reduce en un 10% (a $180.000) lo que hace que el costo variable unitario se reduzca a $410.000. Los costos fijos, comisiones, gastos de venta fijos y gastos administrativos se calculan de acuerdo con la información del ejemplo.

Las depreciaciones y amortizaciones del activo intangible, si bien no constituyen egresos de caja, influyen sobre el nivel de los impuestos a las utilidades, que sí lo son. La variación en el monto que se va a depreciar a partir del sexto año, se debe al incremento en el valor de los activos para enfrentar el crecimiento. El terreno no se deprecia.

Los activos intangibles se amortizan de acuerdo con las instrucciones del problema, independientemente de si deben incluirse como inversión inicial.

Después de deducir el impuesto equivalente al 15% de las utilidades, se obtiene la utilidad neta de cada periodo. Como se desea calcular el flujo efectivo de caja, se hace necesario corregir los descuentos que no constituyen egresos de caja. En este sentido deben volver a sumarse las depreciaciones, las amortizaciones de activos nominales y los valores en libros.

Por otra parte, deben incluirse los egresos por inversiones. En el momento cero (comienzo del año 1) deben estar disponibles el terreno, las obras físicas y la maquinaria; en el momento 5 (inicio del año 6), las ampliaciones para enfrentar la mayor operación.

El activo intangible relevante para el flujo de caja es el que puede evitarse con la decisión o que depende directamente de ella. Dado que el costo del estudio ya está pagado, es irrelevante para la decisión de invertir. Sin embargo, el efecto tributario de su amortización contable sólo existirá si la empresa se crea, por lo que tiene el carácter de relevante y debe incluirse en el flujo.

La inversión en capital de trabajo se incluyó como egreso en el momento cero y su incremento en los momentos dos y cinco; esto, porque debe estar disponible al inicio de los periodos tres y seis respectivamente.

El valor de desecho se calculó por el método de mercado, y se obtuvo lo siguiente:

Valor comercial	100.000.000
Valor comercial maquinaria	28.000.000
Valor libro terreno	(20.000.000)
Valor libro construcción inicial	(40.000.000)
Valor libro construcción de ampliación	(36.000.000)
Valor libro maquinaria inicial	------
Valor libro maquinaria de ampliación	(15.000.000)
Utilidad antes de impuesto	17.000.000
Impuesto	(2.550.000)
Utilidad después de impuesto	14.450.000
Valores libro	111.000.000
Valor de desecho	125.450.000

Si se hubiese calculado por el método contable, el valor de desecho habría sido $111.000.000. Para calcularlo por el método económico, se habría requerido, además, conocer la tasa de costo de capital.

De la misma forma como se incluye el valor de desecho al final del año 10, deberá agregarse la recuperación del capital de trabajo, que corresponde a la suma de los valores invertidos en los momentos cero, dos y cinco.

El resultado al ejemplo se expone en el cuadro 14.1.

Flujo de caja del inversionista

El flujo de caja analizado en la sección anterior permite medir la rentabilidad de toda la inversión. Si se quisiera medir la rentabilidad de los recursos propios, deberá agregarse el efecto del financiamiento para incorporar el impacto del apalancamiento de la deuda.

Como los intereses del préstamo son un gasto afecto a impuesto, deberá diferenciarse qué parte de la cuota que se le paga a la institución que otorgó el préstamo es interés y qué parte es amortización de la deuda, porque el interés se incorporará antes de impuesto mientras que la amortización, al no constituir cambio en la riqueza de la empresa, no está afecta a impuesto y debe incorporarse en el flujo después de haber calculado el impuesto.

Por último, deberá incorporarse el efecto del préstamo para que, por diferencia, resulte el monto que debe invertir el inversionista. Por ejemplo, si la inversión es de $(1.000) y el préstamo es de $600, por diferencia resulta la inversión propia de $(400).

Cuadro 14.1

Flujo de caja del proyecto

	0	1	2	3	4	5	6	7	8	9	10
Ventas		30.000	30.000	36.000	36.000	36.000	50.400	50.400	50.400	50.400	50.400
C. variables		-12.900	-12.900	-12.900	-12.900	-12.900	-17.220	-17.220	-17.220	-17.220	-17.220
C. fijos		-5.000	-5.000	-5.000	-5.000	-5.000	-6.500	-6.500	-6.500	-6.500	-6.500
Comisiones		-900	-900	-1.080	-1.080	-1.080	-1.512	-1.512	-1.512	-1.512	-1.512
Gtos. venta		-1.500	-1.500	-1.500	-1.500	-1.500	-1.500	-1.500	-1.500	-1.500	-1.500
Gtos. adm.		-1.200	-1.200	-1.200	-1.200	-1.200	-1.500	-1.500	-1.500	-1.500	-1.500
Dep. O.F.		-1.000	-1.000	-1.000	-1.000	-1.000	-1.800	-1.800	-1.800	-1.800	-1.800
Dep. maq.		-3.000	-3.000	-3.000	-3.000	-3.000	-6.000	-6.000	-6.000	-6.000	-6.000
Amort. int.		-4.400	-4.400	-4.400	-4.400	-4.400					
Ut. bruta		100	100	5.920	5.920	5.920	14.368	14.368	14.368	14.368	14.368
Impuesto		-15	-15	-888	-888	-888	-2.155	-2.155	-2.155	-2.155	-2.155
Ut. neta		85	85	5.032	5.032	5.032	12.213	12.213	12.213	12.213	12.213
Dep.O.F.		1.000	1.000	1.000	1.000	1.000	1.800	1.800	1.800	1.800	1.800
Dep. maq.		3.000	3.000	3.000	3.000	3.000	6.000	6.000	6.000	6.000	6.000
Amort. int.		4.400	4.400	4.400	4.400	4.400					
Terreno	-20.000										
Obra física	-50.000					-40.000					
Maquinaria	-30.000					-30.000					
Intangibles	-14.000										
Cap. trabajo	-10.750		-90			-3.276					14.116
V. desecho											125.450
Flujo caja	-124.750	8.485	8.395	13.432	13.432	-59.844	20.013	20.013	20.013	20.013	159.579

En este caso, la estructura del flujo queda como sigue:

+	Ingresos afectos a impuesto
–	Egresos afectos a impuesto
–	Gastos no desembolsables
–	Intereses del préstamo
=	Utilidad antes de impuesto
–	Impuesto
=	Utilidad después de impuesto
+	Ajustes por gastos no desembolsables
–	Egresos no afectos a impuesto
+	Beneficios no afectos a impuesto
+	Préstamo
–	Amortización de la deuda
=	Flujo de caja

Los intereses del préstamo y la amortización de la deuda se incorporan a partir del momento uno y hasta su cancelación total. El préstamo irá, con signo positivo, en el momento cero.

Si para el ejemplo del acápite anterior se supone que el 60% de la inversión inicial se financiará con préstamo en ocho años y a un 8% de interés real anual, se tendría el siguiente flujo de caja del inversionista[2].

Cuadro 14.2

Flujo de caja del inversionista

	0	1	2	3	4	5	6	7	8	9	10
Ventas		30.000	30.000	36.000	36.000	36.000	50.400	50.400	50.400	50.400	50.400
C. variables		-12.900	-12.900	-12.900	-12.900	-12.900	-17.220	-17.220	-17.220	-17.220	-17.220
C. fijos		-5.000	-5.000	-5.000	-5.000	-5.000	-6.500	-6.500	-6.500	-6.500	-6.500
Comisiones		-900	-900	-1.080	-1.080	-1.080	-1.512	-1.512	-1.512	-1.512	-1.512
Gtos. venta		-1.500	-1.500	-1.500	-1.500	-1.500	-1.500	-1.500	-1.500	-1.500	-1.500
Gtos. adm.		-1.200	-1.200	-1.200	-1.200	-1.200	-1.500	-1.500	-1.500	-1.500	-1.500
Dep. O.F.		-1.000	-1.000	-1.000	-1.000	-1.000	-1.800	-1.800	-1.800	-1.800	-1.800
Dep. maq.		-3.000	-3.000	-3.000	-3.000	-3.000	-6.000	-6.000	-6.000	-6.000	-6.000
Amort. int.		-4.400	-4.400	-4.400	-4.400	-4.400					
Intereses		-5.988	-5.425	-4.817	-4.160	-3.451	-2.685	-1.858	-965		
Ut. bruta		100	100	5.920	5.920	5.920	14.368	14.368	14.368	14.368	14.368
Impuesto		-15	-15	-888	-888	-888	-2.155	-2.155	-2.155	-2.155	-2.155
Ut. neta		85	85	5.032	5.032	5.032	12.213	12.213	12.213	12.213	12.213
Dep.O.F.		1.000	1.000	1.000	1.000	1.000	1.800	1.800	1.800	1.800	1.800
Dep. maq.		3.000	3.000	3.000	3.000	3.000	6.000	6.000	6.000	6.000	6.000
Amort. int.		4.400	4.400	4.400	4.400	4.400					
Terreno	-20.000										
Obra física	-50.000					-40.000					
Maquinaria	-30.000					-30.000					
Intangibles	-14.000										
Cap. trabajo	-10.750		-90			-3.276					14.116
V. desecho											125.450
Préstamo	74.850										
Amort. deuda		-7.037	-7.600	-8.208	-8.865	-9.574	-10.340	-11.167	-12.060		
Flujo caja	-49.900	1.448	795	5.224	4.567	-69.418	9.673	8.846	7.953	20.013	159.579

El lector podrá, después de estudiar el capítulo 16, determinar la tasa interna de retorno de cada flujo, recordando que es el mismo proyecto aunque sólo en un caso se considera el efecto del financiamiento.

---

[2] En el capítulo siguiente se explica la forma de separar la cuota en su interés y amortización.

Flujos de caja de proyectos en empresas en funcionamiento

El análisis de decisiones de remplazo caracteriza al estudio de proyectos de empresas existentes. Muchos elementos del flujo de ingresos y egresos serán comunes para la situación actual sin proyecto de remplazo y la situación que motiva el estudio del proyecto de remplazo. Por ejemplo, si se investiga la conveniencia de renovar los equipos computacionales, muchos gastos actuales permanecerán constantes en ambas situaciones, como la remuneración del gerente general, los ingresos por venta del producto, el costo del arriendo, entre otros. Estos costos e ingresos comunes no influirán en la decisión de remplazo. Sin embargo, sí lo harán aquellos ítemes que impliquen cambios en la estructura de costos o en los ingresos del proyecto.

Si bien no es posible generalizar al respecto, se puede intentar señalar aquellos factores que comúnmente son relevantes para la decisión por su carácter diferencial entre las alternativas en análisis. Así por ejemplo, deberá incluirse el monto de la inversión del equipo de remplazo, el probable ingreso que generaría la venta del equipo antiguo y el efecto tributario de la utilidad o pérdida contable que pudiera devengar, los ahorros de costos o mayores ingresos, el mayor valor residual que puede determinar la compra del equipo nuevo y los efectos tributarios que se podrían producir por las mayores utilidades o pérdidas contables, tanto por los cambios en los ingresos o egresos como por los cambios en la depreciación y en la cuantía de los gastos financieros ocasionados por el remplazo.

El análisis de los antecedentes para tomar una decisión podrá efectuarse por dos procedimientos alternativos. El primero de ellos, de más fácil comprensión, consiste en proyectar por separado los flujos de ingresos y egresos relevantes de la situación actual y los de la situación nueva. El otro, más rápido pero de más difícil interpretación, busca proyectar el flujo incremental entre ambas situaciones. Obviamente, ambas alternativas conducen a idéntico resultado.

Supóngase, que una empresa en funcionamiento está estudiando la posibilidad de remplazar un equipo de producción que utiliza actualmente, por otro que permitirá reducir los costos de operación. El equipo antiguo se adquirió hace dos años en $1.000.000. Hoy podría venderse en $700.000. Sin embargo, si se continúa con él, podrá usarse por cinco años más, al cabo de los cuales podrá venderse en $100.000.

La empresa tiene costos de operación asociados al equipo de $800.000 anuales y paga impuestos de un 10% sobre las utilidades.

Si compra el equipo nuevo, por un valor de $1.600.000, el equipo actual quedará fuera de uso, por lo que podría venderse. El nuevo equipo podrá usarse durante cinco años antes de tener que rempla-

zarlo. En ese momento podrá venderse por $240.000. Durante el periodo de uso, permitirá reducir los costos de operación asociados al equipo en $300.000 anuales.

Todos los equipos se deprecian anualmente en un 20% de su valor, a partir del momento de su adquisición.

Con estos antecedentes, pueden proyectarse los flujos de caja de la situación actual y de la circunstancia que incorpora el remplazo. En ambos casos, se incorporan los movimientos efectivos de caja. Nótese que en la situación actual no hay inversión en el momento cero, puesto que el equipo se adquirió hace dos años. Por la misma razón la depreciación sólo debe considerarse para los próximos tres años, puesto que ya lleva dos depreciándose. En caso de optar por el remplazo, en el momento cero debe incorporarse el ingreso por la venta del equipo actual y el impuesto por pagar por la utilidad en la venta. Dado que costó $1.000.000 hace dos años, aún tiene un valor contable de $600.000. Como se vende en $700.000, debe pagarse el 10% de impuesto sobre la utilidad contable de $100.000. El valor en libros debe volver a sumarse, ya que no representa un egreso de caja.

En los cuadros 14.3 y 14.4 se muestran los dos flujos proyectados. En ambos se excluyen los ingresos en consideración a su irrelevancia para la decisión, la cual deberá seleccionar la opción de menor costo actualizado. El cuadro 14.5 muestra la variación en los costos entre una y otra alternativa.

Cuadro 14.3

Flujo de caja de la situación sin proyecto					
	0	1	2	3	4	5
Egresos		- 800	- 800	- 800	- 800	- 800
Depreciación		- 200	- 200	- 200		
Venta de activo						100
Valor en libros						0
Utilidad antes impuesto		- 1.000	- 1.000	- 1.000	- 800	- 700
Impuesto (Ahorro)		100	100	100	80	70
Utilidad neta		- 900	- 900	- 900	- 720	- 630
Depreciación		200	200	200		
Valor en libros						0
Flujo de caja		- 700	- 700	- 700	- 720	- 630

Cuadro 14.4

Flujo de caja de la situación con proyecto

	0	1	2	3	4	5
Egresos		- 500	- 500	- 500	- 500	- 500
Depreciación		- 320	- 320	- 320	- 320	- 320
Venta de activo	700					240
Valor en libros	- 600					0
Utilidad antes impuesto	100	- 820	- 820	- 820	- 820	- 580
Impuesto (Ahorro)	- 10	82	82	82	82	58
Utilidad neta	90	- 738	- 738	- 738	- 738	- 522
Depreciación		320	320	320	320	320
Valor en libros	600					0
Inversión	- 1,600					
Flujo de caja	- 910	- 418	- 418	- 418	- 418	- 202

Cuadro 14.5

Flujos diferenciales

	0	1	2	3	4	5
Con remplazo	- 910	- 418	- 418	- 418	- 418	- 202
Sin remplazo		- 700	- 700	- 700	- 720	- 630
Diferencia	- 910	282	282	282	302	428

Alternativamente puede obtenerse un resultado similar mediante el análisis incremental. Para ello se calcula en un solo flujo, qué diferencias se producirán en los ingresos y egresos si se decide optar por el remplazo.

El cuadro 14.6 muestra la proyección del flujo incremental entre la elección de la alternativa de remplazo y la de continuar con la situación actual. El resultado de la proyección muestra que por ambos procedimientos se llega a idéntico resultado. El remplazo se hará si los beneficios netos futuros actualizados (ahorros de costo) superan la inversión diferencial ($910.000) programada para el momento cero.

Cuadro 14.6

Flujo de caja incremental						
	0	1	2	3	4	5
Ahorro de costos		300	300	300	300	300
Mayor depreciación		- 120	- 120	- 120	- 320	- 320
Mayor venta activo	700					140
Valor en libros	- 600					0
Utilidad antes impuesto	100	180	180	180	- 20	120
Impuesto	- 10	- 18	- 18	- 18	2	- 12
Utilidad neta	90	162	162	162	- 18	108
Depreciación		120	120	120	320	320
Valor en libros	600					0
Inversión	- 1,600					
Flujo de caja	- 910	282	282	282	302	428

Resumen

En este capítulo se analizaron las principales variables que participan en la composición del flujo de caja del proyecto. La confiabilidad que otorguen las cifras contenidas en este flujo será determinante para la validez de los resultados, ya que todos los criterios de evaluación se aplican en función de él.

La información que se incorpora en el flujo lo suministra cada uno de los estudios particulares del proyecto. Sin embargo, el estudio financiero deberá proporcionar antecedentes sobre el monto del impuesto a las utilidades, la carga financiera de los préstamos y la depreciación de los activos, además de la sistematización de toda la información.

Al proyectar los flujos, deberá estimarse un valor de salvamento para el proyecto, el cual, sin ser efectivamente vendido, debe valorarse de acuerdo con uno de los criterios señalados en el capítulo. El más simple es en función del valor en libros de los activos; sin embargo, es el más deficiente. Otro más complejo, que mejora la estimación, pero sólo levemente, es el del valor de mercado de los activos. El más eficiente es el del valor actual de los beneficios netos futuros, que

tiene en cuenta el precio del proyecto en funcionamiento.

El flujo de caja sistematiza la información de las inversiones previas a la puesta en marcha, las inversiones durante la operación, los egresos e ingresos de operación, el valor de salvamento del proyecto y la recuperación del capital de trabajo.

Los costos que se denominan diferenciales expresan el incremento o disminución de los costos totales que implicaría la implementación de cada una de las alternativas, en términos comparativos respecto a una situación tomada como base y que por lo común es la vigente. En consecuencia, son estos costos los que en definitiva deberán utilizarse para tomar una decisión que involucre algún incremento o decrecimiento en los resultados económicos esperados de cada curso de acción que se estudie.

El análisis de una inversión con fines de sustitución de instalaciones constituye uno de los problemas mayores en la consideración de los costos relevantes, por las dificultades para obtener la información adecuada.

El análisis de sustitución puede considerar tanto los aumentos como los mantenimientos de la capacidad productiva. El razonamiento consistirá en determinar las ventajas económicas diferenciales del equipo nuevo frente al antiguo. Es decir, determinar si el ahorro en los gastos fijos y varia-

bles de operación originados por el remplazo son suficientes para cubrir la inversión adicional y para remunerar al capital invertido a una tasa de interés razonable para cubrir el costo de oportunidad, en función del riesgo implícito en la decisión.

Aunque es posible, en términos genéricos, clasificar ciertos ítemes de costos como relevantes, sólo el examen exhaustivo de aquellos que influyen en el proyecto posibilitará catalogarlos correctamente. Para identificar las diferencias inherentes a las alternativas, es recomendable que se establezcan previamente las funciones de costos de cada una de ellas. De su comparación resultará la eliminación, para efectos del estudio, de los costos inaplicables.

Entre los costos que más comúnmente se tienen en cuenta en una decisión, a pesar de ser irrelevantes, se encuentran los llamados costos sepultados, los cuales se denominan así si corresponden a una obligación de pago que se haya contraído en el pasado, aun cuando parte de ella esté pendiente de pago a futuro. Aunque constituyen un pago futuro, tienen un carácter inevitable que los hace irrelevantes.

La parte de la deuda contraída y no pagada es un compromiso por el cual debe responder la empresa, independientemente de las alternativas que enfrente en un momento dado.

Preguntas y problemas

1. Explique la composición básica de un flujo de caja para un proyecto.

2. "Al elaborar el flujo de caja, el costo del estudio de factibilidad debe incluirse en la inversión inicial por constituir un egreso muchas veces importante del proyecto". Comente la afirmación.

3. "La depreciación acelerada de los activos constituye un subsidio a la inversión, cuyo monto depende de la tasa de interés y de la tasa de impuesto a las utilidades de la empresa". Comente.

4. "Los activos nominales deben considerarse sólo como inversión inicial, ya que no tienen valor de desecho". Comente.

5. ¿Qué es lo que diferencia a los flujos de caja del proyecto y del inversionista? ¿En qué caso se debe evaluar uno u otro?

6. "La evaluación de un proyecto arroja resultados idénticos si se aplica al flujo del proyecto y al flujo del inversionista". Comente.

7. "No siempre es necesario considerar el valor de desecho en los flujos de un proyecto, ya que al estar en el último periodo, influye muy marginalmente en la rentabilidad, por tener que ser actualizado al momento cero". Comente.

8. "El costo del estudio de factibilidad debe considerarse sólo como inversión inicial, ya que es una inversión en activo nominal que se efectúa antes de la puesta en marcha del proyecto". Comente.

9. "Un proyecto que estudia la conveniencia de remplazar una máquina que opera satisfactoriamente por otra más eficiente, debe omitir el gasto por depreciación, porque no tiene significación respecto a la decisión". Comente.

10. En un proyecto que enfrenta una demanda creciente se esperan las ventas siguientes:

Año 1	360.000 unidades
Año 2	540.000 unidades
Año 3	900.000 unidades
Año 4 y siguientes	1.440.000 unidades.

En el estudio técnico se identifican dos alternativas de producción que se deben evaluar:

a) comprar una máquina grande por $25.000.000, con capacidad para 1.600.000 unidades, con una vida útil de nueve años y un valor de desecho de $2.500.000.

b) comprar una máquina pequeña por $10.000.000, con capacidad para 900.000 unidades, una vida útil de sólo tres años y un valor de desecho de $1.000.000, la cual sería remplazada por dos máquinas similares para cubrir la producción.

Respecto a los costos de operación, la primera alternativa involucra costos de $4.000.000 fijos anuales y de $3 los variables unitarios; mientras que para la segunda opción son de $2.400.000 los fijos por equipo y $3,10 los variables unitarios.

Con ambas alternativas el precio del producto es similar, y se proyecta que aumente a razón de un 3% mensual.

Confeccione los flujos relevantes para tomar una decisión.

11. El gerente de la Compañía Hoob está estudiando la posibilidad de remplazar su actual sistema de compresión en la fabricación de tubos de concreto para redes de agua potable. El costo de la nueva máquina es de $100.000 y su vida útil es de diez años. Su valor residual es de $20.000. Hacer el remplazo produciría ahorros de costo por $14.000 anuales. Sin embargo, dejaría fuera de uso el equipo actual, que fue adquirido hace cinco años en $60.000 y que tiene aún una vida útil restante de otros cinco años. Su valor residual es de $5.000. Actualmente podría venderse en $42.000.

El método de depreciación utilizado es de línea recta y para su asignación contable se considera sin valor residual el activo por depreciar. Si la tasa de impuestos para la empresa es del 15%, elabore el flujo de caja para evaluar el proyecto.

12. Una empresa en funcionamiento está evaluando la posibilidad de remplazar un equipo que compró hace cinco años en $10.000.000. Actualmente tiene un valor de mercado de $6.000.000 y costos de producción de $1.200.000 anuales. El equipo tiene una vida útil restante de diez años. Al final de dicho periodo, podría venderse en $500.000.

El nuevo equipo, de tecnología más moderna, tiene un valor de adquisición de $15000.000 y una vida útil de diez años. Su valor de desecho se calcula en $1.000.000.

Se estima que la nueva máquina permitirá aumentar la producción y ventas de 3.000 a 5.000 unidades anuales e incrementar el precio de $1.200 a $1.300 la unidad. Sin embargo, el costo de producción unitario sería de $600. Los gastos generales de la empresa se mantendrían en $1.000.000 anuales.

La tasa de impuestos de la empresa es del 10% y la tasa de descuento del 12%. Todos los equipos se deprecian en diez años mediante el método de depreciación lineal. El valor residual, para fines contables, es cero. Elabore los flujos de caja para evaluar el proyecto.

13. Una empresa está estudiando la posibilidad de remplazar el equipo computacional que actualmente utiliza y que adquirió hace tres años en $10.000.000. Los costos de operación y mantenimiento de este equipo han sido y se mantendrán a futuro en $1.000.000 anuales.

Si se compra un nuevo computador, se podrá entregar el actual en parte de pago, por un valor de $5.000.000, los que tendrán un tratamiento tributario similar al de una venta. El costo de este nuevo equipo es de $15.000.000, su vida útil de cinco años, su valor de rescate de $3.000.000 y sus gastos anuales de operación y mantenimiento de $1.500.000.

Si se continúa con el computador actual, será necesario comprar otro equipo pequeño que proporcione la capacidad adicional requerida. El equipo actual tiene una vida remanente de cinco años y un valor de rescate de $500.000. El costo de adquisición del equipo complementario es de $5.000.000, su valor de desecho al término de su vida económica de cinco años se estima en $800.000 y los costos anuales de operación y mantenimiento se estiman en $600.000.

Si la tasa de impuestos fuese del 10% y la tasa de descuento del 12%, elabore los flujos de caja necesarios. Considere una depreciación en cinco años y un valor residual para fines contables de cero.

14. Una empresa está estudiando la posibilidad de ampliar su planta de producción que actualmente elabora y vende 1.000 toneladas anuales a un precio de $20.000 la tonelada. Sus costos de operación variables ascienden a $6.000 la tonelada y los fijos a $3.000.000 anuales.

En el procesamiento se emplea una maquinaria comprada hace dos años en $4.000.000. Hoy tiene un valor de mercado de

$3.000.000 y podría usarse todavía otros cinco años más, al cabo de los cuales se podrá vender en $200.000.

La ampliación de la planta podría lograrse por una de las siguientes alternativas:

a) comprar una máquina pequeña que complementaría a la actual, a un precio de $10.000.000. Su vida útil es de cinco años y su valor de desecho de $400.000. Su costo de operación es de $4.000 la tonelada. Con esta máquina se podría duplicar la producción y ventas, sin incrementar los egresos fijos.

b) remplazar el equipo actual por otro más moderno, que tendría capacidad equivalente a las dos máquinas de la alternativa anterior. Su valor de mercado es de $20.000.000. Su costo variable es de $5.500 la tonelada y permitiría reducir los costos fijos en $500.000 anuales. Su valor de desecho se estima en $1.000.000

La empresa mantiene un capital de trabajo equivalente a seis meses de costo total.

Los equipos se deprecian linealmente con una tasa del 20% anual. Si la tasa de impuestos para la empresa es del 10% y la del costo de capital del 12%, elabore los flujos de caja para evaluar el proyecto.

15. Una empresa se ve en la necesidad de remplazar los equipos que actualmente tiene por otros que se adecúen más a las características actuales del negocio. Para ello se enfrenta a dos alternativas:

a) comprar dos máquinas pequeñas a un costo de $2.500.000 cada una, con un costo de operación de $600.000 anuales cada una, sin incluir depreciación, que permitirían ingresos por $1.400.000 anuales. La vida útil de ambos equipos es de diez años, al cabo de los cuales podrán ser vendidas en $200.000 cada una.

b) comprar una sola máquina de mayor capacidad, a un costo de $4.000.000, la que tendría costos de operación de $1.300.000 e ingresos de $1.550.000 anuales. Se estima conveniente su remplazo al quinto año, cuando podrá ser vendida en $2.400.000.

La tasa de impuestos para la empresa es de 10%. Todos los activos se deprecian a una tasa anual del 10% sobre su valor de adquisición.

Prepare los flujos de caja para evaluar el proyecto.

16. En el estudio de un nuevo proyecto se estiman ventas de 10.000 unidades anuales a un precio de $100 cada una. A partir del octavo año se programa una ampliación de la planta que permitiría duplicar la producción y las ventas.

El estudio técnico señala que los costos unitarios de fabricación podrían ser:

Mano de obra	$6
Materiales	8
Costos indirectos	4

Los costos fijos de fabricación se estiman en $200.000 anuales. La ampliación de la planta requerirá la contratación de un supervisor con una remuneración de $10.000 mensuales. La inversión inicial se compone de:

Terrenos	$1.000.000
Obras físicas	1.400.000
Maquinaria	600.000

La ampliación requerirá duplicar la inversión en equipos y hacer obras físicas por $600,000.

Los activos se deprecian de la siguiente forma:

Obras físicas	2% anual
Maquinaria	10% anual

El costo del estudio de factibilidad fue de $100.000. Los activos nominales se amortizan a una tasa del 20% anual. La tasa de impuestos es de un 10% sobre las utilidades. El capital de trabajo se estima en un 60% del gasto anual en mano de obra y materiales de fabricación. Los gastos anuales de administración y ventas ascienden a $150.000. Prepare el flujo de caja para evaluar el proyecto.

17. Para determinar la viabilidad económica de un proyecto, se determinó que la inversión necesaria se compone de los siguientes ítemes:

- Terrenos	$ 4.000.000
- Construcciones	12.000.000
- Equipos de planta	15.000.000
- Equipos de oficina	4.000.000
- Capital de trabajo	6.000.000
- Activos nominales	2.000.000

Los activos nominales no incluyen el costo del estudio de viabilidad que fue de $600.000.

En los equipos de planta se incluye una maquinaria que deberá ser remplazada al término del año séptimo y que tiene un valor de $6.000.000. Al término de su vida útil, se estima que tendrá un valor de desecho de $2.000.000.

Al décimo año, fecha fijada como periodo de evaluación, la infraestructura física podría tener un valor de $12.000.000, los equipos de planta de $6.000.000 y los equipos de oficina de $300.000.

La reglamentación vigente establece que las tasas de depreciación son las siguientes:

- Construcciones	2.5% anual
- Equipos	10.0% anual

Los activos nominales se amortizan en cinco años.

Se proyectan ingresos anuales de $15.000.000 y costos, sin incluir depreciación, amortizaciones ni impuestos, por $6.000.000 anuales. Considerando una tasa de impuestos relevantes para la empresa de un 15%, confeccione el flujo de caja para evaluar el proyecto.

18. A usted le encargan el estudio de la conveniencia de remplazar los interruptores de poder de la subestación eléctrica de Miramar.

El proyecto consiste en remplazar los dos interruptores de la línea 110 Kv Miramar - Laguna Verde, por dos equipos de tecnología más moderna, del tipo SF6 (gas hexafluoruro de azufre) y de capacidad de ruptura de 6.500 *MVA* cada uno.

Los actuales interruptores son equipos con más de 30 años de servicio y que por su tecnología antigua se encuentran prácticamen-

te obsoletos. Su capacidad de ruptura, de 1.500 *MVA* simétricos, es inferior al nivel de cortocircuito máximo que deben despejar, por lo que su confiabilidad esperada no guarda relación con la importancia de la línea de transmisión que proteje.

Existe el riesgo potencial de explosión que provocaría daños e interrupción del suministro de energía eléctrica a las zonas de Viña del Mar, Valparaíso y San Antonio, por un periodo de hasta 72 horas.

Este riesgo se elimina con el remplazo de los equipos.

Los antecedentes económicos para evaluar el proyecto son los siguientes:

a) Inversiones. Se consideran las siguientes:

2 interruptores tripolares tipo HGF-112/1 123 Kv, 1250 A, 31,5 kA (Sprecher y Schuh),	$6.500.000
6 transformadores de corriente 110 Kv monofásico (ASEA)	5.500.000
Instalación de faenas	150.000
Obras civiles	1.100.000
Mano de obra, viático y transporte	1.250.000
Ingeniería	2.000.000

b) Daños de explosión. En la determinación del valor de los daños causados por una explosión se considera:

- Pérdida total del interruptor dañado.

- Pérdida parcial (20%) de los equipos adyacentes a la explosión en un radio de 15 metros.

c) Pérdida por energía no vendida. Se estima una pérdida por energía no vendida de $1.377.000, durante las 72 horas de interrupción del servicio en algunos puntos.

d) Costo adicional de generación de central Laguna Verde. Mientras se normaliza la operación de la subestación Miramar, se recurrirá al abastecimiento de la Central Laguna Verde, durante un tiempo estimado de 60 horas, considerando un tiempo de partida de los generadores de 12 horas. Su costo se estima en $10.230.000.

e) Reposición de equipos. La reposición de los equipos dañados se ha estimado en $18.112.000.

f) Depreciación. Los nuevos equipos se depreciarán en $206.000 anuales.

Suponga que dentro de los próximos 10 años se estima la ocurrencia de una segunda explosión. Con el objeto de hacer más conservador el proyecto, se supondrá que ésta ocurrirá al finalizar el décimo año.

La tasa de descuento es del 14% y la tasa de impuesto del 10%.

Se pide confeccionar el flujo de caja para evaluar el proyecto.

19. Un proyecto que evalúa el remplazo de sus equipos de manejo de materiales, enfrenta las alternativas de comprar o arrendar.

El sistema actualmente en uso tiene gastos anuales por $70.000, una vida útil de diez años más y un valor de rescate al término de ella de $8.400. El equipo se compró hace cinco años en $175.000.

El nuevo equipo tiene un costo de $350.000 y una vida útil esperada de diez años, al cabo de los cuales podrá ser vendido en $35.000. Sus gastos anuales de operación se calculan también en $35.000.

Si se arrendase, debería incurrirse en un gasto de $45.000 anuales por concepto de arriendo, que tendrían que desembolsarse al principio de cada año, además de un gasto anual por su operación ascendente a $17.000.

Si el equipo nuevo se comprase, el antiguo sería recibido hoy en parte de pago por un valor de $48.000. Sin embargo, si se arrendase, el equipo actual no tendría valor comercial en el mercado.

Si la tasa de impuestos a las utilidades fuese de un 10% y la depreciación de los equipos de un 10% anual, elabore los flujos de caja necesarios para evaluar el proyecto.

20. La empresa frutícola Jugos S. A. elabora anualmente 80.000 litros de concentrado de frutas en su planta de procesamiento de pulpa de frutas, de los cuales 20.000 traspasa a la planta de jugos para la elaboración y venta de 30.000 litros en cajas de un litro de Tetra Brik de larga duración.

Cada planta tiene una administración propia, y se lleva una contabilidad separada para cada una.

La planta de jugos ha mostrado siempre pérdidas contables, lo que ha hecho que algunos directores hayan planteado la posibilidad de desmantelar y vender sus instalaciones. Para tomar su decisión le encargan a usted un estudio para el cual dispone de los siguientes antecedentes de la planta de procesamiento de pulpa:

Las ventas a otras empresas alcanzan a 60.000 kilos, a un precio de $120 el kilo. Para los 20.000 kilos que se transfieren a la planta de jugos, se usa un precio de transferencia interno de $90. Si se cierra la planta de jugos, se estima posible vender a otras empresas el 50% de lo que actualmente se le transfiere, a un precio de $75 el kilo. Sin embargo, deberá destinarse el 15% de este ingreso a pagar una comisión a los vendedores.

Los costos directos, que varían proporcionalmente con la producción son anualmente de:

- Mano de obra	$ 900.000
- Materia prima	3.300.000
- Suministros	1.200.000
- Energía	600.000

Otros costos indirectos de fabricación son la remuneración de supervisores ($1.200.000 anuales) y la depreciación ($900.000 anuales). Las remuneraciones a los vendedores ascienden a $900.000 anuales.

Por otra parte, la planta de jugos presenta la siguiente información para un año normal:

Las ventas ascienden a $18.000.000. Los costos directos de esta planta alcanzan anualmente, los siguientes valores:

- Mano de obra	$6.600.000
- Concentrado de frutas	1.800.000
- Otras materias primas	2.700.000
- Suministros	1.200.000
- Energía	1.350.000

Otros costos indirectos ascienden a $750.000 la mano de obra indirecta y $1.800.000 la depreciación. Los gastos de administración y ventas son de $1.380.000. Los gastos de administración general ascienden a $1.350.000 anuales, y se distribuyen entre ambas plantas en función a los montos de los ingresos por venta. Si se cerrase la planta de jugos, se estima que este gasto podría reducirse a $750.000.

La planta de jugos tuvo un valor de adquisición de $9.000.000. Su depreciación acumulada asciende a $5.400.000. Al desmantelarse se podría vender en $1.800.000. Ambas plantas tienen una vida útil esperada de cinco años más, al cabo de los cuales sus valores de desecho son depreciables.

El directorio exige un 20% de retorno al capital.

Con esta información se le pide que elabore un informe para ayudar al directorio a tomar una decisión al respecto.

21. En el estudio de la viabilidad económica de un proyecto, se identificaron los siguientes ítemes de inversión:

- Terreno	$12.000.000
- Construcciones	22.000.000
- Equipamiento	45.000.000
- Capital de trabajo	13.000.000
- Activos nominales	8.000.000

Los activos incluyen el costo del estudio de factibilidad que ascendió a $1.000.000.

Al décimo año, fecha fijada como periodo de evaluación, los valores de desecho estimados ascienden a:

- Terreno y construcciones	$22.000.000
- Equipamiento	12.000.000

La normativa vigente permite las siguientes tasas de depreciación de los activos:

- Construcciones	2,5% anual
- Equipos	10,0% anual

Los activos pueden ser amortizados linealmente durante cinco años. Estos activos no tendrán valor de desecho.

En un nivel de operación normal se proyectan ingresos anuales por $35.000.000 y costos, sin incluir depreciaciones, amortizaciones ni impuestos, por $18.000.000 anuales. La tasa de impuesto a las utilidades relevante para la empresa que se crearía sería de un 10%.

Con esta información, prepare los flujos de caja que posibiliten evaluar el proyecto.

22. Dos días después de haber comprado un nuevo vehículo para el transporte de sus productos industriales, el gerente de la Compañía Saxon S. A., recibe información de otro modelo en el mercado que no sólo se adecúa más al tipo de producto que transportar, sino que además permitiría ahorro de costos de operación (combustible, mantenimiento, etc.) de $2.500 anuales respecto al actual. Su precio es de $42.000. Sin embargo, el vehículo comprado se pagó al contado en $35.000, y revenderlo, aún sin uso, sólo podría hacerse en $30.000.

La vida útil de ambos vehículos es de diez años y su valor de recuperación al término de ella es depreciable.

La tasa de impuestos de la empresa es del 15% y la depreciación se hace en línea recta.

Confeccione los flujos de caja para tomar la decisión.

CASO: NEGOCIOS PECUARIOS

Tomás Abato, subgerente de ventas de una empresa distribuidora de productos electrodomésticos, cansado de trabajar 20 años como empleado con un sueldo anual de $75.000, escuchaba el informe que los ingenieros de la empresa Wessling Consultores le

exponían como resultado del estudio de factibilidad que él les había solicitado para determinar la viabilidad de invertir $5.500.000 que había recibido de una herencia en un negocio de crianza y comercialización de aves, que, de prosperar, operaría bajo la marca de Negocios Pecuarios.

El terreno, la infraestructura física y los equipos necesarios para funcionar requerirían una inversión inicial de $4.500.000. La inversión en capital de trabajo se estimaba en $650.000. La licencia de apertura, gastos notariales y legales harían necesario un desembolso inicial de $350.000.

Los costos anuales de operación se estimaron en $500.000 para un nivel de operación normal. En ellos se incluía un porcentaje importante para el mantenimiento de los edificios y equipos. Con este mantenimiento no sería necesaria la reposición de equipos a futuro.

En el mercado de capitales es fácil conseguir préstamos financieros a una tasa del 10% anual. Sin embargo, para proyectos agropecuarios, el gobierno ha dispuesto un subsidio que incentiva su desarrollo mediante préstamos por un monto máximo de $500.000 a una tasa preferencial del 6% anual, renovable a perpetuidad.

La exposición de los consultores prosiguió destacando aspectos de mercado, precios y cálculos probabilísticos del riesgo del proyecto. Tomás Abato se limitó a escuchar. Cuando al fin terminó la reunión, se retiró con el estudio bajo el brazo, prometiendo a los consultores que les informaría su decisión.

En el trayecto a su casa se sintió muy inquieto. No estaba muy seguro de si los $500.000 que había pagado por el estudio valían la información que contenía.

Al día siguiente, sábado, leyó cuidadosamente el documento que había recibido, deteniéndose en el cuadro de la rentabilidad sensibilizada en el nivel de ingreso anual. El rango de alternativas le preocupaba sobremanera. Indeciso sobre qué acción tomar, dedicó la tarde de ese día a calcular cuál sería el ingreso mínimo necesario para decidirse a invertir en el proyecto los $5.000.000 que aún le quedaban. Recordó que si no invertía podría colocar el dinero en el negocio de su suegro, a un 10% anual, el cual garantizaba los fondos invertidos y el interés ganado.

A la hora de la cena, no estaba seguro de cuál de todos los cálculos realizados era el correcto. Más aún, se preguntaba qué pasaría si después de implementado el proyecto la proyección de merca-

do resultaba estar sobrevaluada ¿Qué decisión tomaría en ese momento? ¿Qué factores tendría que considerar para decidir el abandono de su negocio y regresar al trabajo anterior?

Esa noche pudo dormir poco, pensando que si no era capaz de calcular el ingreso mínimo necesario para decidir invertir, ¿cómo podría tomar la decisión de abandono oportunamente una vez que estuviera operando el proyecto?

"Después de todo", pensó, "esta información debió habérmela proporcionado el estudio. Para eso pagué los $500.000 de honorarios". Y se durmió diciéndose que el lunes iría a primera hora a las oficinas de Wessling Consultores a solicitar que se completara el estudio, de acuerdo con lo estipulado en el contrato original de trabajo, que así lo permitía si el cliente no quedaba conforme con la información no proporcionada.

Bibliografía

Archer, S., G. M., Choate y G. Racette, *Financial Management*. N. York: Wiley, 1979.

Bierman, H. y S. Smidt, *El presupuesto de bienes de capital*. México: Fondo de Cultura Económica, 1977.

Bolten, Steven, *Administración financiera*. México: Limusa, 1981.

Bowlin, O. y otros, *Análisis financiero: Guía técnica para la toma de decisiones*. McGraw-Hill, 1981.

Brealey, R. y S. Myers, *Principles of Corporate Finance*. N. York: McGraw-Hill, 1984.

Copeland, T. y F. Weston, *Financial Theory and Corporate Police*.Reading, Mass.: Addison-Wesley, 1980.

Neveu, Raymond, *Fundamentals of Managerial Finance*. Cincinnati, Ohio: South-Western, 1981.

Philippatos, George, *Fundamentos de administración financiera*. México: McGraw-Hill, 1979

Sapag, Nassir, *Criterios de evaluación de proyectos*. Madrid: McGraw-Hill, 1993.

————, "La decisión de abandono en el estudio de proyectos de inversión". *Investigación y gerencia*. (Venezuela) 4(2): 81.84; 1987.

————, "Decisiones de abandono". *Cuadernos de ciencias económicas y empresariales* (España) (19): 29-36; 1988.

————, "Construcción de flujos de caja en la evaluación de proyectos". (Documentos de Trabajo), Serie Docencia, No. 18. Santiago: Universidad de Chile, Departamento de Administración, 1988.

Sweeny, H. W. y R. Rachlin, *Manual de presupuestos*. McGraw-Hill, 1984.

Van Horne, J., *Fundamentos de administración financiera*. Madrid: Dossat, 1979.

Weston, F. y E. Brigham, *Finanzas en administración*. México: Interamericana, 1977.

Tasa de descuento

El objetivo de este capítulo es establecer las pautas generales que se deben considerar en el cálculo de la tasa de descuento pertinente para evaluar un proyecto.

Una de las variables que más influyen en el resultado de la evaluación de un proyecto es la tasa de descuento empleada en la actualización de sus flujos de caja. Aun cuando todas las restantes variables se hayan proyectado en forma adecuada, la utilización de una tasa de descuento inapropiada puede inducir un resultado errado en la evaluación.

La importancia de este factor, sin embargo, no es comúnmente reconocida en toda su magnitud, y se observan proyectos en los cuales todos los estudios parciales se desarrollan con un alto grado de profundidad, pero adolecen de una superficialidad inexplicable en el cálculo del factor de actualización.

En este texto no se pretende agotar el tema de la tasa de costo de capital. Por el contrario, aquí se tratan los elementos básicos que permiten definir la tasa correcta de descuento de un proyecto, sin entrar a analizar las teorías que se han señalado al respecto.

El costo del capital

La tasa de descuento que debe utilizarse para actualizar los flujos de caja de un proyecto ha de corresponder a la rentabilidad que el inversionista le exige a la inversión por renunciar a un uso alternativo de esos recursos, en proyectos con niveles de riesgos similares, lo que se denominará costo del capital.

Todo proyecto de inversión involucra usar una cuantía de recursos conocidos hoy a cambio de una estimación de mayores recursos a futuro, sobre los que no existe certeza. Por ello, en el costo del capital debe incluirse un factor de corrección por el riesgo que enfrenta.

Los recursos que el inversionista destina al proyecto provienen de dos fuentes generales: de recursos propios y de préstamos de terceros. El costo de utilizar los fondos propios corresponde a su costo de oportunidad (o lo que deja de ganar por no haberlos invertido en otro proyecto alternativo de similar nivel de riesgo). El costo de los préstamos de terceros corresponde al interés de los préstamos corregidos por su efecto tributario, puesto que son deducibles de impuestos.

La búsqueda de la forma de financiar un proyecto de inversión puede dar como resultado una variedad bastante importante de opciones diferentes. El evaluador de proyectos debe verse enfrentado, y de hecho así ocurre, con la búsqueda de la mejor alternativa de financiamiento para el proyecto que está evaluando. Así, el empresario que ha concebido el proyecto puede estar pensando en utilizar su propio capital en la financiación del proyecto o, asimismo, puede asociarse con otras personas o empresas, recurrir a una institución financiera, incorporar a algunos parientes en el negocio o invitar a algún amigo para que le preste dinero. En otros casos podrá buscar algunas opciones que le signifiquen disminuir sus necesidades de capital mediante la venta de algún activo, el arriendo de espacios, vehículos o maquinaria; igualmente, podría recurrir al crédito de proveedores.

En proyectos de envergadura, puede recurrirse a fuentes internacionales de financiamiento o al Estado, así se va revelando una gama enorme de posibilidades y opciones distintas.

Cada una de estas alternativas tendrá características diferentes; por tanto, serán distintas cualitativa y cuantitativamente. Las condiciones de plazo, tasas de interés, formas de amortización y garantías requeridas deberán estudiarse exhaustivamente. Por otra parte, se deberán estudiar las barreras que sea necesario superar para la obtención del financiamiento. Deberán analizarse las características cualitativas en torno a los trámites que deberán cumplirse, las exigencias de avales, el periodo que podría transcurrir desde el inicio de la solicitud de la operación de crédito hasta su concreción definitiva, etc.

De lo anterior se desprende que es necesario evaluar todas las opciones de financiamiento posibles. Las preguntas básicas que corresponde hacerse son acerca de cuáles son estas opciones y qué características tienen.

Las principales fuentes de financiamiento se clasifican generalmente en internas y externas. Entre las fuentes internas se destacan la emisión de acciones y las utilidades retenidas cada periodo después de impuesto. Entre las externas, sobresalen los créditos y proveedores,

los préstamos bancarios de corto y largo plazo y los arriendos financieros y *leasing*.

El costo de utilizar los recursos que preveen cada una de estas fuentes se conoce como costo del capital. Aunque la definición pudiera parecer clara, la determinación de ese costo es en general complicada. La complejidad del tema justifica que muchos textos de finanzas destinen parte importante a su análisis, cuyo estudio se encuentra fuera del alcance de este libro. Sin embargo, en las páginas siguientes se resumen aquellos elementos más importantes de la teoría de costo de capital y su aplicación a la evaluación de proyectos.

Lógicamente, las fuentes de financiamiento interno son escasas y limitan, por tanto, la posibilidad de realizar el proyecto. Pretender financiar un proyecto exclusivamente con recursos propios implica necesariamente que la empresa debe generar dichos recursos en los momentos en que el proyecto lo requiera. Esto hace peligrar la viabilidad del proyecto, ya que muchas veces la empresa no genera los recursos necesarios o bien no lo hace al ritmo que se le demanda.

No se debe desconocer, por otra parte, las ventajas que representa el financiamiento con recursos propios, que se traducen en un menor riesgo de insolvencia y en una gestión menos presionada, pero que en definitiva también deben evaluarse buscando lograr un equilibrio entre los niveles de riesgo y costo de la fuente de financiamiento.

El costo del capital propio se puede expresar como el retorno mínimo de beneficios que se puede obtener en proyectos financiados con capital propio, con el fin de mantener sin cambios el valor del capital propio.

Las fuentes de financiamiento ajenas se caracterizan por proveer recursos "frescos", que pueden ser: bancos comerciales, nacionales e internacionales; fundaciones nacionales e internacionales; compañías de *leasing* (arrendamiento); organismos internacionales; créditos de proveedores y otros.

Estas fuentes generan distintos tipos de crédito, con diferentes tasas de interés, plazos, periodos de gracia, riesgos y reajustabilidad. Supóngase un proyecto agroindustrial que requiere financiamiento. Éste puede obtenerse a través de una fundación internacional que facilita recursos para la compra de animales productivos, un proveedor que otorga una línea de crédito para la compra de la maquinaria agrícola necesaria o un banco comercial que financia mediante un préstamo el capital de trabajo necesario para la puesta en marcha.

Es claro que cada proyecto puede tener múltiples fuentes de financiamiento simultáneas, que evaluadas correctamente llevarán a la mezcla óptima de financiación.

La tasa de descuento del proyecto, o tasa de costo de capital, es el precio que se paga por los fondos requeridos para cubrir la inversión.

Representa una medida de la rentabilidad mínima que se exigirá al proyecto, según su riesgo, de manera tal que el retorno esperado permita cubrir la totalidad de la inversión inicial, los egresos de la operación, los intereses que deberán pagarse por aquella parte de la inversión financiada con préstamos y la rentabilidad que el inversionista le exige a su propio capital invertido.

Si bien es posible definir un costo para cada una de las fuentes de financiamiento a través de deuda, con el objeto a buscar la mejor alternativa de endeudamiento, para la evaluación del proyecto interesará determinar una tasa de costo promedio ponderado entre esas distintas fuentes de financiamiento.

De acuerdo con lo señalado en el capítulo 14, existen diversas formas de presentar el flujo de caja del proyecto. Sin embargo, se señalaba que éste debería ser consecuente con la tasa de descuento seleccionada.

Una forma de evaluar el proyecto es elegir una tasa representativa del costo del capital propio, o patrimonial, y aplicarla en el descuento del flujo (*n*) para el inversionista, calculado en el capítulo anterior, aunque el procedimiento más usado es evaluar el flujo del proyecto a la tasa de costo de capital de la empresa. Este punto se analiza a continuación para proyectos con el mismo riesgo que la empresa.

El costo de la deuda

La medición del costo de la deuda, ya sea que la empresa utilice bonos o préstamo, se basa en el hecho de que éstos deben rembolsarse en una fecha futura específica, en un monto generalmente mayor que el obtenido originalmente. La diferencia constituye el costo que debe pagar por la deuda. Por ejemplo, si es posible conseguir un préstamo al 11% de interés anual, el costo de la deuda se define como del 11%.

El costo de la deuda se simboliza como k_d y representa el costo antes de impuesto. Dado que al endeudarse, los intereses del préstamo se deducen de las utilidades y permiten una menor tributación, es posible incluir directamente en la tasa de descuento el efecto sobre los tributos, que obviamente serán menores, ya que los intereses son deducibles para el cálculo de impuesto. El costo de la deuda después de impuestos será:

$$k_d \,(1 - t) \tag{15.1}$$

donde (*t*) representa la tasa marginal de impuestos.

Supongase, por ejemplo, que un proyecto presenta una utilidad antes de intereses e impuestos de $10.000 anuales. Si la inversión re-

querida para lograr esta utilidad es de $40.000, la tasa de interés que se cobra por los préstamos es del 11% anual y la tasa impositiva es del 40%, se tienen las siguientes alternativas de financiamiento:

	Con deuda	Con capital propio
Utilidad antes de impuestos e intereses	$10.000	$10.000
Intereses (11% de $40.000).	-4.400	
Utilidad antes de impuestos	5.600	10.000
Impuestos (40%)	-2.240	-4.000
Utilidad neta	$ 3.360	$ 6.000

El proyecto redituará en ambos casos la misma utilidad antes de impuestos e intereses, ya que el resultado operacional es independiente de la fuente de financiamiento. La alternativa con deuda obliga a incurrir en un costo de $4.400 por concepto de intereses. Sin embargo, al reducirse las utilidades antes de impuestos, el impuesto para pagar se reduce de $4.000 a $2.240 por el solo hecho de la deuda. Luego, el mayor costo por intereses va acompañado de un beneficio representado por un menor impuesto que pagar. Nótese que la utilidad disminuyó de $6.000 a $3.360, es decir, en $2.640. El costo real de la deuda será, en consecuencia, de $2.640, que representa sólo el 6,6% de la deuda, que se habría obtenido de igual forma remplazando en la ecuación 15.1:

$$0,11 \ (1 - 0,40) = 0,066$$

Es importante hacer notar, aunque parezca obvio, que los beneficios tributarios sólo se lograrán si la empresa que llevará a cabo el proyecto tiene, como un todo, utilidades contables, ya que aunque el proyecto aporte ganancias contables no se logrará el beneficio tributario de los gastos financieros si la empresa globalmente presenta pérdidas contables.

El costo de capital de una firma (o de un proyecto) puede calcularse, ya sea por los costos ponderados de las distintas fuentes de financiamiento o por el retorno exigido a los activos, dado su nivel de riesgo.

Una vez definida la tasa de descuento para una empresa, todos los proyectos de las mismas características de riesgo de ella se evaluarán usando esta tasa, salvo que las condiciones de riesgo implícitas en su

cálculo cambien. De ser así, se elimina el problema de tener que determinar una tasa para cada proyecto de inversión que se estudie.

El costo del capital propio o patrimonial

Se considera como capital patrimonial en la evaluación de un proyecto a aquella parte de la inversión que se debe financiar con recursos propios.

En una empresa constituida, los recursos propios pueden provenir de la propia generación de la operación de la empresa, a través de la retención de las utilidades (rehusando el pago de dividendos) para reinvertirlas en nuevos proyectos, u originarse en nuevos aportes de los socios.

La literatura es muy profusa en modelos de cálculo del costo de capital de fuentes específicas internas del proyecto[1]. Para los objetivos de este texto, se desarrollará el concepto de costo de oportunidad del inversionista para definir el costo del capital propio.

En términos generales, puede afirmarse que el inversionista asignará sus recursos disponibles al proyecto si la rentabilidad esperada compensa los resultados que podría obtener si destinara esos recursos a otra alternativa de inversión de igual riesgo. Por tanto, el costo del capital propio, k_e, tiene un componente explícito que se refiere a otras posibles aplicaciones de los fondos del inversionista. Así entonces, el costo implícito de capital es un concepto de costo de oportunidad que abarca tanto las tasas de rendimiento esperadas en otras inversiones como la oportunidad del consumo presente. Como se verá en el capítulo 16, el inversionista está dispuesto a sacrificar un consumo presente si el consumo que este sacrificio le reporta a futuro es mayor. El consumo futuro también tiene, entonces, un costo de oportunidad equivalente al costo de no consumir en el presente.

En consecuencia, puede definirse el costo de capital propio como la tasa asociada con la mejor oportunidad de inversión de riesgo similar que se abandonará por destinar esos recursos al proyecto que se estudia.

---

[1] *Véanse* por ejemplo G. Philippatos, *Fundamentos de administración financiera*. México: McGraw-Hill, 1970; D. E. Brewer y J. Michaelson, "The Cost of Capital, Corporation Finance, and the Theory of Investment", *American Economic Review*, junio 1965; Charles, Haley. "A Note on the Cost of Debt", *Journal of Financial and Quantitative Analysis*, diciembre 1966; James, Porterfield. *Investment Decisions and Capital Cost*. Englewood Cliffs, N.J.: Prentice-Hall, 1965; Steven, Bolten. *Administración financiera*. México: Limusa, 1981; T. Copeland. y F. Weston. *Financial Theory and Corporate Police*. Reading, Mass.: Addison-Wesley, 1980.

Como usualmente el inversionista tendrá varias alternativas de inversión simultáneas (depósitos con cero riesgo en bonos de tesorería, depósitos en el mercado financiero con cierto grado de riesgo, compra de *brokers* con mayor riesgo o invertir en otras actividades productivas), se optará obviamente por tomar como costo de oportunidad de la inversión la mejor rentabilidad esperada después de su ajuste por riesgo[2].

El costo del capital propio se puede calcular mediante el uso de la tasa libre de riesgo (Rf) más una prima por riesgo (Rp). Es decir :

$$k_e = Rf + Rp \qquad (15.2)$$

La tasa que se utiliza como libre de riesgo es generalmente la tasa de los documentos de inversión colocados en el mercado de capitales por los gobiernos.

La prima por riesgo corresponde a una exigencia que hace el inversionista por tener que asumir un riesgo al optar por una inversión distinta a aquella que reporta una rentabilidad asegurada. La mayor rentabilidad exigida se puede calcular como la media observada históricamente entre la rentabilidad del mercado (Rm) y la tasa libre de riesgo. Esto es:

$$Rp = Rm - Rf \qquad (15.3)$$

Una forma alternativa de calcular el costo del capital propio para un proyecto que se evalúa en una empresa funcionando es mediante la valoración de los dividendos:

$$k_e = \frac{D}{P} + g \qquad (15.4)$$

donde (D) es el dividendo por acción pagado por la empresa a los accionistas, (P) es el precio de la acción y (g) es la tasa esperada de cre-

---

[2] *Véase* por ejemplo, F. Weston y E. Brigham, *Finanzas en administración*. México: Interamericana, 1977.

cimiento[3]. Por ejemplo, si el precio en el mercado de las acciones de la empresa es \$2.165, el dividendo que se pagará por acción es \$184 y si se espera que el crecimiento a futuro sea constante anualmente a una tasa del 4%, el costo del capital propio es:

$$k_e = \frac{184}{2.165} + 4\% = 12,5\%$$

El modelo de los precios de los activos de capital para determinar el costo del patrimonio

El enfoque del modelo de los precios de los activos de capital (*MPAC*) define el riesgo como la variabilidad en la rentabilidad de una inversión y plantea que el inversionista puede reducir el riesgo diversificando sus inversiones. El riesgo total puede clasificarse como no sistemático (asociado a una empresa por probables huelgas, nuevos competidores, etc.), y como sistemático (no se puede eliminar y está circunscrito a las fluctuaciones de otras inversiones que afectan a la economía y al mercado). El riesgo no sistemático se puede disminuir diversificando la inversión en varias empresas, en lugar de destinarla a una sola.

El costo del capital propio por este método está dado por:

$$k_e = Rf + ß\,(Rm - Rf)\qquad(15.6)$$

donde *Rf* es la tasa libre de riesgo, *Rm* es la tasa de rentabilidad esperada sobre la cartera del mercado de activos riesgosos, y ß (beta) es el factor de medida del riesgo no sistemático.

Un ß igual a uno significa que el riesgo es similar al riesgo promedio del mercado; si es menor que uno indica que el riesgo es menor que el del mercado (por ejemplo, si ß = 0,5 el riesgo es la mitad que el promedio) y si es mayor que uno, el riesgo es mayor al promedio del mercado.

---

[3] Esta opción se basa en el modelo de crecimiento de Gordon:

$$P = \frac{D}{i - g}\qquad(15.5)$$

donde (*i*) es la tasa exigida de ganancia por el inversionista. Al resolver el modelo para $i = k_e$, se obtiene la ecuación 15.4.

El beta de una inversión (acción) *i* se define como

$$\beta i = \frac{\sigma\ im}{\sigma^2 m} \tag{15.7}$$

donde σim es la covarianza entre la rentabilidad de la inversión *i* y la rentabilidad del mercado, y $\sigma^2 m$ es la varianza de la rentabilidad del mercado.

Existen muchas publicaciones especializadas que calculan los betas tanto de empresas como de sectores, siendo estos últimos más exactos para ser utilizados en proyectos.

La ecuación 15.6 indica que la prima por riesgo esperado varía en una proporción directa con ß.

Al evaluar un proyecto individual de inversión, el costo de capital de la empresa podría no representar el costo de oportunidad de un nuevo proyecto que pudiera tener un mayor o menor riesgo que el de la empresa.

Cada nuevo proyecto deberá analizarse en forma independiente, definiendo la tasa de costo de capital en función de la rentabilidad esperada por invertir separadamente en ese proyecto. Mientras mayor sea el riesgo del proyecto, más alta será la rentabilidad que le exigirán los inversionistas.

El gráfico 15.1 exhibe las relaciones de rentabilidad y riesgo explicadas.

Gráfico 15.1

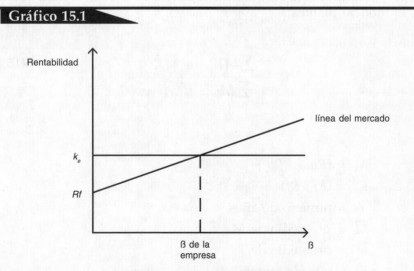

297

Si el proyecto tiene un riesgo superior al promedio de la empresa, no podrá exigírsele una rentabilidad equivalente al costo del capital de la empresa. La tasa que se exigirá a la inversión dependerá del beta del proyecto.

Si el proyecto que se evalúa es de una ampliación de lo existente, podrá asumirse que el riesgo no varía. Si correspondiera a la creación de una empresa, podrá tomarse el beta sectorial como una buena referencia. También se podrá optar por el beta del sector cuando el proyecto que se evalúa está en un sector diferente al del rubro propio de la empresa, como cuando se evalúa un proyecto inmobiliario que sería en parte ocupado por las oficinas de la empresa y el resto vendido o arrendado.

El cálculo de la tasa de costo de capital propio por este método se realiza mediante la aplicación de la ecuación 15.6. Por ejemplo, si la tasa libre de riesgo fuese 6%, la tasa de rentabilidad observada en el mercado fuese 13% y el beta del sector 1.5, la tasa de costo de capital sería

$$k_e = 6\% + 1{,}5\ (13\% - 6\%) = 16{,}5\%$$

Una forma alternativa de calcular beta es con la expresión siguiente, la cual presenta claras ventajas cuando el proyecto se inserta en una empresa existente que exhibe características similares en cuanto a riesgo y cuando existe información histórica de la rentabilidad obtenida. El modelo plantea:

$$ß = \frac{\sum MK - n\ \overline{M}\overline{K}}{\sum M^2 - n\ \overline{M}^2} \tag{15.8}$$

donde:

$M = (Rm - Rf)$

$K = (Rj - Rf)$

n = número de años

$\overline{M}$ = promedio de M

$\overline{K}$ = promedio de K

Rj = tasa de rentabilidad de la empresa.

Por ejemplo, considérense los siguientes antecedentes históricos para estimar el beta.

Años	Rj (%)	Rm (%)	Rf (%)
1989	- 1	9	6
1990	4	8	6
1991	7	11	6
1992	9	18	6
1993	12	15	6

Con esta información se puede desarrollar la siguiente tabla para incorporar las variables expresadas en la ecuación 15.8

Año	Rj	Rm	Rf	K	M	M²	MK
1989	- 0,01	0,09	0,06	- 0,07	0,03	0,0009	- 0,0021
1990	0,04	0,08	0,06	- 0,02	0,02	0,0004	- 0,0004
1991	0,07	0,11	0,06	0,01	0,05	0,0025	0,0005
1992	0,09	0,18	0,06	0,03	0,12	0,0144	0,0036
1993	0,12	0,15	0,06	0,06	0,09	0,0081	0,0054
				0,01	0,31	0,0263	0,0070

$$\overline{K} = 0,002$$
$$\overline{M} = 0,062$$

De acuerdo con esto, beta es:

$$ß = \frac{0,007 - (5)\,(0,062)\,(0,002)}{0,0263 - (5)\,(0,062)^2} = \frac{0,00638}{0,00708} = 0,90$$

 Costo ponderado del capital

Una vez que se ha definido el costo del préstamo, k_d, y la rentabilidad exigida al capital propio, k_e, debe calcularse una tasa de descuento ponderada, k_o, que incorpore los dos factores en la proporcionalidad adecuada.

Como su nombre lo indica, el costo ponderado de capital es un promedio de los costos relativos a cada una de las fuentes de fondos que la empresa utiliza, los que se ponderan de acuerdo con la proporción de los costos dentro de la estructura de capital definida. De acuerdo con esto:

$$k_0 = k_d \; \frac{D}{V} + k_e \; \frac{P}{V} \qquad (15.9)$$

donde (D) es el monto de la deuda, (P) el monto del patrimonio y (V) el valor de la firma en el mercado, incluyendo deuda y aportes[4].

De aquí que el *VAN* del proyecto no sea una medida de utilidad contable. Nótese que si el *VAN* es negativo, -$100, por ejemplo, ello no significa que el negocio tenga necesariamente pérdidas, ya que indica que después de haber recuperado la inversión, faltaron $100 para haber ganado lo que se exigía. En todo caso, sí constituye una pérdida económica.

Cuando el flujo de caja no se ha corregido según los efectos tributarios de los gastos financieros, deberá actualizarse mediante una tasa de descuento ponderada ajustada por impuestos, k'_o, que resulta de:

$$k'_o = k_d \, (1 - t) \; \frac{D}{V} + k_e \; \frac{P}{V} \qquad (15.11)$$

---

[4] Si se espera que el valor de mercado de la empresa crezca a futuro, la ecuación 15.9 se corrige por

$$k_o = k_d \; \frac{D}{(v - g)} + k_e \; \frac{P}{(v - g)} \qquad (15.10)$$

donde (g) representa el valor presente neto del crecimiento esperado de activos aún no incorporados a la empresa.

que también puede expresarse como:

$$k'_o = k_d \ \frac{D}{V} \ - tk_d \ \frac{D}{V} + k_e \ \frac{P}{V}$$

que no es otra cosa que

$$k'_o = k_o - tk_d \frac{D}{V} \tag{15.13}$$

Cuando se deducen del flujo de caja del proyecto el interés y la amortización del préstamo, queda el excedente para el inversionista. Al comparar este flujo con el aporte de capital propio y actualizándolo a la tasa de descuento pertinente para el inversionista, k_e, debería indicar el *VAN* de su inversión, después de cumplidas las obligaciones contraídas con el endeudamiento.

Por ejemplo, si un proyecto que requiere una inversión total de 1.000 va a ser financiado en un 60% con deuda al 8% de interés anual y en un 40% con aportes propios, sobre los que se exige una rentabilidad del 14%, el costo ponderado del capital para un impuesto del 15% sobre las utilidades sería, suponiendo que la estructura de endeudamiento de la empresa se mantendrá a futuro, de:

$$k'_o = (8\%) \ (1 - 15\%)(60\%) + (14\%)(40\%) = 9,68\%$$

Resumen

En este capítulo se analizó la tasa de costo de capital pertinente para el proyecto y las formas comunes de calcularlo. En particular se analizó la forma que adopta la tasa de descuento utilizada en la evaluación de un proyecto, la cual se definió como el precio que se debe pagar por los fondos requeridos para financiar la inversión, al mismo tiempo que representaba una medida de la rentabilidad mínima que se exigirá al proyecto de acuerdo con su riesgo.

Las fuentes especificas de financiamiento analizadas fueron la deuda y el patrimonio. La medición del costo de la deuda se efectúa sobre la base de la tasa de interés explícita en el préstamo.

Dado que los gastos financieros son deducibles de impuesto, el costo efectivo de la deuda se calcula por $k_d (1 - t)$, si la empresa tiene utilidades contables.

El costo del capital patrimonial se basa en un concepto de costo de oportunidad, que representa la rentabilidad que el inversionista exige a sus recursos propios.

Para la evaluación de proyectos con financiamiento múltiple, se deberá considerar el costo ponderado del capital, que representa el costo promedio de todas las fuentes de fondos utilizadas. La tasa ponderada resultante, k_o o k'_o, dependerá de si el flujo de caja fue o no ajustado por los beneficios tributarios de los gastos financieros deducibles de impuesto.

Un enfoque para el cálculo del costo patrimonial lo constituye el modelo de los precios de los activos de capital, que se basa en la definición del riesgo como la variabilidad en la rentabilidad de una inversión y que plantea que aquél puede reducirse diversificando las inversiones.

Preguntas y problemas

1. Explique el concepto de costo de capital y por qué se usa como tasa de descuento en la determinación de la rentabilidad de un proyecto.

2. "El tratamiento tributario de los intereses financieros constituye un incentivo para nuevas inversiones, por ser un subsidio directo a los inversionistas". Comente la afirmación.

3. "Si el interés cobrado por un préstamo es del 10% anual y si la tasa de impuesto a las utilidades es del 15%, el costo efectivo de endeudarse es del 8.5%". Explique.

4. "El costo del capital del proyecto se calcula como un promedio de los costos de las diversas fuentes de financiamiento involucradas". Comente.

5. "El costo de la deuda generalmente es menor que el costo del capital propio". Comente.

6. "El costo del capital propio calculado por los distintos métodos debe ser siempre el mismo". Comente.

7. "El objetivo del análisis de la tasa de descuento es que permite seleccionar la alternativa de endeudamiento más adecuada a los intereses del proyecto". Comente.

8. Explique el concepto del beta en el cálculo de la tasa de descuento.

9. ¿En qué caso es indiferente utilizar las tasas k_d y $k_d(1 - t)$?

10. ¿Qué se entiende por fuentes de financiamiento propias? ¿Qué ventajas presentan? ¿En qué se diferencian de las ajenas?

11. "Al calcular una tasa de descuento ponderada, se deberán evaluar todos los proyectos de la empresa a esa tasa". Comente.

12. "Al evaluar un proyecto individual, el costo del capital de la empresa podría no ser representativo para el proyecto". Comente.

13. Explique por qué al evaluar el flujo de un proyecto por el criterio del *VAN* utilizando la tasa k_o, se obtiene un resultado distinto del que se obtiene evaluando el flujo del inversionista a la tasa k_p, si por definición el *VAN* es un excedente para el inversionista y tanto k_o como k_p representan los costos de las fuentes de financiamiento involucradas en cada flujo.

14. Explique en qué consiste el modelo de los precios de los activos de capital y cómo se aplica el cálculo del costo del capital patrimonial.

15. "Siempre que se introduce más deuda, el k_o baja y el valor de la empresa aumenta". Comente.

16. Un inversionista evalúa un proyecto para construir un edificio de apartamentos. La tasa de interés de captación del sector financiero se ha mantenido alrededor del 3,8% mensual y el inversionista no cree que variará. Él sostiene que "dado que el costo de oportunidad de mis fondos es la tasa de mercado y puesto que usaré deuda para financiarlos, ésta será la tasa de descuento que usaré para evaluar el proyecto". Comente.

17. Una empresa está estudiando la posibilidad de comprar una inyectora de plástico cuyo valor de mercado es actualmente de $5.000.000, con el cual espera generar ingresos de $2.400.000 anuales durante cinco años, al cabo de los cuales no tendrá valor de salvamento. Para financiar el activo se estudian dos alternativas:

    a) Comprar la inyectora al contado con un préstamo por $5.000.000 a una tasa del 12% de interés anual pagadero en cinco cuotas iguales a partir del primer año de operación.

b) Convenir un arrendamiento financiero (*leasing*) a cinco años plazo con una renta anual de $1.800.000 y con promesa de compra al final del quinto año en $300.000. La tasa de impuesto para la empresa es del 10% y la tasa de rendimiento exigida por el inversionista del 12%. ¿Qué decisión recomienda tomar?

18. Una empresa en la que se debe evaluar un proyecto espera pagar un dividendo de $3 por acción, siendo el precio de cada acción de $35. La tasa de crecimiento esperada para las utilidades y dividendos de la empresa es de 4,5%. Calcule el costo del capital propio de la empresa.

19. En el estudio del financiamiento de un proyecto se estimó mantener una estructura de endeudamiento de un 45% de capital propio y un 55% de endeudamiento a una tasa del 8% anual.

    La tasa libre de riesgo es del 7% y la rentabilidad promedio del mercado es del 13% anual.

    Determine el costo del capital para el proyecto, si la tasa impositiva es del 15% sobre las utilidades y el beta para la industria fuese 1,2.

20. Una empresa en funcionamiento está estudiando un proyecto de ampliación que, se estima, tendrá el mismo riesgo que el resto de la empresa.

    Para financiarlo, se asumirá que mantendrá la misma estructura de endeudamiento actual, que tiene un 70% de deuda bancaria a un interés promedio del 7% y el resto con aportes propios.

    En los últimos años la empresa ha tenido las rentabilidades porcentuales que se indican en el siguiente cuadro, el que contiene también las rentabilidades porcentuales del mercado y la tasa libre de riesgo observadas.

Año	Rj(%)	Rm(%)	Rf(%)
1988	-1	3	4
1989	1	7	4
1990	3	12	4
1991	7	14	4
1992	9	17	4
1993	11	19	4

Para 1994 se espera una rentabilidad promedio del mercado de un 20%. La tasa de impuesto a las utilidades es de un 15%.

Bibliografía

Brealey, R. y S. Myers, *Fundamentos de financiación empresarial*. Madrid: McGraw-Hill, 1993.

Copeland, T. y F. Weston, *Financial Theory and Corporate Policy*. Reading, Mass.: Addison-Wesley, 1980.

Elton, E. y M. Gruber, *Finance as a Dynamic Process* (Foundation of Finance Series). Englewood Cliffs. N. Jersey: Prentice-Hall, 1975.

Modigliani, F. y M. Miller, "The cost of capital, corporation finance and the theory of investments". *The American Economic Review*, junio 1958, pp. 261-296.

Porterfield, James, *Investiment Decisions and Capital Cost*. Englewood Cliffs. N. Jersey: Prentice-Hall, 1965.

Shim J. y J. Siegel, *Administración financiera*, Bogotá: McGraw-Hill, 1988.

Salvatore, Dominick, *Economía y empresa*. México. McGraw-Hill, 1993.

CAPÍTULO 16

Criterios de evaluación de proyectos

E n los capítulos anteriores se han revisado todos los aspectos relativos a la preparación de la información que posibilitará evaluar un proyecto en función de las oportunidades opcionales disponibles en el mercado. En este sentido, la evaluación comparará los beneficios proyectados asociados a una decisión de inversión con su correspondiente flujo de desembolsos proyectados.

El objetivo de este capítulo es analizar las principales técnicas de medición de la rentabilidad de un proyecto individual. Para ello se hará el supuesto, que en el próximo capítulo se abandona, de que se está en un ambiente de certidumbre.

 Fundamentos de matemáticas financieras

Las matemáticas financieras manifiestan su utilidad en el estudio de las inversiones, puesto que su análisis se basa en la consideración de que el dinero, sólo porque transcurre el tiempo, debe ser remunerado con una rentabilidad que el inversionista le exigirá por no hacer un uso de él hoy y aplazar su consumo a un futuro conocido. Éste es lo que se conoce como *valor tiempo del dinero*.

En la evaluación de un proyecto, las matemáticas financieras consideran a la inversión como el menor consumo presente y a la cuantía de los flujos de caja en el tiempo como la recuperación que debe incluir esa recompensa.

La consideración de los flujos en el tiempo requiere la determinación de una tasa de interés adecuada que represente la equivalencia de dos sumas de dinero en dos periodos diferentes.

Para apreciar los conceptos de valor del dinero en el tiempo, flujos capitalizados y flujos descontados, considérese el gráfico 16.1. Supóngase una persona con un ingreso presente de Y_0^0, representado en el eje del momento presente t_0, y un ingreso futuro de Y_1^0, representado en el eje del tiempo futuro (periodo próximo) t_1. Con ambos ingresos, es posible un consumo actual C_0^0 y un consumo futuro C_1^0. Sin embargo, también es posible un consumo C_0^1 actual, que permitirá ahorros potencialmente invertibles en alguna oportunidad que genere un interés i, de tal manera que en el periodo 1 el ingreso Y_1^0 se vería incrementado a Y_1^1. Esto es:

$$Y_1^1 = (C_0^0 - C_0^1)(1 + i) + Y_1^0 \qquad (16.1)$$

La abstención de un consumo presente espera una recompensa futura representada por i, Por tanto:

$$(C_0^0 - C_0^1) < (Y_1^1 - Y_1^0).$$

Gráfico 16.1

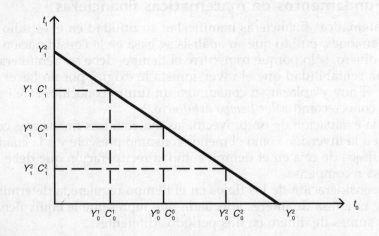

Si se ahorrase todo el ingreso actual, vale decir, si no hubiera consumo en el periodo cero, el ingreso futuro esperado máximo sería el representado por Y_1^2 en el gráfico, donde:

$$Y_1^2 = Y_0^0 (1 + i) + Y_1^0 \qquad (16.2)$$

De igual forma, el consumo actual se puede incrementar recurriendo a préstamos, por ejemplo, a cuenta de futuros ingresos. En el gráfico, un consumo actual de C_0^2 reduce la capacidad de consumo futuro a C_1^2, donde :

$$(C_0^2 - C_0^0) (1 - i) = (C_1^0 - C_1^2)$$

y donde:

$$C_0^2 = C_0^0 + \frac{C_1^0 - C_1^2}{(1 + i)} \qquad (16.3)$$

El máximo consumo actual está limitado, entonces, por el punto Y_0^2 de gráfico, o sea,

$$Y_0^2 = \frac{C_1^0}{(1 + i)} C_0^0 \qquad (16.4)$$

Bien puede apreciarse que la línea que une Y_0^2 con Y_1^2 representa el lugar geométrico de todas las combinaciones de consumo presente y futuro equivalentes en términos de valor tiempo del dinero. El valor capitalizado es Y_1^2, que, en consecuencia, representa el mismo atractivo que Y_0^2 para el inversionista, en términos de valoración de sus flujos de ingreso en el tiempo.

Al representar la recta alternativas idénticas en preferencias de consumo actual y futuro, puede medirse el valor del dinero en el tiempo en cualquiera de sus puntos. Por simplicidad de cálculo, convendrá hacerlo o en Y_1^2 o en Y_0^2. Hacerlo en Y_1^2 es calcular un valor capitalizado, mientras que hacerlo en Y_0^2 es calcular un valor actualizado o descontado.

Aun cuando se inició el capítulo señalando la medición de la rentabilidad en términos capitalizados, ahora puede apreciarse que hacerlo en valores actuales proporciona idéntica base de comparación. El uso generalizado de esta última posibilidad hará que los análisis sucesivos de evaluación se hagan sobre la base de valores actuales.

Bierman y Smidt[1] explican el significado del valor actual señalando que "un dólar recibido ahora es más valioso que un dólar recibido dentro de cinco años en virtud de las posibilidades de inversión disponibles para el dólar de hoy. Al invertir o prestar el dólar recibido hoy, puedo tener considerablemente más de mi dólar dentro de cinco años. Si el dólar recibido se emplea ahora para el consumo, estaré dando más que el valor de un dólar de consumo en el año cinco. Por esta razón, los ingresos futuros deben descontarse siempre".

El objetivo de descontar los flujos de caja futuros proyectados es entonces, determinar si la inversión en estudio rinde mayores beneficios que los usos de alternativa de la misma suma de dinero requerida por el proyecto.

Los principales métodos que utilizan el concepto de flujo de caja descontado son el valor actual neto (*VAN*) y la tasa interna de retorno (*TIR*). Menos importante es el de razón beneficio-costo descontada.

Aunque actualmente cualquier calculadora financiera de bolsillo permite la aplicación directa de las matemáticas financieras a los procedimientos de evaluación basados en flujos de caja descontados, el apartado siguiente trata del uso de tablas financieras en la aplicación matemática a su solución.

El análisis de las técnicas principales de evaluación, las de flujo de caja descontado, requiere la utilización de las matemáticas financieras para su aplicación. Si bien la operativa mecánica es altamente sencilla, por los avances en el campo de la minicomputación y calculadoras de bolsillo que poseen programas financieros de solución incorporada, es absolutamente necesario conocer sus fundamentos conceptuales para su correcta aplicación.

Supóngase que se invierten $1.000 a una tasa pactada del 10% anual compuesto. Al término de un año se tendrán los $1.000 invertidos más $100 de interés sobre la inversión. Es decir, se tendrán $1.100 que se obtuvieron de:

---

[1] H. Bierman y S. Smidt, *El presupuesto de bienes de capital*. México: Fondo de Cultura Económica, 1977, p. 78.

$$1.000 + \frac{10}{100} \, (1.000) = 1.100$$

lo que también puede escribirse

$$1.000 \, (1 + 0,10) = 1.100$$

Si la inversión inicial, o valor actual, se representa por *VA*, el interés por *i* y el resultado de la operación, o valor futuro, por *VF*, puede generalizarse este cálculo en la siguiente expresión:

$$VA \, (1 + i) = VF \qquad (16.5)$$

Si al término del primer año la ganancia no se retira sino que se mantiene depositada junto con la inversión inicial por otro año más, al finalizar éste se tendrá, por el mismo procedimiento:

$$1.100 + 1.100 \, (0,10) = 1.210$$

que es lo mismo que

$$1.100 \, (1 + 0,10) \, (1 + 0,10) = 1.210$$

Recordando cómo se obtuvieron los 1.100, se puede remplazar para tener la expresión

$$1.000 \, (1 + 0,10) \, (1 + 0,10) = 1.210$$

Simplificando se obtiene:

$$1.000 \, (1 + 0,10)^2 = 1.210$$

De aquí puede generalizarse a:

$$VA \, (1 + i)^n = VF \qquad (16.6)$$

donde *n* representa el número de periodos durante los cuales se quiere capitalizar la inversión inicial.

Al simplificar el proceso de capitalización en una ecuación como la 16.6, se permitió la elaboración de tablas financieras que presentan el valor de $(1 + i)^n$ para cualquier combinación de *i* y *n*.

Si se revisa la tabla 1 al final del texto, podrá calcularse más fácilmente el valor futuro de una inversión de $1.000, capitalizada a dos años a una tasa de interés del 10%. Para ello se busca la fila correspondiente a 2 periodos y se sigue por esta fila hasta el número correspondiente a la columna del 10%, donde está el valor 1,2100. Luego, el valor capitalizado al cabo de dos años es

$$\$1.000\ (1,2100) = \$1.210$$

Recordando la ecuación 16.6, se despeja VA para calcular el valor actual de un monto futuro conocido, quedando

$$VA = \frac{VF}{(1 + i)^n} \qquad (16.7)$$

que puede expresarse como

$$VA \doteq VF \left[\frac{1}{(1 + i)^n} \right] \qquad (16.8)$$

También se han elaborado tablas para este valor. La tabla 2 al final del libro presenta el valor de este factor de actualización.

Para el ejemplo ya utilizado se tiene que se desea conocer el valor actual de $1.210 de dos años más a una tasa pertinente de interés del 10%. Frente a la fila de dos periodos se busca la columna correspondiente al 10% y se obtiene el factor 0,8264. Al multiplicar este factor por los $1.210 resulta $999,94[2].

Considérese ahora un caso diferente. En vez de un depósito inicial único de $1.000, se depositarán $1.000 solamente al término de cada año. Para determinar cuánto se habrá capitalizado al finalizar tres años al 10% de interés anual, el procedimiento sigue la misma lógica anterior.

Si cada depósito se realiza al término de cada año, la inversión del primer año ganaría intereses por 2 periodos, la del segundo por uno y la del tercero no habría ganado aún sus intereses. Esta situación se presenta en el cuadro 16.1.

---

[2] La aproximación se debe a que el factor exacto es 0,826446281.

Cuadro 16.1

Cálculo del valor futuro			
Periodo	Inversión	Factor de capitalización	Valor presente
1	1.000	$(1+i)^2$	1.210
2	1.000	$(1+i)^1$	1.100
3	1.000	$(1+i)^0$	1.000
Total			3.310

A los \$1.000 de depósito anual se les denomina anualidad. Si ésta es una cuota constante, que se representará por C, se puede generalizar la presentación del cuadro 16.1 en la siguiente expresión:

$$VF = C\,(1 + i)^0 + C\,(1 + i)^1 + ... + C\,(1 + i)^{n-1} \qquad (16.9)$$

Del cuadro 16.1 se deduce que la potencia del último factor de capitalización es $n - 1$, donde n es el número de periodos para capitalizar. De esta forma, la ecuación 16.9 puede expresarse como:

$$VF = C \sum_{t=0}^{n-1} (1 + i)^t \qquad (16.10)$$

La tabla 3 al final del texto presenta el valor de la sumatoria. Para nuestro ejemplo, se busca en la fila correspondiente a $n = 3$ el valor del factor en la intersección con la tasa de interés del 10%, encontrándose el factor 3,3100. Al multiplicar \$1.000 por este factor, se obtienen los \$ 3.310 que se habían calculado en el cuadro anterior.

Si se quisiera calcular el valor actual de los mismos depósitos, se tendrá la posición que se representa en el cuadro 16.2.

Cuadro 16.2

Cálculo del valor presente			
Periodo	Inversión	Factor de descuento	Valor presente
1	1000	$1/(1+i)^1$	909,09
2	1.000	$1/(1+i)^2$	826,45
3	1.000	$1/(1+i)^3$	751,31
Total			2.486,85

Nótese que en este caso se desea expresar la suma de las anualidades en moneda equivalente al periodo cero.

Si la anualidad es constante, se puede generalizar lo anterior en la siguiente ecuación:

$$VA = C \left[\frac{1}{(1 + i)^1} \right] + C \left[\frac{1}{(1 + i)^2} \right] + ... + C \left[\frac{1}{(1 + i)^n} \right] \quad (16.11)$$

que se puede expresar como:

$$VA = C \sum_{t=1}^{n} \frac{1}{(1 + i)^t} \quad (16.12)$$

La tabla 4, al final del texto, presenta el valor de la sumatoria para distintas combinaciones de i y n. En nuestro ejemplo, frente a la fila de tres periodos se encuentra el factor 2,4868, que corresponde a un interés del 10%. Al multiplicar este factor por los $1.000 del valor de la cuota, se tiene $2.486,8 que representan el valor actual de tres cuotas de $1.000 cada una, disponibles al término de cada año a partir del próximo.

Ahora bien, si se quisiera determinar la cuota anual que es necesario depositar a una cierta tasa de interés para que al final de un número dado de periodos se tenga una cantidad deseada, sólo se necesita reordenar la ecuación 16,10, despejando la variable que se desea conocer, o sea:

$$C = \frac{VF}{\sum_{t=0}^{n-1} (1 + i)^t} \quad (16.13)$$

Puesto que el denominador de la ecuación es un factor determinable por la tabla 3 al final del libro, la solución es inmediata.

Por ejemplo, si se desea calcular la suma anual por depositar al 10% anual durante tres años para que a su término se disponga de $5.000, se tiene que:

$$C = \frac{5.000}{\sum_{t=0}^{2} (1 + 0,10)^t}$$

En la tabla, el denominador corresponde al factor 3,3100, que señala la intersección de $n = 3$ e $i = 10\%$. Luego,

$$C = \frac{5.000}{3,3100} = \$1.510,57$$

Por tanto, la cuota anual necesaria para lograr el resultado esperado es de $\$1.510,57$.

Un análisis similar se realiza para calcular el retiro anual de un depósito actual a una tasa de interés dada. En este caso, es la ecuación 16,12 la que se reordena despejando la variable cuota, que representa el monto de los retiros, de la siguiente manera:

$$C = \frac{VA}{\sum_{t=1}^{n} \frac{1}{(1 + i)^t}} \qquad (16.14)$$

Al representar el factor denominador que proporciona la tabla 4 al final del texto, dados una tasa de interés y un número de periodos, la solución es inmediata.

El análisis es levemente más complejo para calcular la tasa de interés o el plazo, aunque el procedimiento para ambos es idéntico.

Si la incógnita que se va a calcular es i o n para una inversión única presente que reditúa un beneficio único futuro, se vuelve a la ecuación 16.6, despejando la totalidad del factor de la tabla. Es decir,

$$(1 + i)^n = \frac{VF}{VA} \qquad (16.15)$$

Puesto que VF y VA son conocidos, al dividir el primero por el segundo se conoce el valor del factor. Luego se busca éste en la tabla 1 al final del texto, frente a la fila o columna correspondiente, dependiendo de cuál sea la variable incógnita.

Por ejemplo, si se desea conocer qué tasa de interés está pagando determinada fuente de inversión que ofrece devolver $\$1.999$ dentro de nueve años por cada $\$1.000$ depositados hoy, se remplaza en la ecuación 16.15 con estos valores, y se obtiene:

$$(1 + i)^9 = \frac{1.999}{1.000}$$

De aquí se tiene que el factor es 1,999, que corresponde a un $n = 9$ y a un i desconocido. Por tanto, en la fila de $n = 9$ se busca el valor dado por el factor que se encuentre en la intersección con la columna del 8%. De aquí se obtiene que la tasa ofrecida como interés por el depósito es del 8%.

Nótese la aplicación idéntica para calcular el número de periodos cuando se conoce la tasa de interés.

Para los tres métodos restantes el proceso es idéntico. Quizá la única complejidad esté en definir la tabla que debe usarse. Sin embargo, ésta se determina básicamente por el planteamiento correcto del problema, en los términos señalados previamente.

Es muy probable que en la mayoría de los casos la tasa de interés o el plazo esté fraccionado. Para solucionar esto se recurre a un procedimiento simple, denominado método de interpolación lineal.

Supóngase que una inversión actual de $1.000 reditúa tres pagos iguales de $400. Para calcular la tasa de interés de la operación se aplica la ecuación 16.12, de donde se deduce que la tasa está entre 9% y 10%, al despejar el factor y buscar en la tabla correspondiente.

El método de interpolación lineal resuelve el problema a través de la aplicación de la siguiente fórmula:

$$\left[\frac{f_p - \dfrac{VA}{C}}{f_p - f_q} \right] (i_q - i_p)\, 100 + (i_p \times 100) \qquad (16.16)$$

donde

f_p = Factor de la tabla correspondiente a la menor de las dos tasas de interés

f_q = Factor de la tabla correspondiente a la mayor de las dos tasas de interés

i_p = Tasa de interés menor de las dos

i_q = Tasa de interés mayor de las dos

Si se aplica este procedimiento a nuestro ejemplo, se tiene:

$$\left[\frac{2,5313 - 2,5000}{2,5313 - 2,4868} \right] (0,10 - 0,09)\, 100 + (0,09 \times 100) = 9,70\%$$

Es decir, la tasa de interés ofrecida en este ejemplo es de 9,70%, aproximadamente.

Aun cuando el método de interpolación lineal contribuye a la solución, el resultado que entrega no es exacto, debido a que supone que la relación existente entre los factores de ambas tasas de interés es lineal.

El error de esto se manifiesta al tomar rangos mayores (por ejemplo, interpolar entre los factores correspondientes a 5% y 15%). Mientras más cercanas estén las tasas del rango, mayor confianza dan sus resultados.

Un último caso lo constituye la actualización de flujos (o cuotas, como se han denominado hasta ahora) con valores desiguales. Para descontar este flujo debería hacerse normalmente cuota a cuota, salvo cuando la composición propia de cada uno permita algún tipo de agrupación simplificadora. Tal es el caso cuando se tiene, por ejemplo, un flujo desigual en cada uno de sus primeros cuatro años, pero después continúa un monto para la cuota constante durante seis años más. Mediante la ecuación 16,12 se actualiza la cuota constante al periodo 4 (tomado como cero para esta actualización intermedia), procediendo posteriormente a actualizar cuota por cuota hasta el periodo cero real.

 ## El criterio del valor actual neto

Este criterio plantea que el proyecto debe aceptarse si su valor actual neto (*VAN*) es igual o superior a cero, donde el *VAN* es la diferencia entre todos sus ingresos y egresos expresados en moneda actual.

Al utilizar las ecuaciones del apartado anterior, se puede expresar la formulación matemática de este criterio de la siguiente forma[3]:

$$VAN = \sum_{t=1}^{n} \frac{Y_t}{(1+i)^t} - \sum_{t=1}^{n} \frac{E_t}{(1+i)^t} - I_o \qquad (16.17)$$

donde Y_t representa el flujo de ingresos del proyecto, E_t sus egresos e I_o la inversión inicial en el momento cero de la evaluación. La tasa de descuento se representa mediante i.

Aunque es posible aplicar directamente esta ecuación, la operación se puede simplificar a una sola actualización mediante:

---

[3] El subíndice *t* en los ingresos y egresos sólo quiere explicar la posibilidad de valores diferentes en el flujo de caja del proyecto.

$$VAN = \sum_{t=1}^{n} \frac{Y_t - E_t}{(1 + i)^t} - I_o \qquad (16.18)$$

que es lo mismo que

$$VAN = \sum_{t=1}^{n} \frac{BN_t}{(1 + i)^t} - I_o \qquad (16.19)$$

donde BN_t representa el beneficio neto del flujo en el periodo t. Obviamente, BN_t puede tomar un valor positivo o negativo.

Al aplicar este criterio, el *VAN* puede tener un resultado igual a cero, indicando que el proyecto renta justo lo que el inversionista exige a la inversión; si el resultado fuese, por ejemplo, 100 positivos, indicaría que el proyecto proporciona esa cantidad de remanente por sobre lo exigido. Si el resultado fuere 100 negativos, debe interpretarse como la cantidad que falta para que el proyecto rente lo exigido por el inversionista.

El criterio de la tasa interna de retorno

El criterio de la tasa interna de retorno (*TIR*) evalúa el proyecto en función de una única tasa de rendimiento por periodo con la cual la totalidad de los beneficios actualizados son exactamente iguales a los desembolsos expresados en moneda actual[4]. Como señalan Bierman y Smidt[5], la *TIR* "representa la tasa de interés más alta que un inversionista podría pagar sin perder dinero, si todos los fondos para el financiamiento de la inversión se tomaran prestados y el préstamo (principal e interés acumulado) se pagara con las entradas en efectivo de la inversión a medida que se fuesen produciendo". Aunque ésta es una apreciación muy particular de estos autores (no incluye los conceptos de costo de oportunidad, riesgo ni evaluación de contexto de la empresa en conjunto), sirve para aclarar la intención del criterio.

La tasa interna de retorno puede calcularse aplicando la siguiente ecuación:

---

[4] Que es lo mismo que calcular la tasa que hace al *VAN* del proyecto igual a cero.

[5] Bierman y Smidt, *El presupuesto...*, p. 39.

$$\sum_{t=1}^{n} = \frac{Y_t}{(1 + r)^t} \sum_{t=1}^{n} \frac{E_t}{(1 + r)^t} + I_o \qquad (16.20)$$

donde r es la tasa interna de retorno. Al simplificar y agrupar los términos, se obtiene lo siguiente:

$$\sum_{t=1}^{n} \frac{Y_t - E_t}{(1 + r)^t} - I_o = 0 \qquad (16.21)$$

que es lo mismo que

$$\sum_{t=1}^{n} \frac{BN_t}{(1 + r)^t} - I_o = 0 \qquad (16.22)$$

Comparando esta ecuación con la 16.19, puede apreciarse que este criterio es equivalente a hacer el *VAN* igual a cero y determinar la tasa que permite el flujo actualizado ser cero.

La tasa así calculada se compara con la tasa de descuento de la empresa. Si la *TIR* es igual o mayor que ésta, el proyecto debe aceptarse y si es menor debe rechazarse.

La consideración de aceptación de un proyecto cuyo *TIR* es igual a la tasa de descuento, se basa en los mismos aspectos que la tasa de aceptación de un proyecto cuyo *VAN* es cero.

En determinadas circunstancias, el flujo de caja de un proyecto adopta una estructura tal, que más de una tasa interna de retorno puede utilizarse para resolver la ecuación 16.22.

James Lorie y Leonard Savage[6] fueron los primeros en reconocer la existencia de tasas internas de retorno múltiples. Para ilustrar esta situación utilizan el ejemplo de un proyecto que requiere una inversión inicial de $1.600, que permitirá recuperar $10.000 de beneficio neto a fines del primer año. Si no se hace la inversión, la empresa igualmente recuperará los $10.000, pero a fines del segundo año.

El objetivo entonces, es evaluar una inversión inicial de $1.600 que informaría como provecho adelantar en un año la recepción de los beneficios del proyecto. El flujo del proyecto será, por tanto, el siguiente:

6   J. Lorie y L. Savage, "Three Problems in Rationing Capital". En *Foundation for Financial Management,* HomeWood. I11.: Irwin, 1966, p. 295.

Periodo	0	1	2
Flujo neto	-1.600	10.000	-10.000

Al sustituir mediante estos valores en la ecuación 16.22, se obtiene el siguiente resultado:

$$\frac{10.000}{(1 + r)} - \frac{10.000}{(1 + r)^2} - 1.600 = 0$$

Al calcular la tasa interna de retorno, r, de este flujo de caja, se encuentran dos tasas que solucionan la ecuación: 25% y 400%, que pueden calcularse de la siguiente forma:

$$0 = -1.600 + \frac{10.000}{(1 + r)} - \frac{10.000}{(1 + r)^2}$$

$$= \frac{-1.600 (1 + r)^2 + 10.000(1 + r) - 10.000}{(1 + r)^2}$$

$$= 1.600 (1 + r)^2 - 10.000 (1 + r) + 10.000$$

que corresponde a una ecuación de segundo grado del tipo:

$$ax^2 + bx + c = 0 \qquad (16.23)$$

donde

$$x = \frac{-b \pm \sqrt{b^2 - 4ac}}{2a} \qquad (16.24)$$

o sea,

$$x = (1 + r) = \frac{10.000 + \sqrt{(10.000)^2 - 4(1.600)(10.000)}}{2(1.600)}$$

$$= \frac{10.000 \pm 6.000}{3.200}$$

donde

$$i = 25\%$$
$$i = 400\%$$

El máximo número de tasas diferentes será igual al número de cambios de signos que tenga el flujo del proyecto, aunque el número de cambios de signos no es condicionante del número de tasas internas de retorno calculables. Un flujo de caja de tres periodos que presente dos cambios de signos puede tener sólo una tasa interna de retorno si el último flujo es muy pequeño.

Van Horne[7] presenta el siguiente flujo para dar un ejemplo de esa no dependencia estricta:

Periodo	0	1	2
Flujo neto	-1.000	1.400	-100

Aun cuando el flujo de caja presenta dos cambios de signo, el proyecto tiene sólo una tasa interna de retorno, del 32,5%.

Al presentarse el problema de las tasas internas de retorno múltiples, la solución se debe proporcionar por la aplicación del valor actual neto como criterio de evaluación, que pasa así a constituirse en la medida más adecuada del valor de la inversión en el proyecto.

 ## Tasa interna de retorno *versus* valor actual neto

Las dos técnicas de evaluación de proyectos analizados, la *TIR* y el *VAN*, pueden en ciertas circunstancias conducir a resultados contradictorios. Ello puede ocurrir cuando se evalúa más de un proyecto con la finalidad de jerarquizarlos, tanto por tener un carácter de alternativas mutuamente excluyentes como por existir restricciones de capital para implementar todos los proyectos aprobados.

Cuando la decisión es sólo de aceptación o rechazo y no hay necesidad de consideraciones comparativas entre proyectos, las dos técnicas proporcionan igual resultado. Esta situación puede apreciarse en el gráfico 16.2. Si la tasa de descuento es cero, el *VAN* es la suma

---

[7]   James, Van Horne, *Administración financiera*. Buenos Aires. Ediciones Contabilidad Financiera, 1976, p. 100.

Gráfico 16.2

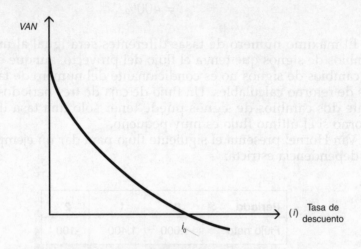

algebraica de los flujos de caja del proyecto, puesto que el denominador de la fórmula 16.12, sería siempre 1. A medida que se actualiza a una tasa de descuento mayor, el *VAN* va decreciendo.

Al cruzar el origen (*VAN* igual a cero), la tasa de descuento i_0 se iguala a la tasa interna de retorno. Recuérdese que la *TIR* es aquella tasa que hace al *VAN* del proyecto igual a cero.

Luego, si el criterio del *VAN* indica la aceptación de un proyecto cuando éste es cero o positivo (o sea, cuando la tasa de descuento *i* está entre cero e i_0) y si el criterio de la *TIR* indica su aceptación cuando la tasa interna de retorno *r* es mayor o igual a la tasa utilizada como tasa de descuento ($r > i$ para cualquier *i* entre cero e i_0, donde $r = i_0$), ambas conducirán necesariamente al mismo resultado[8].

---

[8] Dado que

$$VAN = \sum_{t=1}^{n} \frac{BN_t}{(1+i)^t} - I_o$$

y que

$$TIR = \sum_{t=1}^{n} \frac{BN_t}{(1+r)^t} - I_o = 0$$

el *VAN* en la primera ecuación podrá ser cero sólo si $r = i$.

Lo anterior no siempre es tan concluyente cuando se desea jerarquizar proyectos. Tómense como ejemplo los flujos del cuadro 16.3, correspondiente a dos proyectos que requieren igual inversión pero que son alternativas para obtener un mismo fin, o sea son excluyentes entre sí, y que presentan diferencias en la recepción de ingresos futuros netos.

Cuadro 16.3

Ejemplo de flujos divergentes en la aplicación de *TIR* y *VAN* en jerarquización de proyectos

Proyecto	Periodo			
	0	1	2	3
A	- 12.000	1.000	6.500	10.000
B	- 12.000	10.000	4.500	1.000

La *TIR* del proyecto *A* es 16,39%, mientras que la del proyecto *B* es 20.27%. De esto podría concluirse que el proyecto *B* debería ser aceptado.

Sin embargo, si se analiza el *VAN* se observan resultados diferentes, que dependen de la tasa de descuento pertinente para el proyecto. Los *VAN* que se obtienen a diferentes tasas son los que muestra el cuadro 16.4.

Cuadro 16.4

Valores actuales netos resultantes de diferentes tasas de descuento

Proyecto	Tasa de descuento			
	5%	10%	11,72%	15%
A	3.486	1.947	1.274	360
B	2.469	1.561	1.274	756

Mientras la tasa es superior a 11,72%, el *VAN* y la *TIR* coinciden en aceptar el proyecto *B*. Sin embargo, si la tasa es inferior a 11,72%, el *VAN* es mayor para el proyecto *A*, siendo el resultado contradictorio con el entregado por la *TIR*.

Esta situación se aprecia más claramente en el gráfico 16.3.

Gráfico 16.3

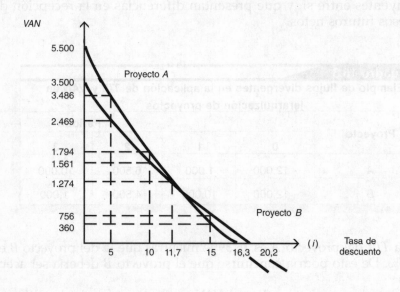

La diferencia de los resultados que proporcionan ambas técnicas se debe a los supuestos en que cada una está basada. Mientras que el criterio de la tasa interna de retorno supone que los fondos generados por el proyecto serían reinvertidos a la tasa de rentabilidad del proyecto, el criterio del valor actual neto supone una reinversión a la tasa de descuento de la empresa.

Si se supone que la empresa actúa con un criterio de racionalidad económica, ella invertirá hasta que su beneficio marginal sea cero (*VAN* del último proyecto igual cero); es decir, hasta que su tasa de rentabilidad sea igual a su tasa de descuento. Si así fuese, un proyecto con alta *TIR* difícilmente podrá redundar en que la inversión de los excedentes por él generados reditúen en otras alternativas igual tasa de rendimiento. Sin embargo, según el supuesto de eficiencia económica, la empresa reinvertirá los excedentes a su tasa de descuento, ya que si tuviera posibilidades de retornos a tasas mayores ya habría invertido en ellas. Hay que señalar que algunos autores cuestionan el supuesto de que la *TIR* reinvierte los flujos del proyecto a la misma tasa.

Por otra parte, si el *VAN* proporciona una unidad de medida concreta de la contribución de un proyecto a incrementar el valor de la empresa, debe ser éste el criterio que tendrá que primar en la evaluación[9].

Otros criterios de decisión

Muchos otros métodos se han desarrollado para evaluar proyectos, aunque todos son comparativamente inferiores al del valor actual neto. Algunos, por no considerar el valor tiempo del dinero y otros porque, aunque lo consideran, no entregan una información tan concreta como aquél.

Uno de los criterios tradicionales de evaluación bastante difundido es el del periodo de recuperación de la inversión, mediante el cual se determina el número de periodos necesarios para recuperar la inversión inicial, resultado que se compara con el número de periodos aceptable por la empresa. Si los flujos fuesen idénticos y constantes en cada periodo, el cálculo se simplifica a la siguiente expresión:

---

[9] Normalmente, al jerarquizar proyectos de distinta vida útil, surge la duda de si se deben o no evaluar en un mismo horizonte de tiempo.

Un planteamiento es que si no se hace así, el proyecto de menor duración queda en desventaja relativa, puesto que no se consideraría que los recursos por él generados se pueden reinvertir y generar más fondos entre el periodo de su finalización y el término de la alternativa con que se compara.

Sin embargo, una empresa que es eficiente en sus decisiones habrá implementado todos aquellos proyectos cuyo *VAN* sea positivo, o en otras palabras, su tasa de rendimiento será mayor que la tasa de descuento. Por tanto, cualquier inversión marginal se hará a la tasa de descuento. En este caso, el *VAN* marginal de invertir los excedentes del proyecto de menor duración durante el periodo necesario para igualar la finalización del proyecto más largo será cero y, en consecuencia, irrelevante. Es decir, no tendría sentido igualar las duraciones de las alternativas.

Pero si la empresa no se encuentra maximizando su potencial generador de utilidades, por incapacidad gerencial, restricción en sus oportunidades de financiamiento, etc., la inversión de los excedentes del proyecto más corto a una tasa de rendimiento superior a la tasa de descuento dará un *VAN* marginal positivo. En este caso sí sería necesaria la igualación de sus duraciones.

Teóricamente se han planteado muchas formas de igualar los flujos. Por ejemplo, suponer que ambos proyectos son reiterativos hasta tal cantidad de veces como sea necesario para que coincidan sus finalizaciones. Sus limitaciones son obvias. Otra forma consiste en suponer que el proyecto más largo se liquida en la finalización del más corto. Para ello se considera un valor de liquidación que incrementa el flujo de caja del último periodo.

$$PR = \frac{I_o}{BN} \qquad (16.25)$$

donde PR, periodo de recuperación, expresa el número de periodos necesarios para recuperar la inversión inicial I_o cuando los beneficios netos generados por el proyecto en cada periodo son BN.

Por ejemplo, si la inversión fuese de \$2.000 y los beneficios netos anuales de \$400, el periodo de recuperación sería de:

$$PR = \frac{2.000}{400}$$

$$= 5$$

Es decir, en cinco años se recupera la inversión nominal.

Si el flujo neto difiriera entre periodos, el cálculo se realiza determinando por suma acumulada el número de periodos que se requiere para recuperar la inversión.

Suponiendo una inversión de \$3.000 y flujos que se muestran en el siguiente cuadro, se obtendría:

Año	Flujo anual	Flujo acumulado
1	500	500
2	700	1.200
3	800	2.000
4	1.000	3.000
5	1.200	
6	1.600	

En este ejemplo, la inversión se recupera al término del cuarto año.

La ventaja de la simplicidad de cálculo no logra contrarrestar los peligros de sus desventajas. Entre éstas cabe mencionar que ignora las ganancias posteriores al periodo de recuperación, subordinando la aceptación a un factor de liquidez más que de rentabilidad. Tampoco considera el valor tiempo del dinero, al asignar igual importancia a los fondos generados el primer año con los del año n.

Lo anterior se puede solucionar si se descuentan los flujos a la tasa de descuento y se calcula la suma acumulada de los beneficios netos actualizados al momento cero.

En el ejemplo anterior se tendría, descontando los flujos a la tasa del 10% anual, lo siguiente:

Año	Flujo anual	Flujo actualizado	Flujo acumulado
1	500	454,54	454,54
2	700	578,48	1.033,02
3	800	601,04	1.634,06
4	1.000	683,00	2.317,06
5	1.200	745,08	3.062,14
6	1.600		

Esto indica que la inversión se recuperaría en un plazo cercano a cinco años.

Sin embargo, si los flujos de caja futuros fuesen constantes, el periodo de recuperación se calcularía fácilmente determinando el valor de n en la tabla 4.

Si una inversión inicial de \$2.673 genera beneficios netos de \$1.000 durante diez años y la tasa de descuento es de 6%, el valor de n corresponde a:

$$T^n_4 = \frac{2.673}{1.000} = 2.673$$

Al buscar en la tabla 4, se encuentra que en la columna del 6%, el factor 2,6730 está en la fila de $n = 3$. O sea, la recuperación del capital es en tres años.

Otro criterio comúnmente utilizado es el de la tasa de retorno contable, que define una rentabilidad anual esperada sobre la base de la siguiente expresión:

$$TRC = \frac{BN}{I_o} \tag{16.26}$$

donde la tasa de retorno contable, *TRC*, es una razón porcentual entre la utilidad esperada de un periodo y la inversión inicial requerida.

Con las cifras del ejemplo utilizado en la explicación del periodo de recuperación, puede determinarse la tasa de retorno contable como sigue:

$$TRC = \frac{400}{2.000}$$

$$= 0,20$$

Como puede apreciarse, este criterio es el inverso del periodo de recuperación y, por tanto, sus desventajas son similares.

Ciertas modificaciones a este criterio, como la de definir una utilidad contable en lugar del flujo de caja, sólo han incrementado sus deficiencias.

Cuando se evalúa un proyecto individual, la tasa interna de retorno, como se señaló, constituye una medida adecuada de decisión. El siguiente planteamiento demuestra el grado de error que conlleva la tasa de retorno contable y el periodo de recuperación de la inversión. Para ello se trabajará sobre la base de flujos uniformes en el tiempo.

La *TIR*, como se ha visto, se obtiene de calcular el r en la siguiente ecuación:

$$I_o = \frac{BN_1}{1 + r} + \frac{BN_2}{(1 + r)^2} +.... + \frac{BN_n}{(1 + r)^n} \qquad (16.27)$$

que puede expresarse como:

$$I_0 = \frac{BN}{1 + r} \left[1 + \frac{1}{1 + r} + \frac{1}{(1 + r)^2} +...+ \frac{1}{(1 + r)^{n-1}} \right] \quad (16.28)$$

Luego, la *TIR* es:

$$r = \frac{BN}{I_o} - \frac{BN}{I_o} \left[\frac{1}{1 + r} \right]^n \qquad (16.29)$$

Puesto que se definió la tasa de retorno contable como la división de *BN* entre I_o, puede remplazarse en la ecuación anterior, de tal forma que:

$$r = TRC - TRC \left[\frac{1}{1+r}\right]^n \qquad (16.30)$$

Despejando *TRC*, se obtiene:

$$TRC = \frac{r}{1 - \left[\dfrac{1}{1+r}\right]^n} \qquad (16.31)$$

Luego, si la *TIR* es 10% y los periodos de evaluación fuesen 10, la tasa de retorno contable sería:

$$TRC = \frac{0,10}{1 - \left[\dfrac{1}{1+0,010}\right]} = 0,163$$

Como $r = 10$, la *TRC* sobrestima la rentabilidad del proyecto en 0,063 (6,3%)[10]. Al calcular esta variabilidad para distintos valores de la TIR y del n, se obtiene el cuadro 16.5, que indica puntos porcentuales de desviación de la tasa de retorno contable sobre la tasa interna de retorno. En todos los casos considerados en este cuadro existe una sobrestimación en la evaluación del proyecto basado en los criterios de periodo de recuperación o tasa de retorno contable.

Cuadro 16.5

Puntos porcentuales de desviación de la tasa de retorno sobre la *TIR*

n	*TIR*			
	2%	5%	10%	20%
5	+48,8	+18,1	+8,0	+3,0
10	+47,6	+16,4	+6,3	+1,8
20	+45,4	+13,4	+3,9	+0,7
40	+41,7	+9,1	+0,9	+ --

---

[10] Nótese que la variación de 6,3% absoluto equivale en realidad al 63% de error sobre la *TIR* del 10%.

Un tercer criterio tradicionalmente utilizado en la evaluación de proyectos es la razón beneficio-costo. Cuando se aplica teniendo en cuenta los flujos no descontados de caja, lleva a los mismos problemas ya indicados respecto al valor tiempo del dinero. Estas mismas limitaciones han inducido a utilizar factores descontados. Para ello simplemente se aplica la expresión siguiente:

$$RBC = \frac{\displaystyle\sum_{t=1}^{n} \frac{Y_t}{(1+i)^t}}{\displaystyle\sum_{t=1}^{n} \frac{E_t}{(1+i)^t} + I_0} \tag{16.32}$$

que no es otra cosa que una variación de la ecuación 16.18 para calcular el *VAN*, en la cual se restaba el denominador al numerador de la ecuación 16.32.

Una forma diferente de presentar este indicador es:

$$\frac{\displaystyle\sum_{t=0}^{n} \frac{Y_t}{(1+i)^t}}{\displaystyle\sum_{t=0}^{n} \frac{E_t}{(1+i)^t}} \tag{16.33}$$

donde

Y = Ingresos
E = Egresos (incluida I)

Esta interpretación es más lógica con respecto a los beneficios (ingresos) y costos (egresos con *I* incluida).

Es fácil apreciar que ambas fórmulas proporcionan igual información. Cuando el *VAN* es cero (ambos términos de la resta son idénticos) la *RBC* es igual a 1. Si el *VAN* es superior a cero, la *RBC* será mayor que 1.

Las deficiencias de este método respecto al *VAN* se refieren a que entrega un índice de relación, en lugar de un valor concreto; requiere mayores cálculos, al hacer necesarias dos actualizaciones en vez de una, y se debe calcular una razón, en lugar de efectuar una simple resta.

Un método generalmente utilizado para comparar proyectos con distinta vida útil es el del valor anual neto equivalente, cuando las opciones que se comparan tienen diferentes beneficios asociados, o el del costo anual equivalente, cuando sólo difieren los costos.

El valor anual neto equivalente (*VAE*) se determina calculando primero el *VAN* del proyecto y después su equivalencia como flujo constante. Esto es:

$$VAE = \frac{VAN}{\displaystyle\sum_{t=1}^{n} \frac{1}{(1 + i)^t}} \qquad (16.34)$$

Por ejemplo, si se comparan dos proyectos que presentan la siguiente información, el *VAN* del proyecto *A* es mejor que el del proyecto *B*. Sin embargo, su *VAE* indica lo contrario:

	Vida útil	VAN	VAE	i
Proyecto *A*	9 años	3.006	630	15%
Proyecto *B*	6 años	2.975	786	15%

Quienes plantean este modelo señalan que el *VAN* no puede usarse para comparar opciones con distinta vida útil ya que no considera el incremento en la riqueza anual del inversionista.

Alternativamente, proponen "repetir" ambos proyectos tantas veces como sea necesario para que finalicen en un mismo momento. Por ejemplo, para el caso anterior, ambos proyectos deberían evaluarse en un horizonte de 18 años, asumiendo que el primero se repite dos veces y el segundo tres veces.

Ambas propuestas, sin embargo, tienen un supuesto que debe ser evaluado en cada situación antes de ser utilizado: todas las opciones pueden ser repetidas en las mismas condiciones de la primera vez, sin que se modifique su proyección de flujos, ni por cambios en el entorno ni por cambios en la competencia ni en ningún otro factor.

Si los proyectos que se evalúan son para determinar qué maquinaria usar, es muy probable que los métodos señalados sean válidos, pero si los proyectos que se evalúan son de carácter comercial, es muy posible que al término del sexto año la empresa no encuentre un proyecto tan rentable como el *B* y, si es eficiente, deberá invertir a su tasa de costo de capital (siendo eficiente, ya habrá invertido en todos los

proyectos que midan sobre su tasa de costo del capital). Siendo así, el *VAN* de todo proyecto que haga desde ese momento será cero, con lo cual vuelve a ser más atractivo al proyecto que, en definitiva, exhiba el mayor *VAN*.

El *VAE* o la suposición de replicar varias veces el proyecto sólo serán validos cuando el supuesto de repitencia puede ser probado.

Una forma de corregir el efecto de vidas útiles diferentes será incorporando un mayor valor de desecho al equipo de mayor vida útil al momento de la vida útil del de menor duración.

Efectos de la inflación en la evaluación del proyecto

Del análisis realizado al inicio del presente capítulo se puede deducir que una inversión es el sacrificio de un consumo actual por otro mayor que se espera en el futuro. Al ser esto así, lo que debe ser relevante en la evaluación de un proyecto son los flujos reales, en lugar de sus valores nominales. En economías con inflación, en consecuencia, los flujos nominales deberán convertirse a moneda constante, de manera tal que toda la información se exprese en términos de poder adquisitivo del periodo cero del proyecto, suponiendo que éste representa el periodo en que se evaluará económicamente.

La incorporación de la inflación como factor adicional a la evaluación de proyectos supone procedimientos similares, cualquiera que sea el criterio utilizado. Dicho procedimiento implica que tanto la inversión inicial como el flujo de caja y la tasa de descuento deben ser homogéneos entre sí; es decir, deben estar expresados en moneda constante de igual poder adquisitivo. Para ello, lo más simple es trabajar con los precios vigentes al momento de la evaluación. En este caso, la ecuación 16.19 se aplica directamente.

Si los flujos tuvieran incorporada la expectativa de la inflación, tanto en sus ingresos como en sus egresos, el *VAN* se calculará de la siguiente forma:

$$VAN = \sum_{t=1}^{n} \frac{BN_t}{[(1 + i)(1 + \emptyset)]^t} - I_0 \qquad (16.35)$$

donde $(1 + \emptyset)$ representa el factor de descuento de los flujos por el efecto de la inflación $(\emptyset)$.

Sin embargo, para que la fórmula 16.35 se pueda utilizar correctamente, debe existir la condición de que toda la inversión inicial tenga

el carácter de no monetaria[11]. Pero son muchos los proyectos que requieren una inversión significativa en activos monetarios; por ejemplo, aquellas inversiones en capital de trabajo como efectivo o cuentas por cobrar que ven disminuido el poder adquisitivo de la inversión por efectos de la inflación. Cuando la inversión inicial está compuesta, parcial o totalmente, por elementos monetarios, en cada periodo posterior a la evaluación habrá una pérdida de valor por inflación, que deberá descontarse de los flujos de efectivo en los periodos correspondientes.

Si la inversión inicial estuviera en moneda constante, pero tuviera un componente parcial de activos monetarios, y estando el flujo de caja también en moneda constante, el *VAN* del proyecto resulta de la siguiente formulación:

$$VAN = \sum_{t=1}^{n} \frac{BN_t - \left[\dfrac{I_0^m}{(1 + \emptyset)^t} \right] \times \emptyset}{(1 + i)^t} - I_0 \qquad (16.36)$$

donde el factor

$$\frac{I_0^m}{(1 + \emptyset)^t} \times \emptyset$$

representa la pérdida por inflación que afecta a la parte de la inversión inicial que tiene un carácter monetario (I_0^m).

Al descontar esta pérdida por inflación, el numerador de la sumatoria queda expresado en moneda real del periodo cero, con lo cual la evaluación se realiza sobre bases más exactas.

Nótese que para calcular el *TIR* en estas condiciones el procedimiento es idéntico. Bastará con hacer el *VAN* igual a cero en la ecuación 16.36 y buscar la tasa *r* (*i*, en la ecuación) que haga factible ese resultado.

Si se considera, por otra parte, la posibilidad de endeudamiento para financiar la inversión inicial, parcial o totalmente, surgen dos efectos complementarios similares. Primero, teniendo el endeuda-

---

[11] No monetarios son aquellos bienes reales que no modifican su valor real en épocas de inflación (inventarios, equipos, deuda en moneda extranjera), mientras que monetarios son aquellos que sí se modifican (efectivo en caja, cuentas por cobrar o pagar en moneda nacional).

miento una tasa de interés fija por periodo, el monto real que hay que pagar por este concepto se abarata en presencia de inflación. Segundo, al amortizarse el préstamo en un periodo futuro, también se genera una ganancia por inflación derivada del pago diferido de una cantidad fija.

No interesa analizar aquí si el prestatario ha recargado a la tasa de interés cobrada un factor adicional por sus propias expectativas de una tasa de inflación. Lo que realmente interesa es corregir los flujos de caja del proyecto, de manera que expresen la situación real esperada.

Para aclarar estos conceptos, supóngase la existencia de un proyecto que ofrece el siguiente flujo de caja:

Periodo	Flujo neto
0	-1.000
1	200
2	400
3	700

Si el 20% de la inversión del año cero fuera financiada con un préstamo amortizable a fines del tercer año en una sola cuota, si la tasa de interés es del 15% cancelable anualmente y si la inflación esperada fuese del 10% anual, se tendría un flujo por el financiamiento como el que muestra el cuadro 16.6.

Cuadro 16.6

Flujo por financiamiento				
Periodo	Intereses	Amortización	Préstamo	Flujo total
0			200	200
1	- 30			- 30
2	- 30			- 30
3	- 30	- 200		- 230

Como se mencionó, el desembolso de los intereses y la amortización generan una ganancia por inflación que se calcula aplicando al flujo un factor de descuento por inflación, de manera que:

$$200 + \frac{-30}{(1 + 0,10)} + \frac{-30}{(1 + 0,10)^2} + \frac{-230}{(1 + 0,10)^3}$$

con lo que se tiene:

$$200 - 27,07 - 24,79 - 172,80$$

Al combinar el flujo del proyecto con el flujo del financiamiento resulta:

Periodo	Flujo proyecto	Financiamiento	Flujo neto[12]
0	- 1.000	200,00	- 800,00
1	200	- 27,07	172,93
2	400	- 24,79	375,21
3	700	- 172,80	527,20

Al generalizar este último caso, puede plantearse la siguiente ecuación:

$$\sum_{t=1}^{n} \frac{BN_t - \left[\frac{jI_0^P}{(1 + \varnothing)^t} \frac{I_0^P}{(1 + \varnothing)^n} \right]}{(1 + i)^t} - (I_0 - I_0^P) \qquad (16.37)$$

donde j representa la tasa de interés del préstamo e I_0^P el monto de la inversión financiada con préstamo. En el caso que hubieran devoluciones parciales del préstamo, deberá cambiarse la potencia n por t en el factor que la actualiza.

---

[12] El *VAN* de este flujo necesariamente será mayor que el del proyecto original, puesto que éste incorpora el efecto de la inflación por pagos diferidos de la amortización y de un interés anual constante, que generan ganancia por inflación. En el caso general, deberá compararse las ganancias por el capital y las pérdidas por los intereses.

Obviamente, es posible combinar las variables de financiamiento y de inversión en activos monetarios. Para ello, bastaría remplazar el BN_t de la ecuación 16.37 por todo el numerador de la sumatoria de la ecuación 16.36. Igual a como se señaló anteriormente, la *TIR* en este caso se calcula haciendo el *VAN* igual a cero y determinando la tasa *r* correspondiente.

También es posible agregar las expectativas de inflación de los inversionistas que aportan capital propio. Sin embargo, puesto que su inclusión se efectúa modificando la tasa de descuento, se dejará este análisis para el capítulo siguiente, donde se trata en detalle la determinación de la tasa de descuento pertinente para el proyecto.

Por otra parte, si se evalúa en función de la tasa interna de retorno, surgen consideraciones que llevan a tratar los conceptos de tasas nominal y real de interés. Esto, porque con inflación la *TIR* no se constituye en una medida real de la rentabilidad de un proyecto.

Recordando la ecuación para calcular la *TIR*, se tiene:

$$\sum_{t=1}^{n} \frac{BN_t}{(1 + r)^t} - I_o = 0$$

En este caso, se define *r* como la tasa nominal del proyecto. Es nominal, porque no ha sido corregida respecto al efecto de inflación. En presencia de ésta, puede modificarse la expresión anterior, separando el factor inflación del factor rendimiento. En este caso, se tiene:

$$\sum_{t=1}^{n} \frac{BN_t}{(1 + r)^t (1 + \varnothing)} - I_o = 0, \tag{16.38}$$

donde *R* es la tasa de rentabilidad real del proyecto y $(1 + r)^t = (1 + R)^t (1 + \varnothing)^t$.

Luego, basta despejar *R* de la ecuación 16.38 para obtener la tasa real. Esto es:

$$R = \frac{r - \varnothing}{1 + \varnothing} \tag{16.39}$$

Puesto que el objeto de la *TIR* es ser comparada con una tasa de corte, se presenta como alternativa la de calcular la tasa nominal y compararla con una tasa de corte incrementada por el factor inflación.

De igual forma como se trató el financiamiento, pueden y deben incluirse en el modelo todas aquellas variables que implique pérdidas o ganancias por inflación.

Resumen

En este capítulo se presentaron los principales criterios utilizados en la evaluación de proyectos de inversión. Frente a las limitaciones de los métodos que no consideran el valor tiempo del dinero, se presentan dos alternativas de evaluación: el valor actual neto y la tasa interna de retorno. Si bien ambas tienen ventajas sobre aquéllos, el *VAN* es en todos los casos superior a la *TIR*. Quizás a favor de la *TIR* sólo se pueda plantear, en esta comparación, la mayor facilidad de comprensión de los ejecutivos, que ven en una tasa de rentabilidad una unidad de medida menos compleja que una cantidad de dinero neta expresada en términos actualizados. Las fuertes limitaciones tratadas en este capítulo la hacen, sin embargo, no recomendable para la decisión. La posibilidad de tasas múltiples y el suponer que los beneficios netos generados son reinvertidos a la misma tasa interna de retorno del proyecto son las principales deficiencias del método, que

pueden conducir a decisiones de inversión equivocadas.

Un objetivo especial de este capítulo pretendía dejar de manifiesto la importancia de incluir el análisis de los efectos de la inflación en la evaluación del proyecto. La evaluación, para que tenga sentido de ser, debe tener un carácter lo más realista posible. Sólo así podrá compararse el sacrificio de consumo presente con los mayores ingresos futuros esperados. En consecuencia, será preciso incorporar las ganancias y pérdidas por inflación que se generan sobre los flujos de caja. Si bien se recomienda trabajar con ingresos y egresos expresados en moneda constante, para obviar el problema de inflación en los montos, no puede desconocerse la posibilidad bastante real de la existencia de activos monetarios en la inversión inicial o de una fuente de financiamiento con capital ajeno a tasas de interés nominales constantes que afectarán la valoración real de los flujos de caja del proyecto.

Preguntas y problemas

1. Señale en qué circunstancias las técnicas de evaluación, *TIR* y *VAN*, pueden conducir a resultados contradictorios y cuándo ellas pueden proporcionar igual resultado.

2. "Un proyecto que tenga un *VAN* negativo puede tener utilidades y uno que tenga un *VAN* positivo puede tener pérdidas". Comente la afirmación.

3. "La tasa interna de retorno mide el costo máximo del capital que puede resistir el proyecto". Comente.

4. "El valor actual de los beneficios brutos descontados a la *TIR* del proyectos son siempre iguales al valor actual de los costos más la inversión, descontadas a esa misma *TIR*". Comente.

5. "El valor actual neto es el método más adecuado para elegir entre proyectos de distinta vida y distinta inversión". Comente.

6. "El criterio de la tasa interna de retorno sirve para optar entre proyectos mutuamente excluyentes que tienen la misma inversión inicial". Comente.

7. "Todo proyecto que muestre una evaluación positiva debe realizarse en el más breve plazo". Comente.

8. "Cuando los recursos no alcanzan para implementar todos los proyectos rentables, el uso de la tasa interna de retorno sigue siendo el método más razonable". Comente.

9. "Si la tasa interna de retorno es positiva, el valor actual neto también lo es". Comente.

10. "Si la tasa marginal interna de retorno de un proyecto es mayor que cero, entonces convendrá aumentar el tamaño de un proyecto". Comente.

11. "Si baja la tasa de interés, subirá el peso promedio de los novillos que se envían al matadero". Comente.

12. "Uno debería estar indiferente entre dos proyectos excluyentes que, teniendo igual *TIR*, tienen también igual flujo de beneficios brutos". Comente.

13. "Si la inversión de un proyecto excede la capacidad financiera del inversionista, será preferible hacer una versión reducida del proyecto que tenga un *VAN* positivo, antes que no hacer nada". Comente.

14. "Un proyecto que presenta un *VAN* igual a cero no debe implementarse ya que no genera utilidades al inversionista". Comente.

15. "Los cambios en la tasa de retorno requerida determinarán cambios en el precio del producto que se elabore si se llega a implementar el proyecto". Comente.

16. Una empresa está estudiando dos opciones de transporte de sus productos terminados desde la planta a los locales de venta. Uno de ellos es un vehículo que tiene un valor de $30.000, un costo de operación anual de $3.200 y un valor de desecho de $6.000. Su vida útil es de siete años. El otro vehículo cuesta $50.000 pero tiene un costo anual de sólo $800. Su valor de desecho es de $12.000 y su vida útil de diez años. Si no hay impuestos, ¿por cuál alternativa se debería optar?

17. Usted dispone de $400.000 y tiene dos alternativas para invertirlos:

    a) en un proyecto cuya tasa de rentabilidad es del 11,5% y que requiere una inversión de $400.000.

    b) en un proyecto con una rentabilidad de 10,8% y una inversión inicial de $1.000.000, donde los $600.000 que faltan para completar el monto de la inversión se obtendran mediante un prestamo al 10% de interés.

    Explique cuál de ellos elige y por qué, si la vida útil de ambos es igual, la recuperación de los fondos se hace en igual número de periodos y no son repetitivos.

18. En la formulación de un proyecto de inversión se presentan dos opciones para enfrentar el problema de corte de 4.800.000 metros de tela que se utilizarían en la confección de un nuevo producto:

    a) Una máquina de procedencia americana a un precio final de $2.000.000, con capacidad para cortar 800 metros por hora, la que requeriría un operario especializado a un costo de $600 la hora, gastos variables por $100 la hora y fijos de $1.200.000 anuales.

    b) Dos máquinas europeas, a $800.000 cada una, capaces de cortar 400 metros por hora cada una. Para su funcionamiento, requerirían personal menos especializado a un salario de $400 por hora, gastos variables de $80 la hora y fijos de $800.000 anuales cada una.

    Todas las máquinas tienen una vida útil estimada de diez años, al cabo de los cuales no se espera que tengan valor de desecho.

Si la tasa de descuento pertinente para la evaluación es de un 25% ¿qué alternativa seleccionaría?

19. Usted es dueño de un predio en una zona en pleno crecimiento dentro de la ciudad, por el que recibe una oferta de compra por $50.000.000 al contado. Si no lo vende, puede destinarlo al arriendo de estacionamientos para vehículos, lo que le reportaría $3.800.000 al año, siempre que previamente haga inversiones por $14.000.000 en encerramientos y nivelación del terreno. Se estima que el terreno puede adquirir una plusvalía de $7.000.000 al año.

Si la tasa de descuento pertinente es del 10%, ¿le conviene vender el terreno?; ¿cuándo le conviene venderlo si no hace los estacionamientos?; ¿le conviene hacer los estacionamientos?; si hace los estacionamientos, ¿cuándo le convendrá vender el terreno?

20. Una persona tiene la intención de jubilarse dentro de 20 años, para lo cual debe, en ese periodo, acumular un capital que le permita recibir un flujo de $10.000 al año, durante los 15 años posteriores a la fecha de jubilación.

Si todos los flujos suceden al término de cada año y si la tasa de interés es de un 15%. ¿cuánto deberá ahorrar al año para que pueda jubilarse con ese monto?

21. Si la tasa de costo del capital fuese 12%, calcule la rentabilidad de los proyectos correspondientes a los problemas 10 a 22 del capítulo 14.

Bibliografía

Aluja, Gil, "Incidencia de la inflación en las inversiones de la empresa". *Alta dirección* (57): 91-103, 1974.

Archer, S., G. M. Choate y G. Racette, *Financial Management*. N. York: Wiley, 1979.

Bierman, H. y S. Smidt, *El presupuesto de bienes de capital*. México: Fondo de Cultura Económica, 1977.

De Pablo, Juan C., "Evaluación de proyectos e inflación", *Administración de empresas* (73): 27-32, 1976.

Helfer, Erich A., *Técnicas de análisis financiero*. Madrid: Labor, 1975.

Lerner, Eugene, *Managerial Finance*. N. York: Harcourt Brace, 1971.

Levy, H. y M. Sarnat, *Investment and Portfolio Analysis*. N. York: Wiley, 1972.

Lorie H. Savage, L., "Three Problems in Rationing Capital". In *Foundation for Financial Management*. Homewood, I11.: Irwin, 1966.

Messuti, Domingo, "Las decisiones financieras y los cambios en el nivel general de precios". *Administración de empresas* (1): 27-45, 1970.

Newman, Donald, *Análisis económico en ingeniería*. México: McGraw-Hill, 1984.

Pérez-Carballo, Angel, "Impacto de la inflación en la evaluación de proyectos de inversión", *Alta dirección* (74): 43-58 y (75): 27-34, 1977.

Philippatos, George C., *Financial Management Theory and Techniques*. San Francisco: Holden-Day, 1973.

Porterfield, James T., *Decisiones de inversión y costos de capital*. México: Herrero Hnos., 1967.

Pritchard, Roberte, *Operational Financial Management*. Englewood Cliffs, N. Jersey: Prentice-Hall, 1977.

Ramíres, Octavio, "Presupuestación de capital bajo condiciones de inflación", *Temas administrativos* (32):4-7, 1978.

Renwick, Fred, *Introduction to Investment and Finance*. Macmillan, 1971.

Schall, L. y Ch. Haley, *Administración financiera*. México: McGraw-Hill, 1983.

Schultz, R. G. y R. E. Schultz, *Basic Financial Management*. Intext Educational Publishers, 1972.

Van Horne, James, *Administración financiera*. Buenos Aires: Ediciones Contabilidad Moderna, 1976.

Viscione, Jerry A., *Financial Analysis Principles and Procedures*. Boston: Houghton Mifflin, 1977.

Weston, F. y E. Brigham, *Finanzas en administración*, México: Interamericana, 1977.

CAPÍTULO

Análisis de riesgo

E n el capítulo anterior se estudiaron los criterios para definir la conveniencia de una inversión basada en condiciones de certeza. Tal suposición, sin embargo, se adoptó sólo para presentar el estudio de los procedimientos optativos de evaluación de un proyecto.

El comportamiento único de los flujos de caja supuesto en el capítulo anterior es incierto, puesto que no es posible conocer con anticipación cuál de todos los hechos que pueden ocurrir y que tienen efectos en los flujos de caja sucederá efectivamente. Al no tener certeza sobre los flujos futuros de caja que ocasionará cada inversión, se estará en una situación de riesgo o incertidumbre. Existe riesgo cuando hay una situación en la cual una decisión tiene más de un posible resultado y la probabilidad de cada resultado específico se conoce o se puede estimar. Existe incertidumbre cuando esas probabilidades no se conocen o no se pueden estimar.

El objetivo de este capítulo es analizar el problema de la medición del riesgo en los proyectos y los distintos criterios de inclusión y análisis para su evaluación. No se incluye en este estudio el riesgo de la cartera, que, aunque es un tema de alto interés, escapa al objetivo de este texto.

El riesgo en los proyectos

El riesgo de un proyecto se define como la variabilidad de los flujos de caja reales respecto a los estimados. Mientras más grande sea esta variabilidad, mayor es el riesgo del proyecto. De esta forma, el riesgo se manifiesta en la variabilidad de los rendimientos del proyecto, puesto que se calculan sobre la proyección de los flujos de caja.

Como ya se indicó, riesgo define una situación donde la información es de naturaleza aleatoria, en que se asocia una estrategia a un conjunto de resultados posibles, cada uno de los cuales tiene asignada una probabilidad. La incertidumbre caracteriza a una situación donde los posibles resultados de una estrategia no son conocidos y, en consecuencia, sus probabilidades de ocurrencia no son cuantificables. La incertidumbre, por tanto, puede ser una característica de información incompleta, de exceso de datos, o de información inexacta, sesgada o falsa.

La incertidumbre de un proyecto crece en el tiempo. El desarrollo del medio condicionará la ocurrencia de los hechos estimados en su formulación. La sola mención de las variables principales incluidas en la preparación de los flujos de caja deja de manifiesto el origen de la incertidumbre: el precio y calidad de las materias primas, el nivel tecnológico de producción, las escalas de remuneraciones, la evolución de los mercados, la solvencia de los proveedores, las variaciones de la demanda, tanto en cantidad, calidad, como en precio, las políticas del gobierno respecto al comercio exterior (sustitución de importaciones, liberalización del comercio exterior), la productividad real de la operación, etc.

Una diferencia menos estricta entre riesgo e incertidumbre identifica al riesgo como la dispersión de la distribución de probabilidades del elemento en estudio o los resultados calculados, mientras que la incertidumbre es el grado de falta de confianza respecto a que la distribución de probabilidades estimadas sea la correcta.

John R Canada[1] señala y analiza ocho causas del riesgo e incertidumbre en los proyectos. Entre éstas cabe mencionar el número insuficiente de inversiones similares que puedan proporcionar información promediable; los prejuicios contenidos en los datos y su apreciación, que inducen efectos optimistas o pesimistas, dependiendo de la subjetividad del analista; los cambios en el medio económico externo que anulan la experiencia adquirida en el pasado, y la interpretación errónea de los datos o los errores en la aplicación de ellos.

Se han hecho muchos intentos para enfrentar la falta de certeza en las predicciones. Las "mejoras limitadas", que David B. Hertz[2] señalaba como "esfuerzos con éxito limitado que parecen no haber llegado

---

[1] John, Canada, *Técnicas de análisis económico para adminstradores e ingenieros.* México: Diana, 1978, p. 223.

[2] Las mejoras limitadas a las que se refiere el autor citado son: a) pronósticos más exactos; b) ajustes empíricos; c) revisión de la tasa límite; d) estimaciones en tres niveles, y e) probabilidades seleccionadas. *Véase* David B. Hertz, "Risk Analysis in Capital Investment". *Harvard Business Review* 42 (1): 95-106, 1964.

a alcanzar la meta para hacer frente a la incertidumbre", se han superado por diversas técnicas y modelos cuya aplicación ha permitido una evaluación de proyectos, que, aun con las limitaciones propias de tener que trabajar sobre la base de predicciones futuras, logra incorporar la medición del factor riesgo.

 ## La medición del riesgo

Se definió el riesgo de un proyecto como la variabilidad de los flujos de caja reales respecto a los estimados. Ahora corresponde analizar las formas de medición de esa variabilidad como un elemento de cuantificación del riesgo de un proyecto.

La falta de certeza de las estimaciones del comportamiento futuro se pueden asociar normalmente a una distribución de probabilidades de los flujos de caja generados por el proyecto. Su representación gráfica permite visualizar la dispersión de los flujos de caja, asignando un riesgo mayor a aquellos proyectos cuya dispersión sea mayor. Existen, sin embargo, formas precisas de medición que manifiestan su importancia principalmente en la comparación de proyectos o entre alternativas de un mismo proyecto. La más común es la desviación estándar, que se calcula mediante la expresión

$$\sigma = \sqrt{\sum_{x=1}^{n} (A_x - \overline{A})^2 P_x} \qquad (17.1)$$

donde A_x es el flujo de caja de la posibilidad x, P_x es su probabilidad de ocurrencia y $\overline{A}$ es el valor esperado de la distribución de probabilidades de los flujos de caja, que se obtienen de

$$\overline{A} = \sum_{x=1}^{n} A_x P_x \qquad (17.2)$$

Si $\overline{A}$ correspondiera al valor esperado del valor actual neto, ante igualdad de riesgo se elegirá al proyecto que exhiba al mayor valor esperado. Mientras mayor sea la dispersión esperada de los resultados de un proyecto, mayores serán su desviación estándar y su riesgo.

Para la determinación del valor esperado y de la desviación estándar, supóngase la existencia de un proyecto que presente la siguiente distribución de probabilidades de sus flujos de caja estimados:

X	Probabilidad P_x	Flujo de caja A_x
1	0,30	2.000
2	0,40	2.500
3	0,30	3.000

Al aplicar la ecuación 17.2, se determina que el valor esperado de la distribución de probabilidades es de 2.500, que se obtiene de:

$P_x (A_x)$		
0,30 (2.000)	=	600
0,40 (2.500)	=	1.000
0,30 (3.000)	=	900
$\overline{A}$	=	2.500

Remplazando con estos valores en la ecuación 17.1, se calcula la desviación estándar en $387,30, que resulta de:

$A_x - \overline{A}$	$(A_x - \overline{A})$	$(Ax - \overline{A})^2$	$(A_x - \overline{A})^2 \times P_x$		
2.000 - 2.500	- 500	250.000	(250.000) 0,30	=	75.000
2.500 - 2.500	0	0	(0) 0,40	=	0
3.000 - 2.500	+ 500	250.000	(250.000) 0.30	=	75.000

Varianza = 150.000

$$\sigma = \sqrt{150.000} = 387,30$$

Si hubiera otra alternativa de inversión cuya desviación estándar fuese mayor que $387,30, su riesgo sería mayor, puesto que estaría indicando una mayor dispersión de sus resultados. La desviación estándar, como se verá luego, se utiliza para determinar la probabilidad de ocurrencia de un hecho. No es adecuado utilizarla como única medida de riesgo, porque no discrimina en función del valor espera-

do. De esta forma, dos alternativas con valores esperados diferentes de sus retornos netos de caja pueden tener desviaciones estándares iguales, requiriendo una medición complementaria para identificar diferenciaciones en el riesgo.

El coeficiente de variación es, en este sentido, una unidad de medida de la dispersión relativa, que se calcula por la expresión

$$v = \frac{\sigma}{A}$$

(17.3)

Aun cuando dos alternativas pudieran presentar desviaciones estándares iguales, si los valores esperados de sus flujos de caja son diferentes, este procedimiento indicará que mientras mayor sea el coeficiente de variación, mayor es el riesgo relativo. Es decir, comúnmente se dará preferencia a un proyecto más riesgoso sólo si su retorno esperado es lo suficientemente más alto que el de un proyecto menos riesgoso.

Remplazando con los valores del ejemplo anterior, se tendría:

$$v = \frac{387,30}{2.500} = 0,15$$

 Métodos para tratar el riesgo

Para incluir el efecto del factor riesgo en la evaluación de proyectos de inversión se han desarrollado diversos métodos o enfoques que no siempre conducen a un idéntico resultado. La información disponible es, una vez más, uno de los elementos determinantes en la elección de uno u otro método.

El criterio subjetivo es uno de los métodos más comúnmente utilizados. Se basa en consideraciones de carácter informal de quien toma la decisión, sin incorporar específicamente el riesgo del proyecto, salvo en su apreciación personal. Se ha intentado mejorar este método sugiriendo que se tengan en cuenta la expectativa media y la desviación estándar del *VAN*, lo cual, aunque otorga un carácter más objetivo a la inclusión del riesgo, no logra incorporarlo en toda su magnitud. De igual forma, el análisis de fluctuaciones de los valores optimistas, más probables y pesimistas del rendimiento del proyecto sólo disminuye el grado de subjetividad de la evaluación del riesgo, pero sin eliminarla.

Los métodos basados en mediciones estadísticas son quizá los que logran superar en mejor forma, aunque no definitivamente, el riesgo asociado a cada proyecto. Para ello, analizan la distribución de proba-

bilidades de los flujos futuros de caja para presentar a quien tome la decisión de aprobación o rechazo los valores probables de los rendimientos y de la dispersión de su distribución de probabilidad. En la sección "Dependencia e independencia de los flujos de caja en el tiempo" se analiza este método para los casos de dependencia e independencia del flujo de caja respecto del tiempo.

Un método diferente de inclusión del riesgo en la evaluación es el del ajuste a la tasa de descuento. Con este método, el análisis se efectúa sólo sobre la tasa pertinente de descuento, sin entrar a ajustar o evaluar los flujos de caja del proyecto. Aunque este método presenta serias deficiencias, en términos prácticos es un procedimiento que permite solucionar las principales dificultades del riesgo. En la sección "El método del ajuste a la tasa de descuento" se aborda nuevamente este tema.

Frente a las desventajas (que posteriormente se analizarán) respecto al método de ajuste a la tasa de descuento y con similares beneficios de orden práctico, está el método de la equivalencia a certidumbre. Según este criterio, quien decide está en condiciones de determinar su punto de indiferencia entre flujos de caja por percibir con certeza y otros, obviamente mayores, sujetos a riesgo. La sección "El método de la equivalencia a certidumbre"se destina a analizar este método.

Otro de los criterios que es preciso evaluar es el de los valores esperados. Este método, conocido comúnmente como análisis del árbol de decisiones, combina las probabilidades de ocurrencia de los resultados parciales y finales para calcular el valor esperado de su rendimiento. Aunque no incluye directamente la variabilidad de los flujos de caja del proyecto, ajusta los flujos al riesgo en función de la asignación de probabilidades. El apartado "Uso del árbol de decisión" se ocupa de este procedimiento.

El último método que se estudia en este texto es el análisis de sensibilidad, que si bien es una forma especial de considerar el riesgo, se analiza como caso particular en el capítulo 18, por la importancia práctica que ha adquirido. La aplicación de este criterio permite definir el efecto que tendrían sobre el resultado de la evaluación cambios en uno o más de los valores estimados en sus parámetros.

Dependencia e independencia de los flujos de caja en el tiempo

El análisis de riesgo en los proyectos de inversión se realiza de distinta forma según los flujos de caja en el tiempo, sean o no dependientes entre sí; es decir, si el resultado de un periodo depende o no de lo que haya pasado en otro periodo anterior.

Cuando hay independencia entre las distribuciones de probabilidad de los flujos de caja futuros, el valor esperado del valor actual neto sería:

$$VE\ (VAN) = \sum_{t=1}^{n} \frac{\overline{A}_t}{(1 + i)^t} - I_o \tag{17.4}$$

donde i es la tasa de descuento libre de riesgo. La desviación estándar de la distribución de probabilidades de este valor actual neto es[3]:

$$\sigma = \sqrt{\sum_{x=1}^{n} \frac{\sigma_t^2}{(1 + i)^{2t}}} \tag{17.5}$$

Incorporando en esta ecuación la ecuación 17.1, resulta:

$$\sigma = \sqrt{\sum_{x=1}^{n} \frac{\left[\sum_{x=1}^{n} (A_x - \overline{A})^2 P_x\right]^t}{(1 + i)^{2t}}} \tag{17.6}$$

que corresponde a la desviación estándar alrededor del valor esperado calculado por la ecuación 17.5.

Además de la información proporcionada por las ecuaciones 17.5 y 17.6, es posible calcular la probabilidad de que el *VAN* sea superior o inferior a cierto monto de referencia. Para ello se resta el valor esperado del valor actual neto calculado en la expresión 17.4 de ese valor de referencia y se divide su resultado por la desviación estándar. Esto es:

$$z = \frac{X - VE\ (VAN)}{\sigma} \tag{17.7}$$

donde z es la variable estandarizada o el número de desviaciones estándar de la media (valor esperado del *VAN*).

Para determinar la probabilidad de que el *VAN* del proyecto sea menor o igual que x, se acude a una tabla de distribución normal, que muestra el área de la distribución normal que es x desviaciones estándares hacia la izquierda o derecha de la media.

[3] Respecto a la derivación de la fórmula, se puede consultar a Frederick, Hillier, "The Derivation of Probabilistic Information for Evaluation of Risky Investments", *Management Science*, vol. 9, p. 443-457.

Para ilustrar la aplicación de estas fórmulas, supóngase la existencia de una propuesta de inversión que requiere en el momento cero de $100.000. Los flujos de caja futuros se proyectan a tres periodos con las siguientes probabilidades de ocurrencia:

Periodo 1		Periodo 2		Periodo 3	
Probabilidad	Flujo de caja	Probabilidad	Flujo de caja	Probabilidad	Flujo de caja
0,30	40.000	0,30	30.000	0,30	20.000
0,40	50.000	0,40	40.000	0,40	30.000
0,30	60.000	0,30	50.000	0,30	40.000

Al aplicar la ecuación 17.2, se obtiene que los valores esperados de los flujos de caja para cada periodo son $50.000, $40.000 y $30.000.

De acuerdo con la ecuación 17.4 el valor esperado del *VAN* es, para una tasa libre de riesgo del 6%, de $7.958.

Al utilizar la ecuación 17.6, puede obtenerse la desviación estándar alrededor del valor esperado, de la siguiente forma:

$$\sigma = \sqrt{\sum_{t=1}^{n} \frac{7.746}{(1,06)^{2t}}} = 18.490$$

Se deja como una constante los 7.746, por cuanto la distribución de probabilidades de todos los periodos tiene la misma dispersión en relación con los valores esperados y, por tanto, sus desviaciones estándar son iguales.

Si se deseara calcular la probabilidad de que el *VAN* de este proyecto fuese igual o menor que cero, se utiliza la ecuación 17.7, con lo que se obtiene

$$Z = \frac{0 - 7.958}{18.490} = -0,43$$

Recurriendo a una tabla de distribución normal, se obtiene que la probabilidad que se deseaba averiguar corresponde aproximadamente al 33%.

Hasta ahora se ha supuesto que los flujos de caja son independientes entre sí a lo largo del tiempo. Sin embargo, en la mayoría de los

proyectos existe cierta dependencia entre los resultados de dos periodos. Es importante saber si existe o no dependencia entre los flujos, por las consecuencias que tienen sobre el análisis del riesgo. Si los flujos son dependientes, o sea, si están correlacionados a través del tiempo, la desviación estándar de la distribución de probabilidad de los valores actuales netos probables es mayor que si fueran independientes. A mayor correlación, mayor dispersión de la distribución de probabilidad.

Los flujos de caja estarán perfectamente correlacionados si la desviación del flujo de caja de un periodo alrededor de la media de la distribución de probabilidades en ese periodo implica que en todos los periodos futuros el flujo de caja se desviará exactamente de igual manera.

La desviación estándar de los flujos de caja perfectamente correlacionados de un proyecto se calcula aplicando la siguiente expresión:

$$\sigma = \sum_{t=0}^{n} \frac{\sigma_t}{(1 + i)^t} \cdot \tag{17.8}$$

Utilizando el mismo ejemplo anterior, se incorporan sus valores en esta ecuación, para calcular la siguiente desviación estándar:

$$\sigma = \sum_{t=1}^{n} \frac{7.746}{(1{,}06)^t} = 20.705$$

Esto confirma que cuando los flujos de caja están perfectamente correlacionados, la desviación estándar y el riesgo son mayores que cuando existe independencia entre ellos.

Cuando los flujos de caja no se encuentran perfectamente correlacionados, es posible aplicar el modelo de correlación intermedia desarrollado por Frederick Hillier[4]. En él se plantea que la desviación estándar para un flujo de caja que no está perfectamente correlacionado, se encuentra en algún punto intermedio entre las dos desviaciones antes calculadas. El problema de su cálculo reside en que incorpora en un mismo modelo tanto flujos perfectamente correlacionados como independientes. La dificultad práctica más relevante

4 Hillier, *loc. cit.*

es la necesidad de clasificar como independientes o perfectamente correlacionadas las distintas variables del flujo de caja.

David Hertz[5] propuso un modelo de simulación integral para calcular los resultados probables, así como su dispersión. Su modelo se basa en la definición de nueve factores principales del proyecto que influyen en el resultado de la evaluación: dimensión del mercado, precios de venta, tasa de crecimiento del mercado, participación en el mercado, inversión requerida, valor de recuperación de la inversión, costos operativos, costos fijos y vida útil de los equipos.

Para cada factor se estiman los valores probables que asumiría y se le asigna una probabilidad de ocurrencia a cada valor sólo como referencia. Sin calcular un valor esperado de cada factor se combinan al azar los nueve factores para valores probables cambiantes; es decir, se calculan distintos rendimientos sobre la inversión simulando valores cambiantes para cada uno de los nueve factores.

Con los resultados observados mediante este procedimiento se elabora una tabla de frecuencia sobre la cual se calcula el resultado probable y su dispersión o riesgo.

El modelo de simulación de Hertz es similar a uno de los criterios de análisis de sensibilidad que se desarrolla en el próximo capítulo. Sin embargo, el modelo se ampliará generalizándolo al uso de cualquier variable y para calcular no sólo la tasa media de rendimiento sobre la inversión, sino cualquiera de los criterios de decisión analizados en el capítulo anterior.

El método del ajuste a la tasa de descuento

Una forma de ajustar los flujos de caja consiste en hacerlo mediante correcciones en la tasa de descuento. A mayor riesgo, mayor debe ser la tasa para castigar la rentabilidad del proyecto. De esta forma, un proyecto rentable evaluado en función de una tasa libre de riesgo puede resultar no rentable, si se descuenta a una tasa ajustada.

El principal problema de este método es determinar la tasa de descuento apropiada para cada proyecto. Al no considerar explícitamente información tan relevante como la distribución de probabilidades del flujo de caja proyectado, muchos autores definen este método como una aproximación imperfecta para incorporar el factor riesgo a los proyectos.

5   David B. Hertz. "La incertidumbre y el riesgo en la evaluación de proyectos de inversión", *Administración de empresas*, vol. 1, p. 139.

Gráfico 17.1

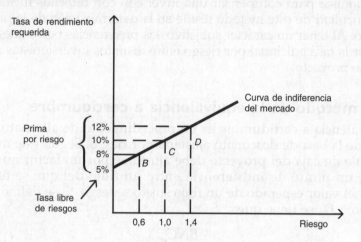

Para ajustar en forma adecuada la tasa de descuento, se define una curva de indiferencia del mercado cuya función relaciona el riesgo y los rendimientos con la tasa de descuento. La curva de indiferencia del mercado se ilustra en el gráfico 17.1, cuyos ejes representan la tasa de rendimiento necesaria y el riesgo expresado en términos de un coeficiente de variación.

La curva de indiferencia del mercado indica que los flujos de caja asociados a un evento sin riesgo se descuentan a una tasa libre de riesgo del 5%, que corresponde a una situación de certeza. Los puntos B, C y D indican que para coeficientes de variación de 0,6, 1,0 y 1,4 se precisan tasas de descuento de 8,10 y 12%, respectivamente. Al aumentar el riesgo de un proyecto se necesitan rendimientos mayores para que ameriten aprobarse.

De esta forma, el mayor grado de riesgo se compensa por una mayor tasa de descuento que tiende a castigar el proyecto. De acuerdo con esto, el cálculo del valor actual neto se efectúa mediante la siguiente ecuación:

$$VAN = \sum_{t=1}^{n} \frac{BN_t}{(1 + f)^t} - I_o \qquad (17.9)$$

siendo BN_t los beneficios netos del periodo t y f la tasa de descuento ajustada por riesgo, que resulta de aplicar la siguiente expresión;

$$f = i + p \qquad (17.10)$$

donde *i* es la tasa libre de riesgo y *p* es la prima por riesgo que exige el inversionista para compensar una inversión con retornos inciertos.

La dificultad de este método reside en la determinación de la prima por riesgo. Al tener un carácter subjetivo, las preferencias personales harán diferir la tasa adicional por riesgo entre distintos inversionistas para un mismo proyecto.

El método de la equivalencia a certidumbre

La equivalencia a certidumbre es un procedimiento de alternativa al método de la tasa de descuento ajustada por riesgo. Según este método, el flujo de caja del proyecto debe ajustarse por un factor que represente un punto de indiferencia entre un flujo del que se tenga certeza y el valor esperado de un flujo sujeto a riesgo. Si se define este factor como α, se tiene que:

$$\alpha_t = \frac{BNC_t}{BNR_t} \qquad (17.11)$$

donde α_t es el factor de ajuste que se aplicará a los flujos de caja inciertos en el periodo *t*; BNC_t representa el flujo de caja en el periodo *t* sobre el que se tiene certeza, y BNR_t representa el flujo de caja incierto en el periodo *t*.

El factor del coeficiente α varía en forma inversamente proporcional al grado de riesgo. A mayor riesgo asociado, menor será el coeficiente α, cuyo valor estará entre cero y uno.

Weston y Brigham[6] explican el concepto de equivalencia de certeza dando como ejemplo una situación en donde debe optarse por una de dos alternativas: a) recibir $1.000.000 si al tirar al aire una moneda perfecta resulta cara, sin obtener nada si sale sello, y b) no tirar la moneda y recibir $300.000. El valor esperado de la primera opción es $500.000 (0,5 x 1.000.000 + 0,5 x 0). Si el jugador se muestra indiferente entre las dos alternativas, los $300.000 son el equivalente de certeza de un rendimiento esperado de $500.000 con riesgo. Al remplazar mediante estos valores en la ecuación 17.11, se tiene:

$$\frac{300.000}{500.000} = 0,6$$

[6] F. Weston y E. Brigham, *Finanzas en administración*. México: Interamericana, 1977, p. 283.

Al expresar todos los flujos de caja en su equivalencia de certeza, puede evaluarse el proyecto a través del *VAN*, actualizando estos flujos a la tasa libre de riesgo (*i*), mediante la siguiente expresión:

$$VAN = \sum_{x=1}^{n} \frac{\alpha_t \, BNR_t}{(1 + i)^t} - I_o \tag{17.12}$$

El índice *t* del coeficiente α indica que éste puede variar en un mismo proyecto a través del tiempo.

La aplicación de este método permite descontar los flujos sólo considerando el factor tiempo del uso del dinero, sin incorporar en la tasa de descuento el efecto del riesgo. Sin embargo, en la práctica resulta muy difícil la conversión al equivalente de certeza de los flujos de caja.

Robichek y Myers[7] hacen un interesante análisis para demostrar que este método es superior al del ajuste a la tasa de descuento. Para ello suponen que la tasa de descuento ajustada por riesgo (*f*) y la tasa libre de riesgo (*i*) permanecen constantes. Si ambos métodos fueran correctos, el resultado de un ajuste a la tasa de descuento debería ser igual al ajuste a condiciones del equivalente a certeza. Para un periodo *t* cualquiera, se tendría:

$$\frac{\alpha_t \, BNR_t}{(1 + i)^t} = \frac{BNR_t}{(1 + f)^t} \tag{17.13}$$

que no indica otra cosa que el valor actual de un flujo de caja ajustado a condiciones de certeza descontado a la tasa libre de riesgos, es igual al valor actual de un flujo de caja descontado a una tasa ajustada por riesgo. De la ecuación anterior se deduce:

$$\alpha_t = \frac{BNR_t \, (1 + i)^t}{BNR_t \, (1 + f)^t} = \frac{(1 + i)^t}{(1 + f)^t} \tag{17.14}$$

Si ambas tasas permanecen constantes y si *f* es mayor que *i*, puede demostrarse que α_t es mayor que $\alpha_t + 1$. O sea, al permanecer

[7]   A. Robichek y R. Myers. "Conceptual Problems in the Use of Risk-Adjusted Discount Rates", *Journal of Finance*, diciembre 1966, pp. 727-736.

constante la tasa de descuento ajustada por riesgo, los coeficientes de conversión a condiciones de equivalente por certeza serían decrecientes y el riesgo crecería en el tiempo. De esta forma, el método de la tasa de descuento ajustada por riesgo supone que el riesgo aumenta por el tiempo *per se*. No puede afirmarse que existe riesgo por tiempo, pero sí que el riesgo puede ser mayor si los condicionantes del proyecto en el tiempo tienen un riesgo mayor. Van Horne[8] ilustra el caso de una plantación forestal cuyo riesgo, más que aumentar, decrecería en el tiempo. De esto Van Horne concluye que "la presunción de un riesgo creciente no sería apropiada para este caso, y el proyecto de plantación sería penalizado si utilizáramos el método de tasa de descuento ajustada por riesgo. Con el método de conversión a condiciones equivalentes por certeza, la gerencia puede especificar directamente el grado de riesgo para cada periodo futuro en particular, y luego descontar el flujo de caja empleando la tasa que representa el valor tiempo del dinero".

Esta posición parece ser bastante razonable, puesto que permite ajustar el riesgo a cada periodo y no al proyecto en su conjunto, como sería al emplear la tasa de descuento. De esta forma, es posible considerar que el riesgo puede variar en el tiempo en función de que los factores condicionantes del proyecto en el tiempo tengan un riesgo con carácter variable.

John Canada[9] sugiere un procedimiento distinto para tratar la equivalencia por certeza, o método de expectativa y variaciones, como él lo denomina, consistente en determinar la variación de la expectativa relacionando el resultado previsto con la variación de ese resultado, mediante la expresión:

$$V = \mu - \alpha\,\sigma \tag{17.15}$$

donde V es la variación de la expectativa, μ es la media o resultado monetario esperado, σ la desviación estándar de ese resultado y α el coeficiente del temor al riesgo.

La utilidad de este procedimiento se manifiesta en el proceso de comparación entre alternativas de inversión. Por ejemplo, si una alternativa A de inversión se asocia a un valor actual esperado de $20.000 y su α es 0,6 cuando la desviación estándar es de $15.000, se obtiene

---

8   James, Van Horne. *Administración financiera*. Buenos Aires: Ediciones Contabilidad Moderna, 1976, p. 169.

9   Canada, *Op. cit*, p. 283.

una variación de la expectativa de $11.000, remplazando con estos valores en la expresión anterior. Esto es:

$$V = 20.000 - 0,6 \ (15.000)$$

Si esta alternativa se comparase con otra cuyo valor actual esperado fuese de sólo $16.000 y su α de 0,8 cuando la desviación estándar es de $4.000, se obtendría una variación de la expectativa de $12.800, resultante de:

$$V = 16.000 - 0,8 \ (4.000)$$

De acuerdo con esto, la segunda alternativa es superior a la primera.

 Uso del árbol de decisión

El árbol de decisión es una técnica gráfica que permite representar y analizar una serie de decisiones futuras de carácter secuencial a través del tiempo.

Cada decisión se representa gráficamente por un cuadrado con un número dispuesto en una bifurcación del árbol de decisión. Cada rama que se origina en este punto representa una alternativa de acción. Además de los puntos de decisión, en este árbol se expresan, mediante círculos, los sucesos aleatorios que influyen en los resultados. A cada rama que parte de estos sucesos se le asigna una probabilidad de ocurrencia. De esta forma, el árbol representa todas las combinaciones posibles de decisiones y sucesos, permitiendo estimar un valor esperado del resultado final, como un valor actual neto, utilidad u otro.

Supóngase, a manera de ejemplo, que se estudia el lanzamiento de un nuevo producto. Las posibilidades en estudio son introducirlo en nivel nacional o regional. Si se decide lanzar el producto regionalmente, es posible posteriormente hacerlo a nivel nacional, si el resultado regional así lo recomendara.

En el gráfico 17.2 se representa un diagrama de un árbol de decisión para este caso, en el cual cada ramificación conduce a un cierto valor actual neto diferente.

Para tomar la decisión óptima, se analizan los sucesos de las alternativas de decisión más cercanas al final del árbol, calculando el valor esperado de sus valores actuales netos y optando por aquella que proporcione el mayor valor esperado del *VAN*. Por ejemplo, la última decisión de nuestro caso es la [2], que presenta dos sucesos de alternativa. El valor esperado del suceso (*C*) se calcula aplicando la ecuación 17.2, de la siguiente forma:

0,60	x	4.000	=	2.400
0,10	x	1.000	=	100
0,30	x	(2.000)	=	(600)
		VE(VAN)	=	1.900

que representa el valor esperado del *VAN* en el caso de ampliar la introducción a nivel nacional.

En el caso de continuar en nivel regional se obtiene, por el mismo procedimiento, el siguiente resultado:

0,60	x	2.000	=	1.200
0,10	x	1.500	=	150
0,30	x	1.000	=	300
		VE(VAN)	=	1.650

Por tanto, la decisión será ampliar a nivel nacional, porque retorna un *VAN* esperado mayor.

La siguiente decisión se refiere a la introducción inicial. Si es a nivel regional, existe un 70% de posibilidades de que la demanda sea alta; si así fuese, el *VAN* esperado sería de 1.900, que correspondería al resultado de la decisión que se tomaría de encontrarse en ese punto de decisión. Al aplicar el procedimiento anterior, se obtiene:

0,70	x	1.900	=	1.330
0,10	x	2.000	=	200
0,20	x	1.000	=	200
		VE(VAN)	=	1.730

Para la alternativa de introducción nacional se tendría:

0,50	x	5.000	=	2.500
0,20	x	100	=	20
0,30	x	(3.000)	=	(900)
		VE(VAN)	=	1.620

En consecuencia, se optaría por una introducción inicial en el nivel regional, que luego se ampliaría a nivel nacional. Esta combinación de decisiones es la que maximiza el valor esperado de los resultados.

Este método, así tratado, no incluye el efecto total del riesgo, puesto que no considera la posible dispersión de los resultados ni las probabilidades de las desviaciones. En el ejemplo anterior, la decisión se hacía sobre la base de un valor actual neto promedio. Sin embargo, es fácil apreciar que, dependiendo de su grado de aversión al riesgo, algunos inversionistas podrían optar por continuar regionalmente.

Una forma de obviar este problema es mediante los árboles de decisión probabilísticos, que, además de las características señaladas, permiten que todas las cantidades, variables y sucesos aleatorios puedan representarse por distribuciones continuas de probabilidad. De igual forma, la información acerca del resultado de cualquier combinación de decisiones puede ser expresada probabilísticamente, lo que permite su comparación considerando sus respectivas distribuciones de probabilidad.

Modelo de simulación de Monte Carlo

El modelo de Monte Carlo, llamado también método de ensayos estadísticos, es una técnica de simulación de situaciones inciertas que permite definir valores esperados para variables no controlables, mediante la selección aleatoria de valores, donde la probabilidad de elegir entre todos los resultados posibles está en estricta relación con sus respectivas distribuciones de probabilidades.

Si las variables inciertas relevantes en un proyecto fuesen por ejemplo, la demanda y la participación de mercado, deberá aplicarse en ambas la simulación para estimar su comportamiento en el futuro. Supóngase que estudios realizados señalan que la demanda global esperada del mercado tiene la siguiente distribución de probabilidades:

Demanda	Probabilidad
200.000	0,10
250.000	0,25
300.000	0,35
350.000	0,15
400.000	0,10
450.000	0,05

VAN

demanda alta $P = 0,60$ 4.000
demanda media $P = 0,10$ 1.000
demanda baja $P = 0,30$ (2.000)

C — AMPLIAR A NIVEL NACIONAL

demanda alta $P = 0,60$ 2.000
demanda media $P = 0,10$ 1.500
demanda baja $P = 0,30$ 1.000

D — CONTINUAR A NIVEL REGIONAL

2

demanda alta $P = 0,70$ 2.000
demanda media $P = 0,10$ 1.000
demanda baja $P = 0,20$

A — INTRODUCCIÓN REGIONAL

demanda alta $P = 0,50$ 5.000
demanda media $P = 0,20$ 100
demanda baja $P = 0,30$ (3.000)

B — INTRODUCCIÓN NACIONAL

1

Árbol de decisión para lanzamiento de un nuevo producto

Al mismo tiempo, supóngase que la participación en el mercado para el proyecto, sea también una variable incierta, para la cual se estima la siguiente distribución de probabilidades:

Participación	Probabilidad
0,08	0,26
0,09	0,22
0,10	0,16
0,11	0,13
0,12	0,10
0,13	0,07
0,14	0,05
0,15	0,01

Supóngase, además, que la demanda global del mercado está correlacionada con la tasa de crecimiento de la población, que se estima en un 2% anual a futuro. El precio y los costos asociados al proyecto se suponen conocidos o menos incierto su resultado futuro.

El primer paso en la solución consiste en expresar matemáticamente el problema. En este caso, la demanda por año que podría enfrentar el proyecto puede expresarse como:

$$D_p = D_g \cdot p \qquad (17.16)$$

donde D_p corresponde a la demanda del proyecto, D_g a la demanda global y p al porcentaje de participación del proyecto en el mercado.

La tasa de crecimiento de la demanda se incorporará al final como un factor de incremento sobre la demanda del proyecto. Una forma alternativa es incorporarlo en la ecuación anterior, lo que permite obtener el mismo resultado pero con cálculos más complejos.

El siguiente paso del método Monte Carlo es la especificación de la distribución de probabilidades de cada variable. En el ejemplo, las variables que deben especificar su distribución de probabilidades son la demanda global del mercado y la participación del proyecto. En ambos casos se deberá posteriormente calcular la distribución de probabilidad acumulada y la asignación de rangos de números entre 0 y 99 (o sea, 100 números). A continuación se muestran estos cálculos para las dos variables en estudio.

Demanda global	Distribución de probabilidades	Probabilidad acumulada	Asignación Nos. representativos
200.000	0,10	0,10	00 - 09
250.000	0,25	0,35	10 - 34.
300.000	0,35	0,70	35 - 69
350.000	0,15	0,85	70 - 84
400.000	0,10	0,95	85 - 94
450.000	0,05	1,00	95 - 99

Participación de mercado	Distribución de probabilidades	Probabilidad acumulada	Asignación Nos. representativos
0,08	0,26	0,26	00 - 25
0,09	0,22	0,48	26 - 47
0,10	0,16	0,64	48 - 63
0,11	0,13	0,77	64 - 76
0,12	0,10	0,87	77 - 86
0,13	0,07	0,94	87 - 93
0,14	0,05	0,99	94 - 98
0,15	0,01	1,00	99

La asignación de números representativos se efectúa en proporción a la probabilidad acumulada. Así, si el 10% se encuentra en el rango de hasta 200.000, deben asignarse diez números representativos (0 al 9). Como hasta 250.000 hay un 35% de probabilidades, se asignan 35 números representativos (0 al 34).

Cuadro 17.1

Tabla de números aleatorios

1	23 15	75 48	50 01	83 72	59 93	76 24	97 08	86 95	23 03	67 44
2	05 54	55 50	43 10	53 74	35 08	90 61	18 37	44 10	96 22	13 43
3	14 87	16 03	50 32	40 43	62 23	50 05	10 03	22 11	54 38	08 34
4	38 97	67 49	51 94	05 17	58 53	78 80	59 01	94 32	42 87	16 95
5	97 31	26 17	18 99	75 53	08 70	94 25	12 58	41 54	88 21	05 13
6	11 74	26 93	81 44	33 93	08 72	32 79	73 31	18 22	64 70	68 50
7	43 36	12 88	59 11	01 64	56 23	93 00	90 04	99 43	64 07	40 36
8	93 80	62 04	78 38	26 80	44 91	55 75	11 89	32 58	47 55	25 71
9	49 54	01 31	81 08	42 98	41 87	69 53	82 96	61 77	73 80	95 27
10	36 76	87 26	33 37	94 82	15 69	41 95	96 86	70 45	27 48	38 80
11	07 09	25 23	92 24	62 71	26 07	06 55	84 53	44 67	33 84	53 20
12	43 31	00 10	81 44	86 38	03 07	52 55	51 61	48 89	74 29	46 47
13	61 57	00 63	60 06	17 36	37 75	63 14	89 51	23 35	01 74	69 93
14	31 35	28 37	99 10	77 91	89 41	31 57	97 64	48 62	58 48	69 19
15	57 04	88 65	26 27	79 59	36 82	90 52	95 65	46 35	06 53	22 54
16	09 24	34 42	00 68	72 10	71 37	30 72	97 57	56 09	29 82	76 50
17	97 95	53 50	18 40	89 48	83 29	52 23	08 25	21 22	53 26	15 87
18	93 73	25 95	70 43	78 19	88 85	56 67	16 68	26 95	99 64	45 69
19	72 62	11 12	25 00	92 26	82 64	35 66	65 94	34 71	68 75	18 67
20	61 02	07 44	18 45	37 12	07 94	95 91	73 78	66 99	53 61	93 78
21	97 83	98 54	74 33	05 59	17 18	45 47	35 41	44 22	03 42	30 00
22	89 16	09 71	92 22	23 29	06 37	35 05	54 54	89 88	43 81	63 61
23	25 96	68 82	20 62	87 17	92 65	02 82	35 28	62 84	91 95	48 83
24	81 44	33 17	19 05	04 95	48 06	74 69	00 75	67 65	01 71	65 45
25	11 32	25 49	31 42	36 23	43 86	08 62	49 76	67 42	24 52	32 45

La etapa siguiente del modelo requiere tomar al azar números aleatorios. Para ello, se puede usar una tabla de números aleatorios como la del cuadro 17.1. Cada número seleccionado debe ubicarse en la columna "Asignación de números representativos". Una vez localizado, se da el valor correspondiente de demanda global, el cual se ajusta por el porcentaje de participación en el mercado obtenido de igual forma. Por ejemplo, si se usa la tabla de números aleatorios de arriba hacia abajo, se encuentra que el primer número es 23, el cual se ubica en el rango 10-34 de la asignación de números representativos, del cuadro 17.1 de demanda global, lo que hace seleccionar el primer valor de 250.000. El segundo número aleatorio es 05, el cual se ubica en el rango 0-25 de la asignación de números representativos (cuadro 17.2) de la participación del proyecto en el mercado, lo que hace seleccionar el valor de 0,08.

De acuerdo con esto, la demanda esperada para el proyecto en el primer año corresponde a:

$$D_p = 250.000 \times 0,08 = 20.000$$

El mismo procedimiento se repite un número suficiente de veces como para que la probabilidad de elegir entre todos los resultados posibles guarde estrecha relación con sus distribuciones de probabilidades. En el ejemplo, se toman 100 pruebas para cada variable, obteniéndose los resultados que se indican a continuación.

Cuadro 17.2

	Número Aleatorio		Valor		
Prueba	Demanda Global	Participación	Demanda Global	Participación	Valor Demanda Proyecto
1	23	5	250.000	0,08	20.000
2	14	38	250.000	0,09	22.500
3	97	11	450.000	0,08	36.000
4	43	93	300.000	0,13	39.000
5	49	36	300.000	0,09	27.000
6	7	43	200.000	0,09	18.000
7	61	31	300.000	0,09	27.000
8	57	9	300.000	0,08	24.000
9	97	93	450.000	0,13	58.500
10	72	61	350.000	0,10	35.000
11	97	89	450.000	0,13	58.500
12	25	81	250.000	0,12	30.000
13	11	15	250.000	0,08	20.000
14	54	87	300.000	0,13	39.000
15	97	31	450.000	0,09	40.500
16	74	36	350.000	0,09	31.500
17	80	54	350.000	0,10	35.000
18	76	9	350.000	0,08	28.000
19	31	57	250.000	0,10	25.000
20	35	4	300.000	0,08	24.000
21	24	95	250.000	0,14	35.000
22	73	62	350.000	0,10	35.000
23	2	83	200.000	0,12	24.000
24	16	96	250.000	0,14	35.000
25	44	32	300.000	0,09	27.000
26	75	55	350.000	0,10	35.000
27	16	67	250.000	0,11	27.500
28	26	26	250.000	0,09	22.500
29	12	62	250.000	0,10	25.000

(Continúa)

Cuadro 17.2 (Continuación)

	Número Aleatorio			Valor	
Prueba	Demanda Global	Participación	Demanda Global	Participación	Valor Demanda Proyecto
30	1	87	200.000	0,13	26.000
31	25	0	250.000	0,08	20.000
32	0	28	200.000	0,09	18.000
33	88	34	400.000	0,09	36.000
34	53	25	300.000	0,08	24.000
35	11	7	250.000	0,08	20.000
36	98	9	450.000	0,08	36.000
37	68	33	300.000	0,09	27.000
38	25	48	250.000	0,10	25.000
39	50	3	300.000	0,08	24.000
40	49	17	300.000	0,08	24.000
41	93	88	450.000	0,13	58.500
42	4	31	200.000	0,09	18.000
43	26	23	250.000	0,08	20.000
44	10	63	250.000	0,10	25.000
45	37	65	300.000	0,11	33.000
46	42	50	300.000	0,10	30.000
47	95	12	450.000	0,08	36.000
48	44	54	300.000	0,10	30.000
49	71	82	350.000	0,12	42.000
50	17	49	250.000	0,10	25.000
51	59	43	300.000	0,09	27.000
52	50	51	300.000	0,10	30.000
53	18	81	250.000	0,12	30.000
54	59	78	300.000	0,12	36.000
55	81	33	350.000	0,09	31.500
56	92	81	400.000	0,12	48.000
57	60	99	300.000	0,15	45.000
58	26	0	250.000	0,08	20.000
59	18	70	250.000	0,11	27.500
60	25	18	250.000	0,08	20.000
61	74	92	350.000	0,13	45.500
62	20	19	250.000	0,08	20.000
63	31	1	250.000	0,08	20.000
64	10	32	250.000	0,09	22.500
65	94	99	400.000	0,15	60.000
66	44	11	300.000	0,08	24.000
67	38	8	300.000	0,08	24.000
68	37	24	300.000	0,08	24.000
69	44	6	300.000	0,08	24.000
70	10	27	250.000	0,09	22.500

(Continúa)

Cuadro 17.2 (Continuación)

	Número Aleatorio		Valor		
Prueba	Demanda Global	Participación	Demanda Global	Participación	Valor Demanda Proyecto
71	68	40	300.000	0,09	27.000
72	43	0	300.000	0,08	24.000
73	45	33	300.000	0,09	27.000
74	22	62	250.000	0,10	25.000
75	5	42	200.000	0,09	18.000
76	83	53	350.000	0,10	35.000
77	40	5	300.000	0,08	24.000
78	75	33	350.000	0,09	31.500
79	1	26	200.000	0,09	18.000
80	42	94	300.000	0,14	42.000
81	62	86	300.000	0,12	36.000
82	17	77	250.000	0,12	30.000
83	79	72	350.000	0,11	38.500
84	89	78	400.000	0,12	48.000
85	92	37	400.000	0,09	36.000
86	5	23	200.000	0,08	16.000
87	87	4	400.000	0,08	32.000
88	36	72	300.000	0,11	33.000
89	74	43	350.000	0,09	31.500
90	17	53	250.000	0,10	25.000
91	93	64	400.000	0,11	44.000
92	80	98	350.000	0,14	49.000
93	82	71	350.000	0,11	38.500
94	38	36	300.000	0,09	27.000
95	91	59	400.000	0,10	40.000
96	10	48	250.000	0,10	25.000
97	19	26	250.000	0,09	22.500
98	12	59	250.000	0,10	25.000
99	29	17	250.000	0,08	20.000
100	95	23	450.000	0,08	36.000

Basados en los resultados de las 100 pruebas aleatorias para cada variable, debe elaborarse una distribución de probabilidades para la demanda del proyecto. El análisis de la distribución de probabilidades acumuladas, permite determinar la probabilidad de que la demanda del proyecto se encuentre bajo un determinado valor. En el siguiente cuadro se aprecia, por ejemplo, que la probabilidad de que la demanda del proyecto sea menor o igual que 39.999 unidades, es de un 86%.

Cuadro 17.3

Rango total de demanda	Observaciones en el rango	Distribución de probabilidades	Probabilidad acumulada
15.000 - 19.999	6	6%	6%
20.000 - 24,999	26	26%	32%
25.000 - 29,999	22	22%	54%
3.000 - 34.999	13	13%	67%
35.000 - 39.999	19	19%	86%
40.000 - 44.999	5	5%	91%
45.000 - 49.999	5	5%	96%
50.000 - 54.999	0	0%	96%
55.000 - 59.999	3	3%	99%
60.000 - 64.999	1	1%	100%

Por otra parte, el valor esperado de la demanda del proyecto para el primer año es de 31.150 unidades. Luego, si la tasa de crecimiento estimada fuese de un 2% anual, podría esperarse una demanda para el proyecto de:

Año	Demanda
1	31.150
2	31.773
3	32.408
4	33.057
5	33.718

Resumen

En el capítulo anterior se analizaron los conceptos y los principales criterios de análisis de una inversión de capital cuando los flujos de caja del proyecto se conocían con certeza. En este capítulo ese supuesto se abandona, incorporando el factor riesgo a la decisión. Por riesgo se define la variabilidad de los flujos de caja reales respecto a los estimados. Su medición se realiza obtenien-

do la desviación estándar de la distribución de probabilidades de los posibles flujos de caja. Se presentó el coeficiente de variación como una unidad de medida relativa del riesgo.

Para la evaluación de proyectos riesgosos pueden utilizarse diversos enfoques. Un método es el de ajustar la tasa de descuento conforme a una tasa adicional correspondiente a una prima por riesgo. Este método supone un riesgo por el tiempo en sí, en vez de considerarlo en función de circunstancias condicionantes del proyecto en el tiempo. Otro método consiste en castigar los flujos de caja según un índice que represente un factor de ajuste por riesgo. Este método, denominado equivalencia a certidumbre, elimina la deficiencia del anterior, aunque ninguno de los dos supone todas las limitaciones.

Los métodos probabilísticos parecen ser conceptualmente los más adecuados, aunque subsiste en ellos el problema de calcular una probabilidad de ocurrencia que sea confiable. Dos son los enfoques que pueden identificarse en este método, según cuál sea la correlación que exista entre los flujos de caja en el tiempo. Cuando no existe correlación, o sea, cuando son independientes entre sí, el riesgo es sustancialmente menor que cuando los flujos están correlacionados en forma perfecta. Es decir, cuando un flujo se desvía, los siguientes varían exactamente de la misma manera. Entre ambas posiciones de dependencia o independencia existen puntos intermedios cuyos riesgos son también intermedios entre las desviaciones estándar de aquéllas.

Otro criterio de análisis que se definió fue el árbol de decisiones, el cual, al combinar las probabilidades de ocurrencia de los resultados parciales y finales estimados, calcula el valor esperado del resultado de las distintas alternativas posibles.

Preguntas y problemas

1. ¿Por qué la desviación estándar del flujo de caja de una inversión podría no ser una unidad de medida adecuada del riesgo del proyecto?

2. ¿Cómo podría llegarse a igual resultado ajustando la tasa de descuento o los flujos de caja de un proyecto por el efecto riesgo?

3. ¿Qué validez le asigna usted al criterio subjetivo en el tratamiento del riesgo? Estimar probabilidades de ocurrencia para un flujo de caja, ¿no sería en parte una aplicación del criterio subjetivo?

4. "La desviación estándar es útil para calcular el riesgo sólo si se la emplea en el cálculo de la variable estandarizada para determinar un área bajo una distribución normal". Comente la afirmación.

5. ¿Cómo afectaría a la decisión de aceptación o rechazo de una inversión el grado de correlación existente entre los flujos de caja del proyecto?

6. "El riesgo se refiere a la situación en la cual existe más de un posible curso de acción para una decisión y la probabilidad de cada resultado específico no se conoce y no se puede estimar". Comente.

7. "El análisis de riesgo en los proyectos tiene la propiedad de reducir la incertidumbre de sus resultados". Comente.

8. ¿En qué casos se recomienda el uso del árbol de decisiones?

9. Al estimar una propuesta de inversión se consideraron los siguientes flujos de caja anuales, dependiendo de la situación económica esperada del país:

Situación económica	Flujo de caja anual	
esperada	probabilidad	flujo
Alta recesión	0,10	70.000
Moderada recesión	0,25	100.000
Crecimiento normal	0,30	150.000
Moderado sobrecrecimiento	0,25	200.000
Alto crecimiento	0,10	230.000

Determine:

a) El valor esperado de la distribución

b) La desviación estándar

c) El coeficiente de variación

¿Qué significa cada uno de estos conceptos? ¿Cómo se utilizan en la medición del riesgo?

10. En el estudio de un proyecto que requiere una inversión de $100.000, se ha estimado la siguiente distribución de probabilidades de los flujos de caja:

Flujo neto	Probabilidad de ocurrencia			
de caja	Periodo 1	Periodo 2	Periodo 3	Periodo 4
20.000	0,20	0,20	0,20	0,20
45.000	0,30	0,30	0,40	0,40
70.000	0,30	0,10	0,10	0,20
80.000	0,20	0,30	0,30	0,20

La tasa de descuento libre de riesgo es del 5%. Determine la probabilidad de que el proyecto tenga un valor actual neto igual o menor que cero, suponiendo que la distribución fuese normal y continua.

11. En el estudio de un proyecto de inversión se detecta la siguiente situación: es posible invertir hoy $1.000.000 en la instalación de una planta de tamaño pequeño, que permitiría obtener con toda seguridad un *VAN* de $170.000 dentro de un año.

Sin embargo, si como alternativa se invierte $1.400.000 en una planta mayor, podría incursionarse en otros mercados lo que permitiría obtener, en seis meses, ya sea un *VAN* de $320.000, con un 60% de probabilidades, o un *VAN* negativo de $8.000, con un 40% de probabilidad. Para invertir en esta alternativa se requeriría la obtención de un préstamo por los $400.000 adicionales, por los que debería devolverse $420.000 al finalizar el año.

También se ha previsto que al inicio del próximo año podrían invertirse $880.000 en una ampliación, si se dispusiese de ellos, lo que reportaría un *VAN* positivo de $180.000, con un 80% de posibilidades, o un *VAN* negativo de $60.000, con una probabilidad del 20%.

12. Para estimar la demanda de un proyecto con estacionalidad trimestral se obtuvo, en un estudio de su perfil, la siguiente información para el año 1987:

Demanda	Probabilidad
1.000.000	0,20
1.100.000	0,30
1.200.000	0,35
1.300.000	0,15

Se espera una participación en el mercado que tendría la siguiente distribución:

Participación	Probabilidad
2%	0,30
3%	0,45
4%	0,25

El proyecto se iniciaría en 1988, donde se espera un crecimiento del mercado de un 5%. Los índices de estacionalidad calculados previamente corresponden a:

Trimestre 1	0,82
Trimestre 2	1,02
Trimestre 3	0,91
Trimestre 4	0,85
Total	3,60

¿Cuál es la demanda esperada trimestralmente para 1988?

Considere la siguiente tabla de números aleatorios. Úselos de izquierda a derecha a partir de la primera línea y asígnelos en forma alternada al cálculo de la demanda y de la participación en el mercado.

81 44	33 93	08 72	32 79	73 31	18 22	64 70	68 50
59 11	01 64	56 23	93 00	90 04	99 43	64 07	40 36
78 38	26 80	44 91	55 75	11 89	32 58	47 55	25 71
81 08	42 98	41 87	69 53	82 96	61 77	73 80	95 27
33 37	94 82	15 69	41 95	96 86	70 45	27 48	38 80
92 24	62 71	26 07	06 55	84 53	44 67	33 84	53 20
81 44	86 38	03 07	52 55	51 61	48 89	74 29	46 47
60 06	17 36	37 75	63 14	89 51	23 35	01 74	69 93
99 10	77 91	89 41	31 57	97 64	48 62	58 48	69 19
26 27	79 59	36 82	90 52	95 65	46 35	06 53	22 54
00 68	72 10	71 37	30 72	97 57	56 09	29 82	76 50
18 40	89 48	83 29	52 23	08 25	21 22	53 26	15 87
70 43	78 19	88 85	56 67	16 68	26 95	99 64	45 69
25 00	92 26	82 64	35 66	65 94	34 71	68 75	18 67
18 45	37 12	07 94	95 91	73 78	66 99	53 61	93 78
74 33	05 59	17 18	45 47	35 41	44 22	03 42	30 00
92 22	23 29	06 37	35 05	54 54	89 88	43 81	63 61
20 62	87 17	92 65	02 82	35 28	62 84	91 95	48 83
19 05	04 95	48 06	74 69	00 75	67 65	01 71	65 45
31 42	36 23	43 86	08 62	49 76	67 42	24 52	32 45

13. En la formulación de un proyecto se evalúa la estrategia comercial publicitaria que promoverá la venta de los productos que elaborará el proyecto. La información disponible permite estimar las siguientes ventas, con sus probabilidades, en cada uno de los dos planes alternativos identificados: anuncios en periódicos *versus* publicidad en televisión.

Con la información anterior determine el beneficio esperado y la desviación estándar de cada alternativa. Señale cuál de las dos es más riesgosa y cuál debe escogerse.

14. En el estudio de una alternativa tecnológica para el proyecto, se identifican dos máquinas que posibilitarían la producción en los volúmenes y calidades requeridas. Ambas tecnologías tienen un valor de $500.000. La máquina A tiene una vida útil de cinco años y podrá generar beneficios por $170.000 anuales. La máquina B tiene una vida útil de sólo cuatro años, pero podrá generar flujos anuales de $200.000. Ninguna máquina tendrá valor de desecho

al término de su respectiva vida útil. ¿Cuál máquina debe aceptarse si la tasa de descuento ajustada por riesgo es 10%? ¿Mantiene su decisión si el factor de equivalencia a certidumbre es 0,75 para la máquina A y 0,80 para la máquina B, y la tasa de descuento libre del riesgo es 8%?

CASO: LA ESCONDIDA

David Blaise, ingeniero de minas, y su hermana Blanca, geóloga, se habían reunido para decidir el destino de 50 millones de pesos que habían logrado reunir durante varios años de esforzado trabajo. Las alternativas analizadas eran varias. Sin embargo, sólo dos, excluyentes entre sí, ya que demandarían la totalidad de los fondos ahorrados, aparecían como las más atractivas.

La primera alternativa consistía en comprar la mina "La Escondida" con mineral de cobre de las especies bornita y calcocina. Las reservas estimadas toleraban una explotación de 20 toneladas de mineral diariamente durante cinco años.

La segunda alternativa consistía en ampliar la planta de beneficio de minerales que poseían y arrendarla a la familia Liebor, poderosos mineros de la zona.

Para David, la mejor alternativa era ampliar la planta de beneficio y arrendársela a los Liebor. Sin embargo, la opinión de Blanca era comprar "La Escondida".

"Arrendar la planta es dinero seguro, ya que nos ofrecen un contrato de arrendamiento a 5 años", reiteraba David.

"¿Seguro?", señaló sorprendida Blanca, "¿tú llamas seguro un contrato que nos paga el equivalente a una onza troy de oro por día? Bien sabes lo inestable que es el precio internacional del oro. Hoy día, a US$400 la onza, obviamente es bueno, pero analiza los precios proyectados por los organismos especializados". (Anexo 1).

"Estoy de acuerdo en que el precio del oro es muy variable" replicó David, "pero lo son mucho más los resultados de los diferentes reconocimientos mineros que se realizaron en 'La Escondida' y que mostraban que las leyes de cobre fino variaban entre 1,8% y 4,0%". (Anexo 2).

"Estaría de acuerdo contigo si pudiéramos suscribir un contrato de venta con la Empresa Nacional de Minería que nos asegurase un precio base para el cobre con reajustabilidad de acuerdo con la variación del dólar", señaló Blanca.

"En eso estamos de acuerdo. Es más, la Empresa Nacional de Minería ofrece contratos de compra a futuro de concentrados de cobre a un precio equivalente a US$1,6 por kilo de cobre fino, lo que equivale a $160. O sea, nuestros concentrados de cobre con una ley de 50% se podrían vender en $80" dijo David.

"En realidad", señaló Blanca, "parece que las dos alternativas son buenas, pero ¿cuál será la mejor? Arrendar la planta no tiene otro costo que la ampliación inicial. Sin embargo, comprar la mina tiene, además de la inversión inicial, un costo de operación diaria de $44.160. Imagínate cuánto habrá que gastar si operamos la planta durante los 365 días del año".

"Ya son las dos de la mañana y no hemos llegado a nada", señaló David. "Te propongo que mañana le pidamos a mi cuñado, que no sabe mucho de minería, pero se maneja muy bien con las finanzas, que analice el problema y nos proponga una solución".

"Estoy de acuerdo contigo", dijo Blanca, "reunámonos en mi casa a las 8 de la noche".

Anexo 1

Precios proyectados del oro (dólares americanos)

Fuente	Precio (US$)
A	420
B	500
C	280
D	320
E	500
F	600
G	300
H	200
I	480
J	300

Anexo 2

Reconocimientos efectuados y leyes determinadas

Reconocimiento	Ley de cobre
A	2,0
B	1,8
C	1,9
D	2,1
E	2,3
F	2,5
G	4,0
H	3,5
I	3,0
J	3,2

Nota: ley es el porcentaje de cobre fino contenido en el mineral en bruto.

Bibliografía

Bierman, H. y W. Hausman, "Resolución de la incertidumbre en el tiempo", *Administración de empresas*, vol. IV-B, 1974.

Brealey y Myers, *Fundamentos de financiación empresarial*. Madrid: McGraw-Hill, 1993.

Canada, John R., *Técnicas de análisis económico para administradores e ingenieros*. México: Diana, 1978.

English, J. Morley, "La tasa de descuento y la evaluación del riesgo". En Weston, Fred y Woods, Donald, eds. *Teoría de la financiación de la empresa*. Barcelona: Gili, 1970.

Georgiades, Stavros, "Introducción a la incertidumbre en las decisiones de inversión". *Administración de empresas* (18), 1971.

Hertz, David B., "Risk Analysis in Capital Investment", *Harvard Business Review* 42(1): 95-106. 1964.

———, "La incertidumbre y el riesgo en la evaluación de proyectos de inversión", *Administración de empresas*, vol. I, p. 139.

Hespos, R y P. Strassman, "Árboles probabilísticos de decisión", *Administración de empresas*, Vol. IV-B, 1974.

Hillier. Frederick, "The Derivation of Probabilistic Information for the Evaluation of Risky Investments", *Management Science*, vol. IX, 1963, pp. 443-457.

Kristy, James, "La intuición y el cálculo de probabilidades frente a la incertidumbre", *Administración de empresas* (125), 1980.

Mao, James, "Evaluación de proyectos de inversión: teoría y práctica", *Administración de empresas*, vol. IV-B, 1974.

Mao, James y J. Helliwel, "Decisiones de inversión en condiciones de incertidumbre: teoría y práctica", *Administración de empresas*, vol. IV-B, 1974.

Polimeni, R., F. Fabozzi y A. Adelberg, *Cost Accounting*. U.S.A.: McGraw-Hill, 1986.

Robichek, A. A. y S. C. MYERS, "Conceptual Problems in the Use of Risk-Adjusted Discount Rates", *Journal of Finance*, diciembre 1966, pp. 727-736.

Schall, L. D. y Ch. Haley, *Introduction to Financial Management*. N. York: McGraw-Hill, 1980.

Solomon, Martín B., Jr., "La incertidumbre y su efecto sobre el análisis de la inversión de capital". En Weston, Fred y Woods, Donald, eds., *Teoría de la financiación de la empresa*. Barcelona Gili, 1970.

Weston F. y E. Brigham, *Finanzas en administración*. México: Interamericana, 1977.

CAPÍTULO 18

Análisis de sensibilidad

L a medición de la rentabilidad analizada en el capítulo 16 sólo evalúa el resultado de uno de los escenarios proyectados, el cual es elegido por el analista con un criterio distinto (muchas veces), al que tendría el inversionista, porque la aversión al riesgo de ambos y la perspectiva desde donde se analizan los problemas es diferente. En los capítulos precedentes se ha tratado el tema de la evaluación de proyectos en condiciones de certidumbre y riesgo. En ambos casos, la evaluación se realiza sobre la base de una serie de antecedentes escasa o nada controlables por parte de la organización que pudiera implementar el proyecto. Es necesario, entonces, que al formular un proyecto se entreguen los máximos antecedentes, para que quien deba tomar la decisión de emprenderlo disponga de los elementos de juicio suficientes para ello.

Con este objeto, y como una forma de agregar información a los resultados pronosticados del proyecto, se puede desarrollar un análisis de sensibilidad que permita medir cuán sensible es la evaluación realizada a variaciones en uno o más parámetros decisorios.

En este capítulo se presentan distintos modelos de sensibilización de aplicación directa a las mediciones del valor actual neto, tasa interna de retorno y utilidad. Aunque todos los modelos aquí presentados son de carácter económico, la sensibilización puede aplicarse al análisis de cualquier variable del proyecto, como la localización, el tamaño o la demanda.

 Consideraciones preliminares

La importancia del análisis de sensibilidad se manifiesta en el hecho de que los valores de las variables que se han utilizado para llevar a cabo la evaluación del proyecto, pueden tener desviaciones con efectos de consideración en la medición de sus resultados.

La evaluación del proyecto será sensible a las variaciones de uno o más parámetros si, al incluir estas variaciones en el criterio de evaluación empleado, la decisión inicial cambia. El análisis de sensibilidad, a través de los diferentes modelos que se definirán posteriormente, revela el efecto que tienen las variaciones sobre la rentabilidad en los pronósticos de las variables relevantes.

Visualizar qué variables tienen mayor efecto en el resultado frente a distintos grados de error en su estimación permite decidir acerca de la necesidad de realizar estudios más profundos de esas variables, para mejorar las estimaciones y reducir el grado de riesgo por error.

La repercusión que un error en una variable tiene sobre el resultado de la evaluación varía, dependiendo del momento de la vida económica del proyecto en que ese error se cometa. El valor tiempo del dinero explica qué errores en los periodos finales del flujo de caja para la evaluación tengan menor influencia que los errores en los periodos más cercanos. Sin embargo, son más frecuentes las equivocaciones en las estimaciones futuras, por lo incierta que resulta la proyección de cualquier variable incontrolable, como por ejemplo, los cambios en los niveles de los precios reales del producto o de sus insumos.

Dependiendo del número de variables que se sensibilicen en forma simultánea, el análisis puede clasificarse como unidimensional o multidimensional. En el análisis unidimensional, la sensibilización se aplica a una sola variable, mientras que en el multidimensional se examinan los efectos sobre los resultados que se producen por la incorporación de variables simultáneas en dos o más variables relevantes.

Aun cuando la sensibilización se aplica sobre las variables económico-financieras contenidas en el flujo de caja del proyecto, su ámbito de acción puede comprender cualquiera de las variables técnicas o de mercado, que son, en definitiva, las que configuran la proyección de los estados financieros. En otras palabras, la sensibilización de factores como la localización, el tamaño o la tecnología se reduce al análisis de sus inferencias económicas en el flujo de caja[1].

---

[1] Una aplicación importante de la sensibilización se realiza para comparar opciones de inversión; por ejemplo, determinando con qué nivel de operación una alternativa tecnológica deja de ser la más rentable porque, a partir de ese punto, otra exhibe un mayor valor actual neto. Otro caso similar es cuando la sensibilización se aplica para cuantificar sobre qué número de horas de trabajo es más conveniente la contratación de un segundo turno que el pago de sobretiempo.

 ## El modelo unidimensional de la sensibilización del VAN

El análisis unidimensional de la sensibilización del *VAN* determina hasta dónde puede modificarse el valor de una variable para que el proyecto siga siendo rentable.

Si en la evaluación del proyecto se concluyó que en el escenario proyectado como el más probable el *VAN* era positivo, es posible preguntarse hasta dónde puede bajarse el precio o caer la cantidad demandada o subir un costo, entre otras posibles variaciones, para que ese *VAN* positivo se haga cero. Se define el *VAN* de equilibrio como cero, por cuanto es el nivel mínimo de aprobación de un proyecto. De aquí que al hacer el *VAN* igual a cero se busca determinar el punto de quiebre o variabilidad máxima en el valor de una variable que resistiría el proyecto.

Como su nombre lo indica, y aquí radica la principal limitación del modelo, sólo se puede sensibilizar una variable por vez.

El principio que es el fundamento de este modelo define a cada elemento del flujo de caja como el de más probable ocurrencia. Luego, la sensibilización de una variable siempre se hará sobre la evaluación preliminar[2].

Como se planteó en el capítulo 16, el *VAN* es la diferencia entre los flujos de ingresos y egresos actualizados del proyecto. Por tanto, para que el *VAN* sea igual a cero, debe cumplirse que:

$$O = \sum_{t=1}^{n} \frac{Y_t}{(1 + i)^t} - \sum_{t=1}^{n} \frac{E_t}{(1 + i)^t} - I \qquad (18.1)$$

donde

I_o = Inversión inicial
Y_t = Ingresos del periodo t
E_t = Egresos del periodo t
i = Tasa de descuento
t = Periodo

---

[2] Nótese que si se sensibiliza una variable cualquiera y se determina su máxima variación para que el proyecto siga siendo rentable, y se incluye este valor en el flujo para sensibilizar otra variable, esta última necesaria mente se mantendrá inalterable, puesto que aquélla ya ha llevado el *VAN* a su límite cero.

Esta fórmula deberá desagregarse en función de las variables que se van a sensibilizar. Supóngase por ejemplo, que se desea determinar las máximas variaciones posibles en los precios de la materia prima y en el volumen de producción y ventas.

Al descomponer la ecuación 18.1, de manera que contenga expresamente los dos elementos que se desea sensibilizar, se llega a la siguiente expresión que resume los diferentes componentes de un flujo de caja:

$$O = \left(\sum_{t=1}^{m} \frac{p.q}{(1+i)^t} + \frac{V.q}{(1+i)^j} - \sum_{t=1}^{m} \frac{cv.q}{(1+i)^t} \right. $$

$$\left. - \sum_{t=1}^{m} \frac{C}{(1+i)^t} - \sum_{t=1}^{m} \frac{Dep}{(1+i)^t} - \frac{VL}{(1+i)^j} \right)(1-K) + $$

$$\hspace{8cm} (18.2)$$

$$+ \sum_{C=1}^{m} \frac{Dep}{(1+i)^t} + \frac{VL}{(1+i)^j} - I_0 - \frac{I_j}{(1+i)^j} $$

$$- I_{CT} + \frac{I_{CT}}{(1+i)^m} + \frac{VD}{(1+i)^m} $$

Dado que la ecuación se desagregó en función de poder sensibilizar el precio o la cantidad, producida y vendida, supóngase un flujo de caja donde el precio (p) es de \$100 la unidad, la producción y ventas (q) de 10.000 unidades anuales, el costo variable (cv) unitario es de \$30, el costo fijo (cf) anual es \$150.000 y la depreciación (Dep) durante los diez años de evaluación, es de \$100.000. Se supondrá que al término del séptimo año ($j = 7$) se deberá remplazar un activo cuyo precio de venta (Veq) alcanzará a \$250.000, su valor libro (VL) será de \$150.000 y la inversión en su reposición (Ij) alcanzará a \$500.000. Para llevar a cabo el proyecto, deberán hacerse inversiones por \$1.200.000 en capital fijo (I) y \$300.000 en capital de trabajo (CT). El valor de desecho del proyecto (VD) se estimará en \$400.000. La tasa de impuesto (k) a las utilidades es de un 10% y la de costo de capital (i) de 20%.

	0	1	2	3	4	5	6	7	8	9	10	*VA*
Ingresos		1.000	1.000	1.000	1.000	1.000	1.000	1.000	1.000	1.000	1.000	4.192,47
Venta equipo								250				69,77
Costo variable		-300	-300	-300	-300	-300	-300	-300	-300	-300	-300	-1.257,74
Costo fijo		-150	-150	-150	-150	-150	-150	-150	-150	-150	-150	628,87
Deprecia-ción		-100	-100	-100	-100	-100	-100	-100	-100	-100	-100	-419,25
Valor libro								-150				-41.86
Utilidad bruta		450	450	450	450	450	450	550	450	450	450	1.914,52
Impuesto		-45	-45	-45	-45	-45	-45	-55	-45	-45	-45	-191,45
Utilidad neta		405	405	405	405	405	405	495	405	405	405	1.723,07
Deprecia-ción		100	100	100	100	100	100	100	100	100	100	419,25
Valor libro								150				41,86
Inversión	-1.200											-1.200,00
Remplazo								-500				-139,54
Capital de trabajo	-300										300	-251,55
Valor de desecho											400	64,60
Flujo de caja	-1.500	505	505	505	505	505	505	245	505	505	1.205	657,69

Se agregó, al final del flujo, una columna adicional que muestra el resultado de la actualización de cada cuenta del flujo. Al remplazar la ecuación 18.2 con los valores obtenidos, exceptuando los ingresos por contener la variable precio por sensibilizar, se obtiene:

$$O = \left(\sum_{t=1}^{10} \frac{p.q}{(1+i)^t} + 69.770 - 1.257.742 - 628.871 - 419.247 - 41.862 \right) \left(0,9 \right) +$$

$$+ 419.247 + 41.862 - 1.200.000 - 139.541 - 251.548 + 64.602 \qquad (18.2')$$

Dado que el modelo asume como constante la variable por sensibilizar,

$$\sum_{t=1}^{10} \frac{p \cdot q}{(1 + i)^t}$$

puede expresarse como

$$P \sum_{t=1}^{m} \frac{q}{(1 + i)^t} = p \sum_{t=1}^{m} \frac{10.000}{(1 + i)^t} = 41.925p$$

Remplazando con esto la ecuación 18.2' después de agrupar términos, se obtiene lo siguiente:

$$O = (41.925p - 2.277.952) (0,9) - 1.065.378$$

de donde resulta que:

$$O = 37.733p - 2.050.157 - 1.065.378$$

Por tanto, el precio que hace que se cumpla la igualdad es, despejando la variable p, igual a \$82,57. Esto indica que el precio puede caer hasta en un 17,43% para que, al vender 10.000 unidades, se alcance un *VAN* igual a cero.

Para calcular la cantidad producida y vendida que hace al *VAN* igual a cero, deberá procederse de igual manera, observándose que la variable q se encuentra tanto en la cuenta de ingresos como en la de costos variables.

El mismo procedimiento se sigue para sensibilizar cualquier otra variable. El resultado siempre indicará el punto o valor límite que puede tener el factor sensibilizado para que el *VAN* sea cero. La única

limitación del modelo es que el índice t deja de ser relevante en la variable analizada, puesto que adoptará siempre un valor constante[3].

El modelo multidimensional de la sensibilización del VAN

La operatividad de los modelos de sensibilización radica en la mayor o menor complejidad de sus procedimientos. El análisis multidimensional, a diferencia del unidimensional, además de incorporar el efecto combinado de dos o más variables, busca determinar cómo varía el *VAN* frente a cambios en los valores de esas variables, como una forma de definir el efecto en los resultados de la evaluación de errores en las estimaciones.

El error en la estimación se puede medir por la diferencia entre el valor estimado en la evaluación y otros que pudiera adoptar la variable eventualmente.

El modelo que se presenta a continuación considera flujos de caja constantes, como una forma de simplificar la exposición. Obviamente, con flujos diferenciados no varía la esencia del modelo. Además, se trabajará con valores actuales y no con valores actuales netos, vale decir, excluyendo la inversión inicial, porque ésta pasa a ser irrelevante en la comparación al ser similar para ambas estimaciones, salvo que sea la variable por sensibilizar.

Cuando el flujo es constante, la fórmula de actualización puede expresarse como la suma de una serie a través de la siguiente ecuación:

$$VA = F \; \frac{1 - (1 + i)^{-n}}{i} \qquad (18.3)$$

donde:

VA = Valor actual
F = Flujo de caja dado como serie uniforme
i = Tasa de descuento
n = Periodos de evaluación

---

[3] Resulta obvio que la sensibilización con este modelo aplicada sobre la *TIR* es innecesaria, puesto que al buscarse la *TIR* que iguale a la tasa de descuento se llegará a idénticos valores que al hacer el *VAN* igual a cero. Por definición, el *VAN* es cero cuando la *TIR* es igual a la tasa de descuento. De aquí que pueda afirmarse que el cálculo de la *TIR* es un análisis de sensibilidad de la tasa de costo de capital.

Para determinar el efecto potencial de los errores en los datos de entrada del modelo del valor actual, se supondrá que la tasa de descuento permanecerá constante. En consecuencia, sólo se trabajará con errores en la estimación de la vida útil, del flujo de caja o de ambos.

Si a los valores estimados F y n se les asignan respectivamente los valores R y m para su sensibilización, donde R y m representan los distintos valores con que se sensibilizará el valor actual del proyecto, el error en la estimación se calculará mediante la siguiente expresión:

$$\Delta VA = R \frac{1 - (1 + i)^{-m}}{i} - F \frac{1 - (1 + i)^{-n}}{i} \qquad (18.4)$$

Al expresar esta diferencia como porcentaje de la estimación original, se tiene:

$$\frac{\Delta VA}{VA} = \frac{R}{F} \left[\frac{1 - (1 + i)^{-m}}{1 - (1 + i)^{-n}} \right] - 1 \qquad (18.5)$$

La aplicación de esta fórmula a diversos valores de R y m permite la elaboración de un cuadro de resultados diferentes.

El análisis multidimensional así planteado puede adaptarse al unidimensional haciendo cero todas las variaciones, con excepción de las correspondientes a la variable por sensibilizar. Por ejemplo, para determinar el monto en que el proyecto que está siendo estudiado deja de ser rentable, sólo se sensibiliza la variable n, de manera que se establezca el porcentaje máximo de variación del valor actual para que la inversión siga siendo justificada.

El proyecto será rentable si la diferencia entre el valor actual de las estimaciones es mayor o igual a la inversión inicial. En consecuencia, el valor actual sólo podrá descender hasta el monto de la inversión. Si esta diferencia se expresa como porcentaje de las estimaciones originales, el límite máximo estaría dado por la siguiente ecuación:

$$MVA = \frac{VA - I_o}{VA} \qquad (18.6)$$

donde MVA representa el monto mínimo que puede tener el valor actual para que el VAN del proyecto sea cero.

Por ejemplo, si se supone un valor actual estimado en 1.500 y una inversión inicial de 750, se tiene:

$$MVA = \frac{1.500 - 750}{1.500}$$

Es decir, el valor actual sólo puede disminuir hasta un 50%.

Por tanto, para sensibilizar la variable n y determinar cuándo deja el proyecto de ser rentable, se aplica la ecuación 18.5 de la siguiente forma, suponiendo una tasa de descuento del 15%.

$$\frac{\Delta VA}{VA} = \frac{F}{F}\left[\frac{1 - (1,15)^{-m}}{1 - (1,15)^{-n}}\right] - 1$$

Puesto que $\frac{\Delta VA}{VA}$ es igual a 0,50 $\frac{F}{F}$ se anula y n es conocido, el problema se reduce a determinar m.

Nótese que si se aplica el análisis multidimensional, con R, por ejemplo, habría dos incógnitas. Luego, el procedimiento más correcto sería la elaboración de una tabla de errores combinados que indicará cómo varía el valor actual cuando el flujo de caja y la vida útil del proyecto se calculan en forma errónea.

Los errores combinados, cuando son en dirección opuesta, tenderán a compensarse en el valor actual, dependiendo de los cambios relativos de las variables en el valor asignado y el estimado.

Si como anteriormente se supuso, se asigna una tasa de descuento del 15% al proyecto, se tiene:

$$\frac{\Delta VA}{VA} = \frac{R}{F}\left[\frac{1 - (1,15)^{-m}}{1 - (1,15)^{-n}}\right] - 1$$

Al combinar distintos valores de R y m frente a valores de F y n dados, puede elaborarse una tabla de resultados que muestre la variación porcentual del valor actual para las distintas combinaciones de las variables sensibilizadas. El error en los flujos se presenta normalmente expresado en términos de una proporción entre el valor asignado y el estimado.

El cuadro 18.1 consiste en una tabla en donde aparecen los resultados para varias combinaciones de errores entre los flujos y la vida útil del proyecto. Se ha supuesto un *n* de 8 periodos y una tasa de descuento del 15%.

Cuadro 18.1

Tabla de resultados de combinaciones de errores

m-n	R/F			
	0,80	0,90	1,10	1,20
-3	-40,2	-32,8	-17,8	-10,4
-2	-32,5	-16,6	2,0	11,3
1	-14,9	-4,3	17,0	27,6
2	-10,5	0,7	23,0	34,2
3	- 6,7	5,0	28,3	40,0

Los resultados de esta tabla son los que se deben comparar con los obtenidos en la aplicación de la ecuación 18.6. Volviendo al ejemplo en el cual la variación máxima del valor actual era del 50% para que el proyecto continuara siendo rentable, se aprecia en este cuadro que, aun subestimando en tres periodos la vida útil y en 20% el flujo de caja esperado, no se llega a ese extremo.

Del análisis de la tabla anterior se deduce que el efecto de errores en la vida útil del proyecto no es simétrico ni proporcional. Las sobrestimaciones en la vida útil tienen un mayor efecto sobre el valor actual que las subestimaciones en la misma diferencia. En términos de incremento, el efecto es menos que proporcional ante aumentos en las subestimaciones y más que proporcional en las sobrestimaciones.

Cuando el signo es opuesto en los errores de las estimaciones, el efecto sobre el valor actual dependerá de los errores relativos de cada variable y de la tasa de descuento utilizada.

 ## El modelo de sensibilidad de la TIR

En los capítulos anteriores se definió la *TIR* como aquella tasa de descuento que hace igual a cero el V*AN* del flujo de caja del proyecto.

Si se supone que los flujos de caja son constantes y se considera el V*AN* igual a cero, se puede plantear la siguiente ecuación:

$$-I_0 + \sum_{t=1}^{n} \frac{F}{(1+r)^t} = 0 \qquad (18.7)$$

donde *r* es la tasa interna de rendimiento esperada.

Para medir los efectos de los errores en las estimaciones se recurre al mismo procedimiento indicado para el análisis multidimensional del *VAN*. Es decir, planteando la siguiente ecuación con valores asignados:

$$- J_0 + \sum_{t=1}^{n} \frac{R}{(1 + i)^t} = 0 \qquad (18.8)$$

donde:

J_o = Inversión inicial asignada

i = Tasa interna de retorno de los valores asignados

El efecto de los errores en los datos de entrada sobre las tasas de rendimiento puede analizarse dividiendo las ecuaciones 18.7 y 18.8 por su inversión inicial:

$$- 1 + \frac{F}{I_o} \sum_{t=1}^{n} \frac{1}{(1 + r)^t} = 0 \qquad (18.7')$$

$$- 1 + \frac{R}{J_o} \sum_{t=1}^{n} \frac{1}{(1 + i)^t} = 0 \qquad (18.8')$$

El modelo de sensibilización de la *TIR* define los errores en términos porcentuales de la siguiente forma:

$$EF = \frac{\dfrac{R}{J_o} - \dfrac{F}{I_o}}{\dfrac{F}{I_o}} \qquad (18.9)$$

donde *EF* representa el error porcentual en el coeficiente del flujo de caja,

$$EN = \frac{m - n}{n} \qquad (18.10)$$

siendo *EN* el error porcentual en la duración del proyecto, y

$$ER = \frac{i - r}{r} \qquad (18.11)$$

donde *ER* es el error porcentual en la tasa interna de retorno.

Al incorporar los errores en la ecuación 18.9, se tiene:

$$- 1 + \frac{F(1 + EF)}{I_o} \sum_{t=1}^{n(1 + EN)} \frac{1}{[1 + r(1 + ER)]^t} = 0 \qquad (18.12)$$

La sensibilización de la *TIR* se efectúa calculando los errores *EF* y *EN* para distintos valores de las variables, procediendo a determinar el valor de *ER* que haga a la ecuación igual a cero.

Si se analiza el efecto de una sola variable dejando las demás constantes, se puede apreciar que los errores en la estimación del flujo de caja se encuentran linealmente relacionados con errores en las tasas de rendimiento. En cambio, no sucede así entre los errores en la vida útil y las tasas de rentabilidad.

Si se supone un proyecto con una vida útil estimada en diez años, con flujos anuales constantes de \$1.000 y una inversión inicial de \$5.000, mediante la ecuación 18.9 se tiene que:

$$- 1 + \frac{1.000}{5.000} \sum_{t=1}^{n} \frac{1}{(1 + r)^t} = 0$$

De aquí se obtiene que el rendimiento esperado corresponde a una tasa del 15,09%. Si se asigna un flujo de caja igual al estimado, resulta una relación $F/I_o = 0,20$ y si a la vida útil estimada en diez años se asigna una duración de siete años, se obtiene una sobrestimación de un 30% ($EN = 0,30$). Al aplicar estos datos al modelo de sensibilización, se tiene que:

$$- 1 + \frac{1.000}{5.000} (1 + 0,00) \sum_{t=1}^{10(1 + 0,30)} \frac{1}{[1 + 0,1509 (1 + ER)]^7} = 0$$

El resultado de la aplicación del modelo indica una disminución en la tasa de rendimiento del 39% ($ER = 0,39$). Pero, si la situación fuera opuesta y se produjese una subestimación de la vida útil en tres años ($m = 13$ y $EN = 0.30$), resultaría un aumento en la tasa de rendimiento de un 16% ($ER = 0,16$).

El modelo aquí propuesto también puede aplicarse para investigar el efecto de errores combinados, es decir, cuando se producen cambios en más de una variable simultáneamente.

En el mismo ejemplo anterior, pero considerando que el flujo anual de caja es subestimado en 10% (*EF* = 0,10) y la vida útil es subestimada en 30% (*EN* = 0,30), se tiene que:

$$- 1 + \frac{1.000}{500} \ (1 + 0,10) \ \sum_{t=1}^{10(1 + 0,30)} \frac{1}{[1 + 0,1509 \ (1 + ER)]^{13}} = 0$$

En este caso, *ER* tiene el valor de 0,32, lo que indica que la tasa interna de retorno del proyecto se ha subestimado en un 32%.

El análisis combinado de los errores en las variables permite la elaboración de una tabla comparativa de sus efectos en la *TIR*, como la que se indica en el cuadro 18.2.

Cuadro 18.2

Tabla de resultados de combinaciones de errores

EN	*EF*						
	0,50	0,30	0,10	0,0	0,10	0,30	0,50
-0,5	-2,28	-1,71	-1,22	-0,98	-0,78	-0,37	0,00
-0,3	-1,54	-1,00	-0,59	-0,39	0,19	-0,17	0,52
-0,1	-1,13	-0,67	-0,27	0,09	0,08	0,42	0,74
0,0	-0,98	-0,56	-0,17	0,00	0,17	0,50	0,81
0,1	-0,89	-0,47	-0,10	0,07	0,23	0,55	0,85
0,3	-0,73	-0,32	0,00	0,16	0,32	0,62	0,91
0,5	-0,63	-0,26	0,06	0,22	0,37	0,66	0,94

Del análisis anterior es posible concluir que la tasa de rendimiento es generalmente más sensible a los errores en el flujo de caja, excepto cuando el proyecto es de corta duración (10 periodos o menos).

Aunque los flujos de caja positivos y negativos de igual valor absoluto inducen a errores positivos y negativos proporcionales en la tasa de rendimiento, no sucede lo mismo con errores en la duración, pues la tasa de rendimiento es más sensible a los errores negativos de duración que a los positivos.

Al mantener constante la magnitud de los errores de entrada al modelo, a medida que aumenta la tasa esperada de rendimiento, decrece la magnitud de los errores porcentuales inducidos en la tasa de

rendimiento. De esta manera, los proyectos que ofrecen tasas de rendimiento esperadas relativamente grandes son menos sensibles a los errores del flujo de caja y de la duración que los proyectos con tasas esperadas relativamente pequeñas. Esto supone que la incertidumbre que rodea a los parámetros de presupuesto de capital en el caso de proyectos marginales puede ser mayor que en el caso de los proyectos que posean tasas de rentabilidad esperada mayor.

Usos y abusos de la sensibilidad

Aunque pueden parecer obvios los usos del análisis de sensibilidad después de revisar las principales técnicas de su aplicación, es necesario insistir sobre determinados aspectos que no han sido explicados aún. Básicamente, la sensibilización se realiza para evidenciar la marginalidad de un proyecto, para indicar su grado de riesgo o para incorporar valores no cuantificados.

Determinar la marginalidad de un proyecto es relevante, puesto que el monto del *VAN* calculado no representa una medida suficiente para calcular la proporcionalidad de los beneficios y costos del proyecto. El análisis de sensibilidad muestra cuán cerca del margen se encuentra el resultado del proyecto, al permitir conocer si un cambio porcentual muy pequeño en la cantidad o precio de un insumo o del producto hace negativo el *VAN* calculado. Si así fuese, el proyecto sería claramente marginal.

Teóricamente, no es importante conocer la marginalidad de un proyecto si no existe incertidumbre. Sin embargo, al ser el flujo de caja sobre los que se basa la evaluación el resultado de innumerables estimaciones acerca del futuro, siempre será necesaria su sensibilización.

De aquí se desprende cómo se puede emplear este análisis para ilustrar lo riesgoso que puede ser un proyecto. Si se determina que el valor asignado a una variable es muy incierto, se precisa la sensibilización del proyecto a los valores probables de esa variable. Si el resultado es muy sensible a esos cambios, el proyecto es riesgoso.

El análisis de sensibilidad, en estos términos, es útil para optar por profundizar el estudio de una variable en particular o, a la inversa, para no profundizar más su estudio si, por ejemplo, se determina que el resultado del proyecto es insensible a determinada variable. En este caso, no se justifica ser perfeccionista para calcular exactamente un valor que se sabe es irrelevante. En general, mientras mayor sea un valor y más cercano esté el periodo cero en el tiempo, más sensible es el resultado a toda variación porcentual en la estimación.

Aun incorporando variables cualitativas en la evaluación, es preciso que éstas sean de alguna forma expresadas cuantitativamente. Esto

mismo hace que el valor asignado tenga un carácter incierto, por lo que se requiere su sensibilización.

Si bien el análisis de sensibilidad facilita el estudio de los resultados de un proyecto, su abuso puede conllevar serias deficiencias de la evaluación. Hay un abuso del análisis de sensibilidad cuando el evaluador lo usa como excusa para no intentar cuantificar cosas que podrían haberse calculado. Lo mismo sucede cuando el informe presenta solamente un conjunto complicado de interrelaciones entre valores cambiantes, omitiendo proporcionar una orientación. Es preciso que el evaluador asuma un papel de consejero frente al inversionista, sirviéndose del análisis de sensibilidad como de un complemento para su objetivo de recomendación de la aceptación o rechazo del proyecto.

Resumen

En éste capítulo se presentaron los diversos mecanismos con los cuales se puede efectuar una sensibilización de los resultados de la evaluación frente a cambios en las variables del proyecto. La sensibilización, aunque permite incorporar de alguna manera el factor riesgo, no debe tomarse como un procedimiento para simplificar la cuantificación de las estimaciones del proyecto.

Dependiendo del número de variables que se sensibilicen simultáneamente, el análisis puede clasificarse como unidimensional o multidimensional . En el análisis unidimensional, la sensibilidad se aplica a una sola variable, mientras que en el multidimensional se examinan los efectos incorporando dos o más variables en forma simultánea.

El análisis unidimensional consiste en determinar hasta qué punto puede modificarse una va-

riable para que el proyecto siga siendo rentable. El modelo multidimensional determina el resultado frente a cambios de alternativa en las variables. Estos dos modelos se aplican al *VAN* del proyecto.

Aunque en este capítulo se trató la sensibilidad de las variables de carácter económico, también es posible ampliarlo a todos los estudios de la preparación del proyecto; por ejemplo, a la localización, tamaño y demanda, entre otros aspectos.

Los principales modelos tratados aquí abarcan la sensibilización del valor actual neto, tasa interna de retorno y utilidad. Sin embargo, el criterio central que se intentó proporcionar hace posible diseñar cualquier modelo específico para situaciones diferentes de las consideradas. La lógica que da fundamento a estos criterios así lo permite.

Preguntas y problemas

1. "El análisis unidimensional de la sensibilización del *VAN*, si bien da una pauta para la evaluación de los rangos de variación en las variables, no es un adecuado instrumento de medición del riesgo, porque no considera probabilidades de ocurrencia en las variables que condicionan el resultado". Comente la afirmación.

2. "Al aplicar el análisis de sensibilidad unidimensional sobre el *VAN* o la *TIR*, se llega necesariamente a idénticos resultados". Comente.

3. "Si al sensibilizar el valor actual se obtiene un porcentaje de variación de -99%, el proyecto sigue siendo rentable, pues el resultado, si es positivo, debería variar en -100% para que recién se iguale a cero". Comente.

4. Analice la fórmula que sigue e indique en qué casos es posible su aplicación a la sensibilización.

$$I_o = \left[\sum_{t=1}^{n} \frac{Y_t}{(1 + i)^t} - \sum_{t=1}^{n} \frac{E_t}{(1 + i)^t} - \sum_{t=1}^{n} \frac{D_t}{(1 + i)^t} \right] (1-j) + \sum_{t=1}^{n} \frac{D_t}{(1 + i)^t}$$

donde:

I_o = Inversión inicial

Y_t = Ventas del periodo t

E_t = Costos de venta y gastos de venta y administrativos, sin incluir depreciación ni gastos financieros, en el periodo t

D_t = Depreciación y gastos financieros del periodo t

j = Tasa impositiva

5. Determine el precio máximo que se podría pagar por la materia prima para que el proyecto siga siendo rentable, si se dispone de los siguientes antecedentes:

$$\sum_{t=1}^{10} \frac{p^p \, q_t^p}{(1 + i)^t} = 1.200.000$$

$$\sum_{t=1}^{10} \frac{p^{mp} \cdot q_t^{mp}}{(1+i)^t} = 2.400_p^{mp}$$

$$\sum_{t=1}^{10} \frac{E_t}{(1+i)^t} = 465.000$$

$$\sum_{t=1}^{10} \frac{p^p \cdot \hat{q}_t^p}{(1+i)^t} = 1.200.000$$

$$\sum_{t=1}^{10} \frac{p^{mp} \cdot \hat{q}_t^{mp}}{(1+i)^t} = 2,300_p^{mp}$$

$$\sum_{t=1}^{10} \frac{\hat{C}_t}{(1+i)^t} = 440.000$$

$$I_O = 60.000$$

$$j = 35\%$$

6. En referencia a la pregunta anterior, ¿cómo explica la diferencia entre:

$$\sum_{t=1}^{10} \frac{p^{mp} \cdot q_t^{mp}}{(1+i)^t} \quad \text{y} \quad \sum_{t=1}^{10} \frac{p^{mp} \cdot \hat{q}_t^{mp}}{(1+i)^t} ?$$

7. En el estudio de un proyecto para elaborar un solo producto, con una capacidad de planta de 40.000 horas anuales a un turno de trabajo, se estima un requerimiento total de 60.000 horas anuales.

Se estima un egreso de $20.000.000 en materiales al año, $35.000.000 en gastos fijos desembolsables y $11.200.000 en

otros.gastos variables. El costo de la mano de obra asciende a $250 por hora, más $125 por hora de sobretiempo.

Alternativamente se puede optar por un segundo turno, con una remuneración de $275 por hora, pero que requeriría la contratación de un supervisor con una renta de $1.800.000 anuales.

¿Después de qué nivel de actividad convendría establecer un segundo turno de trabajo?

8. Un problema que requiere solución en la central termoeléctrica Quillay está relacionado fundamentalmente con la ubicación geográfica de la central, ya que se encuentra rodeada de poblaciones y expuesta al acceso de personas extrañas, robos de carbón, materiales, etc.

Los cerramientos perimetrales de la planta tienen una longitud aproximada de 1.500 metros, cuyos muros de placa (de 20 años de antigüedad) son de baja altura, están en mal estado, son fácilmente franqueables y, por tanto, posibilitan el acceso de personas que cometen robos que no son posibles de evitar con los actuales sistemas de control.

Una alternativa de solución es construir un nuevo muro de 800 metros de longitud en albañilería de ladrillo de tres metros de alto, con una protección de doble defensa metálica con alambre de púas. Esta obra tendría que llevarse a cabo en dos etapas: 500 metros el primer año y 300 metros el segundo.

La alternativa de que se mantenga el muro en las condiciones actuales es válida sólo por cinco años, periodo tras el cual esta parte del muro actual debe ser necesariamente reconstruida.

El costo que debe asumirse al postergar la inversión correspondiente a la remuneración de los vigilantes contratados en forma especial para reducir los robos, se calcula sobre la base de tres personas que deberán continuar contratadas hasta finalizar la construcción del muro. El costo mensual de los vigilantes asciende a $90 mil.

La pérdida histórica controlada, ocasionada por robo, se estima en un promedio de cinco toneladas diarias. Con la vigilancia especial contratada, esta pérdida se ha reducido a 0,5 toneladas diarias (180 toneladas anuales). La existencia de grupos organizados de robo, que actúan en grupos de 10 a 20 hombres, impide reducir más las perdidas, a menos que se amplíe el número de vigilantes.

El remplazo de los 800 metros del muro en mal estado posibilitaría suprimir la vigilancia y reducir los robos prácticamente a cero. El precio pagado por el carbón puesto en depósito alcanza a $20 mil la tonelada.

Un primer análisis de las alternativas muestra la aparente conveniencia de construir el muro a la mayor brevedad. Sin embargo, queda la duda de que si se redujera el robo promedio diario de carbón por una mayor participación de la policía, podría ser más conveniente postergar la construcción para el quinto año.

Finalmente, se tienen antecedentes de que la depreciación contable de los activos involucrados susceptibles de depreciar se realiza a una tasa de 10% anual (depreciación lineal con valor residual contable de cero), en tanto que la tasa de impuesto a las utilidades es de un 15% anual. La tasa de descuento inherente al proyecto se ha calculado en un 10%, en consideración al sector industrial al que pertenece la empresa.

Con la información anterior, sensibilice el proyecto a una reducción del nivel de robo, calculando hasta qué cantidad resiste el proyecto una rebaja en ellos para que siga conviniendo adelantar la construcción del muro de protección.

CASO: TRANSPORTE DE CENIZAS Y ESCORIAS DESDE LA CENTRAL TERMOELÉCTRICA QUILLAY

En los últimos años, el nivel que han alcanzado las precipitaciones durante los meses de otoño e invierno (tradicionalmente lluviosos) ha sido notoriamente deficitario con respecto a los niveles históricos de lluvia, lo cual ha provocado serios trastornos a todas las actividades que dependen fuertemente de este recurso, como son por ejemplo, la agricultura, la ganadería y la generación de energía.

Este hecho ha obligado a las empresas que generan energía a buscar soluciones que les permitan asegurar un suministro estable de electricidad para el desarrollo de la actividad económica y el consumo público.

Una de estas soluciones la constituyen las centrales termoeléctricas, las que si bien no son una solución definitiva al problema por su limitada capacidad generadora, sí dan respaldo al sistema.

Sin embargo, estas centrales presentan algunos problemas que demandan un análisis técnico y económico para su solución. Tal es

el caso que se presenta en la Central Termoeléctrica Quillay, ubicada en la ciudad de Naranjal, en la que se requiere dar solución a la determinación de ubicación definitiva de los residuos que resultan de la actividad de la central.

Con respecto a la producción de residuos, se ha estimado que durante el proceso de transformación para la generación de energía, la caldera de la Central Termoeléctrica Quillay deja como residuos escorias y cenizas no utilizables económicamente equivalentes aproximadamente al 20% del peso total del carbón quemado.

En un año de actividad de la central se pueden quemar aproximadamente 300 mil toneladas de carbón, lo que significa una producción de 60 mil toneladas de cenizas y escorias, equivalentes a un volumen de 50 mil metros cúbicos en total, a los que debe darse alguna ubicación definitiva.

Para dar solución a este problema, en la actualidad dichos residuos son llevados desde la central hasta un depósito de acopio provisorio, distante aproximadamente 200 metros, vía transporte hidráulico a través de tuberías.

Este depósito provisorio tiene una capacidad máxima de 100 mil metros cúbicos, por lo cual anualmente este material debe ser retirado de él y llevado en camiones hasta otro depósito de acopio definitivo que se encuentra a 2,5 kilómetros, debiendo para ello utilizar caminos en precarias condiciones.

Cabe destacar sin embargo, que este depósito de acopio definitivo se encuentra aproximadamente a 900 metros en línea recta de la central, pero separado de ésta por un cerro de 35 metros de altura, lo que obliga a realizar el trayecto rodeando dicho cerro.

Por otra parte, dados los niveles de generación de energía a los cuales se proyecta el funcionamiento de la central, la capacidad del depósito definitivo podría coparse en un plazo muy grande de años.

Dadas las características geográficas y la ubicación relativa de los depósitos y la central, se contempla como alternativa de inversión la instalación de una tubería que conectaría a la central termoeléctrica directamente con el depósito de acopio definitivo a través del cerro, utilizando para ello un sistema hidráulico impulsado por una bomba.

El costo de la inversión necesaria para llevar a cabo esta alternativa se puede descomponer de la siguiente forma:

Estudios técnicos para el montaje	$1.000
Equipos (bomba, tuberías, válvulas, etc.)	$25.000
Montaje	$12.000

Los costos anuales de mantenimiento de la válvula y de la bomba se estiman en $600 mil, en tanto que el gasto de operación anual lo constituye básicamente el consumo anual de energía eléctrica de la bomba, estimado en $72 por metro cúbico de residuo transportado. Los equipos en uso actualmente se encuentran totalmente depreciados. No existe otro gasto adicional para la central por la operación del sistema.

Por otra parte, con base en observaciones de mercado se ha estimado que los nuevos equipos podrían tener un valor de salvamento de $2 millones al final del periodo de evaluación del proyecto.

En cuanto a los costos inherentes a la situación actual de la central, relacionados con el transporte de las cenizas y la escoria, éstos consisten en gastos de manutención que corresponden a las reparaciones anuales necesarias del tramo de 200 metros de tuberías viejas del transporte hidráulico existente entre la central y el depósito provisorio y a gastos por mantenimiento de este último, que ascienden en total a $7,2 por metro cúbico de material transportado. El costo de la energía utilizada para sacar los residuos de la caldera y transportar los 200 metros hasta el depósito transitorio es equivalente al costo en que se incurriría por extraer estos residuos de la caldera y ponerlos en la tubería que se pretende instalar para su traslado al depósito definitivo.

Además, en la situación base están los gastos de operación correspondientes a un costo por metro cúbico de carga y transporte por camiones de la escoria hasta el depósito definitivo, que alcanza un costo aproximado de $500 por metro cúbico transportado.

En la actualidad, el depósito de acopio provisorio tiene un valor comercial de $35 millones y un valor contable (valor en libros) de $18 millones. De llevarse a cabo el proyecto de inversión, este depósito provisorio podría ser vendido en su valor de mercado.

Por la abundancia y bajo costo del carbón utilizado en la generación de energía (principal insumo del proyecto) se considera que ésta no es una variable de riesgo relevante para el proyecto. Pero existe otro riesgo inherente al proyecto que es importante de destacar, y es que no se tiene un cien por ciento de certidumbre de que la central mantenga su nivel de actividad durante toda la

operación del proyecto, lo que significa que, de reducirse éste, variarían las estimaciones de volúmenes de cenizas y escorias residuales por transportar con el consiguiente efecto sobre los resultados económicos del proyecto.

Finalmente, se tienen antecedentes de que la depreciación contable de los activos involucrados susceptibles de depreciar se realiza a una tasa del 10% anual (depreciación lineal con valor residual contable de cero), en tanto que la tasa de impuesto a las utilidades es de un 15% anual. La tasa de descuento inherente al proyecto se ha calculado en un 10%, en consideración al sector industrial al que pertenece la empresa.

Con la información anterior, determine cuál es el volumen mínimo de cenizas y escorias residuales a transportar que haga conveniente la realización del proyecto.

Bibliografía

Brealey R. y S. Myers, *Fundamentos de financiación empresarial*. Madrid: McGraw-Hill, 1993.

House, W. C., "The Usefulness of Sensitivity Analysis in Capital Investment Decisions", *Management Accounting* 47 (6), 1966.

Huefner, Roland, "Analyzing and Reporting Sensitivity Data", *The Accounting Review*, octubre, 1971.

Joy, M. y T. Bradley, "A Note on Sensitivity Analysis of Rates of Return", *The Journal of Finance* 28 (5), 1973.

Manes, Rene, "A New Dimension to Breakeven Analysis", *The Journal of Accounting Research* 4 (1), 1966.

Mitchel, G. B., "Breakeven Analysis and Capital Budgeting", *The Journal of Accounting Research* 7 (2), 1969.

Sapag, Nassir, "Un modelo alternativo de sensibilización de proyectos", *Proyección* (Perú), marzo 1983.

————, *Modelos de sensibilización para el análisis de inversión*. Santiago: Universidad de Chile, Depto. de Administración, 1980.

————, *Criterios de evaluación de proyectos*. Madrid: McGraw-Hill, 1993.

Solomon, Martín, "Incertidumbre y su efecto sobre el análisis de la inversión de capital". En Weston, J. y D. Woods, eds., *Teoría de la financiación de la empresa*. Barcelona: Gili, 1970.

Whisler, William, "Sensitivity Analysis of Rates of Return", *The Journal of Finance* 31 (1), 1976.

Índice

McGraw-Hill Le ofrece

- Administración
- Arquitectura
- Biología
- Contabilidad
- Derecho
- Economía
- Electricidad
- Electrónica
- Física
- Informática
- Ingeniería

- Marketing
- Matemáticas
- Psicología
- Química
- Serie McGraw-Hill de Divulgación Científica
- Serie McGraw-Hill de Electrotecnologías
- Serie McGraw-Hill de Management
- Sociología
- Textos Universitarios

✂ -

Sí envíenme el catálogo de las novedades de McGRAW-HILL en

☐ Informática   ☐ Economía/Empresa   ☐ Ciencia/Tecnología

☐ Español   ☐ Inglés

Nombre .... Titulación ....

Empresa .... Departamento ....

Dirección .... Código postal ....

Localidad .... País ....

¿Por qué elegí este libro?

☐ Renombre del autor
☐ Renombre McGraw-Hill
☐ Reseña en prensa
☐ Catálogo McGraw-Hill
☐ Buscando en librería
☐ Requerido como texto
☐ Precio
☐ Otros ....

....

Temas que quisiera ver tratados en futuros libros McGraw-Hill:

....
....
....
....

Este libro me ha parecido:

☐ Excelente   ☐ Bueno   ☐ Malo

Comentarios ....

....

Por favor, rellene esta tarjeta y envíela por correo a la dirección apropiada.

GEXCEL

OFICINAS DEL GRUPO IBEROAMERICANO

USA
McGRAW-HILL IBEROAMERÍCANA GROUP
28 th. floor 1221 Avenue of the Americas
New York, N.Y. 10020

BRASIL
MAKRON BOOKS EDITORA, LTDA.
Rua Tabapua 1105, Sao Paulo, S. P.
Tel.: (5511) 2806622. Fax: (5511) 8294970

ESPAÑA
McGRAW-HILL/INTERAMERICANA
DE ESPAÑA, S.A.
Apartado Postal 786 F.D.
Edificio Valrealty. - 1a. planta - c/Basauri, 17
28023 Aravaca (Madrid)
Tel.: (341) 3728193. Fax: (341) 3728467

ARGENTINA, PARAGUAY Y URUGUAY
McGRAW-HILL EXPORT ESPAÑA
Apartado Postal 786 F.D.
Edificio Valrealty. - 1a. planta - c/Basauri, 17
28023 Aravaca (Madrid)
Tel.: (341) 3728193. Fax: (341) 3728467

CHILE
McGRAW-HILL/INTERAMERICANA DE CHILE, LTDA.
Seminario, 541
Casilla 150, Correo 29
Santiago
Tel.: 2229405. Fax: (56-2) 6354467

PORTUGAL
EDITORA McGRAW-HILL DE PORTUGAL, LTDA.
Av. Almirante Reis, 59, 6.º, 1100 Lisboa
Tel.: (3511) 3154984. Fax: (3511) 3521975

COLOMBIA
McGRAW-HILL/INTERAMERICANA
DE COLOMBIA, S.A.
Av. Américas No. 46-41
Conmutador: (571) 3682700. Fax: (571) 3687484
Apartado 81078, Santafé de Bogotá, D.C.

ECUADOR, BOLIVIA Y PERU
McGRAW-HILL EXPORT COLOMBIA
Av. Américas No. 46-41
Conmutador: (571) 3682700. Fax: (571) 3687484
Apartado 81078, Santafé de Bogotá, D.C.

VENEZUELA
McGRAW-HILL/INTERAMERICANA
DE VENEZUELA, S.A.
Apartado Postal 50785, Caracas 1050
Calle Vargas, Edificio Centro Berimer
Planta 1.ª, Boleíta Norte, Caracas
Tels. 2382497 - 2383494. Fax: 2382374

MEXICO
McGRAW-HILL/INTERAMERICANA
DE MEXICO, S.A.
Apartado Postal 5-237, México 5, D.F.
Atlacomulco 499-501
Fracc. Industrial San Andrés Atoto,
Naucalpan de Juárez, Edo. de México, 53500
Tel.: (525) 5769044. Fax: Ventas: (525) 5760815

CENTROAMERICA Y CARIBE
McGRAW-HILL EXPORT MEXICO
Apartado Postal 5-237, México 5, D.F.
Atlacomulco 499-501
Fracc. Industrial San Andrés Atoto,
Naucalpan de Juárez, Edo. de México, 53500
Tel.: (525) 5769044. Fax Ventas: (525) 5760815

✂

Envíe la tarjeta por correo a la dirección apropiada